조선의 책

지식의 보물창고를 털다

지식의 보물창고를 털다

조선의 책

초판 1쇄 발행일 2022년 12월 15일

지은이 김진섭
펴낸이 이원중

펴낸곳 지성사 출판등록일 1993년 12월 9일 등록번호 제10-916호
주소 (03458) 서울시 은평구 진흥로 68, 2층
전화 (02) 335-5494 팩스 (02) 335-5496
홈페이지 www.jisungsa.co.kr
이메일 jisungsa@hanmail.net

© 김진섭, 2022

ISBN 978-89-7889-512-5 (03910)

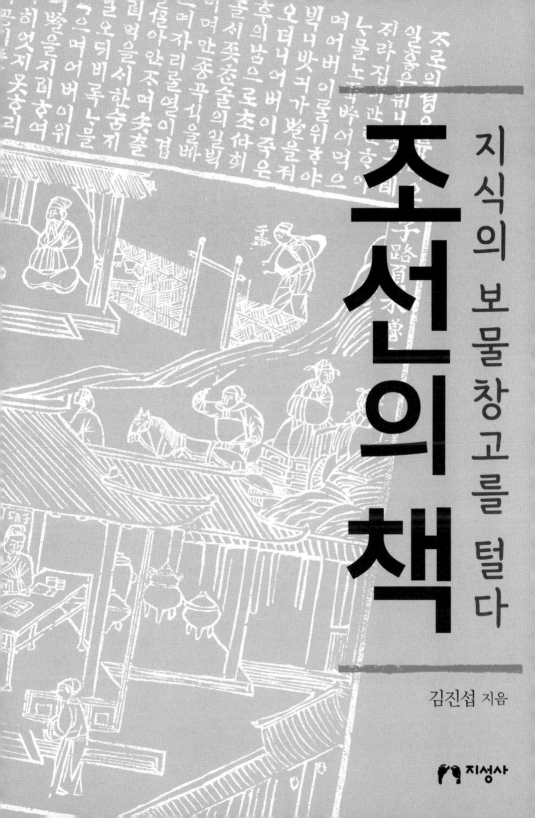

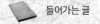

책 속에서 책을 만나는 이야기들

조선시대에는 사대부가 문자(한자)를 독점했고, 한자로 된 글을 읽고 기록으로 남기는 일 역시 사대부의 몫이었다. 물론 그들이 한자 문화만을 전유(專有)한 것은 아니었다. 특히 그들이 남긴 책은 사람들이 여러 가지 방식으로 보고 듣고 느낀 일상의 이야기를 비롯해 우리의 다양한 문화를 기록했다.

그럼에도 때로는 말과 글을 어떻게 이해하고 수용하는가에 따라 인식의 차이가 생겨날 뿐 아니라 우리가 아는 조선의 책은 극히 일부분에 지나지 않는다. 심지어 조선의 책에 관해 잘못 알고 있는 경우도 많다. 우리가 아는 조선의 사회와 책 속에 담긴 분위기가 다른 것을 발견하게 되는 것도 그 예라 하겠다.

기본적으로 조선시대에는 생각보다 훨씬 방대하고 다양한 분야의 책이 편찬되었다. 더불어 뜻깊고 흥미로운 내용의 책도 많고, 저자나 저술 동기 등에도 주목할 만한 이야기가 담겨 있다. 따라서 조선의 책을 좀 더 구체적으로 살펴보는 것도 상당한 의미가 있다.

이러한 관점에서 조선의 책을 두루 돌아보며 적어도 100권 이상의 책을 담고자 했다. 가능하면 더 많은 책을 담고자 했지만, 이야기의 흐름을 고려해야 했기에 쉽지는 않았다. 그 때문에 처음 예상했던 것보다 시간이 훨씬 더 걸렸고, 고민도 많이 했다.

　모쪼록 가벼운 마음으로 조선의 책을 둘러보는 여행이 되었으면 한다. 그리고 다양한 콘텐츠에 관심을 기울이는 요즘 우리 역사 속에서 인문 콘텐츠 탐구를 위한 마중물이 되었으면 하는 바람이다.

　이 책을 쓰기 위해 연구논문 등 많은 자료를 참고했다. 지면을 빌려 감사의 인사를 대신한다. 다만 이 책이 대중서인 점을 감안하여 그때그때 출처를 기록하지 않고, 맨 뒤에 참고 목록으로 정리해 놓았음을 밝혀둔다. 끝으로 이 책이 발간되기까지 수고해 주신 지성사 이원중 대표와 출판사 가족 여러분께도 감사의 인사를 전한다.

김진섭

차례

1부 일기문(日記文): 사대부의 일상을 읽다

3부 백과사전: 세상의 모든 것을 담으라

『송남잡지』, 이야기를 꽃피우다

『오주연문장전산고』, 18세기 북학파와 19세기 개화사상을 이어주다

일러두기

- 본문에 소개한 서책의 제작 시기와 인물의 생몰년 등은 한국민족문화대백과사전을 기준으로 삼았고, 서울대학교 규장각한국학연구원 등의 자료를 참고했다.
- 서책의 표지와 내지는 주로 '서울대학교 규장각한국학연구원'에서 서비스되는 이미지를 활용했으며, 각 출처는 책의 뒤쪽에 따로 실었다.
- 그림(사진) 설명글은 제작 시기, 편저자, 내용과 의의 순으로 정리했다.
- 주요 인물과 관직 이름, 혼동하기 쉬운 용어 등은 한자를 함께 표기했다.
- 서책 이름은 『』로, 수록 작품의 제목(시조, 소설 등)은 「」로 나타냈다.
- 외래어 표기는 국립국어원의 표기 원칙을 주로 따랐다.

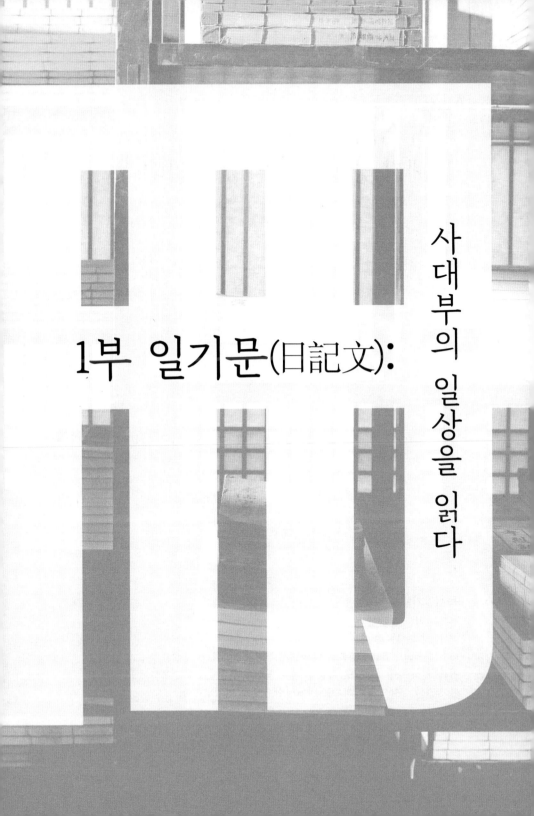

1부 일기문(日記文): 사대부의 일상을 읽다

『묵재일기』,
16세기 양반가의 일상을 읽다

묵재일기默齋日記

제작 시기 | 미상

편저자 | 묵재(默齋) 이문건(李文楗, 1494~1567)

내용과 의의 | 1535년(중종 30)에서 1567(명종 22)년까지 쓴 방대한 분량의 개인 일기로, 일상에서 일어났던 일들을 매우 꼼꼼하고 풍부하게 수록하여 16세기 조선 중기의 생활사를 이해하는 데 중요한 자료로 평가받는다.

양반가(兩班家)의 가족으로 살아가기

날카로운 신경전이 벌어지다

생활사(生活史) 연구는 거대 담론의 해체와 함께 역사 연구의 영역 확대로 이어졌다. 최근 일기(日記)에 대한 관심은 생활사 연구 차원에서 대단히 주목받고 있다. 일기에는 작성자의 솔직함도 담겨 있지만, 한편으로는 당시의 사회상도 들어 있기 때문이다. 그런 점에서 16세기를 살았던 조선의 사대부이자 지식인인 묵재 이문건이 남긴 『묵재일기』는 매우 흥미롭다.

　이문건은 아내와의 관계도 일기에 구체적으로 기록하여 당시 사대부 부부의 생활상도 엿볼 수 있다. 다음은 이문건이 기생과 어울리다 외박을 한 일로 아내가 여러 날 동안 심하게 질투하여 부부 싸움을 했다는 기록이다.

　　1522년 11월 21일 맑음

　　방에 들어와 아내를 보니 아내가 성을 내며 질투하기를 '멀지도 않은 곳에 있으면서 어째서 밤에 들어오지 않고 기생을 끼고 남의 집에서 잤

느냐? 이것이 늙은이가 할 짓인가? 왜 아내가 잠도 못 자고 밥도 못 먹을 것이라는 사실을 생각하지 못하느냐?'며 따졌다. 그러면서 내놓고 자꾸 질책하기에 듣기 거북해 나도 부드럽게 대답하지 않았다. 결국 서로 격앙되어 어깃장을 놓았으니 오히려 가소롭다. 밤이 되어 비로소 물에 만 밥을 먹었다. 아내도 조금 먹었다. 피곤해서 누웠는데도 여전히 질책하며 기생 종대의 이름을 들먹이니 눈꼴사납다.

11월 24일 맑고 바람 불며 추움

아래채에 내려가 아내와 아이들을 보았다. 아내가 아직도 노여워하며 큰소리 내기를 쉬지 않으니 가소롭다. 방에 올라와 있는데, 아내가 병든 몸을 이끌고 와서 "방금 종 숙지가 말하는데, 기생 종대가 당신이 그 애를 사랑한다고 자랑하면서 당신을 핑계로 교방에 이르기를 '다른 손님은 올리지 말라'고 하고 "당신이 몰래 그 기생에게 '나는 기생 부르는 소리를 들으면 마음이 안정이 안 된다. 그런데도 어째서 멀리에서 네 모습을 보여주지 않는단 말이냐?'라는 말까지 했다고 하니 즉시 행수기(우두머리 기생)를 불러 종대가 헛소리를 못 하게 하고, 이후로 다시는 술 시중을 들지 못하게 과단성 있게 처리하세요"라고 말했다.

내가 아내 말에 대답하지 않고 행수기도 부르지 않자, 아내가 크게 노여워하며 밥도 먹지 않았다. 아내는 황혼 녘에 추위를 무릅쓰고 아래 채로 내려갔는데 붙들지 못했다. 이는 모두 계집종들이 하는 잡소리를 듣고서 아내에게 일러바친 데 따른 변괴다. 잡소리를 들을 때마다 아내 한테 일러바치면 아내는 질투를 잘하는 성격이라 노여움이 더해지니 눈꼴사납고 싫다.

계집종 억금이를 불러다가 아내한테 이렇게 고하도록 했다.

"비록 내가 진짜로 첩을 사랑했다고 해도 당신이 마음이 상한다면 끊어버릴 일이니 하물며 관계하지 않은 천한 기생은 더 말해 무엇하는가? 가히 그 기생으로 하여금 다시는 술 시중을 들지 않도록 하리다."

이 말을 전해 들은 아내가 즉시 답변을 전해오기를 "사랑하는 기생과 어찌 차마 정을 끊을 수 있단 말인가요? 극렬한 욕정으로 그대로 머물러 두면서 관계하시지요"라고 말하며 기생 종대와의 관계를 확실한 일로 하니 가소롭다.

지난봄에 방직비(집안일을 하는 여종) 향복이를 희롱한 일도 "다만 우울한 마음 때문에 잠시라도 그것을 잊어버리기 위해 주사위 놀이를 하여 장난한다는 것이 심해져서 외설스러운 상황에 이른 것뿐이지, 어찌 진짜로 간음하고자 해서 이런 일이 있었겠는가?"라고 해명했다. 그리고 억금이에게도 이렇게 말해주어 여종들이 그 진상을 알기를 희망했다. 근래에 질투로 아내가 내게 이런 일을 말하는 것은 계집종들이 모두 의심한 까닭이다.

11월 22일 눈이 날리고 흐렸다가 맑았으며 바람이 불다

낮에 누워서 아내한테 "기생 가운데 잘생긴 아이가 없다오"라고 농담을 하자, 아내가 화를 내면서 "종대가 생각나서 그런 것이지요?"라며 책망하기를 그치지 않았다.

아내가 초저녁에 달려 나가 아래채로 가버렸다. 가히 질투 잘하는 사람이라 할 만하다.

이문건은 기생 문제로 인한 부인과의 갈등은 물론, 여종을 희롱한 일까지 쓸 정도로 일기를 솔직하게 기록했다.

평소 이문건 부부는 특별히 관계가 나쁜 것도 아니었고, 둘 다 개인적으로 성격이나 행동거지에 문제가 있는 사람들도 아니었다. 오로지 부부 사이 갈등의 원인은 기생이었다. 이문건이 기생집에서 외박한 사실이나, 기생이 이문건을 핑계로 손님을 받지 않겠다고 말한 것을 집안의 종들에게서 전해 들었다는 사실도 흥미롭다. 노비들이 주인 부부를 더 많이 알았고, 때로는 자신들이 알게 된 내용을 주인에게 전해서 부부 사이에 갈등이 벌어지기도 했기 때문이다. 이쯤 되면 요즘 말로 "나는 당신이 어젯밤에 한 일을 모두 알고 있다"고 해도 무리가 없을 듯하다.

아이의 출산과 양육에 점쟁이가 등장하다

『묵재일기』에는 이문건의 손자 숙길의 출생 과정부터 16세 성인이 될 때까지의 육아와 교육과정, 병치레 등의 내용이 자세하게 기록되어 있다. 일기는 아이가 태어나기 하루 전에 아들인지 딸인지를 점치는 내용으로부터 시작한다.

1551년 1월 4일(출산 하루 전)

점쟁이 김자수가 점을 치기 위해 집으로 와서 만났다. 바람과 눈이 어지럽게 날려 눈을 뜰 수가 없었다. 김자수에게 "언제쯤 출산하겠느냐?"고 물으니 글자를 불러보라고 했다.

내가 수(手) 자와 풍(風) 자를 부르자, 점을 쳐보더니 "여자아이를 얻을 듯합니다. 만약에 사내아이를 낳으면 어머니와 잘 맞지 않을 것이니 반드시 목(木) 자가 들어간 성씨를 쓰는 여종에게 맡겨서 양육해야 합니다"라며 "출산 시간은 자시(子時, 오후 11~1시), 묘시(卯時, 오전 5~7시), 유시(酉時, 오후 5~7시)입니다"라고 일러주었다.

   김자수가 눈발이 심해 삿갓 모자를 요구해서 새로 만든 것을 주니 바로 갔다.

이문건은 아이가 태어나기 전에 점쟁이를 불러 성별과 출산 시간 그리고 성장 과정에서 좋은 일과 부정한 일 등을 알아보았다. 그리고 아이가 태어난 후에도 지속적으로 관심을 기울였다. 다음은 아이의 탄생과 관련한 기록이다.

/월 5일 (출생일)

며느리가 아침부터 복통이 점점 심해지더니 진시(辰時, 오전 7~9시) 중에는 한층 더했다. 진시 말에 이르러서야 사내아이를 낳았는데, "포동포동하고 건강하다"고 하니 기쁘다. 아기에게 감초 탕물과 꿀물 등을 삼키게 했다.

/월 8일 (생후 4일)

만수와 귀손 등에게 태를 넣은 항아리를 북산(北山)에 묻으라고 했더니, 그 말을 지나치게 듣고 남산에 가서 먼 곳에 묻고 왔다고 해서 마음에 걸린다.

이처럼 노비들이 태를 다른 곳에 묻고 오자 신경이 쓰였던 이문건은 이틀 후 다시 노비를 시켜 본래 묻으라고 한 곳으로 옮길 정도로 정성을 다했다. 그리고 손자가 병이 났을 때 무당과 점쟁이를 불렀다는 기록도 보인다.

1551년 9월 24일

숙길(손자)이 붉은 변이 잦아 얼굴이 수척해지고 황백색이 되었다. 똥을 눌 때마다 울어 불쌍하고 불쌍하다. 숙길을 위해 무당을 불러 고사를 지냈다. 점치는 곳에 물어보니, 숙길의 어미가 금년에 액운이 들었다고 한다. 며느리를 남쪽에 있는 집으로 나가서 따로 거처하게 했다.

10월 1일

숙길이 밤새 세 번 설사를 했다고 한다. 점쟁이 김자수가 저녁에 와서 술을 먹여 보내면서 숙길의 이질병에 관해 물었다. 병이 물러갔다 더했다 해서 오랫동안 걱정거리였는데, 종당에는 흉하지 않을 것이라 한다.

이문건은 손자 외에도 집안에 환자가 발생하면 점쟁이나 무당을 불렀다. 하지만 무당은 자주 부른 것이 아니라 집안에 특별한 근심거리가 있을 때 불렀다. 병치레가 잦았던 손자는 이문건에게 각별한 존재였다. 이문건의 외아들 온(熅)이 병약했고, 이 아들에게서 태어난 손자는 집안의 대를 이를 장손이었기 때문이다.

사대부는 팔방미인이었다?

『묵재일기』에 따르면 점쟁이 김자수는 이문건의 집안에 일이 있을 때마다 반복해서 등장한다. 이문건은 가족의 건강과 관련해서 점쟁이 김자수에게 상당히 의지했던 것으로 보인다. 점쟁이에게 술을 대접하고 삿갓 모자를 주었다는 것이 점을 쳐준 대가인지는 확인할 수 없지만,『묵재일기』에 따르면 때때로 점쟁이에게 별도로 물품을 지급하기도 했다. 그렇다고 해서 가족들의 병 치료를 점쟁이에게만 전적으로 의지한 것은 아니다.

이문건은 가장으로서 집안 식구들의 치료에 직접 나서기도 했다. 당시 의술이 발달하지 못했고, 특히 지방에서 의술을 갖춘 전문가를 찾기란 쉽지 않았다. 한편으로는 경제적인 이유도 있었다. 가족이나 노비가 아플 때마다 의원을 부르기에는 경제적인 부담이 적지 않았기에 점을 쳐서 어떻게 할지를 결정했고, 가벼운 병은 직접 처방하여 집에서 치료했다.

> ### 1536년 8월 24일
> 열병으로 기운이 편하지 못해 순기산을 달여서 복용하고 바둑을 두지 않았다.

> ### 9월 20일
> 저녁 무렵 복통이 나서 화장실 가는 횟수가 점점 심해졌다. 밤이 되어 장비원을 복용했으나 즉시 토해냈다. 배가 아파서 다시 소합환을 복용하였고, 새벽에 말린 감초를 물에 달여 복용하니 복통이 조금 멈추었다.

사대부 집안에는 장비원이나 소합환 등 비상약이 비치되었고, 이문건은 자신은 물론 가족이 병이 나면 직접 처방했다. 또 손자의 유모에게 "인삼과 패독산(敗毒散)에 묵은쌀을 넣어 조제하여 달여서 복용하게 하니, 젖으로 흘러나왔다"며 집안의 노비들이 탈이 났을 때도 직접 처방하고 결과도 기록으로 남겼다.

이문건은 집안에 특별한 일이 생겼을 때 점쟁이나 무당을 부르기도 했지만, 스스로 점을 쳐서 일상의 일들을 결정하기도 했다.『묵재일기』에 "아침에 풀을 꺾어 외출할 것을 점치니 길하다는 점괘를 얻었다. 이에 절에 올라갈 생각을 하였다"는 기록도 그 예이다. 여기서 '절에 가기로 결정했다'는 것은 불자로서 종교 행사에 참석하는 것이 아니라, 그의 집안과 관련한 업무를 보기 위함이었다.

이처럼 이문건은 의술과 점술에도 상당한 지식을 갖추고 있었다. 이를 통해 가장으로서 집안 식구들의 건강을 책임져야 하는 당시의 시대상도 읽을 수 있다. 요즘으로 말하면 사대부 집안의 가장은 학문을 익히는 것 외에 잡기(雜技)에도 능한 팔방미인이었다.

나는 어젯밤 주인이 한 일을 모두 알고 있다

불만이 있는 노비는 도망가기도 했다

1392년 조선이 개국하던 해에 8만 명이었던 공노비는 70여 년이 지난 세조 13년(1467)에는 45만 명으로 증가했다. 그리고 같은 해 인구조사에서 전국의 공사 노비는 350만 명으로, 전체 인구 900만 명의 39퍼센트를 차지했다. 이후 17세기까지 노비는 전체 인구의 30~40퍼센트나 되었던 것으로 전한다. 특히 이문건이 살았던 16세기는 우리 역사상 가장 노비가 많았던 시기로, 이 시기 양반집 가장은 고대의 부족장보다 훨씬 더 많은 사람을 부리는 수장이었다.

조선시대 양반의 주요 경제적 기반은 농장이었고, 친가와 처가 양쪽에서 상속이 이루어져 거대한 농장을 소유한 집안도 적지 않았다. 그리고 농장이 모두 주거지 부근에 있지도 않았다. 농장이 많을 때는 전국적으로 분포했는데, 해당 지역에 있던 관청의 적극적인 지원을 받으면서 작게는 수십 명, 많게는 수백 명의 노비에 의해 운영되었다.

물론 모든 양반이 대규모의 농장을 소유한 것은 아니었다. 집안의 경제 수준에 따라 노비의 수는 일정하지 않았지만, 지체 높은 사대부 집안은 주인 가족보다 노비의 수가 몇 배나 많은 것이 일반적이었다. 이황의 장남 이준은 360여 명의 노비를 소유했고, 윤선도의 집안에서는 700여 명의 노비가 있었다는 기록도 전한다.

따라서 집안의 가장은 물론 가족에게 노비를 관리하고 통제하는 일은 대단히 중요했다. 『묵재일기』에 따르면 가장인 이문건은 노비들의 절대적 지배자였다. 하지만 노비들이 언제나 순종적이지만은 않았다. 이들이 이문건의 부인 말을 듣지 않는 등 상전을 무시했다는 사실이 발각되어 가차 없이 체벌이 가해졌다는 기록도 보인다.

반면 노비들은 능력과 주인의 신임도에 따라 좋은 대우를 받기도 했다. 예를 들어 주인의 새 가족이 태어나면 육아부터 죽을 때까지 수발든 공으로 노비 신분에서 벗어나기도 했고, 일 처리 능력을 인정받아 주인 농장의 타작과 수공을 관장하는 일을 맡기도 했다. 이러한 과정에서 노비들이 재산을 모으기도 했다.

또 전통 시대에는 여비(女婢)가 언제나 존재했고, 집안의 규모가 클수록 여비들의 규모도 늘어났다. 하지만 여종과 관련한 기록이 거의 남아 있지 않아 구체적인 규모나 성격은 알기 어렵다. 당시 사회에서 여비의 존재는 양반이 여비들을 기억할 필요가 없을 정도로 신분사회에 철저하게 묻혔기 때문이다. 그런데도 여비들은 누구보다 주인집 가족을 최근 거리에서 시중들었고, 주인집 가족은 여비들이 아니면 의·식·주 등 일상생활 자체가 불가능할 정도로 완벽하게 이들에게 의지했다.

『묵재일기』에 따르면 여비들은 밥하고 빨래하는 일과 청소 등 집안일은 물론, 가까운 거리에 심부름을 다녀오거나 때로는 이문건이 거주하던 경상도 성주에서 멀리 충청도 괴산에 있는 이문건의 처가에 파견 나가기도 했다. 그리고 여종 중에 주인집에서 나가 사는 외거노비가 비교적 자유로운 생활을 유지했다면, 주인을 직접 모시며 주인집에서 거주하는 노비는 주인집이 인적·물적 자원의 중심 공간이라는 점에서 상대적으로 지위가 좋았을 것으로 추정하고 있다.

이외에도 능력을 인정받은 여비는 단순한 집안일이 아니라 다양한 일을 담당하면서 경제적·사회적 지위도 어느 정도 누렸다. 심지어 수입이 많은 노비는 자신의 집안에 다른 노비를 두기도 했다. 이문건 집안의 여비 억금에 대한 기록을 통해서도 이러한 사실을 확인할 수 있다.

성공한 노비는 노비를 두었다

억금은 이문건 집안이 한양에 있을 때부터 부리던 여비였다. "10세의 어린 나이에 이문건의 딸 순정(順貞)을 업고 노원에 있던 산소에 올라갔다"는 기록으로 보아 억금은 덩치가 크고 힘이 셌으며, 다른 종들에 비해 아픈 기록이 별로 보이지 않은 것으로 보아 건강했던 것으로 짐작된다. 그 때문인지 억금은 이문건 가족의 병간호를 도맡아 했다.

하지만 우직하고 덜렁거리는 성격 탓에 병 수발이 소홀하다는 이유로 매를 맞기도 했고, 국을 끓이다가 옷에 불이 붙어 소동이 일어나기도 했다. 한번은 부인이 많이 아파서 누워 있는데, 억금이 빨래할 물을 끓이다가 바람막이로 둘러쳐 놓은 가마니에 불이 옮겨붙어 이웃 사람들까지 물을 들고 와서 겨우 끈 일도 있었다.

억금은 고집도 상당했고, 때때로 주인의 명을 따르지 않았다. 어느 날은 이문건이 자신의 죽은 누이의 종 천수가 한양으로 갈 때 자신을 만나고 가라고 억금에게 일렀으나 전하지 않은 일도 있었다. 또 아침마다 이문건에게 올려야 하는 약물을 늦게 대령하기도 했고, 심지어 아침 식사를 올리지 않고 밖으로 나가거나 여름 치마를 꿰매놓지 않았다는 등의 이유로 매를 맞았다는 기록도 보인다.

이문건의 부인도 억금 때문에 자주 속을 썩었다. 억금이 자신을 속인다며 때리기도 했고, 병들어 누워 있던 아들의 옷에서 이를 잡지 않는 등 병간호를 제대로 하지 않았다며 때리기도 했다. 하루는 부인이 억금이 때문에 속이 상해 아침밥을 먹지 않았는데, 이문건이 이를 보고 놀리자 부인이 "종을 나무라지는 않고 오히려 게을러지게 만든다"고 남편에게 불평한 일도 있었다. 그렇지만 억금은 나이가 들면서 주변으로부터 요리 솜씨와 일 처리 능력을 인정받게 된다.

한양에 거주할 때는 억금이 이문건의 생일에 당시에는 귀했던 만두를 요리해서 올렸고, 이문건은 "너무 많이 먹어 속이 더부룩하다"고 일기에 쓰기도 했다. 창녕 사또와 직제학이 사망하는 등 대갓집 경조사나

이웃집에서 잔치 준비를 위해 음식을 장만할 때는 억금을 빌리는 일도 있었고, 상주에 거주할 때는 옥산이라는 남자 종이 아버지가 괴산에서 돌아가셨다는 소식을 듣고 괴산으로 가면서 "아버지 장례를 치르기 위해 음식 장만을 하고 곡을 하는데 억금을 빌리고 싶다"고 이문건에게 부탁한 일도 있었다.

이문건 역시 성주로 이주한 후 억금에게 자신의 병약한 아들 기성의 병 수발을 들게 하는 등 점차 중요한 집안일을 맡겼다. 억금은 비록 여자였지만, 성주 지역 남쪽에 있던 농장 일도 맡았다. 심지어 이문건의 부인이 성주에 내려와서 특별히 가까이 지내던 충순위 홍술지(洪述之)의 부인 안 씨를 만나기 위해 외출할 때는 억금이 수행했는데, 당시 부인은 이웃 마을 사람들이 메고 가는 교자를 탔고 억금은 말을 타고 갈 정도로 주인의 신뢰를 받았다.

억금은 이문건의 아들 기성의 병간호를 오랫동안 했으나 결국 기성이 사망하자 상여가 나갈 때 상복을 입고 괴산까지 따라가서 장례를 치르고 돌아왔다. 이후 억금은 기성의 제사에도 참여하여 함께 곡을 했다. 또 이문건의 막내딸이 억금의 병간호를 받다가 20세에 요절하자 이문건은 처녀로 사망한 딸의 제사를 억금에게 맡겼다.

억금은 재산도 상당히 모았다. 억금이 나이가 들어서 자신의 어머니 제삿날에 집안 또래들에게 음식을 대접했다는 기록은 경제적으로 여유가 있었다는 사실을 말해준다. 이문건 집안의 노비였던 억금의 남편 역시 전국 각지를 돌아다니며 이문건 집안의 일을 처리할 정도로 신뢰를 받았다. 그리고 억금이 길 떠날 준비를 하는 남편에게 잠시 머물면서 자신이 꾸어준 빚을 받아달라고 부탁했다가 얻어맞은 일도 있었다는 기록으로 보아 억금이 주변 사람들을 상대로 고리대금업을 할 정도로 부유했음을 알 수 있다.

유모(乳母)는 양반가의 규범을 따라야 한다?

조선시대에는 왕실에서부터 양반가에 이르기까지 아이가 태어나면 유모를 두었다. 유모는 여종 중에서 선택되었으며, 아이를 돌보며 젖 먹이는 일을 했다. 이문건의 집안에서도 명종 6년(1551) 정월, 손자 숙길이 태어나자 유모를 구했다. 하지만 적합한 유모를 찾지 못해 손녀 숙희의 유모였던 돌금에게 숙길을 돌보게 했다. 당시 이문건은 돌금이 "성품이 좋고, 이미 숙희를 부지런히 돌보았기에 숙길을 맡아 기르게 한다"고 일기에 그 이유를 남겼다.

유모는 비록 주인의 명으로 아이에게 젖을 주지만, 젖을 뗀 뒤에도 아이의 육아를 맡는 일이 흔했다. 따라서 아이의 양육 과정에서 발생하는 병치레를 담당하는 등 대단히 힘든 일도 많았다. 그 대신 아이와 유모가 매우 친밀해지기도 했다. '유모의 은혜를 입고 자란 아이는 유모에게 예의를 지켜야 한다'는 인식이 자리 잡을 정도로 유모는 집안에서 특별한 지위를 인정받았다.

세종 때에는 어느 관리가 거짓으로 유모 상을 치른다고 했다가 발각된 일이 있을 정도로 국가에서도 유모가 사망하면 상복을 입는 것을 관념적으로나마 허용했다. 또 유모에 대한 예의는 본인 외에 유모의 남편과 자녀 등 유모의 가족에게도 적용되었다. 기본적으로 유모의 자식들은 유모가 양육하는 주인집 아이와 놀기도 했고, 함께 공부하며 글을 깨우치는 등 좀 더 안정적인 환경에서 성장했다. 유모의 역할을 충실하게 수행한 공으로 유모와 그 가족들을 면천해 주는 일까지 있었다.

따라서 유모는 비록 천민이었지만, 아무나 될 수 없었다. 그 때문에 유모를 구하는 일이 쉽지 않았다. 이문건은 처음에 숙길의 유모를 눌질개(訥叱介)로 정했으나 얼마 지나지 않아 눌질개는 자기 자식에게 먹일 젖이 부족하다는 이유로 유모 역할을 그만두었다. 이어 춘비(春非)가 숙길에게 젖을 먹이게 되었으나 이문건은 "춘비가 아이 돌보는 일에 정성을 다하지 않는다"는 이유로 손녀 숙희의 유모 돌금이 젖을 먹이게 했다. 하지만 당시 이문건의 조치는 임시방편이었다. 돌금은 숙희의 유모였기 때문이다.

이처럼 돌금 외에도 춘비와 주지 등 여러 명의 여종이 손자와 손녀에게 젖을 먹였지만, 그렇다고 해서 유모로 인정받는 것은 아니었다. 당시 이문건은 여종 주지가 아이를 출산하자 주지를 숙길의 유모로 삼으려고 했다. 하지만 주지가 출산 후 몸이 좀처럼 회복되지 않아 건강이 회복되기까지 시간이 걸렸다. 그런데 숙길이 낯가림이 심해 주지의 젖을 먹으려고 하지 않아 결국 돌금이 숙길의 유모로 선택된다.

이문건은 유모가 손자를 돌보는 일에 잠시라도 소홀한 모습을 보이면 곧바로 벌을 줄 정도로 손자의 양육에 각별한 관심을 기울였다. 따라서 숙희와 숙길의 유모였던 돌금은 많이 힘들 수밖에 없었다. 더구나 숙길은 병치레를 자주 했고, 이를 수발하는 것도 돌금의 몫이었다.

신경전이 벌어지기도 하다

숙길이 학질에 걸리자 유모 돌금은 아이의 병을 낫게 해달라고 기도를 드리기도 했다. 당시 이문건은 점쟁이 김자수에게 편지를 보내 학질에 대한 점을 치게 했지만, 차도가 없자 숙길의 입에 떡을 물리고 돌 위에 글자를 써서 가슴에 품게 한 후 돌금이 숙길을 업고 냇가로 나가 물속에 돌을 던지는 방술치료법(方術治療法)을 행했다. 명종 11년(1556) 6월에는 숙길이 마마에 걸리자 천연두 마마신인 두신(痘神)을 곱게 보내기 위해 새벽부터 떡을 쪄서 마마상을 차리고 돌금을 시켜 치성을 드리게 한 일도 있었다.

이처럼 무속과 관련하여 유모가 일정한 역할을 담당한 것은 유모가 아이를 양육한다는 책임감에 따른 이유도 있었지만, 또 다른 이유도 있었다. 비록 집안의 근심이나 걱정거리를 없애기 위해 굿을 벌이는 것이라고 해도 유학자들에게 무속은 미신으로 타파해야 할 대상이었다. 하지만 일상에서는 불가항력적인 일이 일어나면 반복해서 기복적인 민간신앙에 의지했다. 따라서 양반 남성들은 이를 여성의 영역으로 돌리고 간섭하지 않음으로써 선을 긋고자 했다. 집에서 굿을 치를 때 이문건이 이를 피해서 굿이 벌어졌던 아래채에 내려가지 않은 것도 이 때문이다. 일정한 거리를 두어 굿을 여성의 몫으로 돌리는 이중적 태도를 보인 것이다.

물론 집안의 모든 근심거리를 무당의 굿에 의지하지는 않았다. 특히 현실적으로 해결할 수 있는 문제는 즉각적으로 조치했다. 예를 들면 명종 6년(1551) 6월에 손녀 숙희가 병이 나자, 손자 숙길을 생모에게 맡기고 유모 돌금에게 다시 숙희를 돌보게 했다. 본의 아니게 어린 동생에게 유모를 양보한 숙희에게 몸이 아플 때만이라도 편안하고 익숙한 유모와 함께 지낼 수 있도록 배려한 셈이다. 그리고 명종 8년(1553) 정월, 돌금이 아들을 낳아 다시 수유할 수 있게 되자 이문건은 "최근에 손녀 숙희가 몸이 약해졌다"는 이유로 돌금에게 일곱 살 된 숙희에게 젖을 먹이도록 했고, 손자 숙길 역시 일곱 살이 되던 명종 11년(1556) 봄에야 비로소 완전히 젖을 뗐다.

유모 외에도 노비들이 주인집 아이와 놀아주었는데, 금세 싫증을 내거나 때로는 주인의 눈을 속이고 괴롭히다가 발각되어 매를 맞기도 했다. 당시 유모에게도 책임을 물어 매를 때렸으나 유모와 친밀해진 주인집 아이가 울면서 말려 멈춘 일도 있었다. 심지어 유모와의 친밀감으로 인해 유모와 생모 사이에 묘한 분위기가 형성되기도 했다.

특히 숙길의 생모는 아들을 낳은 후 시부모의 뜻에 따라 아이와 떨어져 지냈다. 반면 집안의 장손이었던 숙길의 양육을 맡게 된 유모는 주인은 물론 집안의 노비들에게도 주목받을 수밖에 없었다. 그 때문인지 명종 8년(1553) 9월에는 이문건의 아내가 "노비 주지와 돌금 등이 며느리를 쉽게 여기며 때로는 말을 듣지 않고, 하지도 않은 말들을 꾸며내기까지 한다"고 불평하기도 했다. 당시 이문건은 사람을 시켜 유모 돌금에게는 등을 30대 때리게 하고, 주지에게는 볼기 80대를 치게 했다.

더 심각한 일도 있었다. 유모가 되면 젖이 모자라 자신의 아이에게 제대로 젖을 주지 못해 유모의 아이가 영양실조 등으로 사망하기도 했다. 숙길에게 젖을 먹이던 춘비도 아이가 두 달 정도 어미젖을 먹지 못해 사망했고, 며칠 후 춘비가 사망했다.

이황의 경우 장손자 안도(安道)가 성균관에서 공부하느라 부인과 갓 태어난 아들 창양(昌陽)을 한양으로 데리고 갔을 때 안도의 부인 권 씨가 젖이 모자라자, 이황에게 때마침 아이를 낳아 젖을 먹이던 여종을 한양으로 보내달라고 부탁한 일이 있었다. 당시 퇴계는 손자 안도에게 다음과 같은 편지를 보냈다.

> 젖 먹일 여종이 서너 달 된 자기 아이를 버리고 상경한다면, 이것은 그
> 의 아이를 죽이는 일과 다름없는 것이니 어찌 그럴 수 있겠느냐? 한양
> 에도 젖 먹이는 여종이 반드시 있을 것이니 대여섯 달 동안 서로 같이
> 먹이면서 키우고 8~9월이 되기를 기다렸다가 보내면, 이 아이도 죽 같
> 은 것을 먹일 수 있을 것이다. 이렇게 하면 두 아이를 모두 살릴 수 있어
> 크게 좋은 일이 아니겠냐. 만약 그렇게 할 수 없어서 꼭 보내야 한다면,
> 차라리 자신의 아이를 데리고 올라가도록 해서 두 아이를 함께 키우는
> 게 좋을 것이다. 매정하게 떼어버리고 보내는 것은 인간으로서 차마 못
> 할 일이다. 그래서 미리 알리는 것이니 다시 생각해 보아라.

당시 이황은 "남의 자식을 죽여서 자기 자식을 살리는 것은 참으로
해서는 안 되는 일이다"라며 노비를 보내주지 않았다고 한다.

한번 유모는 영원한 유모다

아이가 젖을 완전히 떼면 아이의 생활에 적지 않은 변화가 찾아온다.
특히 남자는 더욱 변화가 컸다. 이문건의 손자 숙길 역시 젖을 떼자 할
아버지 방으로 거처를 옮겼다. 할아버지와 한 공간을 사용한다는 것은
남성 공간으로의 이동을 의미했다. 남성의 공간에서는 남성 중심의 신
분제 사회에서 성인(成人)으로 성장하기 위해 글과 인간관계 그리고 예
절을 배우면서 양반이자 유학자로서의 삶을 익히게 된다.

숙길 역시 할아버지에게 배우며 때때로 집안의 노비를 관리 감독하

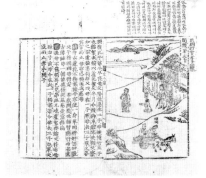

효자도_
민손단의(閔損單衣, 홑옷 입은 민손)

효자도_
자로부미(子路負米, 쌀을 진 자로)

삼강행실도三綱行實圖

1434년(세종 16) | 설순(偰循) 외 | 왕명에 따라 편찬한 언행록으로, 우리나라와 중
국의 서적에서 군신·부자·부부의 삼강(三綱)에 모범이 될 만한 충신·효자·열녀
의 행적을 뽑아 그림과 글로 칭송한 일종의 교훈서이다. 1481년(성종 12)에 한글로
풀이한 언해본이 간행되었다.

32

는 일을 맡기도 했다. 그리고 할아버지를 따라 외출하여 각종 연회에도 참석하는 등 더 많은 사람을 신분에 따라 대하는 법을 익혔다. 물론 이러한 일들은 한꺼번에 이루어진 것이 아니라 나이가 들면서 단계별로 진행되었다.

글공부도 마찬가지였다. 이문건은 일기에 "숙길이 그림책을 가지고 열심히 들여다보고 나서는 재잘거렸다"며 어린 숙길이 당시 아이와 부녀자의 교육을 위해 그림이 첨부된 『삼강행실도』 등으로 공부를 시작했다고 기록했다.

아이가 유모의 품을 떠났다고 해서 모든 관계가 정리되는 것은 아니었다. 유모는 아이가 성인이 되어도 집안에서 일정한 대우를 받았다. 예를 들면 주인집의 재산을 분배할 때 유모의 가족은 분산하지 않고 가족 단위로 분배되도록 배려했다. 그 이유는 유모가 낳은 자식이 그렇게 많지도 않았지만, 같은 젖을 먹고 자란 유모의 자식들을 다른 집으로 분산하는 것은 인정상 차마 할 수 없었기 때문이다. 그리고 아이가 성장하여 혼인 절차를 밟을 때 유모와 유모의 남편도 참여했다. 유모 부부는 어린 시절부터 함께 생활해서 은밀한 것을 물어볼 정도로 대단히 친숙했기 때문이다.

유모에 대한 예우는 왕실에서도 각별했다. 왕실에서는 양반의 처나 첩을 유모로 삼고 싶어 했다고 전해진다. 하지만 양반가에서도 아이를 출산하면 유모를 두었고, 남녀를 구분하는 내외법이 있었기에 양반의 처나 첩을 유모로 삼는 것은 현실적으로 어려운 일이었다. 그래서 왕의 유모 역시 천인이었지만, 왕실의 측근들과도 친밀한 관계를 유지할 정도로 신분적 제약이 심하지 않았다.

유모의 역할을 충실하게 마친 뒤에는 관직이 주어지기도 했다. 세종은 중국의 제도를 참작해 자신이 어린아이였을 때 젖을 먹여주고 보살펴준 유모를 정이품 봉보부인(奉保夫人)으로 삼아 예우했다. 성종은 궁궐 밖에서 생활할 때 유모였던 백 씨를 즉위 후에 특별하게 예우했다. 그 때문에 신하들의 비판을 받았지만, 유모 백 씨는 찾아오는 사람들의 발길이 끊이지 않을 정도로 권세를 누렸다. 한번은 유모 백 씨가 성종에게 직접 누군가의 관직을 부탁했다가 성종에게 혼이 난 일도 있었다.

한편 유모는 대부분 시간을 어린 상전을 돌보는 데 써야 했으므로 양반 집안의 일상적 예의범절을 익혀야 했고, 그에 걸맞은 도덕적 기준을 따라야 했다. 심지어 평소 생활 태도에 문제가 있다면 유모가 될 수 없었다.

평소 노비들의 통간(通姦) 사건에 비교적 관대했던 이문건 역시 유모 돌금에게는 엄격했다. 명종 17년(1562) 6월, 돌금이 집안 노비와 통간한 사실이 발각되자 돌금과 정을 통한 남자 노비를 집에서 쫓아내기도 했다. 당시 돌금이 헤어질 수 없다고 하자 이문건의 아내는 유모의 예(例)에 어긋나는 행동임을 이치로써 설명하여 간신히 돌금을 설득했다고 한다. 당시 돌금은 과부였고 남자 노비 역시 홀아비였던지라 이들의 만남은 재혼에 해당했지만, 이를 금하는 사대부의 법도를 유모에게 적용했던 것이다. 돌금의 입장에서는 억울함도 있었을 법하다.

그래서인지 유모가 양반 집안의 규범을 모두 수용하고 따르지 않을 때도 있었다. 돌금의 경우 이후에도 동료였던 여종의 도움을 받아 주인 몰래 남자 노비와 만나다가 결국 이문건에게 발각되어 매를 맞았다.

특별한 의례에도 평범한 일상이 있었다

시묘살이 중에도 일상이 있었다

유교를 숭상하는 조선에서 효(孝)는 국가 최고의 덕목이었다. 그 때문에 부모님이 돌아가셨을 때 시묘살이를 국가에서 권장했고, 왕실도 예외는 아니었다. 왕은 부왕(父王)이 사망하면 실제로 시묘살이를 할 수 없어 궁궐 내에 여막을 짓고 시묘살이를 대신했다. 사대부는 삼년상(三年喪)을 치른 후 시묘살이를 더 연장하기도 했다. 서얼 차별이 심했음에도 숙종 17년(1522)에는 서인(庶人)에게도 삼년상을 허락했다.

시묘살이를 극진하게 치른 사대부에게는 국가에서 포상을 내리기도 했다. 따라서 조선시대 사대부는 시묘살이를 하는 동안 그야말로 엄숙하고 경건한 몸과 마음으로 두문불출하며 부모님 산소만을 지키고, 유교 이념의 실천에 철두철미했을 것으로 생각하는 경향이 있다. 하지만 이문건의 시묘살이를 보면 사뭇 다른 분위기를 느낄 수 있다.

이문건은 부모님이 돌아가셨을 때 일찍 사망한 큰형을 대신해 자식으로서 예를 지키기 위해 집안의 장손인 조카 이휘와 함께 시묘살이를 했다. 그리고 『묵재일기』에 상주(喪主)의 일상을 상세하게 기록했다. 다음은 주목되는 내용의 일부이다.

8일 맑음

조카 휘와 함께 여막을 지켰다. 일찍 아침 상식(上食)의 예를 행하고 양주 관청에 들어가 목사를 뵙고자 뜻을 청했다. 상보 형님도 도착했는데 목사가 한양에 들어갔다고 해서 그만두었다. …… 양차가 새벽에 와서 공물을 받는 일로 바로 양평으로 보냈고 포천 관아에도 문서를 보냈다.

9일 맑음

조카 휘와 여막을 지켰다. …… 연효원이 와서 일이 많으니 얼음 바치는 것을 감해 달라고 청했으나 허락하지 않았다. 이근지도 왔는데, 돗자리 바치는 일을 독촉하지 않게 해달라고 요청하고는 즉시 갔다. …… 휘가 문옹의 여막에 들어가 종일 이야기를 나누다가 돌아왔다.

10일 맑음

휘가 혼자 여막을 지켰다. 나는 일을 보려고 오전에 한양에 들어갔다. …… 양주 목사를 만나러 집으로 찾아갔지만 만날 수 없었다. 묘를 이장할 때 일꾼과 관련된 자잘한 일들을 알렸다. 저녁에 저동 집에 도착해 머물렀다. …… 백순 형님 앞으로 목수를 요청하는 편지를 부쳤다. 주막집에 있었는데 연괄·금천·이문옹 등이 와서 만나고 갔다. …… 분동의 종 모록대가 석회를 싣고, 내 이불과 요를 부처로 가지고 왔다.

이처럼 상주(喪主)가 시묘살이를 하면서 인근에서 시묘살이 하는 다른 상주를 찾아가 온종일 대화를 나누거나 때로는 바둑이나 장기를 두기도 했다. 용무가 있을 때면 외출하고, 술을 마시기도 했다. 몸이 불편하면 예를 올리는 것을 거르기도 했으며, 집안의 대소사를 처리하기 위해 사람들이 자주 찾아와 만남이 이루어지기도 했다. 또 시묘살이를 마무리하면서 묘를 조성하는 과정에서 물자와 인력을 지원하는 등 지역 관청의 협조가 이루어졌다는 사실도 확인할 수 있다.

이외에도 『묵재일기』에는 집안에 근심거리가 있거나 전염병이 돌 때를 제외하고 매년 돌아가신 부모님 생신날 제사를 지내는 모습도 나오는데, 이는 유학에서 예(禮)의 지침서인 『주자가례』에는 나와 있지 않은 우리 고유의 제사 양식으로 보고 있다.

아! 일이 끝나버렸구나

『묵재일기』에는 을사사화의 단초가 된 이덕응(李德應)의 공초(供招, 조선시대에 죄인이 범죄 사실을 진술하던 일) 내용과 이문건의 큰조카 이휘(李徽)가 역모죄로 극형에 처해지고, 이문건 역시 연좌되어 유배되는 등 한 집안에서 일어난 불행했던 일도 구체적으로 기록하고 있다. 주요 내용을 정리하면 다음과 같다.

1545년 9월 6일 맑음

윤임의 사위 이덕응의 공초에 따르면 "나숙(羅淑)이 말하기를, 윤원로는 간사하니 제거하는 게 옳다"고 하였고, 곽순은 "어진 사람을 골라 왕으로 세워야 하니, 어찌 미리 왕을 정해둘 수 있겠는가 등등의 말을 하였습니다. 이는 이휘가 제게 말하였기에 제가 들었던 것입니다"라고 진술했다고 한다.

이휘가 저녁에 체포되었는데, 문초하는 관리가 이와 같은 말들에 대해 묻자 이휘가 나식(羅湜)의 말이라고 대답하고, 나숙의 말이라고 하지 않았다. 그러자 두 차례의 형벌이 가해졌고, 이에 바른대로 진술했다. …… 이는 참으로 (이휘가) 말이 많은 것에 따른 화(禍)이다. 나는 마침내 사직서를 올리기로 결심했다.

9월 7일 맑음

병을 핑계로 출근하지 않았다. 효억과 규성 등이 새벽에 와서 함께 걱정해 주었다. 헌숙을 찾아뵙고 조카 이휘의 일을 물었더니, 곽순의 말에 대해 바른대로 아뢰지 않는다며 문초관이 화가 났다고 한다. 나는 조카를 구원해 달라고 요청하고 물러났다.

길을 지나다 연추문(延秋門, 경복궁 서문으로 조선시대 문무백관들이 출입하던 문)에서 중길에게 들러 '출근할 수 없다'는 뜻을 전하고 집으로 돌아왔다. 저녁에 신수경을 찾아가 조카 이휘에 대한 고민을 말하자, 곽순(郭珣)의 말로 보아 가히 경중(輕重)을 점칠 수 있다고 하였다.

9월 9일 흐림

조카 이휘는 처음에는 죄를 자복하지 않았다. 휘에게 1차로 형벌을 가하고는 다시 문초관이 계를 올려 "뭇사람의 증거가 하나로 모이고 있으니, 형을 집행할 만합니다. 그러니 더는 형벌을 가할 필요는 없습니다"라고 하였다. …… 저녁에 큰조카 이휘의 집에서 부모님의 신주를 옮겨다 내 방에 임시로 모셨다.

9월 10일 맑음

조카 이휘는 2차형을 가해도 죄를 승복하지 않았다. …… 휘가 곤장을 맞아 정신이 혼미한 가운데 서명을 하였다고 한다. 아! 일이 끝나버렸구나. 이제 극형에 처해지겠구나. 휘의 처가 집에 와서 머물렀다. 마침내 귀양 가는 일이 정해졌다. 휘의 재산이 몰수당하였다고 한다.

밤에 한성 참군 최제인이 와서 만났는데, 죄인의 부모와 처자식의 수를 조사해서 돌아갔다.

9월 //일 맑음

황혼 녘에 조카 이휘와 이덕웅이 군기감 앞에서 극형을 받았다. ……
누님이 새벽에 오셨다. 함께 울었다. 안정에게 점복서(占卜書)인『참동계
(參同契)』를 돌려주었다.

9월 /2일 맑음

누님이 새벽에 귀가하셨다. 밥과 국과 술을 신주 앞에 차리고 곡을 하
였다.

아침에 집을 나서 청파동 누님 댁에 머물며 유배 떠나기를 기다렸다.

길재가 왔는데, 숙모님이 아라비아풍[回風] 무명 세 필과 발싸개 하나
를 보내셨다.

9월 /3일 맑고 추움

대립공이 와서 술을 대접하고 갔다. 저녁에 아내가 집을 나서서 청파동
누님 댁에 도착했다.

예금이가 함께 따라와 술을 주었다. 상보가 편지를 보내 문안했다.

안함과 나는 공신록에서 삭제되었다고 한다. 예조에서『십칠사략』과
『식요』를 찾아갔다.

9월 /4일 맑고 추우며 얼음이 얾

청파동에 머물며 유배지가 정해지기를 기다리는데 힘들었다. 몸과 기

운이 약하니 버텨내기가 어려울 것만 같다. 윤박이 와서 원래의 결수를 조사하기에, 살아서 유배지에 도착할 수 있겠는지 넌지시 물었더니 죽지 않고 그곳에 도착할 것이라고 하였다. 다시 무인생(이문건의 아들)이 아들을 낳겠는지 물으니, 하나 아니면 둘을 낳을 것이라고 하였다.

(조카 이휘) 시신을 거두라고 명령하여 종들이 가서 입관하였다고 한다.

이문건의 조카 이휘가 연루되었던 을사사화는 조선의 4대 사화 중 하나로 명종 즉위년(1545)에 윤원형·정순붕·이기·임백령 등 소윤 일파가 반대 세력을 제거하기 위해 일으킨 사건이었다. 『묵재일기』에 따르면 이 사건은 이문건의 조카 이휘가 인종의 후계 문제를 동료에게 함부로 말한 것이 화근이 되었고, 당시 집권 세력이었던 소윤 일파는 이휘가 윤임의 사주를 받아 계획적으로 이 말을 퍼뜨려 여론을 탐문한 것으로 몰아갔다. 그러고는 고문에 못 이긴 이휘의 자백을 근거로 관련자들을 극형에 처하거나 유배 보냈다.

한편 역모죄로 집안이 위기를 맞자 이문건이 취한 일련의 조치도 주목된다. 일반적으로 집안에 역모 죄인이 나오면 재산을 몰수당하고 가족들은 모두 노비가 되었다. 친족들도 벼슬을 박탈당하고 유배형에 처해졌다. 그 때문에 이문건은 조카 이휘가 역모죄로 체포당하자 전후 사정을 알아보기 위해 분주하게 움직였으며, 형을 받을 것이 확실해지자 관직에서 물러날 것을 결심하고 출근을 하지 않았다. 그리고 제사권이 있는 집안 큰조카의 뒷수습에 나서면서 먼저 부모의 신주부터 자신의 집으로 옮겼다.

또 『묵재일기』에는 역모죄에 따라 죄인의 재산을 몰수하고 가족의 수를 확인하는 절차를 밟거나, 친족들이 유배에 처하기 전에 불안해하는 심정도 엿볼 수 있다. 집안에 불행이 닥치자 가족과 친지들이 찾아와 위로하며 함께 슬퍼하고, 유배에 처한 이문건에게 필요한 물자를 보내주는 내용도 주목된다.

이문건은 이때가 처음 유배가 아니었음에도 자신이 어디로 유배 가는지 불안한 마음을 숨기지 않았다. 그는 작은형 이충건(李忠楗)과 함께 중종 16년(1521) 안처겸(安處謙)의 옥사에 연루된 적이 있었는데, 형 이충건은 유배 가는 도중에 사망했고 이문건은 낙안(樂安)에 유배되었다. 당시 이문건은 무사히 유배 생활을 마치고 다시 복직했지만, 멀고 험한 유배지로 가는 도중에 어떤 사람은 죽기도 하고 때로는 죄가 더해져 극형을 받기도 하였다. 그 때문에 이문건은 자신이 무사히 유배지에 도착할 수 있을지 점을 치거나, 집안을 이을 후사가 있을 것인지에도 관심을 기울였다. 당시 사대부의 조상 숭배 관념과 대를 이어야 한다는 효의 관념이 어떠했는지를 짐작할 수 있는 대목이다.

이외에도 역모죄에 연루된 이문건의 죄를 물으면서 공신록에서 그의 이름을 삭제했는데, 1545년 명종 즉위 후 이문건이 추성보익공신(推誠保翼功臣)에 책봉되었기 때문이다. 이문건이 그동안 빌려 본 책을 국가에서 회수해 가는 대목이나, 유배 가는 이문건을 위해 아라비아풍 무명을 보냈다는 기록과 이문건이 점치는 책인 『참동계』를 빌려다 읽었다는 사실도 흥미롭다.

유배 생활도 초라하지만은 않았다

이문건은 자신의 유배 생활도 다음과 같이 구체적으로 일기에 기록했다.

1522년 9월 1일 맑음. 저녁에 흐렸고, 오전에 지진이 나며 소리가 있었다

손자 기가 글을 익혔다. 아래채에 내려가 아이들을 보고 아침밥을 먹고 돌아왔다. 참군 황씨 어른이 해인사에 놀러 갈 의사를 물어왔기에 기대했던 바라고 답장했다.

권례손의 아들이 와서 과일을 전하면서, 그의 삼촌 신담이 호구(戶口)를 감고(監考)하는 의무를 직접 출근해서 하지 않아도 되게 해달라고 요청하고 갔다. 재해를 조사하기 위해 파견된 어사 임내신이 경상도에 내려와 배행하는 아전을 보내 문안하고 갔다.

신담의 호적 감고 책임을 면제해 달라고 요청한즉 "애초에 면제해 달라고 요청했으면 아주 쉬웠을 텐데, 이처럼 뒤늦게 일을 하지도 않고 면제해 달라고 하니 곤란한 일이 아니겠는가? 크게 어긋나는 일이지만, 힘써 부탁한 대로 해보겠다"는 답을 받았다.

아전이 방문하여 아내의 행차가 며칠쯤 도착하겠느냐고 묻기에 3일이나 4일이면 반드시 도착할 것이라고 답하여 보냈다. 아내의 행차가 괴산을 출발해 연풍관에 투숙해 있다.

9월 2일 비

이강중이 붉은 대추 한 소쿠리를 보내와 감사 편지를 썼다. …… 황징 등이 와서 책 제목을 써달라며 책을 두고 갔다. …… 아내의 행차가 유곡에 이르렀다.

9월 3일 맑았다 흐림

(아내의 행차와 관련해서) 판관 앞으로 편지하여 부상역에서 음식을 제공하

는 일, 경계선 지역에서 가마를 메는 일, 과일을 아이들에게 공급하는 일 등을 아뢴즉 모두 들어주었다.

　화원(畵員)의 권득이 다시 와서 신담의 감고 의무를 면제해 달라고 하여, 이제 면제된 일이라 말하고 만나주지 않았다. …… 판관이 꿀과 잣·쇠고기·배 등을 보내주었다. 안봉사(安峰寺)의 삼보승 성전이 종이를 만들어 바쳤는데, 백지 22권이었다. 그중에서 세 권과 가죽 여덟 장은 되돌려주었다. …… 아내의 행차가 상주에 도착했다.

9월 4일 맑고 약간 흐림

판관이 소금에 절인 은구어 20마리를 보내주었다.

　여암이 『역경』, 『서경』, 『화제』 등의 책 제목을 써달라고 청하면서 햅쌀 두 말과 보리씨 열두 말 등을 보내왔다. 이정중 등이 와서 만났고, 이와중과 장기를 두었다.

　안봉사의 삼보승이 숯 네 섬과 동과 다섯 개를 실어 보냈다. 목화 세 말을 보내 보답했다.

　이처럼 『묵재일기』에 따르면 우리가 알고 있던 유배 생활과 차이가 발견된다. 예를 들면 이문건은 유배 생활을 하면서 집안 어른과 해인사에 놀러 갈 일정을 잡기도 했다. 명종 13년(1558) 7월과 8월에는 경주 관아의 요청에 따른 것이기는 하지만 첨성대 등을 관람하는 등 일반인과 구분하기 힘들 정도로 자유롭게 생활하고 있다.

　그리고 중앙에서 암행어사로 경상도에 내려왔던 고위직 관리가 사람을 보내 안부 인사도 전하고 있다. 이는 비록 이문건이 유배 생활을 하고 있지만, 중앙의 인물들과도 교류가 이어졌음을 의미한다. 또 집안 친척이나 지역 사람들과도 만나고, 때로는 그들의 부탁을 들어주기 위해 지방 관리와 접촉하면서 예외적인 일을 제외하고는 대부분 해결해 주고 있다. 비록 유배 중이지만, 주위에서 이문건의 존재를 의식하고 있었음을 알 수 있다. 여기에는 그의 유배에 대한 위로의 뜻도 있겠지만, 한편으로는 이문건과 그의 집안이 지역에서 여전히 영향력을 지니고 있었음을 의미했다.

안봉사라는 사찰 역시 그의 집안과 밀접한 관련이 있었다. 『묵재일기』가 쓰일 무렵 안봉사는 거주하는 승려가 20여 명에 이를 정도로 규모를 갖추었고, 성주 지역에서 성주 이씨 가문의 영정을 모신 사찰로 이문건 집안에 일정한 노역(勞役)을 바치고 있었다. 그 때문에 이문건과 안봉사의 접촉이 주기적으로 이루어졌던 것이다.

『묵재일기』에는 안봉사에서 바친 노역 물품 외에도 승방 조성과 불사 진행 과정을 비롯해 사찰의 살림을 총괄하는 삼보승(三寶僧)과 그들의 재직 기간이 나와 있다. 심지어 삼보승이 유생을 욕보였다는 이유로 관아에 끌려가 곤장 70대를 맞고 풀려난 일까지 기록되어 있을 만큼 안봉사는 이문건 집안과 밀접한 관계를 유지했다.

이문건은 부인이 유배지에서 함께 살기 위해 친정 괴산을 출발해 이동하는 과정도 매일 기록했다. 특히 이문건이 부인과 아이들의 이동 경로를 알고 있을 정도로 매일 그에게 정보를 제공하는 협조자가 있었고, 가마꾼과 음식 지원 등 물심양면으로 관청의 도움을 받았다는 사실도 확인할 수 있다. 이문건은 유배지에서 책의 제목을 써주는 등 지역에서 필요한 사대부로서의 역할도 담당했고, 성주목의 여러 연회에도 참석하는 등 목사와 판관 그리고 지방의 각 수령과도 교유 관계를 유지했다.

이외에도 일반적으로 유배지라고 하면 먹는 것도 부실하고 초라한 단칸방 초가집 등이 연상되지만, 이문건은 판관이 은구어 20마리를 보내주는가 하면, 노역으로 바치는 물품들이 계속해서 들어왔다. 그가 거처했던 집은 위채와 아래채로 나뉘어 있었고, 종들을 부리며 가족이 함께 살 수 있을 만큼 규모가 있었다.

무엇보다도 그는 성주 이씨 집안 출신으로, 유배지였던 성주는 그의 고향이었다. 따라서 성주를 유배지로 정한 것 자체가 그에 대한 배려였을 가능성이 충분했다. 비록 역모죄에 연좌되었지만, 그는 왕의 즉위와 관련된 공신 출신이었고 억울한 면이 없지 않았다. 그리고 후에 유배에서 풀려나면 관직에 복귀할 것에 대한 '보험'의 의미 등 복합적 의미로도 추론해 볼 수 있다. 이는 그가 과거에 급제하여 중앙에서 고위직 관리를 지냈다는 경력과도 무관하지 않다. 중앙의 관리 중에서도 과거 급제자에 대한 인식이 달랐기 때문이다. 또 구체적인 내용을 알 수 없지만, 숙종 17년(1522) 9월 1일 지진이 일어났다는 기록도 눈길을 끈다.

어느 시대나 자식 교육은 마음 같지 않은가 보다

과거 급제자를 배출하라

조선 사회에서 주류는 양반 계층으로, 유학을 공부하여 관직에 진출한 사대부였다. 관리가 되기 위해서는 과거에 급제해야 했는데, 과거에는 문과와 무관이 되는 무과 그리고 역관 등을 배출하는 잡과가 있었다.

특히 문과는 성리학이라는 지배 이념 아래 중앙집권적 양반 관료 체계를 주도적으로 이끌어갈 문반 관리를 선발하는 시험이었다. 따라서 무과와 잡과에 비해 상당히 위상이 높았고, 사대부라면 대부분 문과에 응시해 합격하는 것을 삶의 중요한 목표로 삼았다. 그러나 문과 급제자는 다음 도표와 같이 여러 차례의 시험을 거쳐 소수의 인원을 최종 합격자로 선발했기에 그야말로 낙타가 바늘구멍을 통과하는 것에 비유될 정도로 극소수에 지나지 않았다.

1차 시험 성균관 입학 자격 부여			2차 시험 국가 관료직 임명 (33명 합격)			3차 시험 급제자 33명 순위 정해짐
소과	생원 유교 경전 암기	초시 복시	대과	초시 (예비시험)	초장 중장 종장	전시
	진사 문장 능력 중시 (논술시험)	초시 복시		복시 (본시험)	초장 중장 종장	

이처럼 과거 시험은 소과의 초시와 복시를 통과해야 생원 또는 진사가 되었고, 대과에 응시할 자격을 얻었다. 소과는 성균관에 입학할 수 있는 자격을 부여했다. 이들은 문반 관리에 준했고, 사족(士族)의 범주에 포함되었다. 그리고 대과 초시에서 초장·중장·종장의 3번의 시험을 모두 통과해야 복시를 볼 수 있었고, 다시 복시에서 초장·중장·종장의 3번의 시험을 거쳐 최종 33명의 합격자를 선발한다. 마지막 단계의 전시(殿試)는 임금 앞에서 단 한 번 보는 시험으로, 탈락자는 없고 합격자

의 순위가 결정된다. 따라서 장원 급제자가 여기서 결정된다.

율곡 이이는 이러한 과정을 거치면서 9번을 내리 장원으로 뽑히는 전무후무의 기록을 세운, 그야말로 하늘이 내린 천재였다. 하지만 일반 사대부는 장원급제는 고사하고 과거 시험에 합격하는 것도 쉬운 일이 아니었다. 또 정식 과거 시험이었던 식년시(式年試)는 12간지 중 쥐띠·토끼띠·말띠·닭띠 해에 열렸기에 3년에 한 번씩 실시되었다. 이외에도 국가의 경사스러운 날 등 비정기적으로 과거 시험을 치르기는 했지만, 자주 있는 것은 아니었다. 따라서 사대부 가문에서 과거를 통해 관직에 오르는 것은 본인은 물론 가문의 영광이었다.

이문건의 집안은 그를 비롯해 3대에 걸쳐 과거 급제자를 배출하여 명문가를 이루었다. 이문건의 아버지 이윤탁은 연산군 7년(1501)에, 작은아버지 이윤식은 중종이 즉위한 1506년 그리고 작은형 이충건과 사촌형 이공장이 중종 10년(1515)에 모두 문과에 급제하였고, 이문건 역시 중종 23년(1528)에 35세의 나이로 문과에 급제했다.

이문건이 이처럼 비교적 늦은 나이에 과거에 급제한 이유는 중종 16년(1521) 친형 이충건과 옥사에 연루되어 유배 생활을 하면서 과거에 응시하지 못하는 형벌을 받았기 때문이다. 또 큰형 이홍건은 비록 중종 8년(1513)에 진사 시험에만 합격했지만, 이홍건의 아들 이휘와 둘째 형 이충건의 아들 이염은 문과에 급제하여 관직 생활을 했다.

이문건은 안동 김씨와의 사이에서 3남 2녀를 두었는데, 1남 1녀를 제외하고 모두 일찍 사망했다. 따라서 살아남은 둘째 아들 기성이 집안의 대를 이어야 했다. 그 때문에 이문건은 아들의 교육에 각별하게 신경을 썼다. 단순한 출세욕이라기보다는 집안 대대로 과거 급제자를 배출한 가문의 전통을 아들이 이어주기를 바라는 마음이 더 강했을 것이다.

점점 괴물이 되어가다

이문건은 시묘살이를 할 때도 아들을 직접 가르칠 만큼 아들의 공부에
적극적이었다. 그러나 아들 기성은 공부에 관심이 없는 듯했다. 그래서
인지 이문건은 아들에게 대단히 신경질적으로 변해갔다. 그는 일기 곳
곳에 아들 기성의 교육과 관련한 일을 기록하면서 자신의 답답한 심경
을 함께 담았다.

> *1553년 11월 23일*
>
> 아침에 기성이가 『시경』을 이해하지 못해 화를 냈다. 긴 막대기로 기성
> 을 때렸다. 막대기가 부러졌다.

> *11월 27일*
>
> 기성이 『시경』을 배우는데 곧바로 잊어버렸다. 익히는 것을 회피함이
> 타성이 되어버렸다.

> *12월 7일*
>
> 기성을 체벌했다. 공부를 회피하는 것이 쥐와 같다.

> *12월 8일*
>
> 아침 일찍 기성의 뺨을 발로 밟았다. 기성이 질문에 즉시 답을 하지 못
> 하여 매우 화가 나서 머리카락을 한 줌 잡아 뽑았다.

이외에도 이문건은 아들이 어린 시절부터 공부에 뜻을 두지 않고 딴 짓을 하자 "매로써 크게 꾸짖고 옷을 벗겨 모질게 학대했다. 사나움이 지나쳐 얼굴과 손이 심하게 맞아 피가 났다"고 할 만큼 가혹하게 체벌 했다. 심지어 아들을 쥐에 비유하면서 인격적인 모욕을 주는 등 대단히 심각할 정도로 아들 교육에 집요함을 보였다. 이문건 스스로 아들에 대한 자신의 행동을 돌아보며 '자신이 괴물이 되었다'고 한탄할 정도였다.

이처럼 16세기에는 아들의 공부에 아버지가 직접 나섰고, 체벌도 일상이었던 모양이다. 물론 이문건의 일기에는 자신의 입장만 기록되어 있어 아들 기성의 입장을 구체적으로 알 수는 없다. 다만 기성이 공부에 관심이 없었고, 학습 능력이 떨어진 것은 사실인 듯하다. 심지어 아버지가 집요할수록 아들은 엇나가기만 했다.

아들 기성은 아버지를 피해 한양으로 도망치기도 했으나 그때마다 이문건은 노비를 시켜 아들을 잡아 오게 했다. 기성은 잡혀 오는 도중에 다시 도망치거나, 어쩔 수 없이 잡혀 오더라도 다시 도망갈 기회만 엿보았다. 이문건은 이런 아들을 "벌레 같은 놈이다"라고 일기에 기록하기도 했고, 어느 날은 잡혀 온 아들의 종아리를 80대 때리고 코에 물을 세 그릇이나 들이부어 통절할 정도로 징계하며 실망감을 보였다. 어느 시대나 자녀 교육은 부모 마음대로 이루어지는 것은 아닌가 보다.

기성은 결국 과거에 급제하지 못했고, 40세의 나이에 아버지보다 먼저 세상을 떠났다. 당시 이문건이 아들의 죽음을 애도하며 남긴 기록에 따르면, 그는 중종 13년(1518)에 태어나 6~7세까지는 제법 영리했다. 하지만 어린 나이에 열병을 심하게 앓다가 겨우 살아난 후 이해력이 떨어지기 시작했고, 이후 다시 풍(風)에 걸려 놀라는 증상이 있더니 점차 바보 같아졌다고 한다.

기성은 혼인 날짜를 잡아 놓았다가 파혼을 당한 일도 있었다. 당시 이문건은 부실한 아들의 배필로 가세가 미약하고 조실부모한 종친 집안의 규수를 선택하여 아들과 혼인시키려고 했다. 하지만 이문건의 집안과 혼인을 결정한 후였음에도 신랑에게 병이 있다는 사실이 알려져 신부 측의 부모를 대신한 어른이 혼약을 파기했던 것이다. 당시 관례에 따르면 이는 흔치 않은 일이었다. 그 때문에 이문건도 파혼의 부당함을 강변했으나 결국 혼인이 깨지고 말았다.

이문건이 아들의 공부에 집착한 이유는 그의 가족이 일찍 사망한 것과도 무관하지 않았다. 이문건이 8세 때 아버지가 사망했고, 연이은 사화로 두 형이 사약을 받았다. 또 큰조카 이휘가 역모죄로 효수되었고, 이문건의 자식들도 어린 나이에 대부분 병으로 사망했다. 따라서 자식에 대한 사랑보다는 장차 가문을 계승해야 한다는 의무감이 그를 더욱 괴롭혔는지도 모른다.

이유야 어떻든 이문건은 병이 날 정도로 아들의 공부에 신경을 썼지만 결국 포기하고 만다. 이때가 중종 32년(1537) 1월쯤이다. 그리고 아들이 젊은 나이에 자신보다 먼저 사망하자 안타까움을 담아 묘지명을 짓고 한 달 동안은 일기도 쓰지 않았다. 이후 이문건의 관심은 아들에서 손자로 옮겨간 듯했다. 이때 손자의 나이는 7세였다.

커다란 모험을 감행하다

이문건은 손자가 태어났을 때 '길하라'는 뜻으로 이름을 숙길이라고 했다. 손자에 대한 그의 기대는 커다란 모험을 감행할 정도로 남달랐다.

그가 손자의 탯줄을 잘라 경북 성주군 월항면 인촌리 선석산 서쪽 마을 태봉 아래에 몰래 묻은 것이다. 이곳은 세종의 아들들, 즉 왕자들의 태를 묻은 태실이 있는 곳으로, 풍수지리상 명당 중의 명당으로 전한다. 당시 왕실의 태 자리에 함부로 태를 묻는 것은 목숨을 건 도박이었다. 그만큼 손자가 병 없이 오래 살고, 가문의 대를 이어주기를 바라는 간절한 마음이 앞섰던 것이다.

이문건은 손자의 무병장수를 기원하는 초제문(醮祭文)을 작성하여 쌀·옷·종이·초·솜·기름·향 등 당시로서는 귀한 물건들과 함께 절에 보내 승려로 하여금 초제를 지내게 하는 등 각별한 관심을 기울였다. 『묵재일기』에는 우리 무속신앙 중 하나인 '아이팔기[賣兒]'에 대한 최초의 기록도 보인다. '아이팔기'는 아이의 명이 짧거나 사주가 좋지 않을 때 부처나 무당, 자연물 또는 사람을 수양부모로 정해 액막이함으로써 아이의 수명을 늘리는 행위를 말한다. 당시 이문건은 "신해생인 손자 숙길의 팔자를 뽑아 점복 김자수에게 물었더니 아이의 운명이 귀하여 3세와 7세 때 액운이 있어서 수명을 주관하는 별에 기도하는 것이 좋겠다고 하고, 친모가 길러서는 안 되며 반드시 유모에게 맡길 것을 권하여 아이를 위해 주성(主星)에 제사 지낼 날을 받았다"고 한다. 손자에 대한 이문건의 마음이 어떠했는지를 충분히 짐작할 수 있는 대목이다.

이러한 풍습은 유교사상의 관점에서 보면 전혀 수용할 수 없는 풍습임에도 조선은 물론 중국에도 근대 시기까지 행해졌던 것으로 전한다. 영조 41년(1765), 사신단을 따라 연경을 방문했던 홍대용의 『담헌서외집(湛軒書外集)』에도 "길가에 늘어선 점사(占辭)의 주인들이 그 자녀들을 우리나라의 역졸이나 역관들과 부자 관계를 맺어주고는 주찬을 대접하

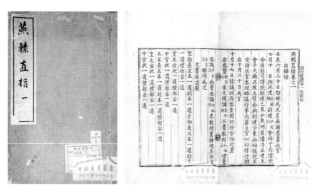

연원직지燕轅直指

1832년(순조 32)~1833년(순조 33) | 김경선(金景善) | 서장관으로 청나라 수도 연경(燕京)에 다녀온 후에 쓴 사행 기록으로, 1832년 6월 20일에서 이듬해 4월 2일까지 보고 들은 것을 기록했다. 일기 형식과 기사체(記事體)를 병용하였으며, 사행 기록 가운데 가장 분량이 방대하다.

고 토산물을 선사했다"라며 이것이 어린아이를 위한 액막이라고 하면서 당시 "조선에 있던 매아속(賣兒俗)과 같은 것이다"라고 중국과 조선의 '아이팔기' 풍습을 소개했다. 순조 32년(1832), 서장관으로 북경에 다녀온 김경선의 『연원직지』에도 같은 내용이 기록되어 있다. 이러한 풍습은 영유아 사망률이 높았던 시기와도 밀접한 연관이 있었다.

이문건은 또 손자가 태어나 장성할 때까지 16년간 직접 시와 산문으로 일종의 육아 일기인 『양아록』을 남겼다. '아이를 키운 기록'이라는 뜻의 '양아록'은 조선시대의 출산 풍속에서부터 아이의 기어 다니기·걸음마 연습·이 갈기·말 배우기 등 손자의 성장 과정을 연대순으로 기록하면서 아이들이 어떻게 자라고, 병치레하고, 교육받고, 부모와 갈등을 겪었는지를 비교적 소상하게 알려주는 귀중한 자료이다. 예를 들면 손자의 잘못을 바로잡는 교육방법으로 말로 타이르기·손 들고 있기·종아리 때리기 등을 비롯해 사대부다운 인물로 키우기 위한 인성교육 내용 등이 수록되어 있다.

손자 숙길이 이질·학질·귓병·홍역 등 많은 질병에 시달렸기에 이문건은 거의 매일 손자의 건강에 대한 걱정과 함께 치료법도 기록했다. 손자의 질병 기록이 『양아록』의 거의 절반을 차지할 정도다. 그런 점에서 『양아록』은 사대부가 아이를 직접 키웠다는 다소 충격적인 사실과 함께 조선시대 아이들이 어떻게 병치레를 했는지를 보여주는, 조선시대 사대부가 쓴 유일무이한 최고(最古)의 육아 일기로 평가받는다.

이처럼 손자 숙길은 아버지를 대신해 할아버지의 애틋한 사랑을 받으며 성장했고, 때로는 엄격한 교육을 받았다. 숙길 역시 어려서는 할아버지의 글 읽는 모습을 따라 하기도 하고, 할아버지가 외출하면 늦게까지 기다리는 등 할아버지를 매우 잘 따랐다. 하지만 할아버지의 기대가

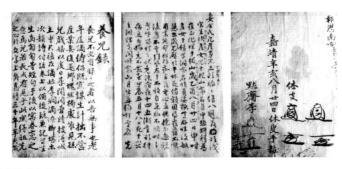

양아록養兒錄
1566년 이전 | 이문건(李文楗) | 1551년(명종 6)부터 1566년(명종 21)까지 16년간의 손자 양육 경험을 기록한 희귀한 자료로, 현존하는 가장 오래된 육아 일기이다. 손자가 가통(家統)을 잇는 훌륭한 인물로 성장하기를 바라는 마음에서 기록으로 남긴 것이며, 손자를 돌보며 순간순간 느낀 기쁨과 아픔의 감회 등을 진술하게 표현했다.

너무 큰 것을 부담스러워했던 것으로 보인다. 숙길은 성장하면서 친구들과 어울려 노는 것을 좋아했으며, 공부하기만을 강요하는 할아버지의 말을 듣지 않기도 했다. 그때마다 매를 맞거나 벌을 받기도 하고, 공부를 시키려는 할아버지와 도망가는 손자 사이에 술래잡기가 벌어지기도 했다. 이문건은 때로 숙길에게 "책을 읽지 않으면 그네를 끊어버리겠다"고 엄포를 놓기도 했다. 그러나 13세 무렵부터 술을 좋아했던 숙길은 매일 음주를 즐겨 할아버지의 마음을 아프게 했고, 속이 상했던 이문건은 일기에서 자주 우는 모습까지 보였다.

결국 숙길은 과거에 급제하지 못했고, 이문건은 세상을 떠났다. 이때 숙길의 나이가 20대 중반이었다. 그는 할아버지가 사망한 뒤 이름을 이수봉(李守封, 1551~1594)으로 고치고, 외가가 있는 충북 괴산으로 이주해서 살았다. 이후 수봉은 관직 생활을 하지만 높은 벼슬까지는 오르지 못했다. 그러나 그는 임진왜란 때 윤우(倫佑)·조복(趙服) 등과 함께 격문을 돌리고, 의병장으로 활약하여 역사에 이름을 남겼다. 전쟁이 끝난 후 조정에서 이 사실을 알고 상을 주려고 하자, 이수봉은 "당연한 일을 한 것뿐이다"라며 사양했다는 일화도 전한다.

이문건의 막내 손녀 아지(阿只)도 역사에 이름을 남겼다. 아지는 어린 시절, 방 안의 물건들을 뒤집어 놓는 등 호기심이 많았다고 한다. 한번은 여종 억금이 자신의 상자를 뒤진다고 화를 내서 이문건의 부인이 불러다 나무라기도 했다. 아지는 성장하여 송상현(宋象賢, 1551~1592)과 혼인했다. 송상현은 조선 중기 문신으로, 동래 부사로 재직할 때 임진왜란이 일어났다. 당시 부산진성이 함락되고 동래성으로 쳐들어온 왜적들이 '싸울 테면 싸우고, 싸우지 못하겠으면 길을 비켜달라'고 쓴 팻말을 성문 앞에 세우자, '죽기는 쉬우나 길을 비키기는 어렵다'는 글을 내걸고 군관민과 합심하여 항전했다. 하지만 성이 함락되자 송상현은 조복(朝服)을 갈아입고 단정히 앉은 채 적병에게 살해되어 순절했다. 이후 송상현은 전설의 주인공이 되었고, 아지 역시 사대부 부인의 표상이 되었다.

500년 만에 주목받다

방대한 일기를 남기다

『묵재일기』는 묵재 이문건이 중종 30년(1535) 11월 1일부터 명종 22년(1567) 2월 16일까지 30여 년간 한문으로 작성한 개인 일기이다. 중간에 11년 11개월분의 일기가 소실되거나 빠졌고, 명종 18년(1563) 1월 1일부터 명종 22년(1567) 2월 16일까지 3년 2개월분의 일기는 요약하여 정리한 내용이다. 따라서 현재는 17년 2개월분인 10책이 전하는데, 판본마다 크기가 달라 권 수가 일정하지 않다.

어찌 되었든 『묵재일기』는 470여 년 전에 사대부가 작성한 방대한 분량의 일기로, 현재까지 전하는 일기문 중 가장 오래된 것이다. 『묵재일기』보다 앞선 것으로는 다음과 같은 일기가 있지만, 순수 개인 일기와는 거리가 있다.

충재일기(沖齋日記, 1507년, 1509.1.~1510.3, 1518.5.~1518.11.), **권벌**(權橃)

　　중종 때 문신 권벌(1478~1548)의 관직 일기로, 공적 기록으로 분류된다.

사료(史料)로서의 가치가 커서 『중종실록』 편찬의 자료로도 쓰였다. 당시 관료 생활의 실태와 중앙정부의 주요 업무 등이 기술되어 있다. 특히 관료 생활과 중앙정부의 행사 등을 소상하게 소개하여 정치·사회 전반을 살펴볼 수 있는 중요한 사료로 평가받는다. 1963년에 보물로 지정되었다.

보진당연행일기(葆眞堂燕行日記, 1533.12.16.~1534.4.28.), 소순(蘇巡)

소순이 중종 때 작은아버지 소세양을 따라 명나라에 다녀온 160여 일간의 사행 일기로, 그가 중국에서 보고 듣고 느낀 바를 기록한 중국 여행기이기도 하다. 보진당은 소순의 호이다. 현전하는 사행 일기 가운데 연대가 가장 앞서 있어 문헌적 가치가 크고, 문학적으로도 높이 평가받는다.

40여 일간 북경 숙소인 옥하관(玉河館)에 체류하면서 국자감 관람·역대 제왕묘 참배·유구(琉球) 사신 방문·중국 관리 접견 등을 자세하게 기록하고, 연산관 숙사에서 중국에 기근이 들어 백성들이 사람을 잡아먹었다는 이야기를 들은 일, 사행길에 비바람을 맞으며 흙탕물을 건너다가 빠져 어려움을 겪은 일, 청석령에서 움막을 짓고 비바람을 견디던 일 등 16일간 중국을 왕래하는 과정에서 겪은 일을 눈에 보이듯 생생하게 묘사했다.

이외에도 조선의 사대부들이 작성한 일기는 현재 950여 건이 전한다. 그중에는 뒤에서 살펴볼 『미암일기』, 『석담일기』, 『이재난고』와 함께 다음의 일기들이 주목받는다.

쇄미록(瑣尾錄, 1591.11.27.~1601.5.13일까지 9년 3개월분만 전함), **오희문**(吳希文)
오희문의 개인 생활 일기이자 임진왜란의 체험을 담은 민간인 전쟁 체
험 일기이다.

한양에 살던 오희문은 지방에 있는 친척과 노비들을 찾아보기 위해
선조 24년(1591) 11월 27일, 한양을 출발해 충청도와 전라도 지방을 여
행하다가 이듬해 4월 장수현(長水縣)에서 임진왜란을 만나 약 3개월간
깊은 산속에 숨어 난을 피했다. 오희문은 그해 겨울에 강원도로 피란
하였던 가족들과 만나 홍주(洪州)·임천(林川)·평강(平康) 등지를 전전하
며 9년 3개월간 임진왜란과 정유재란을 피해 떠돌아다닌 일을 일기로
남겼다.

여기에는 세자의 교서, 의병들의 격문, 명나라 장수의 성명문을 포함
해 수령·아전·양반·상민·노비의 비참했던 생활상과 왜병의 살인·방
화·약탈, 명나라 원군의 횡포 그리고 한양의 전화(戰禍), 의병의 활동
상, 군대의 징발·세금의 징수·군량의 운반 등 다른 책에서는 볼 수 없
는 전란의 참상에 관한 내용이 다수 수록되어 있다. 또 지방행정 제도
와 과거 방목(科擧榜目), 각지의 산물과 풍속 등 당시의 사회상을 알아
볼 수 있는 내용도 다양하게 실려 있어 임진왜란 연구는 물론, 당시의
사회사와 경제사 연구에 중요한 자료로 평가받는다. 1991년에 보물로
지정되었다.

병자일기(丙子日記, 1636.12.~1640.8월까지 3년 10개월), **남평 조씨**(南平曺氏)

조선 인조 때 남이웅(南以雄)의 부인인 정경부인(貞敬夫人) 남평 조씨가
63세의 나이에 병자호란이 일어나자 피난길에 올라 다시 한양으로 돌
아올 때까지 3년 10개월간 쓴 국문 일기로, 작자와 창작 연대가 분명한
최초의 여성 실기문학(實記文學)이다.

병자호란에 대한 민간의 체험을 소상하게 전하고 있으며, 특히 가족
이나 친척 간, 또는 이웃 친지나 노복, 소작인과의 인간관계나 관행, 의
식주에 관한 당시 사람들의 생활 모습과 풍습 등이 자세히 묘사되어 있
어 생활사와 민속학적으로도 중요한 자료로 평가받는다.

입조일기(入朝日記, 1736.9.20.~1780), **조중회**(趙重晦, 1711~1782)

조중회가 과거에 급제하여 관직을 떠날 때까지 약 45년간의 관직 생활
을 기록한 일기이다. 당시의 관직 생활을 담은 공적 일기로 중요한 가치
를 지니며, 특히 정치적으로 탕평책과 붕당정치가 펼쳐지는 시기에 노
론의 대표적 인물이었던 조중회의 사상과 당시의 정치 상황 등을 살필
수 있다. 영·정조 시기의 정치·경제·사회·문화 등 다양한 분야를 기록
하여 사료로서의 가치도 매우 크다.

500년 만에 주목받다

『묵재일기』는 실증적인 사실을 풍부하게 수록하여 16세기 중기의 생활
사를 이해하는 데 중요한 자료로 평가받는다. 『묵재일기』가 500년 만에

현대인들의 관심을 얻고 있는 이유도 여기에 있다. 또 인종이 왕위에 있던 1545년 5월부터 8월까지의 『묵재일기』는 『승정원일기』에 편입되어 있어서 개인 일기가 사초(史草)로 활용되었을 정도로 역사적인 가치도 있다.

묵재 이문건은 중종 때 사림의 중심에 있었던 조광조의 문인으로, "성품이 부지런하고 온화하였으며, 효성이 지극했다"고 전한다. 그는 이미 10세 때에 글을 통달하고, 글씨에도 뛰어난 명필로 인정받았다. 또 그림에도 능했으며, 병풍과 족자도 잘 꾸몄다고 한다.

송시열이 지은 이문건의 행장에 따르면 "널리 여러 글씨에 통달하고 필법이 한 시대에 뛰어나서 당시의 같은 또래들이 그를 추대하여 따르지 않는 이가 없었다. 글씨를 청하는 자가 있으면 초서나 해서를 가리지 않고 당장 휘둘러 써주었다"고 한다.

이문건은 성주 이씨 가문 출신으로, 성주 이씨 가문은 고려 말기까지 성주 지방에서 대대로 호장 직을 잇던 지방 중소 지주에 속했다. 고려 때 정당문학을 지낸 이조년(李兆年, 1269~1343)과 고려 말기에 문하평리 겸 대제학을 지낸 이인민(李仁敏, 1330~1393) 등을 배출했고, 조선의 개국에도 적극 참여하여 다수의 개국공신을 배출했다.

특히 이인민의 아들 이직(李稷, 1362~1432)은 조선 개국공신에 책록되었으며, 세종 때 영의정을 지냈다. 또 이제는 태종의 장자방으로 불렸던 하륜의 부인 이씨의 사촌 동생과 혼인하여 하륜과는 동서지간이 된다. 이직의 장녀는 태종의 장인이었던 민제의 아들 민무휼과 혼인했고, 이직의 손자 이정녕이 태종의 딸과 혼인하여 왕실과도 사돈을 맺는 등 폭넓은 혼맥 관계를 형성하며 조선에서도 일찍부터 명문가로 뿌리내렸다.

이문건은 중종 8년(1513)에 사마시에 합격했다. 중종 14년(1519) 기묘
사화로 조광조가 화를 입자, 자신에게도 화가 미칠 것을 우려해 조상(弔
喪)하는 문인이 없었는데 이문건과 이충건 형제는 상례(喪禮)를 다해 의
리를 지켰다. 이 일로 조광조의 축출에 앞장섰던 실권자 남곤(南袞)과
심정(沈貞)의 미움을 받아 유배에 처하고, 9년간 과거 시험을 보는 자격
을 박탈당하기도 했다. 이후 그는 자격을 회복하여 중종 23년(1528) 문
과에 급제하고 승정원에서 관직 생활을 시작한다.

1545년 명종이 즉위한 후에는 공신에 책봉되었고, 통정대부 승정원
좌부승지에 올랐다. 그러나 같은 해 을사사화로 큰형의 아들 이휘가 역
모죄로 처형되자 그도 경상북도 성주로 유배되어 명종 22년(1567) 74세
로 사망할 때까지 유배에서 풀려나지 못했다.

그는 23년간 유배 생활을 하면서 오로지 경사(經史)에 탐닉하고 시문
에 힘썼는데, 후에 이황·조식·성수침·이이 등이 그의 시문을 즐겨 읊었
다고 한다. 그의 저술로는『묵재일기』와『양아록』외에 시 35여 수와 글
을 모아 수록한『묵재집』그리고 교유 관계를 유지했던 유림 제현의 화
답시를 묶은 친필본『묵휴창수』가 있다.

한편 이문건의『묵재일기』외에도 2개의 묵재일기가 더 있다.

하나는 조선 중기의 정치가 이귀(李貴, 1557~1633) 역시 매일의 일상을
직접 기록한『묵재일기』를 남겼다. 이귀의 호 또한 묵재(默齋)였다. 이귀
는 선조 대에 서인의 입장에 서서 동인의 공격을 받은 스승 이이와 성혼
을 적극 옹호했고, 광해군과 대북 세력에 대항하여 인조반정에 성공하
고 정국을 주도한 당대의 거물 정치인이었다. 이『묵재일기』는 선조 대
의 동서 분쟁과 광해군 대의 대북 세력의 독선, 인조반정과 이괄의 난,

정묘호란 등 17세기 전반의 역사와 특히 정치사 연구에서 관찬사서(官撰史書)가 지닌 한계를 극복함으로써 이면에 가려진 상황을 이해하는 데 많은 도움을 주고 있다.

또 하나는 조선 중기의 유학자 김염(金磏, 1612~1659)이 인조 14년(1636)부터 인조 18년(1640)까지 약 5년간 기록한『묵재일기』이다. 김염 역시 호가 묵재(默齋)였다. 김염의 집안인 광산 김씨 문중에는 120년간 대를 이어 내려온 총 39책의 일기가 전한다. 임진왜란 때 의병장으로 맹활약한 근시재(近始齋) 김해(金垓, 1555~1593)가 선조 25년(1592) 항병 일기를 저술한 것을 시작으로, 그의 장남 매원(梅園) 김광계(金光繼, 1580~1646)가 28년간『매원일기』18책을 남겼고, 손자인 묵재 김염이 5년간『묵재일기』3책 그리고 김해의 증손자 과헌(果軒) 김순의(金純義, 1645~1714)가 42년간『과헌일기』6책을 기록으로 남겼다.

그뿐만 아니라 김해의 종형제인 계암(溪巖) 김령(金坽, 1577~1641)이 39년간『계암일록』8책을, 김염의 동생 김선(金先, 1615~1670)이 3년간『여온일기』2책을 남겼다. 김령은 임진왜란 때 17세의 나이로 자진 종군하여 유성룡의 막하에서 활약했으며, 명나라 장수들에게서 후한 대접을 받을 정도로 학식이 뛰어난 인물이었다. 이후 과거를 통해 관직에 나간 그는 광해군 대에 어지러운 정치를 비관하여 관직을 버리고 낙향했다. 사망하기 전인 20여 년간 문밖 출입을 삼가며 찾아오는 사람도 방 안에서 맞이했다는 유명한 일화를 남긴 인물이기도 하다.

『미암일기』,
사대부의 인간관계를 읽다

미암일기眉巖日記

제작 시기 | 1567(명종 22)~1577년(선조 10)
편저자 | 미암(眉巖) 유희춘(柳希春, 1513~1577)
내용과 의의 | 1567년에서 1577년 죽기 전날까지 약 10년간 친필로
쓴 일기이다. 조정의 공적인 사무에서 자신의 개인적인 일에 이르기
까지 매일 일어난 일과 보고 들은 바를 빠짐없이 상세하게 기록하였
고, 부록으로 부인 송씨(宋氏)의 시문과 잡록을 수록했다. 조선시대
의 개인 일기로는 분량이 가장 방대하고 내용이 다양하여 사료로서
의 가치가 매우 크다.

정성이 최고의 가치다

이 무슨 아이들 같은 장난질인가?

『미암일기』에는 다음과 같이 북방 지역의 풍속에 대한 기록이 보인다.

> 종성 지역 사람들은 한양과 거리가 너무 멀어 사리에 어두우며, 귀신에
> 미혹되어 괴이한 것을 숭상한다. 가장 먼저 없어져야 할 것은 새해가 되
> 면 벌거벗고 밭을 갈게 하는 풍속이다. 매년 입춘 날 아침이면 종성부
> (鍾城府)의 선비와 관원들이 길가에 모인 다음, 사람을 시켜서 나무로
> 만든 소를 몰아 농사짓는 일을 재현하면서 밭을 갈고 씨를 뿌리고 곡식
> 을 심고 추수하는 일을 하게 한다. 그런데 추운 날 나무 소를 모는 장정
> 과 씨를 뿌리는 자는 모두 벌거숭이가 되어야 한다. 이는 곡식의 풍요
> 로움을 빌기 위함인데 반드시 밭 갈고 씨 뿌리는 자는 몹시 추운 날씨
> 에 나체여야 하니, 이 무슨 뜻인가? 그 이유를 관아에 물으면 "백성들
> 의 풍속"이라고 하고, 백성들에게 물으면 "장정이 추위를 참는 것은 그
> 해의 따뜻한 기후를 기원하기 위함"이라며 "관아에서 시킨 일이다"라
> 고 한다. 천지가 조화를 이루고 있는데 무슨 아이들 같은 장난질인가?

『미암일기』에서는 이러한 풍습이 "먼 변방의 비루한 풍속에서 나온 것으로 지식인들은 이를 해괴하게 여기지만, 백성들은 즐거워한다"며 지역 주민들의 무지와 이를 바로잡으려고 하지 않는 관리들의 태만을 비판하고 있다. 종성 지역의 혹독한 추위를 직접 체험한 저자 유희춘(柳希春, 1513~1577)은 "이러한 풍습을 행하다 보면 추위로 큰 병이 들기 때문에 이를 금해야 한다"고 건의하는 편지를 중앙의 관리 참찬(參贊) 박충원에게 보내기도 했다.

박충원(朴忠元, 1507~1581)은 중앙과 지방의 관직을 두루 거치며 재상에 오른 인물로, 영월 군수로 재직할 때 유명한 일화를 남긴 주인공이기도 하다. 영월 태수 세 명이 연이어 죽어 나가자, 지역 주민들 사이에 해괴한 소문이 돌아 관리들이 모두 이곳에 부임하기를 꺼려 했다. 그러나 박충원이 부임해 초연하게 행동해서 소문은 사라지고, 주민들 사이에 그가 '죽었다가 소생한 군수'라는 소문이 돌았다고 한다. 유희춘이 종성 지역에서 행해지는 풍속의 병폐를 박충원에게 편지로 보낸 이유를 짐작할 만하다.

당시 종성 지역에서 행해진 풍속을 '입춘나경(立春裸耕)'이라고 한다. 이 지역에서 언제부터 이러한 풍속이 시작되었는지 정확히 알 수 없지만, 제주도에서도 이러한 풍습이 1920년대까지 이어졌다고 한다. 제주 목사는 이날 모인 사람들에게 성대하게 음식을 마련해 대접할 정도로 새봄을 맞아 민(民)·관(官)·무(巫)가 하나가 되는 축제이기도 했다.

'입춘나경'은 『미암일기』보다 후대에 편찬된 『동국세시기』에도 기록되어 있다. 『동국세시기』에 따르면, 이 풍속은 중국의 토우지제(土牛之制)를 본뜬 의식으로, 관(官)에서 진행되어 청대(淸代)로 이어졌다. 중국에는 "일 년 계획은 봄에 달렸다"는 속담이 있는데, 예로부터 농사에서 가장 핵심적인 과정이 봄에 하는 파종이므로 한 해 농사를 성공적으로 짓기 위해서는 농사가 시작되는 봄이 중요했다.

농경사회였던 우리나라에서도 이러한 풍속이 일찍부터 행해졌고, 고려 성종 때에는 입춘 토우(立春土牛)의 행사를 조정에서 주관했다는 기록도 전한다. 당시 전국 각지에서 입춘 전날 진흙으로 '춘우(春牛)' 또는 '토우(土牛)'를 만들어 봄을 맞이하는 의식을 치렀다. 제사를 끝낸 뒤에는 토우를 관아의 문 앞에 놓고 다음 날 채찍으로 소를 때리는 타춘(打春) 의식을 진행했다. 추운 겨울을 보내고 따뜻한 봄을 맞이하는 상징적인 의미와 함께 소를 채찍질하며 농사를 독려하려는 뜻이었다.

채찍에 맞은 춘우가 깨지면 사람들은 그 흙 부스러기를 자신의 집으로 가져갔다. 여기에는 일 년간 오곡(五穀)이 풍성하고 날씨가 순조롭기를 바라는 염원도 담겨 있었다. 한편으로는 위정자들이 농사의 어려움을 알게 하여 농업에 관심을 기울이고, 백성들에게 농사의 때를 알려주어 제때 농사를 짓게 하려는 의도도 발견할 수 있다.

이러한 풍속은 각 지방으로 파급되는 과정에서 지역의 특색과 주술적인 의식이 더해져 향토색 짙은 풍습으로 정착되었다. 흙으로 만든 소〔土牛〕를 대신해서 나무 소〔木牛〕를 만든다든가, 제주도에서 '입춘굿'으로 이어진 것도 그 예이다.

남자들이 귀고리 하는 유행을 비판하다

유희춘이 살았던 시기에는 남자아이들이 평상시에 자신의 개성을 살리기 위해 귀고리 하는 풍습이 유행했는데, 당시에도 귀고리를 하기 위해 귀에 구멍을 뚫었다고 한다. 하지만 유학자들은 귀를 뚫는 것에도 부정적이었지만, 귀고리 하는 풍습이 오랑캐의 풍습이라는 이유로 강하게 비판했다. 실록에는 선조가 '귀고리를 즐기는 풍습이 전국에 아직도 남아 있다'는 풍문을 접하고 선조 5년(1572) 9월, 다음과 같이 명해 승정원에서 어명을 받들었다는 기록도 보인다.

> 신체발부(身體髮膚)는 부모에게서 받은 것이니, 감히 손상하지 않는 것이 효(孝)의 으뜸이다. 그런데 대남아(大男兒)들이 반드시 귀에 구멍을 뚫어 귀고리를 한다고 한다. 그 때문에 중국 사람들에게 놀림을 받고 있다니 부끄러운 일이다. 이제부터는 일체 힘을 다하여 오랑캐의 풍습을 고쳐야 한다. 이 뜻을 중외(中外)에 알아듣게 타일러서 한양 안에는 이달까지 기한을 주되, 만일에 버리고 명령에 따르지 않은 자가 있으면 사헌부에서 엄하게 다스려 벌을 주도록 하라.

이 같은 선조의 엄명으로 점차 남자들이 귀고리 하는 유행이 사라지기 시작했다. 여자들의 경우 귀에 구멍을 뚫지 않고 걸기만 하면 되는 파란 귀고리가 등장한다. 하지만 당시 장식물의 단조로움을 보완하기 위해 장식물 아래로 오색 술을 다는 등 다양한 형태의 귀고리가 유행하면서 귀고리가 커져 예전보다 불편해졌다고 한다. 그래서인지 평상시에는 귀고리를 하지 않고 혼례 등 의식 때만 사용하게 된다.

그런데 언제부터인지는 정확히 알 수 없으나, 우리나라에는 오래전부터 남자들이 귀고리를 하는 풍속이 있었던 것으로 전해진다. 박물관에 전시된 유물 중 신라시대 귀족 출신 남성들이 달았던 귀고리가 그 예이다. 이후 귀고리 하는 풍습이 사라졌다가 고려 말기에 원나라의 영향으로 다시 귀고리 하는 풍습이 생겨났다. 그 때문에 오랑캐의 풍습이라고 비판했던 것이다.

하지만 조선시대에 귀고리 하는 풍습이 다시 생겨났고, 선조 때는 심각할 정도로 유행한 것으로 보인다. 당시 남자아이들 사이에서 귀고리가 유행한 이유로는 단순히 멋을 추구하는 것 외에도 신분을 상징하는 의미가 있었다. 이 과정에서 화려한 귀고리가 등장하는 등 사치 풍조가 더해지면서 사회문제로 주목받게 된다.

정성이 최고의 가치다

14세기 말인 1392년에 조선이 개국되고 이후 100여 년이 지나는 동안 조선 사회는 모든 면에서 자리를 잡아갔다. 그러다가 16세기 들어 지방에서 학문과 후진 양성에 힘쓰던 사림(士林)이 중앙 정계에 진출하면서 조정에서 세력을 형성하고 있던 훈구 세력과 대립하게 된다. 이 과정에서 사림이 많이 희생되기도 했지만, 정국에도 커다란 변화가 있었다. 경제적으로는 과전법이 붕괴하면서 양반들이 토지의 상속·매매·개간 등을 통해 농장을 확대했고, 사회적으로는 가부장적인 유교 질서가 정착되어 갔다.

한편 혼인은 남녀가 짝을 이루어 가정을 꾸리는 개인적인 문제만이 아니라 가문과 가문의 관계를 형성하는 중요한 의식으로 자리 잡는다. 따라서 아이가 어른이 되는 의식인 관례(冠禮), 상중에 지키는 예절인 상례(喪禮), 제사의 예법인 제례(祭禮)와 함께 결혼 예식인 혼례(婚禮)가 더해져 사례(四禮)가 되었고, 이를 관혼상제(冠婚喪祭)라 하여 대단히 중요하게 여겼다.

조선의 건국 기틀을 마련했던 정도전은 『조선경국전』에서 "관혼상제가 예(禮)의 가장 큰 것이다. 관혼상제가 풍속을 한결같이 하는 바, 이 모두 정사(政事)로서 질서를 얻게 된다"라며 관혼상제를 국가 운영의 근본으로 삼았고, 태조 이성계 역시 즉위교서(卽位敎書)에서 "관혼상제는 나라의 가장 중요한 법이니, 인륜을 굳고 깊게 하고 풍속을 바르게 할 것이다"라며 사례(四禮)의 사상적·실천적 윤리가 국가의 통치 이념임을 공식적으로 선언했다.

태종 대에는 사회질서를 바로잡을 목적으로 국가 차원에서 『주자가례』의 보급에 적극적으로 관심을 기울였다. 따라서 사대부 집안에서 관례를 행할 때는 의례의 기본 지침서인 『주자가례』를 따랐다. 하지만 약식으로 행하기도 했고, 심지어 관례의 절차가 제대로 이루어지지 않는 등 완전하게 정착되지는 않았다.

혼례의 경우 중국의 예법이 우리와 맞지 않는다는 이유로 예전부터 전하던 우리의 풍습과 유교적 혼례 의식을 혼용했고, 여기에 지역과 가문에서 전승하던 풍습이 더해져 약간씩 차이를 보이기도 한다. 일반적으로 조선 사회에서 관혼상제는 격식과 절차에 따라 매우 엄숙하게 거행된 것으로 알고 있지만, 16세기까지도 우리가 알고 있는 혼례식과 다른 부분이 적지 않다.

그래서인지 조선 초기는 물론 16세기까지 실제로 행했던 관혼상제를 기록으로 남긴 문헌 자료는 찾아보기 힘들다. 그런 점에서 『미암일기』는 1500년대 관혼상제에 대한 중요한 자료도 제공한다. 예를 들면 유희춘은 유배지에서 어머니가 사망하셨다는 소식을 뒤늦게 들어 상례(喪

禮)를 제대로 갖추지 못했다. 그 때문에 유배에서 풀려난 후 유희춘은 퇴계 이황을 찾아가 조언을 구한 내용을 다음과 같이 일기에 기록하고 있다.

> 이른 아침에 판부사(判府事) 퇴계 선생을 찾아가 뵙고 물었다. "옛날 북도 변경의 유배지에서 모친상을 당했는데, 달이 넘어서야 비로소 소식을 들어 담제(禫祭)도 한 달을 물러서 지냈습니다. 죄가 감등되어 한양에 더 가까운 충청도 은진(恩津)으로 유배지를 옮겼을 때는 부모님 산소에 성묘 가면서 고기를 먹지 않고 채식하고 흰옷으로 갈아입었으며, 묘소에 당도해서는 머리를 풀고 타향에서 모친상 소식을 듣고 집으로 급히 돌아가는 예(禮)와 같이 했습니다. 변을 당하는 것이 평상시와 다르므로 인정도 따라서 변하는데, 이것이 옳은 것인지요?"라고 했더니, 퇴계 선생은 "그렇게 처사하는 것이 온당하다"고 하셨다.

당시 사회에서 사대부라면 부모상을 예를 갖추어 정성을 다해 치르는 것이 최우선이었다. 하지만 유희춘은 유배 중이라 모친상을 예법에 따라 치르지 못했고, 유배에서 풀려난 후 뒤늦게 예법에 따랐다. 이에 이황 역시 "상황에 따라 적절하게 예를 갖추는 것이 온당하다"라는 답을 한 것이다.

외아들도 처가살이를 했다

유희춘이 살던 시기에는 국가에서 남성 중심의 성리학 보급과 정착에 적극적으로 관심을 기울였다. 반면 여성의 경우 집 안에 묶어놓으려는 가치관 형성에 주의를 집중했다. 이처럼 국가가 나섰다는 사실은 당시 사회가 남성 중심의 성리학적 가치관이 확실하게 자리 잡지 못한 반증이기도 했다.

16세기에 남자가 여자 집으로 가서 혼례를 올리고 그대로 눌러사는 '장가가기와 처가살이'가 흔하게 나타난 것도 그 예라 하겠다. 당시 딸은 남편과 함께 친정에서 부모를 모시고 살다가 자녀들이 모두 장성하면 시댁으로 들어갔다. 유희춘 역시 결혼한 후 부인이 태어나고 자란 담양의 처가에서 살았고, 부인은 친정 부모가 돌아가신 후 집과 전답(田畓)을 물려받아 친정 집안의 제사도 모셨다. 유희춘이 과거에 급제하여 한양에서 관직 생활을 하는 동안에도 부인은 담양에서 가족들과 거주했고, 시어머니까지 모시고 와서 함께 살았다.

유희춘의 아들 유경렴도 담양과 가까운 장성으로 장가가서 처가에서 살았다. 며느리는 가끔 담양으로 인사를 오곤 했지만, 친정어머니가 부르면 바로 돌아갔다. 따라서 유희춘의 손자들도 모두 외가에서 태어나고 자랐다. 반면 유희춘의 딸은 해남 윤씨 가문의 외아들과 혼인하여 담양, 즉 유희춘의 처가이자 부인의 친정에서 유희춘 부부와 함께 살았고, 사위 윤관중 역시 담양에 장가와서 틈나는 대로 본가에 다녀오곤 했다.

따라서 이 시기의 가족관계는 대단히 폭넓은 친족관계를 유지했다. 남자의 경우 자신의 아버지와 할아버지로 이어지는 친가의 가족관계 외에도 어머니 쪽의 외가와 처가 쪽까지 포함한 가족관계가 형성되었기 때문이다. 경제적 능력이 허락한다면 외가와 처가의 혈연관계가 확대되어 더욱 폭넓은 가족관계를 이루었다.

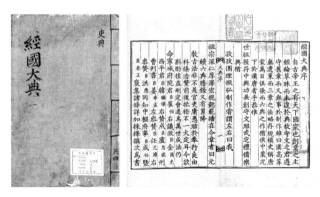

경국대전經國大典

1485년(성종 16) | 태허정(太虛亭) 최항(崔恒) 외 | 조선의 통치 체제를 규정한 기본 법전으로, 고려 말부터 조선 성종 초년까지 100년간에 반포된 법령, 교지(教旨), 조례 및 관례 따위를 망라했다. 세조 때 최항, 노사신, 강희맹 등이 집필을 시작, 1476년에 완성하고 1485년에 간행했다.

이 시기에는 재산도 『경국대전』에 규정한 바와 같이 남녀가 균등하게 상속받았다. 조상의 제사도 자녀들이 돌아가면서 지내는 윤행봉사(輪行奉祀) 또는 윤회봉사(輪回奉祀)를 했다. 또 외손이 제사를 지내기도 하는 등 가족관계에서 남녀의 구별이 심하지 않았고, 친족관계에서 친손과 외손에 대한 구별도 크지 않았다.

16세기 후반기에 비하면 신분 상승도 비교적 자유로웠다. 16세기 초·중반에는 여성들의 외부 출입도 비교적 자유롭게 이루어졌고, 집안에서 여성의 지위도 약하지 않았다. 일부 여성들은 학문과 예술 분야에서 뛰어난 업적을 남겼는데, 우리에게 잘 알려진 율곡 이이의 어머니 신사임당, 허균의 누이동생 허난설헌은 물론, 유희춘의 부인 송덕봉을 대표적 인물로 꼽을 수 있다.

사대부로 살아가기

나라에 일이 생기면 급여도 삭감했다

일반적으로 조선시대의 사대부들은 경제관념이 없었던 것으로 인식한다. 그래서 사대부를 돈과 연결하는 것 자체를 불경하게 여겼고, 사대부가 부자라고 하면 곱지 않은 시선으로 보는 경향이 있다. 하지만 사대부가 양반 신분을 유지하기 위해서는 일정 규모의 경제력이 필요했으며, 일상에서 이러한 경제력을 기반으로 집안의 운영을 책임졌다. 특히 토지와 노비 외에는 별다른 생산 기반이 없던 당시 사회에서 집안의 가장이었던 사대부에게는 철저한 경제관념이 요구되었다.

『미암일기』에도 집안의 운영과 재산 증식 등 경제활동과 관련한 흥미로운 내용이 수록되어 있다. 특히 유희춘은 유배 생활을 오래 하고 한양에서 관리 생활을 했기에 담양에 있던 가족의 경제생활은 대부분 부인의 몫이었으나, 중요한 것들은 그가 결정해야 했다.

유희춘의 부인은 남편을 만나러 한양으로 올라올 때 먼 길을 이동하기 위해 말을 이용했다. 목적지에 도착한 후에는 말을 팔아 의·식·주 등의 생활비로 썼고, 남는 것으로 이자를 놓거나 논을 사서 재산을 늘렸다. 당시 불어난 쌀 12섬으로 "동쪽 언덕 위에 있는 송구례의 논 3마지기를 샀고, 부인이 빚을 낸 쌀 10섬과 소 한 마리로 김난옥의 논 4마지기를 샀다"는 기록도 보인다.

참고로, 지금의 기준으로 논 한 마지기를 200평으로 계산하면 한 해의 수확량은 쌀 2가마 정도이고 4마지기면 쌀 8가마를 수확할 수 있다. 그런데 논을 소 한 마리와 쌀 10섬으로 샀다는 것으로 보아 당시에도 논의 가격이 상당히 비쌌던 것으로 짐작된다.

관직 생활을 하던 유희춘의 수입을 들여다보면 흥미로운 내용을 발견할 수 있다. 그의 주요 수입은 관직 생활의 대가로 받는 녹봉과 찬품(饌品), 지방관의 증여와 이웃들의 선물 그리고 왕의 하사품이었다. 여기에 노비신공포(奴婢身貢布), 즉 노비가 몸으로 치르는 노역 대신 소유주에게 납부하던 포(布)나 쌀 등을 바쳤는데, 현금보다는 대부분 물품으로 거래가 이루어졌다.

명종 22년(1567) 11월부터 이듬해 1월까지 3개월 동안 유희춘이 급료로 받은 식품 내역은 대략 212건으로, 세부적으로 보면 다음에 나오는 표와 같다.

종류	건수	세부 내역(양)
곡류	78건	쌀(50섬), 콩(24섬 8말), 메밀(3말), 깨(2섬), 밀가루(5말), 좁쌀(2섬), 보리(1섬) 등
어패류	66건	전복(15접 80개), 오징어(10접), 조기(1동 20속), 민어(5마리), 숭어(3속 78마리), 석화(6말), 은어(140마리), 청어(5관 7두름), 홍합(2말), 건어(70속 15마리 이상), 낙지(11속 4첩), 문어(3속 2마리), 해삼(1마리 이상), 건준치(100마리) 등
육류	36건	멧돼지(4마리 정도), 닭(22마리 이상), 노루(4마리), 소고기(1마리 이상), 꿩(24마리 이상), 오리(1마리 이상), 돼지(1마리 이상) 등
과실류	14건	유자(39개 이상), 감(9접 17개 이상), 감귤(40개 이상), 밤(2말), 곶감(100접) 등
해조류	10건	감태(20동 30줄 50조), 미역(20동 20조), 해의(14집 30줄) 등
양념류 기타	8건 이상	꿀(2말 이상), 소금(4속), 참기름(1말 이상) 등

이처럼 매우 다양한 품목들이 급료로 지급되었지만, 때에 따라 부채·닭·꿩·어류 등이 지급되는 등 품목이 항상 같지는 않았다. 그리고 그의 집이 있던 전라도 지역에서 생산되는 물품이 많다는 특징도 발견되며, 당시는 시기적으로 겨울철이라 채소류는 보이지 않는다. 반면 곡류가 78건으로 가장 많은 이유는 쌀과 콩 등이 주식으로 소비되었음을 알 수 있다.

선조가 즉위한 1568년 1월 5일에는 "호조의 통지문을 보니 나라에 큰 변도 있고 중국 사신도 오고 하므로, 춘하추(春夏秋)의 녹봉을 각기 쌀 1석씩 감한다"는 내용도 보인다. 조선 중기에는 녹봉을 3개월 단위로 받았는데, 중국 사신이 오거나 흉년 등으로 물품이 줄어들면 녹봉도 일정 정도 감했던 것이다.

『미암일기』에는 "종이 녹봉을 받아왔는데, 쌀이 8석, 보리가 3석, 명주베 1필, 삼베 3필이다"라며 매번 녹봉을 꼼꼼하게 기록했다. 노비가 녹봉을 받으러 갔다가 담당 관리가 늦게 출근해 밤늦게야 녹봉을 받아서 돌아오기도 했고, 때로는 비가 오는 등의 이유로 녹봉을 받지 못하고 빈손으로 돌아온 일도 있었다.

이처럼 관리의 녹봉은 일정하지 않았고, 때로는 직급에 맞지 않게 지급되기도 했다. 따라서 관리가 되었다고 생활비가 보장되는 것도 아니었다. 특히 선조 대에는 재정난이 심각해서 관리들이 녹봉만으로는 가족의 생계를 해결하기 어려웠다. 그 때문에 관리들은 부족한 생활비를 충당하기 위한 방책을 마련해야 했다.

집안의 지원이 없으면 생활이 힘들었다

유희춘은 매년 고향 해남에서 벼와 보리 등 양식을 운송해 와서 생계의 부족한 부분을 충당했다. 해남은 유희춘의 본가와 외가가 있었고, 현금이 아니라 생활에 필요한 물품을 지원받았다. 『미암일기』에서는 당시 그가 지원받았던 물품들도 상세하게 기록하고 있다.

선조가 즉위한 1568년 5월부터 7월까지 3개월 동안 유희춘이 해남에서 지원받은 식품류는 대략 118건으로, 곡류 13건(11%)·채소류 17건(14%)·육류 16건(14%)·어패류 53건(45%)·해조류 3건(3%)·과실류 14건(12%)·양념류 2건(1%) 등이었다. 당시는 시기적으로 여름철이라 수확기가 지난 가을 또는 겨울에 곡류 거래가 많은 것과 달리 채소류와 과일이 많은 점도 특징이다. 그리고 숭어·숭어알·청석어·오징어·전복·조기·굴비·새우젓·전어 등과 함께 영광에서 조기·어란젓·새우젓 등을 지원하고 있다. 이처럼 다양한 종류의 어패류 비율이 높은 이유는 친척과 지인들이 해남 인근의 해안가 지역에 살고 있었던 것과도 연관이 있다. 물론 어패류는 이동 거리와 보관 등의 문제로 말리거나 젓갈류 등으로 거래되었다.

반면에 육류는 귀하기도 했지만, 여름철에 보관하기 힘든 탓에 양이 많지 않았다. 특히 소고기는 귀하고, 농사를 우선했기 때문에 찾아보기 힘들다. 16건의 육류 거래 중 꿩이 10건을 차지하며, 노루 등의 야생 고기는 말린 포의 형태로 받은 것도 그 예이다.

이외에도 한양에서 관직 생활을 하는 동안 가까운 거리에 사는 지인들이 귀한 수박 등을 보내주기도 했고, 지방관들의 수증(受贈), 즉 선물을 생활에 보태기도 했다. 지방관의 증여는 지방관청에서 생산되는 물품을 중앙관리의 급여와 제사 등에 지원하는 것으로, 면포·문방구류·포육류·어패류·찬물(饌物)류·과채류·견과류·약재류 등 일상용품에서부터 기호품에 이르기까지 다양했고, 매번 일정하지도 않았다.

『미암일기』에 따르면, 유희춘은 지방관과 동료 관인 그리고 지인과 친인척 등으로부터 약 10년간 모두 2,855회에 걸쳐 선물을 받았다. 당시 선물은 일상화된 경제 형태였고, 때로는 필요한 물자를 요구하여 받기도 했다. 달리 말하면 일종의 또 다른 녹봉으로, 국가가 일정 부분 관여하고 있다는 점에서 국가 재분배 체제의 하나로 해석된다. 따라서 뇌물과 같은 부정 비리와는 성격이 달랐다.

유희춘이 당시 선물을 뇌물로 인식했다면, 이러한 상황을 일일이 기록으로 남기지 않았을 것이다. 당시 그가 선물 수수 실태를 자세히 기록한 데는 잊지 않고 있다가 다음에 기회가 되면 보답하겠다는 의미도 담겨 있었다. 즉 당시의 선물은 갚을 기한이 정해지지 않은 일종의 빚이며 부담이기도 했다.

조선은 이념적으로 덕치주의(德治主義)를 이상으로 표방했지만, 현실적으로는 증여를 통해 국가 체제를 결속해 나갔다. 가장 위로는 국왕이 그 은혜의 표상으로 신하들에게 물건을 시혜하고, 아랫사람들은 윗사람들에게 물건으로 보은했다. 물론 일반인 사이에도 이러한 정서가 통용되었다.『미암일기』에 "본관(本官)이 송 감사를 보살펴달라며 쌀과 콩을 각 1석씩 보내왔다"라는 기록도 일상화된 양반 사회의 관행이 담겨 있었다.

『미암일기』에는 물품의 지출에 관한 기록도 있다. 당시 주요 지출은 먹는 것을 포함해 살림 장만과 집세, 의복비 등 의·식·주와 관련이 있었다. 특히 집세의 경우 당시 한양에서 집을 구하기가 쉽지 않아 부담이 컸던 것으로 보인다. 집을 빌려준 데 대해 매달 감사의 선물로 집세를 대신했는데, 집주인 역시 집세의 의미가 담긴 선물을 받고 답례를 했다는 점도 흥미롭다.

이외에도 중국의 서책·고급 비단·약재·붓 등 선물로 확보하기 어려운 품목을 구입하기 위한 지출이 이루어졌고, 노비 월급과 선물에 대한 답례, 애경사 부조 등도 주요 지출 항목에 들어 있다. 참고로, 『미암일기』에 "녹봉으로 받았던 삼베 2필과 백첩선 10자루를 『사문유취』 가격으로 보냈다"라는 기록으로 보아 책과 관련한 비용 부담 역시 적지 않았음을 알 수 있다.

물론 지출도 현금보다는 현물이 대부분을 차지했으며, 유희춘의 집안에서 지출 가능한 양념류와 곡식 등이 주로 사용되었다. 이에 비해 관직 생활을 하지 않거나, 경제적인 형편이 열악한 양반은 선물이 제한될 수밖에 없어 장시(場市)를 활용했던 것으로 보인다.

집안 돌아가는 이야기에도 귀 기울이다

유희춘이 살았던 시기의 경제활동은 생활에 필요한 물품에서부터 각종 답례로 보내는 물품 구입에 이르기까지 지출이 다양하게 이루어졌다. 따라서 가장에게는 시장의 물가 동향 등 경제관념이 필요했다. 물물교환이 이루어질 때는 적절한 시세를 알아야 했고, 선물은 지나치게 적어도 문제지만 많다고 좋은 것도 아니었다. 사안에 따라 적정한 규모의 선물을 하는 것이 예의에 맞았기 때문이다.

사대부에게는 집안에서 벌어지는 일들을 처리하는 데에도 나름의 기준이 필요했으며, 상황에 따라서는 법적인 판단도 해야 했다. 예를 들어 집안의 노비들이 잘못했다고 주인 마음대로 처벌하는 것은 아니었다. 노비의 잘못은 정도에 따라 훈계나 체벌이 가해졌고, 체벌할 때는 매의 수와 강도 등을 달리했다. 도둑질처럼 법을 명백하게 어겼을 때는 관아에 고발하여 법적인 처벌을 받게 했다.

사대부는 간혹 발생하는 소송에도 대처해야 했다. 한번은 유희춘의 암소를 빌려 가서 잡아먹어 버리고, 그 대가로 논 2두(斗)와 5승(升)지기를 바친 일이 있었다. 그런데 전 주인이 논을 다른 사람에게 다시 팔아 이중 매매한 사건이 벌어졌다. 당시 유희춘은 암소 값으로 토지를 받으면서 작성해 두었던 문서를 찾아 토지를 샀던 사람에게 제시했고, 구매자가 이를 승복해서 문제를 해결했다.

『미암일기』에서는 이웃과 지인들 사이에서 발생한 사회적 문제에 적극적으로 관심을 기울였다는 사실도 발견할 수 있다. 예를 들면 사대부가 폭행을 당한 사건에 대한 기록이다. 당시 유희춘은 "나형이 나쁜 소년들에게 능욕을 당했다기에 내가 두 번이나 사람을 보내 그자들을 물어보았으나 형이 후환이 겁나서 말을 하지 못했다"라고 썼다. 이 사건은 당시에도 동네 건달들이 있었고, 이들이 양반을 폭행했던 것으로 보인다. 당시 유희춘은 직접 당사자에게 폭력을 행사한 자들을 물었으나 당사자가 보복이 두려워 말을 하지 못하자, 형조판서와 정랑에게 알려 문제를 처리해 줄 것을 당부하기도 했다.

이외에도 집안 식구는 물론 노비들이 지나치게 사치를 하거나 주인의 권세를 믿고 주변 사람들에게 부당한 행동을 하지 못하도록 사전에 예방하고, 문제가 발생하면 재발하지 않도록 확실하게 대처하는 것도 사대부이자 가장의 몫이었다. 때로는 예상하지 못한 문제가 생겼을 때 어떻게 처리해야 할지에 대한 판단도 해야 했기에 집안은 물론, 주변의 이야기에도 귀를 기울여야 했다. 다시 말해 집안이 어떻게 돌아가는지도 늘 파악하고 있어야 했다. 물론 집안일에 무관심한 사대부도 있었겠지만, 대가를 지불하거나 누군가가 대신해서 집안의 질서와 평안을 유지하기 위한 역할을 해야 했다.

꿈도 일상의 일부다

조선시대에는 왕실에서부터 민간에 이르기까지 꿈에 관심이 많았다. 지식인들 역시 자신의 문집이나 일기 등에 꿈에 대한 기록을 남겨둘 정도였다. 허균이 「몽해(夢解)」라는 시에서 "사람이 마음속에 품은 여러 가지 생각이나 영(靈)이 맑으면 잡된 생각이 없어져서 장차 다가올 일을 꿈을 통하여 예견할 수 있다"라고 표현한 것도 그 예이다.

일반적으로 앞날에 대한 예측에는 재앙을 예방하고 희망을 찾으려는 기대가 실려 있다. 공동체 사회에서는 농사의 풍년이나 흉년 또는 전쟁과 같은 극한 상황에서 나라의 운명을 예견하고 극복하려는 의도가 담겨 있었고, 개인적으로는 가족의 건강이나 복을 기원하는 것에서부터 관직 등용이나 승진 등 자신의 앞날에 대한 운명을 알아보고 이루어지기를 바라기도 했다.

예를 들면 태몽에는 장차 집안이나 국가를 일으킬 뛰어난 인재의 탄생을 알리는 의미가 담겨 있었다. 「정조실록」에는 정조가 태어났을 때 사도세자의 꿈에 흑룡이 나타났다는 다음과 같은 기록도 전한다.

(정조가) 창경궁의 경춘전(景春殿)에서 탄생하다. 처음 장헌세자가 신룡(神龍)이 구슬을 안고 침실로 들어오는 꿈을 꾸고서, 꿈에서 깨어나 손수 꿈속에서 본 대로 그림을 그려 벽에 걸어놓았다. (정조가) 탄생하면서 특이한 음성이 큰 종이 울리듯 하므로 궁중 안 사람들이 모두 놀랐는데, 영조께서 친림하여 보고 나서 매우 기뻐하며 혜빈(惠嬪)에게 하교하기를 "이 아이는 너무도 나를 닮았다. 이런 아이를 얻었으니 종사가 근심이 없게 되지 않겠느냐?"며 그날로 원손(元孫)으로 삼았다.

이처럼 정조의 탄생은 왕실은 물론 국가적인 경사였고, 태몽으로써 이를 확인했다. 민가에서는 꿈을 해석해 일상에서 일어나는 조짐을 예견하기도 했다.

『미암일기』에도 꿈을 통해 어떤 조짐을 미리 살펴보는 내용이 자주 보인다. 예를 들면 "부인이 꿈에 아주 순하고 길들인 하얀 개가 들어오는 것을 보았다고 한다. 이는 길조다"라며 부인의 꿈으로 집안의 길흉화복을 점쳤다. 일반적으로 개꿈은 불길한 징조로 해석하지만, 빛깔이 흰 망아지나 강아지를 뜻하는 백구(白駒)나 백구(白狗)는 좋은 일이 있을 징조로 해석했다. 한편 꿈으로 앞날을 예견하려는 유희춘의 태도를, 그가 오랜 기간의 유배 생활로 심신이 미약했다거나 또는 유배지에서 언제 죽음이 닥칠지 모르는 불안한 상황을 잊기 위해 스스로 여유를 찾으려는 마음이 작용한 것으로 해석하기도 한다.

물론 일기에서는 "꿈에 양경을 씻고 문지르는 것을 보았으니, 이는 정욕을 참아야 할 징조이다"라며 생리적인 내용까지 서술하고 심지어 "대청마루에서 부인과 동침하고 성병에 걸렸다"는 등 하루하루의 일상을 솔직하게 기록하고 있으나, 유배 생활은 말할 것도 없고 평소 자신이 처한 상황에 대해 단 한 번도 불안한 심정을 표현한 적이 없다.

그뿐만 아니라 그가 남긴 일기가 정치적인 공격의 빌미가 될 가능성이 있는데도 자기의 생각을 가감 없이 기록하는 등 전체적으로 매우 침착한 느낌까지 든다. 따라서 유희춘의 꿈 이야기는 하루를 시작하면서 차분하게 일상을 맞이하려는 유학자로서의 태도로 볼 수 있다. 그리고 이러한 태도는 점복(占卜)에 관한 그의 해석에서도 발견할 수 있다.

점(占)을 쳐서 일상을 경계하다

조선시대에 유학을 공부한 사대부는 『주역』 등의 유학 서적에서 점복과 관련한 내용을 접하기도 했다. 음양오행(陰陽五行)과 수리(數理)를 기초로 하는 작괘점(作卦占)도 그중 하나이다. 그러나 유학자들은 점을 치는 행위에 비판적이었다. 성현이 『용재총화』에서 "점(占)의 결과라는 것은 곧 허(虛)에 지나지 않는다"라고 지적한 것이 그 예이다.

유희춘은 무속(巫俗)에는 비판적이었지만 『주역(周易)』은 물론 관상을 보는 『상서(相書)』를 공부했고, 작괘점에도 조예가 깊었다. 『미암일기』에도 점치는 것과 관련한 기록들이 자주 보인다. 유희춘은 이를 통해 어떤 '조짐(兆朕)'에도 관심을 기울였다. 그가 대사헌에 올랐을 때 옛날 일을 생각하며 쓴 다음의 기록도 그 예이다.

옛날 무오년에 내가 자꾸만 대사헌의 높고 무서움을 들먹이자 노비가 "도련님, 대사헌 벼슬을 원하세요?"라고 말한 일이 있었고, 무진년 가을 집의가 되었을 때 공문의 끝에 서명하면서 실수로 대사헌 밑에다 수

결(手決)을 해서 몹시 놀라고 부끄러웠는데, 이제 와서 생각하면 어찌 말이 씨가 된 것이 아니겠는가?

이렇게 유희춘은 어렸을 때부터 보였던 무의식적인 행동이나, 관리 시절 저질렀던 실수가 단순한 것이 아니라 자신이 대사헌에 오를 운명을 예견한 듯하다며 스스로 놀라고 있다.

『미암일기』에는 일상에서 자주 볼 수 있는 거미와 까치에 관한 내용도 보인다. 예를 들면 길조(吉鳥)로 알려진 까치가 심하게 지저귀고, 사시(巳時, 오전 9~11시)에 자신이 재채기한 것과 연관하여 점을 치면서 자신의 건강과 관계있는 것으로 해석했고, "거미가 앞에서 희롱하니 길조다"라고 점치기도 했다. 거미와 관련한 점은 고대 중국에도 전할 정도로 오래되었는데, "거미가 모이면 모든 일이 길하다"고 전하며 "아침 밥상을 받을 때 거미가 천정에서 내려오면 길조로 여겼고, 저녁에 천정에서 내려오면 근심이나 걱정거리 등이 생긴다"며 불길하게 여겼다. 또 유희춘은 "간밤에 쥐가 갓끈을 끊은 것을 알았다. 길조다"라고 점을 치기도 했다. 갓끈이 끊어진다는 것은 현실에서 '권력 등 무언가를 잃을 수도 있다'는 의미로 해석한다는 점에서 꿈을 현실과 반대로 해석한 것으로 보인다.

이외에도 유희춘은 "아침에 여종 이대가 축시에 남아(男兒)를 출산했다. 이는 정월이니 일 년의 경사다"라며 노비와 관련한 일도 기록으로 남기면서 집안의 길흉을 점쳤다. 흥미롭게도 그가 친 점은 대부분 들어 맞았다. 이는 그가 점복과 관련한 서적 등에 조예가 깊었다는 사실을 보여주는 예이다. 하지만 그는 "길몽을 꾸고 일어난 아침에 까마귀가 울었다"며 길조나 흉조에 대한 언급을 하지 않고, 사실 그대로만 기록하기도 했다. 모든 것에 민감하게 반응하지도 않았지만 꿈이나 점에만 의존하지도 않았다는 의미이다. 유희춘이 일상에서 일어나는 조그만 전조나 변화하는 현상 등에 관심을 기울이기는 했어도 전체적으로 삶의 여유를 발견할 수 있는 대목이다.

사대부의 모범적인 부부관계를 보다

애틋한 사랑을 키우다

『미암일기』에서는 부부 사이에 발생하는 문제 등 16세기 사대부 부부의 일상도 엿볼 수 있다. 특히 유희춘과 부인 송덕봉은 당시로는 보기 드문 부부애를 보여 대단히 주목받고 있다. 예를 들면 결혼한 지 얼마 되지 않았을 때 유희춘이 "부인이 문밖에 나가는데 코가 먼저 나가더라"는 한시를 지어 부인의 큰 코를 빗대어 놀리자, 부인은 "남편이 길을 가는데 갓끈이 땅을 쓸더라"며 키가 작은 유희춘을 놀리는 한시로 답한 일이 있었다. 그리고 "궁중에서 내려준 배를 부인과 함께 먹었다. 맛이 상쾌하니 최고 품질인 것 같고, 술도 너무 맛이 좋아 서로 경하하기를 그치지 않았다"라며 부부가 배 한 쪽도 나누어 먹으면서 술잔을 기울이는 등 함께 여가 시간을 즐기기도 했다. 그뿐만 아니라 지난밤 꿈 이야기를 하면서 서로의 앞일을 걱정해 주기도 했다.

때로는 부부가 함께 장기(將棋)를 두기도 했다. 그런데 서로 양보하는 일은 없었던 모양이다. 한번은 부인이 백인걸 공이 장기 둘 때 궁(宮)을 먼저 단속한다는 말을 전해 듣고 남편에게 장기를 두자고 먼저 제안했다. 당시 유희춘은 차(車)를 먼저 떼고 두었다가 부인을 이기지 못해 포(包)만 떼고 두었다고 한다.

유희춘 부부는 평상시 서로에 대한 배려와 존중으로 비교적 큰 갈등 없이 금슬이 좋았다. 덕봉이 쌀 두 말을 내어 화공에게 그림을 부탁하고 도배장이에게 틀을 짜게 하여 8첩 병풍을 만들자, 유희춘은 "제사 때 남에게 병풍을 빌리러 가지 않아도 된다", "부인의 지혜는 내 생각이 미칠 바가 아니다"라며 일기에서 부인을 칭찬하기도 했다.

때때로 의견 차이도 있었지만, 유희춘이 먼저 해결 방안을 찾기 위해 적극적으로 나섰다. 간혹 갈등이 발생하면 유희춘이 부인의 말을 수용하는 쪽으로 문제를 풀었다. 부인의 의견이 상당히 논리적이기도 했지만, 유희춘이 "지난밤 부인과 대화하며 내가 조금 실수를 하자 부인이 언짢아했는데, 조금 뒤에 풀렸다. 내가 사과했기 때문이다"라며 먼저 잘못을 인정했던 것이다.

그뿐만 아니라 유희춘은 한양에서 관직 생활을 하면서 담양에 사는 부인과 떨어져 지내야 했기에 부부 사이의 성적 욕망과 같은 은밀한 문제에서부터 집짓기와 벼슬살이 등 집안의 크고 작은 문제는 편지를 주고받으며 의견을 교환했다.

유희춘은 비록 먼 길이지만, 담양에 사는 부인이 한양으로 자신을 방문해 줄 것을 기대하기도 했다. 그러다가 부인이 오지 않으면 서운한 감정을 편지로 써서 부인에게 보냈다. 어느 날은 덕봉이 남편의 편지를 받고 "편지를 보았는데 제가 가지 않은 것 때문에 매우 실망하셨다니 감격을 금할 수 없습니다. 2월 초이틀에 출발할 예정입니다"라고 바로 답장을 보내기도 했다. 유희춘은 부인이 한양에 온다는 소식에 즉시 다과 등 부인을 맞이할 준비를 해놓고, 부인이 오는 날에는 10리 밖까지 마중을 나갔다.

유희춘은 필요하다고 판단되면 부인과 관련한 지원에도 최선을 다했다. 선조 3년(1570), 해남에 새집이 완성되었을 때 유희춘은 해남 현감이 보내준 살림살이 중에서 그릇과 숟가락·젓가락 등 부인에게 줄 선물을 따로 챙기기도 했다. 그리고 부인을 맞이하기 위해 사위와 노비 10명을 담양으로 보냈는데, 당시 부인의 행차는 말 20필에 하인 100여 명으로 구성된 대규모 행렬을 이루었다고 한다. 그는 부인이 지나가는 지역의 각 관아에 편지를 보내 부인이 안전하게 이동할 수 있도록 부탁하기도 했다.

유희춘은 부인이 몸이 아프면 휴가를 내어 곁에서 직접 간호했고, 사신 행렬 등 특별한 구경거리가 생기면 부인에게 딸을 데리고 나가 함께 볼 것을 권하기도 했다. 부인 생전에 부인의 시를 모아 『덕봉집』이라는 시집을 펴내기도 했으며, 양쪽 집안의 친척들을 불러 부부가 같은 날 잔치를 치르기도 했다. 유희춘의 생일은 12월 4일이고 덕봉은 20일이어서, 적당한 날을 잡아 함께 생일잔치를 한 것이다.

때로는 당당하게 요구하다

흔히 조선시대의 부부는 '남성 중심 사회에서, 관료주의적인 남편을 중심으로 부인은 남편의 삶의 목표를 실현하는 과정에서 단순한 내조자'로 알려졌다. 하지만 유희춘이 살았던 16세기는 이러한 정서가 확고하게 자리 잡기 전이었고, 특히 유희춘은 대단히 자상하고 개방적인 남편이었다. 부인 송덕봉 역시 남편의 배려에만 기대지 않고 자신이 해야 할 일은 스스로 최선을 다했다.

남편이 없는 집안을 돌보며 필요한 일이 있으면 남편에게 당당하게 요구했다. 때때로 남편이 요구를 들어주지 않으면, 자신의 의견을 좀 더 구체적으로 정리해서 남편을 설득하기도 했다. 한번은 화가 잔뜩 난 덕봉이 남편에게 시를 보내면서 "화락함이 세상에 둘도 없다 자랑하지만 말고, 나를 생각해 꼭 '착석문'을 읽어보세요"라는 편지를 동봉했다. 여기서 '착석(斲石)'이란 무덤 앞에 돌을 깎아 세우는 것을 말한다.

조선에서는 16세기에 주자학에 대한 이해가 깊어지면서 양반들 사이에서 조상에 대한 숭배 의식이 점차 확장되었다. 당시 양반들이 조상의 사당을 세워 제사를 지내고, 조상의 묘에 망주석과 상석 그리고 표석 등 각종 석물(石物)을 세워 화려하게 꾸민 것도 이러한 사회적 분위기를 말해준다.

유희춘 역시 유배에서 풀려난 후 조상의 묘소 앞에 연못을 파고 석물을 세웠고, 부인도 친정 부모의 묘소 앞에 석물을 세우기 위해 일찍부터 좋은 돌을 캐서 담양까지 끌어다 놓았다. 하지만 인력이 부족해 석물을 세우지 못하고 시간만 지나갔는데, 마침 선조 4년(1571) 유희춘이 전라 감사로 부임하자 덕봉은 남편에게 석물 세우는 작업을 도와줄 것을 부탁했다. 그러나 유희춘은 반드시 사비를 들여 작업해야 한다며 완고하게 거절했다. 이에 덕봉이 비석을 세우려고 돌을 구해 담양까지 옮긴 과정과 남편에게 비석을 깎아주도록 청했으나 이를 거절해 자신이 '착석문'을 짓게 되었다는 편지를 보낸 것이다.

덕봉은 편지에서 친정아버지가 살아 계실 때 항상 자식들에게 말하기를 "내가 죽은 뒤에 모름지기 성심을 다해서 내 묘의 곁에 비석을 세우도록 하라"고 말씀하셨는데, 아직도 실행에 옮기지 못했다며 자신도 부모에게 효도하고 싶은 마음이 간절하지만 날마다 불효를 저지르고 있어 속이 상한다고 한탄했다. 그리고 유희춘이 덕봉에게 "친정 형제들이 돈을 모아 작업하면 그 외의 일을 도와주겠다"고 했지만, 친정 형제들이 하나같이 곤궁하여 생계마저 어려운 상황임을 알면서도 친정 형제끼리 알아서 하라는 남편의 말에 서운함을 감추지 않았다.

또 덕봉은 친정아버지가 돌아가셨을 때 "사위로서 상주 노릇 제대로 했느냐?"며 자신은 남편이 유배 중일 때 시어머니를 모셨고, 돌아가셨을 때는 예에 따라 장례를 치르면서 "당신 몫까지 마음과 힘을 다해 모신 건 알고 있느냐?"고 되물었다. 그러면서 "겨우 사오십 말의 쌀이면 족하다"며 유희춘이 장가들던 날 친정아버지께서 좋아하시던 모습과 평소 지우(知友), 즉 '서로의 마음을 알아주는 친한 벗'이라며 친정아버지가 살아계실 때 다정했던 두 사람의 관계를 상기시킨 뒤 남편에게 마음을 넓게 쓸 것을 권유했다.

이처럼 덕봉은 자신의 요구는 맹목적인 것이 아니라면서 자신이 해야 할 도리를 다했으니 이제는 당신 차례라며 지극히 정당한 요구임을 분명히 하고 있다. 끝으로 "당신이 만약 나로 하여금 이 평생의 소원을 이루지 못하게 한다면 내가 비록 죽더라도 반드시 지하에서 눈을 감지 못할 것이오"라고 자신의 굳은 의지를 전하며 남편의 결정을 요구하고 있다. 결국 부인의 편지를 읽고 난 유희춘은 곧바로 사람을 보내 담양의 석물 일을 시작하게 했다고 한다.

나는 오늘 아내와 동료가 되었다

유희춘은 누군가 질문을 하면 "그때마다 막힘이 없이 답하며 의심나는 대목까지 정밀하게 풀어준다"고 해서 '책 속의 귀신'이라고 불렸고, 그의 학문은 성균관 유생들이 당나라의 학자 우세남과 비교하며 '걸어 다니는 백과사전'이라고 평할 정도로 폭이 넓었다. 덕봉 역시 이러한 남편과 학문을 논할 정도로 학문 수준이 대등했다.

한번은 덕봉이 유희춘의 시를 보고 "직설적으로 작문하듯 시를 지어서는 안 된다"라고 조언하자, 유희춘은 그 자리에서 시를 버리고 새로 시를 짓기도 했다. 때로는 모르는 내용이 생기면 덕봉의 조언을 구하기도 했다. 한번은 『상서(尙書)』를 교정하던 그가 모르는 단어가 있어 주변에 조언을 구했는데, 홍문관 관리들도 몰라서 막힌 일이 있었다. 그런데 덕봉에게 물었더니 "부인이 답을 주었다"라며 "나는 이날 새벽에 아내와 동료가 되었다"고 일기에 쓰고 있다.

유희춘의 서책을 관리하고 정리하는 일도 덕봉의 도움으로 이루어질 정도로 덕봉은 당시 사대부의 서책도 숙지하고 있었다. 심지어 부부는 남녀의 성적(性的) 문제까지도 솔직 담백하게 의견을 나누었다. 한번은 유희춘이 덕봉에게 자신이 경연관으로서의 임무에 충실하여 3~4개월 동안 여색(女色)을 가까이하지 않고 혼자 잠자리에 든 것을 자랑스러워하는 편지를 보낸 일이 있었다. 그러자 덕봉은 남편에게 "그것이 자랑할 일이냐?"고 반문하며, 첫째로 군자가 행실을 닦고 마음을 다스림은 본래 성현의 가르침이라는 점, 둘째로 마음에 중심이 서면 물욕을 가릴 수 있다는 점, 셋째로 주변에 자신을 알아주는 벗이 있고 아래로는 권속과 노복이 있어 모두가 보고 있다는 점, 넷째로 나이 예순에 여색을 가까이하지 않는 것이 건강에 이롭다는 점 등을 들어 "겉으로 인의 (仁義)를 베푸는 척하는 일과 남이 알아주기를 바라는 마음은 결코 좋은 것이 아니다"라고 남편을 타이르듯 하면서 "부디 잡념을 끊고 기운을 보양(保養)하기를 바란다"며 남편의 건강에 대한 걱정으로 편지를 마무리했다.

유희춘은 덕봉의 조언을 대부분 수용하면서 "그 밝은 판단이 이러하다", "부인의 말이 진짜 약이 되는 말이다", "부인이 내조한 힘이니, 어질고 자애로운 마음이 지극하다", "부인의 사물을 이루는 지혜가 나의 생각에 미칠 바가 아니다" 등등 부인에 대한 고마운 마음까지 담아 『미암일기』에 기록했다.

그렇다고 덕봉이 남편을 일방적으로 대하거나 유희춘이 덕봉에게 의지만 했던 것은 아니다. 어느 날 덕봉이 홀로 지내는 자신의 처지를 한탄하는 편지를 보내자, 유희춘은 부인의 마음을 이해한다면서 슬기롭게 극복할 것을 당부하는 위로와 격려의 답장을 보내기도 했다.

조선에서 바람직한 여성상은 시부모에게 효도하고, 자녀를 낳아 교육에 힘쓰며 집안의 대를 잇게 하고 남편을 잘 내조하는 것이었다. 또 이를 현모양처라고 하여 사회적으로도 권장했다. 그런 점에서 덕봉은 현모양처를 뛰어넘는 동지였고, 여성 지식인이었다. 한편으로 이 부부는 중국 역사에서 포박자(抱朴子)라는 별명과 함께 불로불사(不老不死)의 술법을 집대성한 갈홍(葛洪)의 『신선전(神仙傳)』에 나오는 신선 부부를 떠올리게 한다.

도교에서는 여성도 수련을 통해 신선이 될 수 있다고 전한다. 『신선전』속의 번(樊) 부인 역시 신선이 되어 신선이었던 남편 유강과 함께 자연재해를 물리치는 도술로 백성들에게 해마다 풍년을 안겨주었다. 한가할 때면 부부가 도술을 겨루는 시합을 했는데, 남편이 접시에 침을 뱉어 잉어를 만들면 아내는 침을 뱉어 수달을 만들어 잉어를 잡아먹는 등 매번 번 부인이 이겼다. 그 때문에 번 부인과 유강 부부를 '하나이면서 둘이고, 대적하면서 짝을 이룬다'는 뜻으로 항려(伉儷)라고도 했다. 항려는 고대 문헌 『춘추좌씨전』에 나오는 말로 '대적함 또는 대등함'을 뜻하는 한자 항(伉)과 짝을 뜻하는 려(儷)가 결합하여 대립과 통일의 의미를 동시에 지니고 있다. 따라서 항려란 여필종부나 삼종지도라는 일방향의 부부관계가 아닌, 서로에게 필요한 쌍방향의 관계로서 유희춘과 송덕봉 부부 역시 부족함이 없었다.

시를 주고받으며 그리움을 달래다

선조 2년(1569), 덕봉이 남편을 만나기 위해 한양에 왔을 때 유희춘은 외교를 담당하는 승문원에 근무하고 있었다. 당시 그는 업무 때문에 며칠째 퇴근하지 못하고 궁궐에서 지내야 했다. 하루는 눈이 내리는 등 날씨가 갑자기 추워지자, 남편이 걱정되었던 덕봉은 새로 지은 비단 이불과 관리가 입는 단령(團領)을 보자기에 싸서 유희춘에게 보냈다. 유희춘은 부인의 정성에 감동하여 임금이 하사한 술상과 함께 다음과 같은 시를 보냈다.

눈이 내리니 바람이 더욱 차가워
그대가 추운 방안에 앉아 있을 것을 생각하네
이 술이 비록 하품(下品)이지만

차가운 속을 따뜻하게 데워줄 수 있으리

이 시기의 인간관계는 임금이 항상 최고의 위치에 있었다. 따라서 임금이 하사한 술상을 보내면서 '임금의 은혜에 감사한다'거나 '임금의 은혜를 갚기 위해 충성을 맹세한다'는 등의 내용이 포함되어 있을 법하지만, 그런 내용은 없다. 마치 유희춘의 마음속에는 오직 부인만 있는 듯했다. 덕봉 역시 자신의 마음을 담아 남편에게 화답시를 지어 보냈다.

국화 잎에 비록 눈발이 날리지만
은대(승문원)에는 따뜻한 방이 있으리
차가운 방에서 따뜻한 술을 받으니
속을 채울 수 있어 대단히 고맙구려

비록 야근을 하지만 대궐 안에도 따뜻한 방이 있을 것이니, 덕봉은 자신이 보내준 비단 이불로 따뜻하게 보낼 것을 당부하고 있다. 유희춘은 6일 만에 퇴근하고 집으로 돌아온 날 "부인과 엿새를 떨어져 있다가 만나니 반가웠다"라며 애틋한 마음을 담아 일기에 썼다.

한번은 공부에 속도가 붙은 유희춘이 부인에게 시를 보내며 "꽃이나 음악과 술 같은 것에 관심이 없고, 단지 책 속에서 지극한 즐거움을 누린다"고 은근히 학문하는 기쁨을 자랑했다. 이에 덕봉은 답장을 보내 "달빛 아래 거문고를 연주하며 술기운에 호탕해지는 마음 또한 커다란 즐거움인데, 그러한 즐거움도 모른 체 어찌 책 속에만 빠져 있나"라며 때로는 여유로움도 즐길 줄 알아야 한다고 충고했다.

선조 2년(1569) 11월에는 부제학에 제수된 유희춘이 한양에서 홀로 사는 외로움을 담아 덕봉에게 '홀로 벼슬하며 그대를 생각하노라'라는 시를 보냈다. 이에 담양에 있던 덕봉은 "스스로를 물욕이 없다며 원결과 비교하더니, 새벽까지 잠 못 들어 하는 것이 어쩐 일인가? …… 옥당(玉堂)의 금마(金馬)가 비록 즐겁다 해도 추풍에 임의로 오고 가는 것만 못할 것이다"라는 답장을 보냈다.

원결은 중국 당나라 때 시인으로, 안녹산의 난을 피해 장시성에 은거하다가 759년 숙종(肅宗)의 부름을 받아 반란군 토벌에 공을 세운 인물이다. 성품이 고결하며 나라에 대한 충정이 강했고, 전란으로 인한 백성의 고통에도 깊은 관심을 보였다. 덕봉은 평소 이러한 인물에 비유했던 남편에게 "옥당의 벼슬살이가 즐겁다 해도, 혼자 방황하지 말고 가을바람 불면 사직하고 고향으로 돌아와 한가롭게 지내는 것만 하겠냐"라며 해가 가기 전에 벼슬을 버리고 고향에 내려와 함께 지내자고 권유한 것이다.

사실 덕봉은 기회 있을 때마다 남편에게 사직하고 고향에 내려와 한가로이 지낼 것을 권유했다. 선조 4년(1571) 유희춘이 59세의 나이에 사헌부 대사헌으로 승진했을 때 덕봉이 남편에게 시를 보내면서 "열흘이면 다시 만날 줄 알지만, 밤이면 밤마다 항상 당신을 그립니다. 황금 띠를 둘러 포의(布衣)로는 극진한 영화니, 이제 물러나 초당에 누워 건강을 돌보심이 어떠한지요. 벼슬은 사양할 수 있다고 일찍이 약속하셨으니, 뜰에서 달을 보며 돌아오시길 기다립니다"라며 애틋한 마음을 담아 사직을 권고하기도 했다. 어느 날은 "꿈에서 몸이 공중으로 날아오르는 것을 보고 너무 높이 오르면 끝내는 추락할 것이라는 생각이 들어서 날기를 그만두었다"고 남편에게 말했고, 남편 역시 "내 마음에 딱 들어맞는 말"이라며 관직에서 물러날 것을 약속하기도 했다.

유희춘은 부인의 권유에 따라 병을 핑계로 고향으로 돌아가기 위해 사직하겠다는 상소를 올렸다. 하지만 선조의 두터운 신임을 받았던 그는 오히려 승진했고, 덕봉은 남편의 승진을 기뻐하기보다는 부담으로 받아들였다.

이제 그만 사직하시지요!

선조 8년(1575), 고향 담양의 창평 수국리에 집이 완성되자 덕봉은 남편에게 이제는 관직에서 물러나 새로 지은 집에서 자연을 벗하며 여생을 보낼 것을 권유하는 시를 보냈다.

> 임금의 은총이 바야흐로 융성하니 어찌 물러나리오
> 벼슬을 쉬고 임하에서 정신을 수양하소서
> 황금이 궤에 차는 것은 내가 바라는 것 아니니
> 새집, 맑은 시내도 한 가지 보배라오

유희춘도 부인의 권유에 답하는 시를 보냈다.

> 조용히 임금 보좌하며 오래도록 마음 통하였네
> 경서 읽은 지 9년에 덕음(德音)이 빈번하네
> 전원에 돌아가 지락(至樂)을 찾는 것 은혜로이 허락하니
> 새집에 만 권 책이 내 보배라네

덕봉은 남편이 승진하고 재물이 쌓이는 것보다 고향으로 돌아와 자연을 벗 삼아 쉬면서 정신을 수양하는 것이 더 가치 있다고 남편에게 권하고 있다. 유희춘 역시 유배에서 풀려난 후 9년간 경연에서 선조에게 강연하며 왕의 은혜를 입고 마음까지 통하였는데, 이제 전원에 돌아가 지락을 찾도록 해주어 감사하며 마침 새로 지은 집에 가득한 책이 자신에게는 보배라면서 부인의 권유에 따랐다.

하지만 유희춘은 사직을 허락받지 못했고, 부인에 대한 그리움은 더해갔다. 그는 이러한 마음을 일기에 남겼는데, 어느 날은 "꿈에서 아내 덕봉이 자주 보인다"거나 심지어 "꿈에 아내를 보고 성적 욕구를 자극하는 꿈을 꾸었다"고 기록했다.

한번은 유희춘이 『헌근록』을 지어 선조에게 올렸다. 『헌근록』은 유희춘의 대표작 중의 하나로, 역대 선현들이 임금께 제시한 정책들을 모아 편집한 책이다. 당시는 흉년이 들면 관리들의 휴가를 금지했으나, 선조는 대단히 기뻐하며 유희춘에게 휴가를 주었다. 유희춘은 기쁜 마음으로 아내에게 선물할 모피로 된 귀싸개를 준비해서 담양으로 내려갔다. 이 소식을 들은 덕봉은 대청에 서서 멀리 마을 앞을 내려다보며 애타게 남편을 기다렸다. 덕봉도 남편처럼 나이가 들수록 서로의 존재가 새삼스럽게 느껴졌기 때문이다.

이처럼 늙어갈수록 남편과 함께 있고 싶은 마음이 더욱 절실하게 들었던 덕봉은 남편에게 사직을 권유하는 시를 보냈고, 남편이 제때 내려오지 않자 혹시 한양에서 딴마음을 먹지는 않았는지 의심하기도 했다. 그러나 덕봉이 남편에게 관직에서 물러나 고향으로 내려올 것을 권한 데에는 특별한 이유가 있었다.

두 사람은 결혼한 후 함께 지낸 시간보다 더 많은 시간을 떨어져서 지냈다. 이에 덕봉은 더 나이 들기 전에 함께 살고 싶다는 애틋한 마음을 지니게 되었고, 60세에 이르는 남편의 건강도 걱정이었다. 무엇보다 당시 불안정한 정국이 더 마음에 걸렸다. 더구나 남편은 이미 본인의 의지와 관계없이 정치적 사건에 연루되어 20여 년간 유배 생활을 했다. 따라서 남편이 또다시 그런 일에 연루되는 것을 우려했던 덕봉은 남편에게 복직해서 관직 생활도 할 만큼 했으니 이제는 쉬어도 될 때라고 권유한 것이다.

여성 지식인으로 살아가다

집안의 살림을 책임지다

일반적으로 16세기 사대부 집안은 관직 생활을 통한 집안의 지위 상승 등 사회 활동을 남성인 남편이 주도했다. 반면 집안의 안주인으로도 표현되는 사대부의 부인은 기본적으로 집안의 노비들을 통솔하여 아침저녁으로 음식을 장만했고, 바느질·방아찧기·땔감 마련하기·집 안 청소하기·옷감 구매와 물들이기·가족 잠자리 돌보기 등 의식주와 관련한 집안 살림을 맡았다. 덕봉 역시 예외는 아니었다.

『미암일기』에서도 송덕봉의 평상시 생활을 상세하게 기록하여 16세기 사대부 부인의 일상에 관한 다양한 정보를 제공하고 있다. 덕봉은 집안 살림은 물론 화공(畫工)과 도배장이 등 장인(匠人)을 불러 병풍을 만들거나 가마를 수리하는 등 각종 도구도 챙겼다. 또 노비를 시켜 사랑방 동편에 헛간인 토우(土宇)를 만들었고, 관복을 짓다가 잠시 남편을 불러 입히고 옷이 몸에 맞는지 재어보는 등 가족의 의복도 직접 살폈다. 당시 옷감 구입은 한양에서 물물교환으로 얻거나, 고향에서 누에를 치거나 삼을 재배해서 직접 생산하기도 했다. 한편 덕봉은 노비를 단속하여 농사를 짓고 쌀을 빌려주어 이자를 계산해서 받기도 했고, 토지를 매입하는 등 재산 증식에도 관여했다.

『미암일기』에 따르면 "부인(덕봉)이 여종에게 화를 내어 매를 때렸다"는 기록으로 보아 때로는 노비를 엄하게 다스리며 집안을 관리했음을 알 수 있다. 유희춘이 말년에 옮긴 창평(지금의 담양) 집 또한 덕봉이 직접 설계하고 공사를 주도하는 등 집을 짓는 일도 담당했다.

평상시 집으로 찾아오는 손님에 대한 접대도 안주인인 덕봉에게 대단히 중요한 일이었다. 손님이 찾아오면 차와 술은 물론 때가 되면 밥 등 음식을 제공했다. "퇴계 이황이 유희춘의 집을 방문했을 때 술을 내주고, 그 종들에게도 음식 대접을 해주었다"는 기록에서 알 수 있듯이, 양반을 수행하고 온 노비 등 일행까지 챙겼다. 부모님이 살아 계실 때는 집안 어른들을 보살폈고, 아들딸을 비롯해 손자와 손녀를 양육하고 가르쳤다. 제사도 집안의 중요한 행사였다. 제사가 끝나면 손님을 접대하였으며, 가족의 생일이나 명절 등 특별한 날에는 집안에서 잔치를 벌이기도 했다.

이외에도 남편이 건강을 위해 여자를 가까이하지 말 것을 조언하는 등 덕봉은 남편의 건강관리와 친구 관계 그리고 관직 생활도 챙겼다. 유광문·송진·이방주 등 어려운 일가친척도 돌보았으며, 이들이 성장하여 장가보내고 과거에 합격할 때까지 지원하기도 했다.

특히 유희춘의 큰조카 유광문은 일찍 부모를 잃었는데, 유희춘과 덕봉은 그를 마치 친자식같이 아끼고 사랑하며 어린 시절부터 슬하에 두고 길렀다. 덕봉의 친정 조카 송진은 후에 유희춘의 명으로 덕봉이 51세 때인 선조 4년(1571)에 그동안 덕봉이 지은 시 38수를 한 권의 책으로 묶어 『덕봉집』을 편찬하기도 했다. 하지만 현재 『덕봉집』은 전하지 않으며, 『미암일기』와 부록에 편지 한 통과 글 2편 그리고 시 24수가량이 전한다. 송진은 또 유희춘이 사망한 후 장례를 치르고 나서 유희춘의 아들과 딸을 위한 「분재기」를 작성하여 증인을 서기도 했다. 당시 그가 작성한 분재기(分財記, 가족이나 친척에게 나누어 줄 재산을 기록한 문서)는 명문으로 평가받는다.

창작과 사회 활동에도 적극 나서다

덕봉은 집안에서 살림만 하지 않았다. 시간이 날 때마다 편지를 쓰고 시를 짓는 등 창작 활동을 했으며, 가난한 이웃의 구휼 등 사회 활동에도 적극적으로 나섰다. 부녀자들의 모임에도 참석하고, 일가친척 등 보고 싶은 지인이 생각나면 가마를 보내 집으로 불러서 함께 시간을 보내거나 때로는 직접 찾아가 하루 이틀 머물다 돌아왔다. 당시 덕봉은 술과 음식을 준비하고 악기 연주와 노래하는 여종인 가비(歌婢)를 불러 놀기도 했다.

외국의 사신이나 임금의 행차와 같은 특별한 볼거리가 있으면 유희춘의 권유로 딸을 데리고 나가 구경하는 등 자유롭게 외출하기도 했다. 이와 관련해 『미암일기』에 기록된 다음과 같은 내용은 매우 흥미롭다.

(덕봉이) 광화문 앞에서 벌어지는 산대놀이를 구경하기 위해 새벽닭이 울자마자 일어나 몸단장을 하고 파루(罷漏) 종이 치기 전에 가마를 타고 중심 지역에 있는 행랑으로 갔다. 그곳은 광화문의 남쪽에 있어 온돌방도 있고, 원두막 형식의 누마루도 있었다. 아들 경렴(景濂)을 미리 보내 방에 불을 지펴 따뜻하게 해놓고 기다리게 했다. 부인은 이날 광대들의 온갖 기이한 재주를 구경하고 집으로 돌아와 말하기를 "어렴풋이 선경(仙境)에 이른 듯하여 말로는 어떻게 표현할 수 없소"라며 감탄했다.

이처럼 덕봉은 산대놀이를 길거리에서 본 것이 아니라, 남편 유희춘의 배려로 좋은 위치에 자리한 집 안에서 구경했다. 유희춘은 부인이 편안하게 볼 수 있도록 아들을 먼저 보내 방에 불을 지피게 하는 등 여러 모로 세심하게 챙겼다.

한편 조선시대에는 여성들을 가르치는 공식적인 교육기관이 없었다. 그 때문에 당시 양반가의 여성들도 글을 모르는 경우가 적지 않았다. 물론 일부 집안은 여성을 가르치는 가학(家學)을 통해 교육하기도 했다. 하지만 대부분 정식 교육과정을 거친 것이 아니라 언문이나 천자문 등 소통에 필요한 기본적인 문자 정도만 체득하는 것이 일반적이었다. 그리고 혼인하면 '남존여비(男尊女卑)'와 '삼종지도(三從之道)'라는 절대 원칙에 따라 규방에 갇혀 가사 노동에 종사하면서 오로지 부모님을 모시고 남편에게 순종하며 자식을 출산하여 양육하는 '현모양처'의 길을 걷는데 도움이 되는 책을 읽었다.

대표적인 예로 아녀자의 덕목을 강조하는 『내훈』이나 『열녀전』 등이 양반가 여성들의 필독서였다. 여성이 글을 읽을 줄 안다는 것은 분명 큰

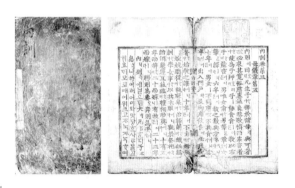

내훈內訓

1475년(성종 6) | 소혜왕후(昭惠王后) | 부녀자를 훈육하기 위한 교양서로, 성종의 어머니인 소혜왕후 한씨(韓氏)가 편찬했다. 소혜왕후는 당시 부녀자들이 읽을 만한 책이 없음을 안타깝게 여겨 『소학』, 『열녀』, 『명심보감』 등에서 부녀자들의 언행에 본보기가 될 만한 내용을 추려 언해를 붙였다. 궁중어와 당시의 존대어 연구에 매우 가치 있는 자료로 꼽힌다.

장점이었지만, 철저하게 사회질서에 적응하기 위한 도구로 활용되었다. 그 때문에 여성 대부분이 학문적 수준을 논할 정도의 성취를 이루지는 못했다.

물론 간혹 집안에 따라 가학(家學)을 통해 뛰어난 인재를 배출한 예가 있기는 하다. 10세의 어린 나이에 이미 시와 글씨에 두각을 나타낸 안동 장씨(1598~1680), 신숙주의 동생 신말주의 부인으로 권선문첩과 산수화 두 폭을 남긴 설씨 부인(1429~1508), 그림과 자수 그리고 글씨 등에서 탁월한 예술작품을 남긴 신사임당(1504~1551), 한국은 물론 중국의 문인들에게도 주목받은 난설헌 시집을 남긴 허난설헌(1563~1589), 역시 중국에도 이름이 알려진 조선 중기 여류 시인으로 선조 대에 『옥봉집』을 남긴 이옥봉(李玉峰, 생몰미상) 등이 그들이다. 모두 조선을 대표하는 여성 지식인으로, 이들에 견주어 송덕봉 역시 조선의 지식인으로 꼽는 데 손색이 없다.

어진 여성 선비의 풍모를 보이다

송덕봉은 홍주 송씨(洪州宋氏) 집안 출신이다. 홍주 송씨는 신평 송씨와
함께 여산 송씨에서 갈라졌으며, 시조 송계(宋桂)는 고려 말기에 시중을
지냈다. 그는 이성계의 조선 건국에 반대하여 고향 홍주에 내려와 살다
가 생을 마감했다. 이후 중시조 송평이 조선에서 관리를 지내다 전라도
담양군으로 이주하여 터를 잡았다. 덕봉의 조부 송기손은 태종의 둘째
아들 효령대군의 손녀사위로, 성종 때 생원시에 합격하여 음서로 관직
에 나가 사헌부 감찰과 단성 현감 등을 역임했다. 덕봉의 외조부는 성
종과 연산군 때 대사헌과 전라감사 등을 지낸 이인형(1436~1497?)으로,
김종직의 문인이다.

덕봉은 중종 16년(1521)에 전라도 담양 태곡에서 태어났다. 중종 31년
(1536) 16세 때 24세의 유희춘과 혼인했고, 3년 후 남편 유희춘은 과거
에 급제해 관직 생활을 시작한다. 하지만 10년이 못 되어 남편이 양재역
벽서 사건에 연루되어 20여 년간 유배 생활을 하게 되자 집안 살림을
책임지게 된다.

덕봉(德峯)은 이름이 아니라 호이다. 자(字)는 성중(城仲)으로, 당시 여
성으로는 드물게 호와 자가 있었다. '덕봉'이라는 호는 담양군 태곡의
덕봉 아래에서 태어나 살았다고 해서 붙었다. 자 '성중'은 유희춘의 자
인중(仁仲)에 조응하는 것으로, 덕봉의 친정아버지 송준이 '부부가 함께
인(仁)을 이루라'는 의미로 지어주었다.

덕봉과 유희춘은 선친의 뜻에 따라 사람을 볼 때 부귀나 명예보다는

신의(信義)를 가장 중요하게 여겼다. 한번은 유희춘이 유배에서 풀려나 관직에 복귀했는데, 예전 친구가 뜻을 얻은 뒤 신의가 없어지는 것을 보고 탄식한 일이 있었다. 당시 덕봉은 "남들이 나를 배반할지라도 우리는 그같이 해서는 안 됩니다"라며 끝까지 남편과 뜻을 함께할 것을 다짐했고, 평상시에도 남편과 지우(知友), 즉 '자신을 알아주는 친구' 관계를 유지했다.

유희춘 역시 자신의 일기에 "부인은 천성이 영민하고, 경서와 사서를 두루 섭렵하여 학덕이 높으며, 어진 여성 선비(女士)로서의 풍모를 지니고 있다"라며 높이 평가했다. 덕봉의 시를 무척 아꼈던 유희춘은 덕봉이 살아 있을 때 시 38수를 엮어 문집을 편찬하기도 했다. 그는 덕봉을 부를 때면 일반 사대부 남성들처럼 자를 사용할 정도로 부인을 진정한 동료로 대했다.

이처럼 덕봉은 유희춘과 이상적인 부부 생활을 유지하면서 스스로 당당한 삶을 살았다. 친정 형제들이 가난하여 제사를 지내지 못하자 친정 집안의 제사를 자신의 집에서 지냈고, 남편이 유배지에 있는 동안 홀로 시어머니를 모시고 살다가 돌아가시자 삼년상을 치르고 난 후 유배지 종성에 있는 남편을 찾아가 함께 살았다. 이때가 덕봉의 나이 40세였다.

당시 덕봉은 「마천령상음(磨天嶺上吟)」이라는 시를 남기는 등 여류 시인으로서의 삶도 주목받고 있다. 덕봉의 시는 가족의 건강과 화합 그리고 집안의 일 등 일상을 살아가면서 느낀 감회를 아주 구체적이고 사실적으로 표현해서 생활 속의 문학으로 평가받으며, 최근에는 신사임당의 뒤를 잇는 여성 지식인으로 꼽히고 있다.

덕봉은 유배지에서 7년 동안 남편과 함께 지냈고, 남편이 유배에서 풀려나 한양에서 관직 생활을 하게 되자 다시 고향 담양으로 돌아왔다. 유희춘이 한양에서 남의 집을 빌려 생활했기에 경제적 부담으로 가족이 오래 머물기 힘들었고, 생활 기반이 고향 담양에 있었기 때문이다.

덕봉은 유희춘과 혼인하여 40여 년을 함께 살면서 1남 1녀를 두었다. 아들은 김인후의 셋째 딸과 혼인하여 아들 둘을 낳았다. 김인후는 성리학을 정립하는 등 유학사에서 중요한 위치에 있는 인물이다. 딸은 윤효정의 첫째 아들인 윤구의 아들 윤관중과 혼인하여 손녀 은우를 낳았다.

사대부 집안도 인간관계가 다양했다

아들딸과의 관계 유지하기

유희춘과 덕봉은 부부 사이에도 서로 공경하는 예를 갖추면서 집안 분위기를 원만하게 조성하는 데에도 힘을 썼다. 또 자식에게 욕심을 내거나 편애하지 않고 모두에게 관심을 기울였다. 하지만 때때로 아들과 딸에게 아버지와 어머니로서 각기 다른 기대와 행동을 보이는 등 인식 차이도 발견할 수 있다.

덕봉은 남편과 달리 딸에게 다소 엄격하게 대했다. 대표적인 예로 담양에서 먼 길을 나설 때 딸이 몸이 약해 말을 탈 수 없었지만 덕봉은 집안 어른, 즉 남편의 명이 없었다며 가마에 태우지 않았다. 전주에 도착했을 때는 전주 부윤 노진이 일교(日僑)를 내주며 딸에게 탈 수 있도록 배려했지만, 덕봉은 역시 같은 이유로 사양했다.

조선시대에는 양반 관료나 그 가족만 가마를 탈 수 있었으나 특별한 경우를 제외하고는 문신 재상에게만 허락되었다. 16세기가 지나면서 지방 수령이나 지방에 임시로 파견된 관리들이 가마를 타고 다니기도 했지만, 덕봉이 딸에게 엄하게 대했던 것도 이러한 이유 때문이다.

덕봉의 조치는 평소 어머니에게도 화를 내는 딸의 성격도 영향을 미친 듯하며, 앞으로 집안 살림을 책임져야 하는 딸에 대한 교육의 의미도 있었던 것으로 보인다. 한번은 딸이 병이 난 덕봉을 위해 무녀(巫女)를 청하려고 하자, 덕봉은 "목구멍의 분명한 병에 어찌 무당의 제사가 상관이 있겠느냐. 결코 청해서는 안 된다"고 단호하게 말했다는 일화도 이러한 추론에 힘을 실어준다.

반면 딸이 길을 떠나기 5일 전부터 얼굴에 종기가 돋으며 병이 났을 때 유희춘은 딸을 치료하고, 딸의 상태를 매일 기록으로 남길 정도로 정성을 다했다. 그렇지만 부인이 딸을 엄격히 대하는 것에는 서로의 입장 차를 인정하며 간섭하지 않았다. 『미암일기』에도 "딸의 사정을 모르는 사람들이 부인을 칭찬하였다"는 사실만 기록했을 뿐, 딸에 대한 덕봉의 행동에는 아무 말도 하지 않았다. 평소 부인의 언행에 대해 언제나 자신의 느낌을 짧게라도 썼던 것과도 비교된다.

유희춘은 사위가 첩을 둔 문제로 딸은 물론 아내와 신경전을 벌이기도 했다. 한번은 딸이 첩을 둔 남편을 향해 "아버님, 저 사람이 제 버릇 개 주겠습니까?"라며 불만을 토로하자, 딸에게 호통을 치며 매를 들려고 한 일도 있었다. 그러나 딸이 벌떡 일어나 방을 나가 버렸고, 부인도 속으로 혀를 차며 딸을 따라 나갔다고 한다.

유희춘은 공부에 진전이 없는 아들 이경렴을 "매우 어리석다"고 했으며, 과거를 통해 관직에 나가는 것을 기대하지 않았다. 그 때문에 음직으로 미천한 관직 생활이라도 할 수 있을지를 지인들과 의논하기도 했다. 한번은 친구 민기문(閔起文)이 권력자에게 청탁해 볼 것을 권하자 유희춘은 "아무리 아들을 위하는 일이라고는 하지만, 권력을 쓰면서까지 무리하게 나서는 것은 옳지 않다"며 따르지 않았다.

덕봉은 나중에 아들이 음직으로나마 벼슬에 나가게 되자 감사하는 마음을 시로 쓰기도 했다. 당시 사회에서는 집안의 부흥을 위해 아들이 가장의 뒤를 이어 과거에 급제하는 것이 중요한 관심사였다. 이를 감안하면 미암과 덕봉 부부 역시 서운함이 없지 않았을 것이다. 그런데도 두 사람은 능력이 부족한 아들에게 무리한 기대를 하지 않고 현실을 받아들였다. 그 때문에 유희춘 역시 아들이 영릉 참봉에 천거되자 몹시 기뻐했고, 아들이 "능참 봉직이 버거워 그만두고 고향으로 돌아오겠다"고 했을 때도 아들이 자신의 능력을 알고 있다며 그의 의견을 수용했다.

이처럼 유희춘과 덕봉 부부는 아버지와 어머니로서 견해차를 서로 인정했고, 한쪽의 의견이 맞는다고 판단되면 그대로 수긍하기도 했다. 아들이 장가들어 처가인 장성에 거주하고, 딸이 결혼하여 사위 윤관중과 함께 처가에 살면서 유희춘과 덕봉 부부에게 새로운 관계가 하나 더 생겨난다. 바로 손자와 손녀를 중심으로 하는 새로운 가족관계였다.

때로는 자상하게 때로는 엄격하게

양반가에서는 자식은 물론 손자의 성장환경과 교육이 최고의 관심사였다. 『미암일기』에도 손자와 손녀에 대한 각별한 관심을 기록하고 있다. 유희춘은 외손녀 은우가 영특함이 남다르다며 다음과 같이 썼다.

외손녀 은우와 함께 놀던 노비가 손가락을 다쳐 울었다. 옆에 있던 여종 죽매가 "아가씨는 왜 같이 울지 않아요?"라고 묻자, 은우는 "만약 어머니가 우신다면 내가 함께 울겠지만, 종이 우는데 내가 왜 우느냐?"고 대답했다. 기특하다.

요즘 아이 교육의 관점에서 보면 문제의 소지가 있지만, 유희춘은 신분제 사회에서 외손녀의 생활에도 신경을 쓰면서 집안에서의 인간관계에도 주의를 기울이고 있음을 알 수 있다.

유희춘과 덕봉은 할아버지와 할머니로서 손자의 교육 환경 조성과 교재 선정 등에도 적극적이었다. 특히 덕봉은 손자의 공부를 직접 지도하며 진도와 학업 성취 등을 세밀하게 관찰했다. 손자 광연이 어려워하는 교재는 무엇인지, 어떤 교재가 적합한지를 남편에게 조언하기도 했다. 유희춘 역시 부인의 조언을 따랐고, 손자 광연은 할머니의 관심으로 부담을 덜어 기뻐했다고 한다. 또 덕봉은 유희춘과 함께 작은 것 하나라도 잘한 것이 있으면 손자를 크게 칭찬하거나 격려하여 손자가 학업에 정진할 수 있도록 이끌었다. 물론 잘못한 일이 있을 때는 엄하게 매로 다스리기도 했다.

유희춘과 덕봉은 단순히 친손자만이 아니라 집안의 장손인 큰형의 아들 유광문에게도 각별하게 신경 썼다. 광문이 유희춘의 집안을 이을 종손이었기 때문이다. 유희춘은 이들을 가르칠 교재를 직접 저술하였고, 그 과정도 『미암일기』에 상세하게 기록으로 남겼다.

유광문은 백악산 아래 빈집에서 허균의 형 허봉과 함께 공부하기도 했다. 허봉은 유희춘에게 편지로 질문 목록을 보낼 정도로 그를 잘 따랐고, 학문적 성취 또한 높았다. 유희춘은 허봉과 함께 허균의 또 다른 형 허성을 어렸을 때 가르쳤는데, 허성과 허봉만 생원시에 장원으로 합격하고 유광문이 혼자 고향으로 돌아오자 유광문과 의논하여 그를 절에 가서 공부하게 했다. 함께 공부하던 친구들과 과거에 응시했다가 혼자 낙방한 유광문을 배려하면서 자상하게 보살핀 것이다.

허봉은 학문은 물론 시인으로도 이름을 떨쳤으며, 그의 시는 '산뜻하면서도 정숙하고 아름답다'는 평을 들었다. 허봉은 관직에 나간 후 김효원과 함께 동인의 선봉에 서서 서인들과 대립하는 과정에서 선조 17년(1584), 병조판서 이이의 직무상 과실을 들어 탄핵했다. 그러나 선조의 노여움을 사서 유희춘이 유배 생활을 했던 함경도 종성에 유배되었다가 이듬해 풀려났다. 이후 허봉은 정치에 뜻을 버리고 방랑 생활을 하다가 선조 21년(1588), 술로 인한 병을 치료하기 위해 금강산에서 내려오다가 38세의 젊은 나이로 산 밑에서 생을 마감한다.

허성 역시 이름난 문장가로, 글씨에도 뛰어났다. 그는 선조가 즉위하던 1568년 21세에 증광시에서 장원급제한 수재였고, 성리학에도 통달하여 사림의 촉망을 받았다. 선조 23년(1590)에 일본 통신사 황윤길, 부사 김성일과 같이 서장관으로 일본에 다녀왔을 때 황윤길은 일본의 침략 의도를 지적하고 김성일은 일본이 그런 의도가 없다고 하자, 같은 동인임에도 도요토미 히데요시〔豊臣秀吉〕의 침략 의도를 언급할 정도로 당파성을 앞세우지 않았던 강직한 관리였다.

한편 허봉과 허성은 허난설헌의 오빠이기도 해서 이들과 유희춘의 인연은 누이동생인 허난설헌과의 인연으로 이어졌을 것으로 보인다. 허난설헌은 오빠들과도 함께 공부할 정도로 각별한 관계였고, 평소 남녀

문제에 개방적인 성격이었다. 특히 허난설헌보다 열두 살 연상의 오빠 허봉은 어느 날, 당대 최고의 시인으로 이름을 떨쳤던 자신의 절친한 친구 이달을 찾아가 동생 허난설헌을 가르쳐줄 것을 부탁하기도 했다. 허봉은 허난설헌의 인생의 멘토이기도 했다. 따라서 조선을 대표하는 여성 지식인으로 평가받는 허난설헌이 탄생하기까지는 어떤 방식으로 든 유희춘과 송덕봉 부부의 영향이 있었을 것으로 추론해 볼 수 있다.

양반은 노비의 절대 지배자였나?

일반적으로 사대부 집안은 가족보다 노비의 수가 더 많았다. 노비는 잔심부름이나 집안일에서부터 부역이나 농사를 수행하는 등 집안의 재산 증식과도 직접적인 연관이 있었다. 심지어 재능이 있는 노비는 개인적으로 노래와 악기를 배우게 하여 잔칫날 악기를 연주하고 노래를 부르게 하는 가비(家婢)로 활용했다. 가비는 다른 노비들과는 달리 집안일을 하지 않았고, 일이 없을 때는 주인집 아이들을 돌보기도 했다. 이처럼 주인이 노비에게 적합한 일거리를 부여하는 등 노비들을 원활하게 부리는 일은 집안의 질서 유지와도 관련이 있었다. 달리 말하면 비록 주종(主從)의 관계라도 주인이 노비에게 일을 주는 것은 집안에서 또 다른 인간관계를 유지하는 일이기도 했다.

『미암일기』에도 노비와 관련한 내용이 자주 나오며, 다양한 일들이 등장한다. 예를 들면 "덕봉이 여종 죽매에게 가창(歌唱)을 가르치자고 청하므로 내가(유희춘) 웃었다. 그리고 허락했다. …… 아침에 죽매가 전악(典樂)에게 가서 해금을 배우고 왔는데, 장래가 있어 보인다고 한다. 우습다"라며 덕봉이 음악에 재주가 있는 여종을 가비로 교육했다는 내용도 보인다.

조선시대의 노비는 양반의 소유물로 상명하복에 의한 일방적인 관계로 이해하는 경향이 있지만, 『미암일기』에 따르면 결코 그렇지만은 않았던 것 같다. 예를 들면 양반은 노비를 자신의 수족처럼 부리는 대가를 지불했다. 기본적으로 하루 세끼를 먹여주고, 계절에 따라 옷을 입을 수 있도록 옷감을 지원했다. 또 재충전을 위해 노비에게 휴가를 주었으며, 노비의 가족이 생계를 유지할 수 있도록 매달 월급을 지급했다. 때로는 병이 든 노비의 치료비도 주인이 지불했다.

유희춘과 덕봉 역시 노비에게 가끔 보너스와 같은 중간 급여를 주었고, 노비가 병이 들면 약을 주거나 의원까지 불러서 치료해 주었다. 또 성심껏 주인집 일을 보살핀 노비를 칭찬하고 술을 내리는 등 포상을 했으며, 90세가 넘은 노비의 어미를 초대해 대접하는 등 노비들이 순종하며 잘 따를 수 있도록 덕(德)으로 다스렸다. 그러나 노비들은 때때로 문제를 일으키기도 했다.

노비들이 싸우거나 술주정을 부려 집안에 소란이 일어나기도 했고, 교만하게 행동하거나 주인의 눈을 속이고 도둑질을 하는 등 법을 어기는 일도 있었다. 유희춘은 그때마다 노역을 늘리거나 체벌을 가했으며, 심하면 노비를 쫓아내거나 관아에 고발하는 등 단호하게 대처했다.

물론 노비들이 확실하게 잘못했을 때도 있었지만, 그들의 행동을 어디까지 순종과 교만으로 구분할 것인가는 입장에 따라 차이가 있었다. 그 때문에 노비들은 상전의 부당한 명령이나 처우 등에 불만을 품거나, 심할 경우 도망가기도 했다. 한번은 노비가 불만을 품고 오랫동안 집을 나가 있던 적이 있었다. 그때 유희춘이 노비의 처를 가두었는데, 그가 돌아오자 죄를 물어 매를 때린 일도 있었다.

당시 유희춘은 노비들을 불러 모아 "세간에 유향소의 종들도 방자하다는 소문이 도는데, 하물며 재상집 노비들은 더욱 삼가야 한다. 너희가 논일을 하면서 남들과 같이 물을 고루 대지 않거나, 시장에 들어가 남과 이익을 다투거나, 그밖에 일체 권세를 믿고 남을 침해하는 일 등을 해서는 안 된다. 감히 내 명을 어기는 자가 있으면 내가 볼기를 때리고 종아리를 칠 뿐 아니라 발바닥까지도 칠 것이니 각별히 조심하고 삼가라"고 엄하게 명한 일도 있었다. 이로 보아 노비들이 주인집 권세를 믿고 함부로 행동한 일로 문제가 발생했음을 알 수 있다.

반면 성실하게 일해서 신뢰를 얻은 노비에게는 중요한 임무가 주어지는 등 주인과 좀 더 특별한 관계가 만들어졌다. 그리고 여종 중에는 간혹 양반의 첩이 되어 정식 가족으로 인정받지 못했음에도 또 다른 가족관계를 이루며 살아가는 등 양반 주인과 집안의 노비들 사이에는 다양한 관계가 형성되었다.

양반의 외도와 첩, 가족 아닌 가족이 되다

『미암일기』를 통해 16세기 양반의 외도와 첩에 대한 사회적 분위기도 살펴볼 수 있다. 유희춘에게도 자신보다 열다섯 살 연하의 방굿덕 또는 구질덕이라는 관비 출신의 첩이 있었다. 두 사람은 10여 년을 함께 살면서 해성·해복·해명·해귀 등 4명의 딸을 낳았다. 물론 이들은 모두 서얼이었지만 유희춘에게는 가족이었다.

유희춘이 첩을 두었던 것은 그가 종성에서 유배 생활을 하면서 살림을 돌보아줄 사람이 필요해서였다. 당시 가족과 떨어져 한양에서 관직 생활을 하던 양반들이 숙식과 바느질 그리고 빨래 등으로 인한 불편과 비용 부담을 줄이기 위해 첩을 두는 일을 검토했다는 기록이 보이는 것도 그 예이다. 그래서인지 덕봉이 시어머니 상을 치르고 난 후 남편의 유배지로 간 이유 중에는 남편과 방굿덕의 사이를 갈라놓으려는 의도도 있었던 것으로 보기도 한다.

방굿덕은 덕봉이 종성에 오자 딸들과 친정어머니, 남동생들까지 모두 데리고 해남으로 이주했고, 덕봉은 유희춘이 유배에서 풀려나 한양에서 관직에 복귀하자 다시 고향 담양으로 돌아갔다. 유희춘은 고향 해남에 일이 있어 갈 때면 방굿덕과 함께 생활했는데, 유희춘이 방굿덕의 집으로 간 것이 아니라 방굿덕과 딸들이 유희춘의 본가로 와서 생활했다. 하지만 덕봉이 해남에 내려오면 방굿덕은 부인이 도착하기 전날 딸들과 함께 자신의 집으로 돌아갔다. 그 때문에 유희춘의 부인과 방굿덕이 서로 마주칠 일은 거의 없었던 것으로 보인다.

그런데 유희춘이 유배지 종성에 있는 상태에서 관노비 출신이었던 방굿덕이 아무 제약도 없이 가족들까지 모두 데리고 종성에서 해남으로 이주했다고 보기에는 무리가 있다. 달리 말하면 유희춘의 허락은 물론 지원이 있었기에 가능했을 것으로 보인다.

비록 방굿덕이 관노비 출신이기는 하지만, 명색이 사대부와 가족을 이루며 살았던 여인이다. 물론 유희춘이 유배에서 풀려나면 함께 살거나, 덕봉이 있는 담양에서 사는 것이 쉬운 문제는 아니었다. 그렇다고 종성에 그대로 둔다면 주변에서 관노비였던 방굿덕을 어떻게 대우할지는 충분히 짐작할 수 있었다. 따라서 유희춘이 방굿덕과 그 가족을 자신의 고향인 해남으로 이주하게 함으로써 의리를 지켰을 가능성은 충분했다.

『미암일기』에 따르면 가족과 함께 해남으로 내려간 방굿덕은 농사를 지으며 살았는데, 해남에서 9마지기의 땅과 3명의 노비를 소유하고 있었다는 사실도 유희춘의 지원이 있었음을 의미한다. 실제로 유희춘은 방굿덕에게 자식이 많고 여종이 없는 것이 불쌍해서 아내의 종인 부용을 아내에게 묻지도 않고 준 일이 있었다. 다음 날, 부인 덕봉에게 이 사실을 말하니 덕봉이 "미리 상의하지도 않고 종을 주었다"며 타박했다고 한다. 이를 통해 당시 부부의 노비 소유는 별개였다는 사실도 확인할 수 있지만, 양반이 첩을 두기 위해서는 일정 규모 이상의 경제적 여건이 뒷받침되어야 하는 등 감당해야 할 문제가 한둘이 아니었음을 알 수 있다.

전쟁도 불사하다

조선시대에는 여성들의 공식적인 경제활동이 인정되지 않았다. 여인들이 생계유지를 위한 경제활동에 나서기 위해서는 대부분 비윤리적이고 불법적인 일에 종사할 수밖에 없었다. 그 때문에 가장 혼자서 가족의 생계를 책임져야 했고, 첩을 두어 새로운 가족이 생겨난 경우도 예외는 아니었다.

유희춘 역시 방굿덕과 가족을 위해 노비를 지급하는 등 생계를 떠맡았다. 하지만 이것으로 모든 문제가 해결되는 것은 아니었다. 무엇보다도 첩과의 사이에서 태어난 서얼들의 신분과 혼인 등도 큰 문제였다. 유희춘은 방굿덕과 딸들을 대신해서 공사 노비가 소속 관서 또는 주인에게 노동력을 제공하는 대신, 매년 신공(身貢)을 납부해 주었다. 당시 노비였던 첩의 소생은 '종모법(從母法)'에 따라 천인인 어머니의 신분을 따랐기 때문이다. 또 첩의 자식이 노비의 신분에서 벗어나지 못하면 주인의 자식에게 상속되었다. 따라서 신분이 다른 이복형제 사이에 주종 관계가 형성되기도 했다. 이러한 부담을 피하기 위해 친인척의 노비와 노비 신분의 자식을 서로 교환하기도 했다.

물론 이들이 서얼 신분에서 벗어나는 방법이 전혀 없는 것은 아니었다. 하지만 경제적으로 적지 않은 대가를 지불해야 하는 등 부담이 컸다. 그 때문에 불순한(?) 거래에 대한 유혹을 받기도 했다. 『미암일기』에도 유희춘에게 "서녀 해복(海福)을 천인 신분에서 벗어나게 해주는 조건으로 이구(李懼)가 자기 사위의 벼슬을 얻게 해달라는 제안을 했다"는 기록이 보인다. 당시 유희춘은 "서녀(庶女)를 속신(贖身)해 주는 것은 자신이 원하던 바이지만, 그 대가로 벼슬을 얻게 하는 것을 수용할 수 없다"는 이유로 거절했다. 그 대신 유희춘은 큰서녀와 작은서녀의 주인에게 말 한 필을 몸값으로 지불하고, 공사 노비 문서관리와 노비 소송을 관장하던 장예원에 부탁하여 양민 신분으로 만들어주었다. 이후 서녀들의 짝을 찾아서 혼인도 시켰다.

유희춘의 지원에 힘입어 방굿덕은 해남에서 살며 어느 정도 재산을 모았고, 인근 지역 관리의 도움을 받아 20칸에 이르는 집을 지을 정도로 수완도 발휘했다. 그러나 삶의 무게 때문인지 아니면 시간이 지나면서 나이가 든 탓인지는 모르겠지만, 방굿덕은 성격이 보통은 아니었던 것 같다. 선조 4년(1571)에 부인 덕봉이 "방굿덕이 성질을 잘 내고 불손하다"고 남편에게 말하자 '처와 첩의 위상이 이미 정해져 있는데 첩이 처를 무시해서는 안 된다'고 생각했던 유희춘은 전후 사정을 살피지 않고 첩을 미워하기도 했다.

일반적으로 첩을 두는 일은 부인의 허락이 있어야 가능했고, 일단 첩을 두면 첩은 본처에게 복종해야 했다. 그리고 부인은 첩과 그 자식들을 잘 통솔해야 할 임무가 있었다. 유희춘 역시 방굿덕과 그 자녀들이 부인 덕봉을 중심으로 하는 가족 질서에 원만하게 편입되기를 기대했다. 물론 덕봉 역시 평온한 가정을 유지하기 위해 애쓰며 본처의 역할에 충실하고자 했다.

선조 8년(1575)에는 덕봉의 생일에 서녀 해복이 많은 음식을 보낼 정도로 덕봉의 배려에 감사를 전하기도 했다. 방굿덕은 죽을 때까지 재가하지 않았고, 사망한 후에는 담양에 있는 유희춘 부부의 선산에 함께 묻혔다. 비록 묘가 유희춘 부부의 묘역 귀퉁이에 작게 조성되었지만, 사망한 후에도 유희춘을 따랐다고 할 수 있다. 그러나 대부분의 양반 집안이 첩과의 관계를 끝까지 유지한 것은 아니다.

첩을 두는 일로 부부 사이에 심각한 갈등이 벌어지기도 했다. 당시 양반가에서는 주변의 눈치를 보느라 드러내놓고 반발하지 못했지만, 이 문제로 일부 양반가에서는 부인이 단식투쟁을 벌이거나, 남편의 망건과 옷을 찢기도 했다. 또 첩의 머리를 자르며 온몸을 구타하기도 했고, 공개적으로 이혼을 선언하고 별거하는 등 부인이 전쟁을 불사할 정도로 물러서지 않고 팽팽하게 맞서 결국 남편이 첩을 포기하기도 했다. 심지어 남편을 집안에서 내쫓아 병들어 죽게 했다고도 한다. 중종 12년(1517)에는 한 해 동안 이러한 사건이 6건이나 발생하여 조정에서 논란이 일어날 정도였다.

그뿐만 아니라 첩이 평생 지조를 지키지 않거나, 특히 주인 남자가 사망하면 재가하기도 했다. 그 때문에 주인 남자가 사망하면서 상속을 할 때 만약 첩이 재가하면 면천(免賤)한 것을 취소하고 다시 노비로 삼을 것을 유언으로 남기기도 했다.

하루도 거르지 않고 일기를 쓰다

사망하기 이틀 전까지 쓰다

『미암일기』는 유희춘이 유배에서 풀려난 명종 22년(1567) 10월부터 한 문으로 쓴 개인 일기이다. 이때가 그의 나이 55세로, 이후 그가 사망하 기 이틀 전인 선조 10년(1577) 5월까지 11년간 비록 관직 생활이 바빴음 에도 하루도 빠짐없이 일기를 썼다. 현재 남아 있는 일기는 모두 11책인 데, 그의 일기 10책과 아내 덕봉의 시문을 모은 부록 1책이 전한다.

『미암일기』는 비록 중간에 빠진 기간이 있지만, 총 83개월간 쓴 일기 로 조선시대 개인 일기 중 가장 양이 많다. 특히 최근에는 16세기 사대 부 집안의 생생한 일상과 심리를 담은 귀중한 자료로 주목받고 있다. 예 를 들면 사대부 집안의 의식주는 물론, 수입과 지출·이사와 집수리·가 옥의 신축·혼례 풍습과 잔치 등 집안의 크고 작은 일들을 살펴볼 수 있 으며, 아내와 자식의 일상생활과 그들의 주변에서 시중든 노비·첩·서 녀·의녀·기녀 등의 생활상, 심지어는 이제까지 주목하지 않았던 등 불·목욕·화장실이나 신변잡기에 이르기까지 다양한 내용이 꼼꼼하게 기록되어 있다. 『미암일기』에 수록된 사대부 집안의 일상과 관련한 주 요 내용을 정리하면 다음과 같다.

분류	주요 내용	세부 내용
관직 생활	사대부의 관직 생활 실상과 노비의 역할	·이른 새벽에 출근하여 임금께 학문을 가르치다 ·임금이 관복을 하사하다 ·봄철 녹봉을 받던 날 ·마의(馬醫)를 불러 말을 치료하다 ·노비는 양반의 수족이다 ·유배 생활에 대하여
살림살이	16세기 집안 살림에서 여성의 역할과 제사 풍습	·부인이 딸을 데리고 한양으로 올라오다 ·비로소 한양 살림을 주관하다 ·자기 조상의 제사는 자기가 지내야 한다 ·마을 사람들이 부인의 다복함을 치하하다 ·결단코 무녀(巫女)를 청해서는 안 된다
나들이	여성의 여가 생활 실상과 화장법과 옷차림	·꿈도 생활의 일부였다 ·임금의 행차를 구경 가다 ·생활의 느낌을 시로 표현하다 ·전별연을 베풀고 고향으로 돌아가다
재산 증식	사대부의 재산 증식 과정	·중소 지주의 재산 규모를 기록하다 ·부사(府使)에게 식물과 군사를 청하다
부부 생활	사대부의 부부 생활과 16세기 여성의 지위	·부부가 사랑한다는 것은? ·홀로 벼슬하며 그대를 생각하노라 ·부인이 서책 정리를 하다 ·첩과 서녀의 생활을 말하다 ·부부가 한바탕 입씨름을 벌이다 ·기생 옥경이와의 생활을 말하다
노후 생활	사대부의 노후 생활과 평생 도의 의미	·초야로 물러나 한가롭게 지내다 ·며느리가 본가로 돌아가다 ·큰손자 장가가는 날 ·부인과 함께 생일을 맞아 집안 잔치를 열다 ·후일담

그뿐만 아니라 『미암일기』는 개인 일기이면서도 왕실 소식·정국 동향·사신 접대·경연 등 나라의 공적인 업무와 관련해서도 상세하게 기록했다. 또 조선 건국부터 선조 대까지 정치와 명신(名臣)들의 행정을 기록한 야사집이자 일기류인 이정형(李廷馨, 1549~1607)의 『동각잡기』와 함께 임진왜란 때 소실된 사초를 대신해서 「선조실록」 편찬에 중요한 사료가 되었다.

물론 『미암일기』를 처음부터 실록에 활용될 것이라고 기대하고 작성한 것은 아니다. 그런데도 『미암일기』가 사료로서의 가치를 인정받았던 이유는 그가 선조의 특별한 총애를 받으며 관직 생활을 한 양식 있는 관리이자 학자였고, 정치에서부터 일상에 이르기까지 특유의 간결한 문체로 대단히 객관적으로 솔직하게 기록했기 때문이다.

유희춘은 평소 '증거가 될 만한 확실한 사실만 신뢰한다'는 자세를 분명하게 견지했다. 그는 성현(聖賢)이 남긴 글이라도 무조건 믿지 않았고, 스스로 의심이 가거나 근거가 충분하지 않고 대강 알려진 사실이나 역사와 문학을 통해 잘못 알려진 사례는 철저하게 규명하여 반박하기도 했다. 심지어 성리학자라면 누구나 숭상하는 주자의 글이라고 해도 무조건 믿고 따르지 않고 확실히 주자의 것인지 엄격하게 증명한 후에야 믿었다.

예를 들면 시선(詩仙)으로 불렸던 중국 최고의 시인으로 우리나라에도 잘 알려진 이백(李白)이 친구와 함께 채석강에서 배를 띄우고 술에 취하여 손으로 강물에 비친 달을 잡으려고 한 일은 있지만, 강물에 빠진 것은 사실이 아니라는 것을 이백의 사적 등 관련 사례들을 통해 "시인의 부화하고 허탄한 말에 의한 것이며, 더 심한 경우 이백이 고래를 타고 하늘에 올랐다고 한 마자재의 말을 들어 설득력을 얻었을 뿐이다"
라며 자신의 견해를 덧붙이고 있다.

일상의 실천 정신을 이어받다

유희춘은 중종 8년(1513) 전라도 해남현 해리의 외가에서 2남 3녀 중 차
남으로 태어났다. 그는 선산 유씨 집안 출신으로, 아버지는 유계린(柳
桂鄰)이다. 유희춘의 호는 그의 가족이 해남의 금강산 남쪽 기슭에 살
때 집 뒤에 '곱고 예쁜 눈썹'과 같은 바위가 있었다고 하여 눈썹 미(眉)
와 바위 암(巖)을 따서 '미암(眉巖)'이라고 했다. 어머니 탐진(耽津) 최씨는
『표해록』의 저자 최부(崔溥, 1454~1504)의 딸이다.

유희춘의 집안은 고조부 때 영남에서 전라도 광양으로 이주했고, 다
시 순천으로 옮겼다. 이후 아버지 유계린이 최부의 딸에게 장가들면서
처가가 있는 해남에 자리 잡았다. 유계린은 김굉필과 최부 등 당대 최
고의 성리학자에게 가르침을 받아 성리학에 조예가 깊었고, 이를 일상
생활에서 실천하는 데 힘썼다. 그래서인지 그는 벼슬에 뜻을 두지 않았
고, 처가인 최씨 집안의 재산을 상당 부분 물려받아 경제적 여유를 유
지하며 재야 학자로 평생을 살았다.

특히 유계린의 장인이기 전에 스승이었던 최부는 사위 유계린과 외손
자인 유희춘의 삶에도 직접적인 영향을 미쳤다. 최부는 과거를 통해 관
직에 나갔고, 성종 16년(1485) 서거정 등과 『동국통감』 편찬에도 참여하
여 '논(論)' 120편의 집필을 담당했는데, 그 논지가 명백하고 정확하다
고 인정받을 정도로 학문이 뛰어났으며, 최부의 스승 김종직도 그를 각
별히 아꼈다. 나중에 최부는 호남 성리학자를 대표하는 인물로 꼽혔다.

동국통감東國通鑑

1485년(성종 16) | 사가정(四佳亭) 서거정(徐居正) 외 | 왕명에 따라 서거정, 정효항 등이 편찬한 역사서로, 성종 자신이 편찬에 적극 개입하고 신진 사림이 참여하여 성종과 사림의 역사의식이 크게 반영되었다. 중국 사마광의 『자치통감』을 참고하였고, 신라 시조(始祖) 박혁거세로부터 고구려, 백제를 거쳐 고려 공양왕에 이르기까지 1,400년간의 역사적 사실을 기록했다. 단군·기자·위만의 고삼선(古三鮮) 및 한사군·이부(二府)·삼한(三韓) 등에 관한 내용을 외기(外記)로 하여 책 앞머리에 실었다.

최부는 또 성종 18년(1487) 30대 중반에 인생에서 중대한 사건을 겪은 후 역사적으로 중요한 저서도 남겼다. 당시 조선에서는 죄를 지은 자들이 잡히지 않으려고 제주도로 도망가는 경우가 많았다. 그 때문에 최부는 이들을 잡는 임무를 맡아 제주도로 가게 된다. 그러나 2개월 만에 아버지가 사망했다는 소식을 듣고 급하게 고향으로 돌아오던 중 풍랑으로 동중국해를 표류하다가 해적을 만나 갖은 고초를 겪고 명나라 임해현에 도착한다. 그곳에서도 해적으로 오해를 받는 등 우여곡절을 겪지만, 다행히 최부 일행이 조선의 관리라는 사실이 밝혀져 북경으로 보내진다.

이후 최부는 명나라 황제를 알현하는 등 절차를 밟아 귀국길에 올랐는데, 북경에서 8,000리 길을 걸어 6개월 만에 조선에 도착했다고 한다. 그는 중국 땅에서의 견문을 기술하여 바치라는 성종의 명을 받고 남대문 밖에서 8일간 머물며 그간의 일을 기록한 『표해록』을 저술했다.

　『표해록』은 조선인으로서는 최초로 중국 경제와 문화의 중심지였던 강소성과 절강성 등 중국 강남 지방과 산동 지방을 방문한 경험을 포함해 중국 대륙을 종단하면서 직접 겪은 사실들을 적은 귀중한 자료이다. 이외에도 중국의 해로(海路)·기후·산천·도로·관부(官府)·고적·풍속·민요 등 폭넓은 분야에 걸쳐 자세하게 기록되어 있어 우리나라뿐만 아니라 일본에서도 간행할 정도로 주목받았다.

　최부는 부친상을 마치고 다시 관직에 복귀하여 능력을 발휘했다. 하지만 그는 연산군의 잘못을 극간(極諫)하고, 공경 대신들을 통렬하게 비판하다가 무오사화 때 화를 입어 단천으로 귀향 갔다가 6년 후인 연산군 10년(1504) 갑자사화 때 처형되고 말았다.

　한편 부친상을 당했을 때 최부는 제주도를 출발하면서 상복을 입고 있었는데, 이로 인해 또 다른 고초를 겪기도 했다. 배가 표류하는 동안 뱃사람들은 그에게 관복으로 갈아입을 것을 권유했다. 조선의 관리라는 신분을 내세우면 문제가 생겼을 때 조금이라도 안전을 보장받을 수 있을 것으로 기대했기 때문이다. 하지만 부모가 돌아가신 죄인의 예에 어긋난다며 거절하는 바람에 해적들을 만났을 때 큰 고난을 겪었다고 한다. 북경에 도착해 황제를 알현하게 된 상황에서도 황제에 대한 신하의 예를 내세워 중국 관리가 상복을 벗고 관복으로 갈아입을 것을 강력하게 요구했으나, 같은 이유로 이를 거부해서 논쟁이 벌어지기도 했다. 결국에는 황제를 알현할 때만 잠시 상복을 갈아입는 것으로 타협이 이루어졌다고 한다.

　또 최부가 부친상을 마치고 복직을 명받았을 때 사헌부에서 이를 거부하여 일 년간 복직이 이루어지지 못한 일도 있었다. 그가 중국에서 돌아와 곧장 고향으로 가지 않고 한양에 머물며 기행문을 쓴 일이 자식 된 도리에 어긋난다는 것이 그 이유였다. 당시 왕의 명령이었음에도 그의 복직이 관철되지 못한 채 논쟁이 벌어진 것은 행정부 및 홍문관 세력에 대한 사헌부와 사간원의 견제 때문이었다. 이유야 어떻든 최부에게 지속적으로 시련을 안겨준 아버지의 사망은 그가 역사적으로 뛰어난 저술을 남기는 직접적인 요인이 되었다.

끝까지 의리를 지키다

유희춘은 어릴 때부터 영민하고 재주가 뛰어났으며, 책 읽는 것을 좋아해서 이미 5세 때 시를 지었다고 한다. 그러나 그가 10세 때인 중종 17년(1522)에 큰형 유성춘(柳成春)이 기묘사화에 연루되어 유배 생활을 하다가 28세의 젊은 나이로 요절했다. 유성춘은 '호남의 3걸'로 불릴 정도로 걸출한 인물이었다. 그 때문에 집안의 충격은 더 클 수밖에 없었고, 유희춘이 16세 되던 해인 중종 23년(1528)에 아버지마저 갑작스럽게 세상을 떠나고 말았다. 가족의 죽음은 큰 비극이었지만, 가장이 된 유희춘은 가문에 대한 책임 의식으로 공부에 집중했다.

유희춘은 나주 목사가 실시한 시험에서 연이어 장원했고, 25세 때 생원시에 합격했으며, 26세 때인 중종 33년(1538) 문과에 급제하여 관직 생활을 시작했다. 그가 관직 생활을 하던 16세기는 성리학에 기초한 사림 세력이 역사의 전면에 등장한 시기였다. 당시 사림 출신은 정계를 장악하고 있던 이른바 훈구 세력과 치열한 갈등과 대립 속에서 주자학적 이념을 기반으로 현실 정치의 개혁을 시도했다. 이 과정에서 훈구파의 탄압으로 여러 차례 사화가 일어나 많은 사림과 관료들이 죽거나 유배 당하는 일이 반복되었다.

유희춘은 관직에 있는 동안 율곡 이이와 함께 특정 정파에 치우치지 않고 중립을 지키며 자신의 소신대로 처신했던 인물로 평가받는다. 하지만 정치적으로 동인과 서인으로 갈라져 당파 간 정쟁이 심화하면서 유희춘에게도 위기가 찾아온다. 어린 명종의 즉위로 수렴청정을 하던 문정왕후가 윤임·유관·유인숙 등의 죄를 물어 숙청하라는 밀지를 내린 것이다.

당시 송인수의 추천으로 홍문관 수찬으로 있던 유희춘은 동료들과 함께 윤임·유관·유인숙에게 파직을 행하는 것은 부당하다는 계(啟)를 올리면서 자신들의 파직을 청했다. 하지만 두 번이나 윤허되지 않자 백 인걸이 끝까지 항의하다가 문정왕후의 미움을 사서 옥에 갇히고, 송희 규와 유희춘은 파직당했다. 그러다가 2년 뒤인 명종 2년(1547)에 "여왕 (문정왕후)이 집정하고 간신 이기 등이 권세를 장악하여 나라가 장차 망하려고 하니, 이를 보고만 있을 것인가?"라는 익명의 벽서가 양재역에 붙는 사건이 발생했다.

이를 빌미로 이기와 윤원형 등 소윤 일파가 사림과 대윤의 잔존 세력을 제거하기 위해 어린 명종을 대신하여 정사를 돌보던 문정왕후를 등에 업고 일으킨 옥사, 즉 '양재역벽서사건'이 일어났다. 당시 유희춘은 이 사건에 연루되어 35세에 제주도로 유배된다. 그러나 제주도가 그의 고향 해남과 가깝다는 이유로 다시 먼 변방인 함경도 종성으로 유배지가 바뀌었고, 명종 20년(1565)에는 유배지를 충청도 은진으로 옮기는 등 20여 년간 유배 생활을 하게 된다.

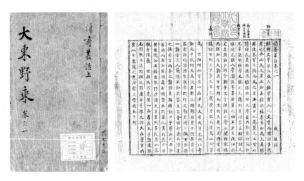

대동야승大東野乘

조선 초에서 인조 때까지의 야사, 소화, 만록, 수필 등을 모아 놓은 패관 문학서
로, 한 개인이 저술한 것이 아니라 여러 저자에 의해 편술(編述)된 것이 특징이다.
편찬자나 간행 연대는 미상이다.

유희춘은 유배 생활 중에도 지식인으로서 실천을 게을리하지 않았
다. 읽지 않은 책이 없을 정도로 독서를 했고, 인물 중심의 아동교육서
『속몽구(續蒙求)』와 『육서부록(六書附錄)』 등 저술에 몰두하면서 교육에
도 적극적인 관심을 기울였다. 『대동야승』에서는 그의 유배 생활을 "종
성은 육진(六鎭)에 해당하는 지역으로 말갈과 가까워 활 쏘고 말 타는
것을 숭상하고 문자를 아는 이가 적었다. 이에 유희춘의 풍모를 듣고 배
우기를 원하는 자들이 멀리서도 다투어 찾아와 뜰에 가득했고, 말년에
는 문학이 매우 성했다"고 기록했다.

유희춘이 55세 때인 1567년에 선조가 즉위하자, 그는 삼정승의 상소
로 유배에서 풀려나 복직한다. 당시 유희춘에게 학문을 배웠던 선조는
"내가 공부를 하게 된 것은 희춘에게 힘입은 바 크다"고 평가할 정도로
유희춘을 신임했다. 이후 유희춘은 선조의 총애를 받으며 성균관 대사
성·사헌부 대사헌·좌부승지·예조참판 등과 외직으로는 전라 감사를

지내며 이름을 크게 떨쳤다.

　유희춘은 사화에 희생된 사림들의 신원(伸冤, 가슴에 맺힌 원한을 풀어버림) 복원에도 적극적으로 나섰다. 그는 직접 을사사화를 겪었지만, 사화와 관련해서 별도의 기록을 남기지는 않았다. 다만 나중에 사림의 비판을 받았던 박인순과 윤인서 등을 일기에 적으면서 을사사화와 관련해 보고 들은 정치적 공론 내용을 객관적인 기록으로 남겼을 뿐 구체적인 평가나 판단을 내리지 않았다. 평소 유희춘이 사소한 것도 꼼꼼하게 기록했다는 사실을 감안하면 뜻밖의 일이지만, 한편으로는 을사사화가 그만큼 정치적으로 민감한 사안이었음을 미루어 짐작할 수 있다.

　그런데도 박인순 등을 언급한 것은 이유가 있었다. 박인순은 중종 때 김안로에게 아부하여 관직을 유지했고, 김안로가 축출되자 외직으로 쫓겨났다. 이에 불만을 품은 박인순은 인종의 뒤를 이어 명종이 즉위하자 윤원형에게 아부하여 복직한다. 그 때문에 그는 간사한 관리로 비판받았고, 충직한 관리를 모함하고 공명을 탐하며 재물에 욕심이 많아 예전의 친구가 하루아침에 원수가 되기도 했다. 결국 그는 탄핵을 받아 갑산으로 유배되었으나, 어머니의 애절한 상소로 복직이 이루어지기도 했다. 그러나 1568년 선조가 즉위한 해에 사헌부의 탄핵을 받아 삭탈관직되었다.

책 속의 귀신으로 평가받다

유희춘은 시가(詩歌)와 문장(文章)보다는 경전(經典) 연구에 뛰어난 재능이 있었고, 선조 대에 경연에서 주자학의 기초가 되는 서적들을 저술하는 데 힘써 학문 발전에 이바지하는 등 훌륭한 관리이자 석학(碩學)으로 인정받았다. 그는 퇴계 이황·율곡 이이·하곡 허봉·구암 허준·송강 정철·예미 어숙권 등 당대를 대표하는 학자들과도 폭넓은 교유 관계를 유지했다.

특히 유희춘이 종성으로 유배 갔을 때 호남을 대표하는 사림이었던 하서 김인후는 유희춘의 아들 경렴을 사위로 맞아들였다. 유희춘과 동문수학한 사이였던 김인후가 그에 대한 의리를 지킨 것이다. 이외에도 고봉 기대승과는 홍문관에서 같이 근무하며 학문을 논했고, 면앙정 송순(宋純, 1493~1583)과는 술자리를 같이할 정도로 절친한 사이였다.

유희춘은 성격이 수수하고 털털했으며 집안 살림에 세심한 관심을 기울이는 편은 아니었으나, 세상 사는 이야기라든가 학문과 정치하는 도리에는 투철한 소견과 해박한 지식을 가지고 있었다. 당시 그의 지식은 남들이 도저히 생각하지 못한 것들이었다고 평가할 정도였다. 또 외할아버지 최부의 학풍을 계승하여 김인후와 함께 호남의 학풍 조성에 기여했고, 16세기에 중앙에 진출한 호남의 걸출한 사림 출신 문인으로 인정받는 등 호남 사림의 영수로서 학문의 구심적 역할을 했다.

유희춘은 이조참판을 지내다가 이듬해 선조에게 사직을 청하기 위해 한양에 올라와 머물다가 선조 10년(1577) 65세의 나이로 사망했다. 남편에 대한 그리움 때문인지 부인 덕봉 역시 9개월 후인 이듬해 58세로 세상을 떠났다.

한편 『미암일기』는 일제강점기 조선총독부에서 활자본으로 발행되었고, 담양향토문화원에서 한글로 번역하기도 했다. 『미암일기』는 현재 보물로 지정되어 있다. 유희춘은 『미암일기』와 『속몽구』 외에도 『역대요록(歷代要錄)』, 『속휘변(續諱辨)』, 『천해록(川海錄)』, 『헌근록(獻芹錄)』,

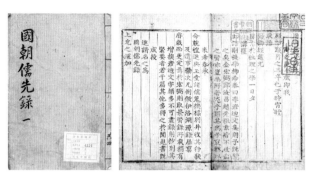

국조유선록國朝儒先錄

1570년(선조 3) | 유희춘(柳希春) | 유희춘이 부제학으로 있을 때 선조의 명을 받아 편찬한 문학서로, 김굉필·정여창·조광조·이언적 등 많은 사람의 저작을 모아 엮었다. 김굉필의 문헌은 주로 『경현록(景賢錄)』에서 추출하였고, 이언적에 관한 내용은 『회재집(晦齋集)』에서 뽑아 썼으며, 정여창과 조광조의 것은 견문이나 『경연일기(經筵日記)』 등에서 수집했다.

『주자어류전해(朱子語類箋解)』, 『시서석의(詩書釋義)』, 『완심도(玩心圖)』 등의 저서를 남겼으며, 편서로 『국조유선록』이 있다. 현재 담양군 대덕면에 있는 미암박물관에 그와 관련한 800여 점의 유물이 전시되어 있다.

『석담일기』,
정치인의 참모습을 보다

석담일기石潭日記

제작 시기 | 명종~선조 연간

편저자 | 율곡(栗谷) 이이(李珥, 1536~1584)

내용과 의의 | 이이가 17년간 경연에서 강론한 내용 등을 적은 책으로, 『경연일기(經筵日記)』라고도 한다. 당시의 주요 사건과 인물들을 자신의 견해를 덧붙여 소상히 기록하여 그의 역사관과 당시의 사회상도 살펴볼 수 있다. '경연일기'의 효시로 평가받기도 한다.

제자들이 비밀리에 보관하다

주변에서 공개를 만류하다

율곡 이이는 생전에 일기를 써서 남겼는데, 『석담일기』 또는 『경연일기』라고 한다. 이이는 세상을 떠나면서 제자에게 『석담일기』를 맡기며 공론화되기 전까지 비밀에 부칠 것을 당부한 것으로 전한다. 그 때문에 이이의 제자들은 그가 사망한 후에도 『석담일기』를 보관하면서 세상에 공개되는 것을 대단히 조심스러워했다. 『석담일기』가 율곡학파의 전통을 상징하는 것으로 인식해서 소중하게 간직한 것도 이유였지만, 다른 한편으로는 『석담일기』가 당쟁에 악용되어 스승 이이가 해를 입거나 율곡학파가 정치적으로 곤경에 빠질 수도 있다고 우려한 것이다.

『용재총화』의 저자 성현은 이이가 사망한 후 그의 문집을 내기 위해 편찬 작업을 하던 이이의 제자에게 "율곡의 문집은 간행해도 무방하겠지만, 일기는 간행하면 반드시 세상에 유전(流轉)하여 큰 화를 일으킬지 모르니 그냥 수십 본을 베껴 써서 친구들 집에서 나누어 수장하다가 수십 년 후를 기다려 정사(精舍)에서 간행하는 것이 좋겠다"고 편지를 보내기도 했다.

『석담일기』는 전체 내용 가운데 인물평이 60퍼센트가 넘을 정도인데, 여기에는 이이와 같은 시대를 살았던 인물들에 대한 평가와 정치적으로 민감한 사건과 사고들, 심지어 임금과 관련한 내용까지 수록되어 있다. 특히 이이는 한 시대를 대표하는 지식인이자 고위직 관리를 지낸 인물들을 평가하면서 박하다는 느낌이 들 정도로 자신의 의견을 지나치게 직설적으로 기록했다. 따라서 사실 여부를 떠나 당사자나 후손들에게는 민감한 문제일 수밖에 없었다.

실제로 『석담일기』의 인물평에 관해서는 "율곡의 평가가 공정하지 못하다"거나 "개인적 감정이 포함되어 있다"는 지적도 받는다. 대표적인 예로 이언적의 후손에게서 "중국 사마천의 '사기'보다 지나치다"는 비판을 받았고, 후손들의 청탁에 따라 일부 인물평이 삭제되기도 했다.

『석담일기』를 사마천의 『사기』에 비유한 것에는 이유가 있었다. 사마천이 『사기』를 엮고 나서 "명산에 감추고 후세에 성인군자를 기다린다"는 말을 남겼기 때문이다. 즉 『사기』의 내용으로 인해 논란이 일어날 것을 우려했던 사마천은 시간이 지난 후 성인군자가 나타났을 때 공개되기를 기대했다.

그러나 『석담일기』는 공론화되는 시기가 찾아오기 전에 세상에 알려졌다. 율곡학파에 의해 공식적으로 이루어진 것이 아니라, 일부 문인들 사이에 필사본이 돌면서 점차 세상에 알려진 것이다.

가지 않는 곳이 없었고, 읽지 않는 사람이 없었다

『석담일기』는 이이가 세상을 떠난 후 제자였던 김장생과 김집 부자가 비밀리에 보관하며 세상에 공개하지 않았다. 이들은 『석담일기』를 남에게 보여주지도 않았고, 심지어 언급하는 일조차 없을 정도로 조심했다. 그런데 김장생이 사망하고 아들 김집이 『석담일기』를 보관하고 있을 때 김장생의 제자 송준길이 처음으로 빌려 보기를 청하여 마지못해 빌려주었다고 한다. 당시 송준길은 젊은 유생들과 함께 『석담일기』를 부지런히 필사했다. 이때가 이이가 사망한 지 50여 년이 지난 인조 15년(1637)과 인조 16년(1638) 사이였다. 뒤늦게 이 사실을 알게 된 김집이 놀라서 급하게 다시 거두어들였지만, 이미 송준길에 의해 복사된 『석담일기』는 "가지 않는 곳이 없었고, 읽지 않는 사람이 없었다"고 할 정도로 지식인들 사이에 널리 알려진다.

이후 필사된 『석담일기』는 다시 배천 군수를 지낸 이이의 후손 이민경이 전사(轉寫)하여 보관했고, 숙종 8년(1682)에 『석담일기』가 공식적으로 문집에 실린다. 이이가 세상을 떠난 지 100여 년 만이었다. 그렇다면 이이의 인물평이 어떠했기에 제자들이 그토록 조심스러워했고, 일부 가문의 후손들에게 혹독한 비판을 받았을까?

공(公)과 사(私)를 분명하게 구별했던 이이는 평소 국정에 임하면서 개인적인 감정을 내세우기보다는 이성을 바탕으로 조정에서 적극적으로 활동한 당대 최고의 유학자였다. 또 그는 인재를 알아보는 뛰어난 안목을 지닌 인물이기도 했다. 예를 들면 영의정에 오른 이항복과 이덕형 그리고 병조참판을 지낸 이정립은 선조 13년(1580), 즉 경진년(庚辰年)에 함께 과거에 급제했다고 해서 '경진 3인'이라는 별칭을 얻었고, 좌의정을 지낸 심희수와 정창연, 대사헌을 지낸 홍이상, 참찬에 오른 오억령까지 이이가 추천한 7인은 조정에서 커다란 역할을 하며 역사에 이름을 남긴 인물들이다.

그러니 이이라면 사람을 보는 눈 또한 남다를 것으로 기대할 만했다. 하지만 그의 인물평은 실록의 인물평과 비교해 보아도 차이가 있는 등 의외의 평가라는 생각이 들 정도로 혹독했다. 예를 들면 선조 11년(1578) 전 호조판서 윤현이 사망했을 때 실록에는 "지돈령부사 윤현이 졸하였다"라고 단순히 사망 사실만 기록되어 있다.

반면 『석담일기』에서는 "윤현은 재산 관리를 잘하고 성품이 인색하여 집에서는 털끝만큼도 낭비하지 않아 부자가 되었다. 그러나 남의 급한 사정을 돌보기를 좋아하지 않았다. 호조판서가 되었을 때 돈과 곡식의 계산을 분(分)과 촌(寸)도 틀리지 않게 하니 사람들이 그 재주를 탄복했다. 다만 민폐는 구제하지 않고 국가 수익만 근심하여 백성의 원망을 많이 받았기 때문에 식자들이 백성의 곡식을 함부로 거두어들인 신하라고 지목하였다"라고 평하고 있다.

이외에도 현대인들에게 많이 알려진 인물에 대한 평가를 요약하면 다음과 같다.

김효원	재주는 약간 있음. 도량이 작고 그릇이 얕음
유성룡	재주와 식견이 있음. 설득에 능함. 초지일관 봉공 자세를 지니고 있음. 이해관계를 살피는 버릇이 있음
이언적	박학하고 문장에 능함. 지극한 효도와 장중한 몸가짐. 많은 저술을 남김. 도학이 깊은 경지에 이름. 경세제민의 재질 없음. 입조 시 큰 절개가 부족하고 여색을 가까이함. 을사사화 때 직언으로 대하지 못하고 간관의 협박에 못 이겨 추관(推官)이 되어 선류를 신문하여 공신이 됨. 을사사화 참여 사실을 후회함. 입조 시 도를 수행하지 못함
정철	청렴하고 충성함. 굳고 개결(介潔)함. 나쁜 술버릇이 있음

여기서 실록과 내용이 일치하는 인물은 김효원과 유성룡이지만, 이언적과 정철은 내용이 일부 또는 전적으로 다르다.

이언적의 경우 긍정적 평가와 함께 부정적인 내용도 상당히 포함되어 있다. 정철의 경우 긍정적으로 평가하면서 술버릇을 지적하였지만, 실록에는 '편협·경망스러움·의심이 많음·포용력 부족·주색에 빠짐' 등 상당히 부정적으로 평가되어 있다. 아마도 서인을 대표하는 정철을 반대파에 속했던 사관들이 긍정적으로 평가하기를 기대한다는 것이 무리가 있는 듯하지만, 당색이 없었던 이이의 평가와 대조적인 것은 사실이다. 그 밖에 주요 인물에 대한 이이의 평가도 흥미롭다.

아쉬움을 토로하다

월포 강사상(姜士尙, 1519~1581)

이이는 강사상이 우의정에 올랐을 때 다음과 같은 평을 남겼다.

강사상을 의정부 우의정으로 삼았다. 그는 조정에 나선 지 십 년에 한 마디도 시사(時事)를 의논하지 않고, 매양 "국가의 치란(治亂)은 하늘에 있는 것이요, 사람의 힘으로는 되는 것이 아니다"라고 하였다. 직무에서는 공론을 펴지 않고, 사정(私情)도 듣지 않았으며, 자연에 맡길 따름이었다. 그는 술을 좋아하였으나 취한 뒤에는 더욱 말이 없고, 매양 사람을 대할 때면 손으로 코만 만졌다.

반면 실록에서는 강사상이 사망했을 때 다음과 같이 기록하고 있다.

…… 집에 있을 때나 관(官)에 있을 적에 꾀하는 바가 없었다. 학술도 기술도 없었지만, 청렴하고 검소하게 자신을 지켰으므로 문정(文庭)이 물과 같이 깨끗했다. 술 마시기를 좋아하였고 종일 말이 없었다. 사론 (士論)이 처음에는 몹시 경시하였는데, 그의 아들 신(紳)과 서(緖)가 과거에 급제하여 명사(名士)가 되고서부터 물망을 얻게 되었다.

또 강사상과 관련해 다음과 같은 재미있는 일화도 전한다.

강사상이 정승이 되던 날, 정철(鄭澈)의 조카 정인원(鄭仁源)이 술을 가지고 정철을 방문했다. 정인원은 말 때문에 풍상을 겪었던 정철에게 술을 권하며 "인생이 얼마입니까? 무슨 고생을 스스로 사서 한단 말입니까? 숙부께서도 부디 입을 열지 마시고 강 정승처럼 그저 코나 만지면서 정승 자리를 얻어 저희 궁한 일가(一家)나 살려주십시오"라고 하였다. 이 말을 들은 사람들이 웃었다고 한다.

이 내용으로 보아 강사상이 평소 정사에 임하는 태도를 짐작할 수 있다. 강사상에 대해 이이는 비록 강사상이 개인적 이익을 추구하지는 않았지만, 능변가로 유명한 그가 평상시 국가가 잘되고 못되는 것은 하늘의 뜻에 달려 있다며 정치에 능동적이지 않았던 것으로 평가했고, 이런 그의 태도를 아쉬워한 것이었다.

퇴계 이황(李滉, 1501~1570)

이이는 명종 20년(1565) 문정왕후가 사망하고 윤원형이 실각한 후 이황이 동중추부사에 임명된 사실을 기록하면서 "당시 사람들이 태산북두(泰山北斗)와 같이 우러러보았고, 윤원형이 죽어 교화의 정치를 바라고 있었다. 이에 이황을 부르는 명을 내리자 사람들이 모두 기뻐하였다"라며 이황이 현실 정치에 참여하여 불안정한 정국을 바로잡아 줄 것이라고 기대했다. 그 때문에 이이는 이황이 현실 정치에 참여하지 않고, 관직을 사양하자 그에 대한 아쉬움을 몇 차례 표시하기도 했다. 또 이황이 사망했을 때는 다음과 같이 평하였다.

> 원래 성품과 도량이 옥처럼 순수하였고, 성리학에 뜻을 두어 벼슬하기를 즐기지 않았다. …… 명종 말년에 여러 번 임금이 불렀으나 굳이 사양하고 나오지 않았고, 선조 즉위 후 세상을 잘 다스리는 정치를 바라는 조야(朝野)의 기대에 따라 임금의 성덕(聖德)을 성취해 줄 인물로 큰 주목을 받았으나, 자신의 부족한 능력과 유자(儒者)가 일하기 어려운 상황 그리고 마음을 다스리려는 노력이 부족한 임금과 학식이 없는 대신 등 믿을 것이 하나도 없다는 이유로 굳이 물러났다. …… 이황은 당시 유가의 종주로 조광조 뒤로는 비할 바가 없었다. 이황의 재주와 국량은 조광조를 따르지 못하나, 의리를 깊이 연구하여 지극히 정미한 점에서는 조광조가 그를 따르지 못한다.

이황은 과거를 통해 관직에 나갔으나 중종 말년에 조정이 어지러워지자 관직을 떠나 산림에 은거할 뜻을 품고, 병을 핑계로 사직하여 자연과

벗 삼으며 학문에 정진했다. 그 뒤 다시 관직을 내렸으나 외직을 지망하여, 명종 3년(1548) 충청도 단양 군수로 부임하기도 했다. 그러나 형 이해가 충청 감사로 부임하자 스스로 이직을 요청해 경상도 풍기 군수로 자리를 옮긴 일도 있었다.

명종 4년(1549)에는 관직에서 물러나 후학을 양성하였으나, 이듬해 형 이해가 참소(讒訴)를 당해 유배지로 가던 중 억울하게 목숨을 잃자 벼슬에는 뜻을 두지 않고 학문 연구에만 몰두했다. 그는 조정에서 벼슬을 내려도 사직 상소를 올려 받지 않았으며, 마지못해 관직에 올랐다가도 곧바로 사퇴하기를 되풀이했다. 중종 38년(1543) 이후 관직을 사퇴하거나 응하지 않은 일이 20여 회에 이를 정도였다. 이이는 이 점을 아쉬워했다.

이이는 이황이 이준경과 기대승을 조정에 추천한 것도 부정적으로 평가했다. 기대승은 32세에 이황의 제자가 되었는데, "스승 이황과 12년 동안 편지를 주고받으면서 8년 동안 사단칠정(四端七情)을 주제로 대등한 관계에서 논쟁을 벌여 유학 사상에 지대한 영향을 미쳤다"는 유명한 일화를 남길 정도로 대학자였다. 따라서 이황 역시 기대승에게 남다른 기대가 있었고, 선조가 즉위하자 예조판서에 올랐다가 이듬해인 선조 2년(1569) 벼슬을 버리고 귀향하면서 이준경과 기대승을 추천한 것이다. 그러나 이이는 이황과 달리 기대승에 대한 평가가 부정적이다.

고봉 기대승(奇大升, 1527~1572)

이이의 기대승에 대한 평가는 그 정도가 심하다고 느껴질 정도로 비판적이다. 이이는 이황이 기대승을 추천한 것도 다음과 같이 혹평했다.

기대승으로 말하면 재주는 호매(豪邁)하지만, 기질이 거칠어 학문이 정밀하지 못하고 선비들을 경시하여 자기와 의견이 같지 않으면 미워하고 의견이 같은 사람은 좋아하니, 만약 임금의 신임을 받았다면 그 집요한 병통이 나라를 그르치고야 말았을 것이다. 퇴계의 현명함으로도 그를 추천하는 바가 이와 같으니 사람을 안다는 것이 어찌 어려운 일이 아니겠는가.

이이는 기대승이 사망했을 때 『석담일기』에 다음과 같이 기록했다.

기대승은 박문강기(博聞强記)하고 기개가 장하며, 담론이 도도했다. 과거에 급제한 후 청렴한 명망이 드러나 선비들의 신망을 받았고, 스스로도 일세를 경륜(經綸)할 것을 자부했다. 그러나 마음을 닦고 실천하는 공부가 없었고, 남에게 지기를 싫어하여 지조 있는 선비와 화합하지 못하였으며, 상례(常例)를 따르기를 힘쓰고 개혁을 싫어했다.

기대승이 젊었을 때 조식이 기대승을 가리켜 "이 사람이 뜻을 얻으면 반드시 시사(時事)를 그르칠 것이다"라고 하자 이를 전해 들은 기대승 역시 조식을 "유자(儒者)가 아니다"라고 평해 두 사람 사이가 좋지 않았다고 하며, "기대승이 조식의 허물을 말했기 때문에 조식의 제자들로부터 미움을 받았다"는 이야기도 전한다.

이이의 평가는 다음과 같이 실록에 대단히 짧고 다소 추상적으로 기록된 기대승의 졸기(卒記, 죽음에 대한 기록)와도 비교된다.

뜻이 높고 과감했으며 선악(善惡)의 좋고 나쁨을 분명히 하였고, 널리 배우되 옛것을 좋아하였으며, 문장도 뛰어나서 가히 보배로운 그릇이요 세상에 드문 인재라 할 만하였다. 그러나 너무 강직하고 과대하여 말을 쉽게 해서 기로(耆老)들을 악평하여 구신(舊臣)과 대신들에게 큰 미움을 사서 기개를 펴지도 못하였는데, 갑자기 죽을병이 든 것이다.

여기서 '갑자기 죽을병이 들었다'는 것은 기대승이 병을 핑계로 벼슬을 그만두고 고향 나주로 귀향하는 도중 고부(古阜)에서 객사한 것을 말한다.

동고 이준경(李浚慶, 1499~1572)

이준경은 명종 10년(1555) 형조판서로 있을 때 을묘왜변이 일어나자 전라도 순찰사로 출정해 왜군을 격퇴했으며, 우의정과 좌의정을 거쳐 명종 20년(1565)에 영의정에 올랐다. 문정왕후가 사망하자 윤원형 일파의 숙청에 앞장섰고, 성리학을 정치 이념으로 정착하는 데 적극적으로 나섰다. 또 인재를 등용할 때 탁월한 안목과 공정함으로 평판이 높았는데, 자기 아들이 홍문관 관리 후보로 명단에 오르자 이를 삭제한 일화도 전한다.

이준경은 1567년에 하성군 이균(李鈞)이 선조로 즉위하는 데 커다란 역할을 한 후 최고위직인 원상(院相)에 올라 국사를 총괄했다. 당시 이준경은 「중종실록」에서 「현종개수실록」까지 이름이 무려 503회나 등장할 정도로 정국의 중심에서 활동했다. 그는 기묘사화로 형을 받은 사람들의 신원에도 적극적으로 나섰으며, 수십 년간 유배 생활을 하던 노수신과 유희춘 등을 석방하여 등용에도 힘썼다. 그러나 기대승·이이 등과 뜻이 맞지 않아 비난을 받기도 했다.

이준경에 대한 이이의 총체적인 평을 요약하면 다음과 같다.

> 네 임금을 모신 원로대신으로 몸가짐을 청백하게 하고, 일하는 데 굳세며, 권세를 가진 간신을 쫓아내고 성군을 섬겼으니 누가 어진 재상이라 하지 않겠는가. 다만 그가 거만하여 혼자만 똑똑하다 하고 선비들과의 사이에서 말썽이 쌓이며 끝내는 나라를 망치는 말로 임금을 그르쳐 놓아서 명예를 잃었으니, 참으로 애석한 일이다.

이준경이 '선비들과의 사이에서 말썽이 쌓였다'는 것은 기대승 등 신진 사류와 갈등을 빚은 것을 말한다. 즉 이준경은 윤원형이 권력을 전횡할 때 요직에 있으면서 마음으로 사류를 보호하여 인망이 있었으나, 윤원형이 세력을 잃은 뒤에는 "재상이 되어 큰일을 해주기를 바라는 사림의 기대를 저버리고 선비에게 몸을 낮추지 않았다"는 기대승의 비판을 받았다. 이에 이준경이 분하게 여겨 여러 사류와 화합하지 않았고, 이후 기대승은 이준경과의 불화로 해직을 당했다. '나라를 망치는 말로 임금을 그르쳤다'는 것은 그가 사망할 때 붕당이 있을 것이라고 선조에게 말해서 이이와 유성룡 등 신진 사류들의 규탄을 받은 일을 말한다.

그런데 묘하게도 불과 3년 뒤인 선조 8년(1575)에 동서분당(東西分黨)이 일어난다. 그 때문인지 『기문총화(紀聞叢話)』에는 "이준경이 사람을 알아보는 신통한 능력으로 그의 가족들이 임진왜란 때 화를 입지 않았다"며 다음과 같은 전설도 전한다.

이준경의 집에 피씨(皮氏) 성의 청지기가 살았다. 청지기에게는 딸이 하나 있었는데, 이준경에게 사위를 골라줄 것을 부탁했다. 이준경은 며칠 동안 돌아다니다가 청지기에게 남대문 밖에 있는 사람을 데려다 사위로 삼으라고 했다. 청지기가 나가 보니, 이준경이 지목한 사람은 꼴꼴이 형편없는 총각이었다. 그러나 감히 이준경의 말을 거역할 수 없었던 청지기는 그를 사위로 맞이했다. 그런데 매일 잠만 자며 지내던 사위에게 어느 날 이준경이 찾아와 아주 간곡하게 자기의 아들을 부탁했다. 이준경은 집안사람에게 "어떤 일이든 청지기 사위의 말을 따르라"는 유언을 남기고 사망한다.

이후 사위는 사업을 하겠다며 매번 돈을 요구해서 청지기와 이준경의 자손은 가산을 모두 탕진하고 말았다. 하루는 사위가 "사람들에게 창피하니 모두 산으로 이사를 하자"고 했다. 집안 식구들이 그를 따라가니, 풍요로운 마을이 나타났다. 그들은 그곳에서 3년을 안락하게 지냈다. 그러다가 이준경의 자손이 "다시 한양으로 돌아가고 싶다"고 하자 사위는 그를 이끌고 산 위에 올라가 도성을 가리켰다. 도성은 임진왜란으로 불바다가 되어 있었고, 자손은 그제야 모든 일을 알고 그곳에서 몇 년을 더 지내다가 전쟁이 끝난 후 한양으로 돌아갔다. 피씨 가족은 계속 그곳에 머물렀다고 한다.

이 이야기에 등장하는 청지기 사위가 이준경의 사위로도 등장하는 등 변형된 이야기가 전하는 것으로 보아 사망 후에도 이준경의 능력은 사람들의 주목을 받았다는 사실을 알 수 있다.

남명 조식(曺植, 1501~1572)

조식은 후세인들로부터 다음과 같은 평가를 받은 인물이다.

철저한 절제로 일관하며 불의와 타협하지 않고 사회와 정치적 모순을
적극적으로 비판하는 자세를 견지했다. 또 단계적이고 실천적인 학문
방법을 주장하였고, 이러한 정신은 제자들에게도 그대로 이어져 경상
우도의 특징적인 학풍을 이루며, 그와 그의 제자들은 안동 지방을 중
심으로 한 이황의 경상좌도 학맥과 더불어 영남 유학의 두 봉우리를 이
루었다.

실록에서는 "조식은 젊은 시절 다소 고답적이며 세상 사람에게 오만
하였다"고 평가하면서도 "중년 이후 몸가짐을 바르게 하고 결의를 지키
며 예법으로 몸을 단속해서 행실이 뛰어났다"고 기록하고, "사람됨이
우뚝 솟아 속세를 벗어났고, 희고 맑은 성품이 세상 밖에 있을 정도로
높고 빼어나다"고 평가했다.

조식은 이황과도 교류한 것으로 전하지만, 편지만 왕래했을 뿐 실제
로 만난 적은 없었다. 또 조식은 퇴계학파의 성리학 논쟁에 비판적이었
다. 그는 '퇴계학파가 현실 인식은 하지 않고 형이상학적인 이론 논쟁만
일삼고 있다'고 생각했다. 그 때문인지 이황은 "조식은 유학 이론에 깊
지 못하다"고 평하였다.

그러나 조식에 대한 이이의 평가는 관점이 달랐다. 이이는 조식을 "성
품이 청렴하고 꿋꿋하였으며, 벼슬에 마음을 두지 않고 향리로 돌아가
반드시 의(義)를 따랐다. 그리고 학문에 힘써서 욕심이 모두 가시고 기

상이 높았다"라고 평하면서 다음과 같이 자신의 견해를 덧붙였다.

조식은 세상을 피하여 홀로 서서 뜻과 행실이 높고 깨끗하니, 진실로 일대의 일민(逸民)이다. 다만 그의 논저를 보면 학문에 실제로 체득한 주견이 없고, 상소한 것을 보아도 역시 경세제민의 방책은 못 되었다. 이로 보아 비록 그가 세상에 나와 일했다 하더라도 능히 치도(治道)를 성취하였을 것이라고는 기록할 수 없다. 그러므로 문인들이 그를 추앙하여 도학군자라고까지 하는 것은 실상에 지나친 말이다. 그러나 근래의 처사라고 하는 이들로서 시종 절개를 보전하며 천길 벼랑 같은 기상을 가진 이는 조식에 비할 만한 이가 없었다. …… 조식은 시세(時世)에 응한 비상한 선비라 하겠다.

토정 이지함(李之菡, 1517~1578)

이지함은 한곳에 얽매이는 것을 싫어해서 전국을 떠돌아다니며 방랑 생활을 했던 기인이었다. 그는 평상시에도 기발한 이야기와 수수께끼 같은 농담을 하여 주변 사람들로부터 깊이를 알 수 없는 인물로 평가받았다. 그리고 현대인들에게는 『토정비결』의 저자로 주목받고 있다.

『토정비결』은 일종의 예언서로 현대 사회에서도 일 년의 신수를 보는 책으로 유명하다. 그러나 학자들은 대부분 이지함이 비록 술서(術書)에 능통하고 복서(卜筮)를 잘했다고 하지만, 그의 학문적 바탕이나 경향으로 보아 이러한 점복서를 남기지 않은 것으로 보고 있다. 또 이 비결이 세시풍속으로 널리 정착된 것이 이지함이 살았던 16세기보다 훨씬 뒤인 19세기 이후라는 점도 그 이유로 꼽힌다.

이지함에 대한 이이의 평가도 대단히 흥미롭다. 한번은 김계휘(金繼輝)가 "이지함이 어떤 사람이냐?"고 묻자, 이이는 "진기한 새, 괴이한 돌, 이상한 풀이다"라고 대답했다고 한다. 그리고 이지함이 사망했을 때 이이는 다음과 같이 평하였다.

> 어릴 적부터 욕심이 적었다. 추위와 더위 그리고 주림과 갈증을 잘 참는 특이한 기질을 타고났으며, 재물을 가벼이 여겨 남의 급한 사정을 도왔다. 과거 공부를 일삼지 않고, 구속 없는 자유를 좋아하여 성리학에 종사할 것을 권하자 거절했다. 형 이지번을 스승으로 섬겼고, 아산 현감에 부임하여 고을의 민폐였던 물고기 기르는 연못을 없애버려 백성들의 사랑을 받았다.

이지함은 고위 관직을 지내지도 않았고, 특별히 성리학의 수준도 전하는 내용이 없다. 그런데도 이이는 이지함을 대단히 긍정적으로 평가했는데, 이는 이이가 이지함을 보는 관점이 달랐음을 의미한다.

이지함은 주자 성리학만을 고집하지 않았고, 역학·의학·수학·천문·지리에 해박했으며, 농업과 상업의 상호 보충 관계를 강조하면서 광산 개발론과 해외 통상론을 주장하는 등 사상적인 면에서 상당히 진보적이고 개방적인 인물이었다. 또 그는 실생활과 관련하여 구체적인 실천에 중점을 두고 있었다.

이지함이 처음 포천 현감에 부임했을 때 포천현은 양민이 겨우 수백에 지나지 않았지만, 공사천(公私賤)은 만여 명에 이르며 토지도 척박하여 풍년이 들어도 굶주림을 면치 못할 정도로 전국에서 가장 어려운 지역이었다. 이러한 실정을 파악한 이지함은 가장 먼저 굶주린 백성을 진휼(賑恤)하기 위해 산야에 묻힌 은(銀)을 제련하거나 옥을 캐내고, 물고기를 잡거나 소금을 구워 많은 양곡을 마련하게 했다.

일반적으로 구휼이라고 하면 창고에 있던 곡식과 물자를 꺼내 백성들에게 지급하는 것을 떠올리기 쉽지만, 무한정 곡식과 물자를 지원할수 없기에 지속 가능한 대책은 될 수 없었다. 따라서 이지함은 백성들이 각자의 힘과 능력에 맞는 생산 활동을 하여 스스로 자립할 수 있는 민생 구제책을 갖추고자 했다.

이지함은 또 식량 부족을 해결하기 위한 대책으로 황해도 풍천부의 염전을 임시로 포천에 속하게 해서 소금을 곡식과 바꾸어 식량 부족을 해결할 수 있게 해달라고 조정에 제안하기도 했다. 그러나 조정에서 받아들여지지 않자 병을 핑계로 사직한다.

이후 아산 현감 윤춘수(尹春壽)가 백성들에게 온갖 행패를 부려 원성이 높자, 선조 11년(1578) 이지함이 아산 현감에 임명된다. 이곳에서도 그는 걸인청(乞人廳)을 설치하고 자활이 가능한 일자리를 창출하여 관내 걸인의 수용과 노약자의 구호에 힘쓰는 등 민생 문제 해결에 적극적으로 나섰다. 그러나 아쉽게도 그해 병으로 사망하고 말았다.

이처럼 이지함은 지방 수령으로서 처음부터 끝까지 민생(民生)에 가장 역점을 두었다. 물론 민생 문제를 해결하기 위해 적극적으로 관심을 기울인 수령은 이지함 외에도 많았다. 하지만 이지함은 단순히 농사만을 독려하거나 일시적인 구제책에 머문 것이 아니라, 농사 이외의 산업을 장려하여 생산을 증대하는 일종의 지속 가능한 민생 정책을 펼치려고 했다. 그뿐만 아니라 군역(軍役) 제도를 혁신하여 백성들의 고통을 덜

고자 했다.

이지함은 박순·이이·성혼 등과 교유했다. 당대의 일사(逸士) 조식(曺植)은 이지함이 현재의 마포구 용강동 부근의 마포 강변에 흙으로 움막을 짓고 살았던 곳을 직접 찾아가 만났고, 도연명(陶淵明)에 비유하며 칭송하기도 했다. 이지함은 후대인들로부터 '민초들의 삶 한가운데에서 살았던 조선의 선각자'라는 평가를 받았는데, 이이가 이지함을 주목한 이유도 바로 여기에 있었다.

내암 정인홍(鄭仁弘, 1536~1623)

정인홍은 남명 조식의 수제자로, 경상우도의 남명학파를 대표하는 조선 중기의 학자이자 정치가이다. 그는 선조 8년(1575) 황간 현감으로 재직할 때 선정을 베풀어 지역민들로부터 존경을 받았고, 46세 때 사헌부 장령(掌令)으로 출사하여 매사를 공정하게 처리해서 반대파였던 서인들도 그의 공정성에 감복할 정도였다. 당시 이이는 "정인홍이 사헌부에 있으니 풍속과 정치가 정돈되고 규율을 엄숙하게 바로잡아 조정 대신들도 두려워서 떨며 삼가게 되었고, 심지어 시중의 상인들까지도 모두 나라에서 금하는 물건을 밖에 내놓지 못하게 되었다"고 평가했다.

「선조실록」에도 정인홍의 정의감과 강직성을 가리켜 "비리를 탄핵하는 데 지위고하를 가리지 않았고, 국법(國法)을 엄수하여 일시에 기강이 자못 숙연하였다"고 하였다. 또 선조 25년(1592)에 임진왜란이 일어나자 58세의 고령임에도 의병을 모집하여 많은 전공을 세웠다.

그런데도 서인 집권 세력은 정인홍을 "강경한 지조와 강려(剛戾)한 성품 그리고 지나치게 경의(敬義)를 내세우는 행동으로 대인관계가 좌충

우돌하여 물의를 일으켰다"고 평했으며, 이이는 "강직하나 식견이 밝지 못하니, 용병에 비유한다면 돌격장이 적격이다"라고 평하였다.

정인홍은 당파가 동인과 서인으로 양분되자 남명학파와 함께 동인 편에 서서 서인 정철·윤두수 등을 탄핵하려고 하였으나, 도리어 해직당 하고 낙향하기도 했다. 선조 22년(1589) 정여립의 옥사를 계기로 동인이 다시 남북으로 분리되자 북인의 영수(領首)가 되어 이산해·이이첨 등과 함께 대북파를 주도했고, 유성룡이 임진왜란 때 화의를 주장했다는 죄 를 들어 탄핵하여 파직되게 한 다음 홍여순·남이공·김신국 등 북인과 함께 정권을 잡았다. 또 선조의 계비 인목대비가 적장자인 영창대군을 출산하자 적통론(嫡統論)을 내세워 영창대군을 옹립하려는 소북에 대항 하여 광해군을 적극 지지했고, 의병장을 사직하는 상소에서는 명나라 에만 의존하지 말고 긴 안목으로 자주국방을 할 것을 역설하여 실리를 추구하는 광해군의 외교 정책에 힘을 실어주었다는 평가도 받는다.

반면 정인홍은 스승 조식의 추존 사업을 추진하면서 광해군 2년 (1610) 조식의 문묘종사(文廟從祀)를 강력하게 요청하여 정국을 뜨겁게 달구었다. 문묘종사는 성균관의 문묘에 공자와 함께 배향되는 것을 말 한다. 따라서 당사자는 물론 학통을 계승한 제자들에게도 최대의 영예 였다. 하지만 스승을 위해 이언적과 이황을 비판했던 정인홍은 8도 유 생들로부터 탄핵을 받았고, 성균관 유생들에 의하여『청금록(靑襟錄)』에 서 삭제되는 등 정계에 큰 파문을 일으켰다.『청금록』에는 지역의 사족 (士族)들만 이름을 올릴 수 있는데, 여기에 이름을 올려야 비로소 양반 대우는 물론 관직에 나가는 등 지배 신분으로 행세할 수 있었다. 정인홍 에 대한 유생들의 반발이 어느 정도였는지를 짐작하게 한다.

이외에도 정인홍은 광해군 때 대북의 영수로서 1품(品)의 관직을 지닌 채 고향 합천에 거주하면서 요집조권(遙執朝權), 즉 '멀리서 조정의 권세를 좌지우지한다'는 비판을 받았다. 결국 그는 88세가 되던 1623년 인조반정이 일어난 후 참형되고, 가산을 적몰(籍沒)당했다. 이후 그는 서인과 노론이 정국을 주도하면서 조선 후기 내내 역적의 굴레에서 벗어나지 못했다.

후세인들의 정인홍에 대한 평가는 그의 핵심 제자였던 박여량(朴汝樑, 1554~1611)을 통해서도 알 수 있다. 정인홍의 제자 중에는 대북정권에 참여했다가 인조반정 때 처형되거나 관직에서 쫓겨난 인물이 많았다. 그 때문에 인조반정 이후까지 생존한 정인홍의 제자들은 정구(鄭逑)의 제자로 옮겨간 인물도 적지 않았다. 이러한 결정은 당사자들이 스스로 선택하기도 했지만, 후손들이 조상의 문집을 만들면서 기록을 삭제하거나 변개(變改)하여 정인홍과의 관계가 나쁜 것으로 해놓기도 했다.

예를 들면 "일찍이 정인홍의 사람됨을 알아보고 절교하였다"거나 "정인홍의 집 앞을 지나가면서 들어가 만나보지도 않고 비판하는 글만 지어 놓고 갔다"거나 심지어 "정인홍의 의견에 동조하지 않아 그의 탄압을 받았다"는 등의 기록을 남겼다. 그뿐만 아니라 광해군의 즉위와 관련하여 책봉된 공신들은 인조반정이 일어난 후 서인 정권에 의해 전원 삭훈(削勳)되었고, 대거 축출되는 시련을 겪어 후손들이 자신의 조상이 공신에 책봉된 사실조차 숨겼기 때문에 그 명단이 정확하게 전하지 않는다. 따라서 현재 정인홍의 제자를 찾아보기란 쉽지 않다.

반면 박여량은 평소 스승 정인홍과 정치 노선이 완전히 일치할 정도로 긴밀한 사제관계를 유지했고, 정인홍을 "정의로운 인물", "능력 있는 인물", "지조 있는 인물", "군계일학" 등으로 평가했다. 박여량은 정인홍보다 먼저 사망했기에 당시의 정국에서 자유로운 면이 있었다. 또 그는 세자 시절의 광해군을 직접 가르친 스승으로서 광해군으로부터 크게 인정받았던 데다가 선조가 세자였던 광해군을 제외하고 유영경에게 영창대군을 보호하라는 명을 받은 사실을 제일 먼저 입수하고, 영창대군을 옹립하려던 유영경 등의 모의를 사전에 차단하여 광해군의 즉위에 결정적인 도움을 주었다. 광해군이 즉위한 초기에는 광해군의 왕권 보호에 적극적으로 나서면서 조정에서 대북정권의 일원으로 비중 있는 역할을 했다.

한편 박여량은 개인 일기인 『감수재일기』를 남겼다. 비록 2년이라는 짧은 기간이지만, 광해군 초기의 정국에 대해 기존에 알려진 것과는 다른 내용과 경상도 지역의 학자와 문인들의 동향 등 다른 문헌에서 볼 수 없는 풍부한 자료를 포함하여 대단히 귀중한 자료로 평가받는다.

이처럼 인조반정 이후 정인홍에 대한 평가에 객관성이 결여된 면이 없지 않았다. 정인홍에 대한 이이의 평가 역시 다른 관점에서 살펴볼 필요가 있다.

자신의 정치관(政治觀)을 담다

정치는 민생이 최고의 가치다

『석담일기』의 인물평은 다른 평가 자료와 함께 볼 것을 권할 정도로 주관적인 의견이 담겼다고 알려져 있다. 그렇지만 『석담일기』에 기록된 이이의 인물평을 통해 몇 가지 판단 기준을 발견할 수 있다.

첫 번째는 개인적인 영달을 위해 관직 생활을 하기보다는 초야에 묻혀 살았을 때 비교적 그들의 삶과 사상을 긍정적으로 평가한 경향이 있다. 이러한 인식은 개인을 앞세우기보다는 강직성과 청렴성을 중시했던 이이의 삶의 태도와도 무관하지 않다. 물론 관직 생활을 한 것만으로 부정적인 평가를 한 것도 아니지만, 관직에 뜻을 버리고 재야에 있었다고 해서 모두 관대한 것도 아니었다.

이이는 혼탁한 세상을 등지고 홀로 고고하게 살아가는 것을 최고의 삶으로 여기지 않았다. 특히 그의 인물평은 "유학을 공부한 사대부라면 민생 안정을 위해 현실 정치에 참여하여 실천해야 한다"는 관점에서 이루어졌다. 그는 관직 생활을 하면서 자신의 정치관을 실천으로 옮기기 위해 국정에 적극적으로 임했는가의 문제를 놓고 엄격한 잣대를 적용했다. 그런 다음 그 결과에 아쉬움에서 혹독한 비판에 이르기까지 자신의 견해를 덧붙였다.

윤원형의 경우 "성질이 음독(陰毒)하고 재리(財利)를 탐하여 한양에만 집이 10여 채가 있고, 대궐 같은 집안에 재물이 가득하다. 본처를 내쫓고 첩 정난정을 처로 삼았다"라고 하는 등 관직 생활에 부정적인 평가를 한 인물에게도 구체적인 사례까지 들면서 비판했다.

두 번째는 민생과 개혁에 주목했다는 사실을 발견할 수 있다. 앞에서 토정 이지함의 경우 비록 짧은 기간 지방의 수령을 지냈지만, 상당히 개혁적이면서 민생 안정을 위해 구체적으로 노력했다는 사실을 매우 긍정적으로 평가한 것이 대표적인 예라 하겠다. 반면 관직 생활에 적극적으로 나섰다고 하지만, 개혁이나 민생 안정을 위한 구체적인 실천이 없었다고 생각되는 인물은 비록 권력을 탐하거나 부정 비리를 저지르지 않았어도 부정적인 견해를 덧붙였다.

세 번째는 당쟁과 같은 분열을 조장하는 인물은 부정적으로 평가했다. 특히 주도적으로 당쟁에 나선 인물에게는 혹독한 비판이 이어졌다. 요즘 말로 하면 정치에서 화합과 소통을 중요하게 생각하고 있었음을 의미한다. 한마디로 이이의 정치관에는 그 중심에 백성이 있었다.

현실을 외면하지 말라

이이의 인물평은 비록 개인적으로 학식이 뛰어나다고 해도 '남의 눈치나 보면서 시류에 편승하였는가', '사적인 이익보다 공적인 이익에 우선하였는가', '파벌주의나 붕당과 같은 당리 당색을 따라 움직였는가' 등을 중요한 기준으로 삼았다. 그리고 그 기저에는 백성이 있었다. 달리 말하면 이이에게는 백성을 위한 현실 정치가 핵심이었다. 이이가 왕과 대신들에게 "지금 내실 있는 정치는 하지 않으면서 한갓 재변(災變)이 없기만을 기대하면 되겠습니까?"라고 지적했듯이 요식행위와 무사안일한 태도는 물론, 현실을 무시한 채 이상 정치만을 추구하는 것을 비판한 것도 그 예라 하겠다.

이이가 개혁을 중시했던 것도 그가 급진적이거나 궁극적으로 변혁을 꿈꾸었기 때문이 아니었다. 그는 아무리 좋은 법이라도 시간이 지나면 백성들에게 불편을 줄 수 있으니 언제나 이를 경계하고 개혁에 나서야 하며, 이를 통해 이상과 현실의 조화를 도모해야 한다고 보았다. 그렇다고 이상 정치를 전적으로 부정한 것은 아니었다. 이이는 지나치게 이상 정치에 치우치는 것을 경계하고, 진정한 이상 정치의 실현은 구체적인 대안과 바람직한 개혁이 실천으로 이어질 때 가능하다고 보았다.

이러한 인식은 조광조 등이 주도한 개혁이 결과적으로 실패로 돌아갔던 역사적 경험도 영향을 미쳤다. 이이는 사림의 우상이었던 조광조의 개혁이 실패한 이유를, 이념이 불투명한 것도 아니고 실천 의지가 약한 것도 아니었지만 이상 정치의 실현을 위해 마음 내부에서 발동하는 도덕의식에만 의존한 채 급진적으로 개혁을 추진했기 때문인 것으로 보았다.

이이는 중국 역사에서 왕안석의 개혁도 "국가 권력의 강화, 관료 기구와 법제의 강화를 의미하며, 패도(覇道)로 가는 길이다"라고 부정적으로 평가했다. 이이에게 정치란 새로운 법과 제도를 만들어 권력을 강화하는 것이 아니라 제도의 폐단이 누적된 것을 제거하여 민생을 안정시키는 것이 궁극의 목적이었다.

이이는 국가가 세워진 지 오래되면 법과 제도에 점차 폐단이 생기고 사람들의 마음은 타락하게 마련인데, 이때 반드시 임금이 타락한 마음을 바로잡고 법과 제도를 개혁해야만 나라가 부흥할 수 있다고 강조했다. 즉 구체적인 시대적 조건과 환경을 고려하여 법의 개정과 개혁을 중시했다. 이러한 그의 경세론(經世論)은 궁극적으로 정치를 통해 백성들의 삶을 어떻게 조직하고 경영할 것인가를 다루는 것이었고, 임금과 신하의 소통은 기본적인 조건이었다.

이이가 이준경을 평하면서 "특별한 저서도 없다"라고 지적한 것도 학자로서 '책 한 권 정도는 남겨야 한다'는 의미가 아니라, '정치가라면 자신의 사상과 비전을 구체적으로 정리하고 있어야 한다'는 의미로 해석할 수 있다.

또 유희춘의 경우 「명종실록」부터 「현종개수실록」까지 297회나 이름이 등장하고, 그가 사망하였을 때는 "……고적한 신분으로 떨쳐 일어나 문학으로 출세했다. ……희춘은 기억력이 남보다 뛰어나 경서나 사서를 보면 외우니 당대의 박학한 유신인 기대승과 김계휘 등이 모두 첫 번째 자리를 양보했다. 천성이 온화하고 후하여 모나지 않았으며, 조용하고 검소하여 마치 빈한한 선비처럼 처신했다. ……그가 찬술하고 편집한 책이 많았다"고 「선조수정실록」에 수록되는 등 부정적인 평가는 보이지 않는다. 그러나 이이는 "고서는 많이 읽었지만 식견이 없고, 직언 절조가 부족하다"며 그의 학식과 능력을 인정하면서도 선비로서 군주에게 직언을 자주 하지 않은 점을 지적했다. 이이의 혹독한 인물평을 보여주는 또 하나의 예라고 하겠다.

어떤 계책을 써서 어떤 폐단을 구제했습니까?

유교 국가에서는 천자(天子)인 군주가 하늘을 대신해서 덕으로 백성을 다스려야 한다고 믿었다. 만약 이를 거스르고 전제적이고 폭압적인 정치를 행하면 도덕의 부조화와 질서의 혼란으로 하늘이 재이(災異)로써 경고한다고 받아들였다.

이이는 『석담일기』에서 재변(災變)을 40여 회나 기록했다. 그러나 그는 하늘과 관련하여 추상적인 정치를 주장하지는 않았다. 그가 하늘의 경고와 자연재해를 별도로 구분한 것이 그 예이다. 즉 이이는 자연재해가 반드시 난세(亂世)에만 발생하는 것이 아니며, 우연히 발생한다고도 보았다.

이이는 선조 7년(1574) 6월, 큰 가뭄이 들었을 때 우의정 노수신이 가

묶은 억울한 사람들의 기운 때문에 생긴 것이니 사람을 모함하고 해치려고 했던 죄인들을 풀어주고 다시 서용(敍用)할 것을 건의했다가 삼사(三司)의 반대로 좌절된 사건을 다음과 같이 평하였다.

삼가 살펴보건대, 가뭄과 병충해 등은 진실로 원기(冤氣)로 된 것이다. 다만 억울하다는 것은 죄 없이 당한 것을 말하는 것이다. 죄로 인하여 배척당한 것을 모두 억울하다고 한다면 요임금 시대의 사흉(肆凶)을 귀양 보내고 죽이는 것 역시 원기가 되어 요임금 시대에도 재앙이 생겼을 것이다. 노수신이 정승으로 임금의 우대를 받으면서 재앙이 생긴 때를 당하여 한 가지의 계책도 보잘것없고, 다만 죄인을 다시 서용하는 것을 응천(應天)의 도리로 삼으려 하니 지극히 무능한 사람이라 할 만하다.

이이는 죄가 밝혀진 자들은 죄 값을 치르게 하는 것이 정당한 것이며, 가뭄 때문에 죄인을 풀어주는 것이 자연재해를 해결하는 방안은 아니라고 하였다. 이이는 여기서 한발 더 나아가 다음과 같이 주장했다.

하늘은 친한 사람이 따로 있는 것이 아니라 덕이 있는 사람을 도와주므로, 덕을 따르는 사람은 길하고 덕을 거스르는 자는 흉하다. 하늘과 사람이 감응하는 이치를 여기서 알 수 있다. ……또 하늘과 사람은 같으므로 감응하는 것이 틀림없다. 참으로 인사(人事)를 다했다면 응하지 않을 천리(天理)가 없다.

즉 하늘로부터 경고를 의미하는 재이가 일어나기 전에 평소에 정치에 최선을 다해 하늘의 경고를 예방해야 한다는 '천인감응설'을 주장하고 있다. 그리고 하늘의 재앙은 반드시 사전에 경고하며, 중요한 것은 임금과 위정자들이 그 조짐을 미리 알아 좋은 정치를 하려고 노력한다면 오히려 전화위복이 된다고 보았다.

그는 재변 가운데 태양은 임금 그리고 무지개는 군사를 상징하는 것으로, 흰 무지개가 태양과 교차한다는 것은 임금의 신상에 해가 있거나 나라에 좋지 않은 일 또는 변란이 일어날 징조로 해석했다. 예를 들면 "구름이 희면 반드시 유리(遊離)하여 흩어지는 백성이 있고, 구름이 푸르면 반드시 곡식을 해치는 벌레가 있다"라며 재앙의 조짐을 구체적으로 설명하면서 이러한 경고를 무시하면 궁극적으로 백성이 피해를 보게 된다고 경고했다.

이처럼 이이는 재이를 현실 정치와 결부하여 사람의 정성과 구체적인 실천 의지를 강조했다. 이이가 "하원군(河原君)이 역관의 딸을 얼굴이 예쁘다고 천거하자 주상께서 그를 궁중으로 들어오게 하였다. 이때부터 여러 날 동안 햇빛이 광채가 없었다"고 지적한 것도 그 예이다. 하원군은 선조의 형 이정으로, 이정은 왕의 형이라는 지위를 내세워 아랫사람을 구타하고 술과 여자를 좋아하는 등 방탕한 생활로 사헌부로부터 여러 차례 탄핵을 받은 인물이다. 임진왜란이 일어난 후에는 왜군 축출에 힘쓰다가 사망했다.

또 자연재해가 발생했을 때 널리 백성들의 여론에 귀를 기울여 "정치를 올바로 하겠다"는 임금의 의지를 하늘에 보여주는 구언(求言)을 가리켜 "임금이 구언하기는 하지만 형식적인 데 그쳐 실효가 없다"고 지적하면서 "근자에 여러 신하에게 구언하셨으나 어떤 계책을 써서 어떤 폐단을 구제하였다는 말은 듣지 못하였습니다. 이렇게 되면 한갓 형식만 갖추었을 뿐, 무엇으로 천변(天變)에 응할 수 있겠습니까?"라고 비판하기도 했다. 그리고 "비록 하늘의 경고를 주목하였다고 하나, 재이가 나타나면 임금이 그것에 대해 마음을 삼가고 덕을 닦는 수양의 노력을 해야 한다는 것에 그쳤다"고 하면서 "그것만으로는 부족하고, 때에 따라 변통하고 법을 마련하여 백성을 구제해야 한다"며 구체적인 실천을 강조했다.

치밀하게 기획된 역사서로 평가받다

최고의 정치인을 보다

이이는 명종 19년(1564) 8월 과거에서 장원급제하여 6품직인 호조좌랑으로 관직 생활을 시작했다. 그리고 다음 해인 명종 20년(1565) 7월부터 일기를 쓰기 시작해서 46세 때인 선조 14년(1581)까지 17년간 기록한 『석담일기』를 남겼다. 중간에 빠진 달이 있기는 하지만, 총 157개월에 해당하는 방대한 분량이다.

『석담일기』에는 개인적인 내용 외에도 그가 관직 생활을 하는 동안 왕과 관련한 각종 행사와 의례 그리고 경연(經筵)에서 일어난 일과 주요 사건, 각 관청의 공무 등 공적인 내용도 세밀한 편년체로 기록했다. 따라서 『석담일기』는 오늘날의 업무일지 성격을 띤 공적 일기와 일상의 신변잡사, 국내 기행, 전란이나 사건, 문학과 학문, 개인의 행적 등을 기록한 사적 일기라는 두 가지 특징을 모두 지니고 있다.

『석담일기』는 '경연일기'의 효시로 평가받기도 한다. 경연은 임금이 학문을 닦기 위해 학식과 덕망이 높은 관리들을 불러 경적(經籍)과 사서(史書) 등을 강론하는 것을 말한다. 강론이 끝나면 고금(古今)의 도의(道義)와 정치는 물론 당면 현안에 대한 토론도 이어졌다. 경연은 특별한 이유가 없는 한 매일 실시하며, 하루에 두 번에서 세 번 이루어지는 것이 원칙이었다. 따라서 조선시대의 경연은 국왕과 신하의 교류와 소통의 기회이기도 했고, 경연의 성패가 백성들의 삶에 영향을 미쳤다.

경연은 임금에 따라 차이가 컸다. 세종은 즉위 2년 후인 1420년에 유교 경전의 강론을 관장하던 경연청을 창설하여 당대의 이름난 학자들로 하여금 임금에게 경서와 치국의 도리를 강론하게 할 정도로 대단히 중요하게 여겼다. 반면 세조는 사육신 사건을 계기로 집현전을 폐지하면서 경연도 폐지한다. 그리고 내시 김순손(金舜孫)에게 『자치통감강목』을 들려 홍문관 경연에 대리 출석하게 한 연산군은 불통의 사례로 꼽힌다.

『경연일기』는 율곡 외에도 여러 사람이 기록으로 남겼다. 이식(李植, 1584~1647)은 일정 기간 경연에 참석하여 강의한 내용을 『택당집』에 남겼고, 정경세(鄭經世, 1563~1633)는 『우복집(愚復集)』에 조강(朝講)·서강(書講)·야대(夜對) 등 하루에 세 번 경연에 참석하여 군신 간에 묻고 답한 내용을 상세하게 기록했다. 유희춘 역시 『미암집』에 자신이 경연에 참석한 날에 있었던 강의 내용과 그 밖의 문제에 관한 것들을 기록으로 남겼다.

이처럼 조선의 관리를 지낸 지식인들이 『경연일기』를 써서 후세에 전하는 경우는 상당수 있다. 하지만 이이와 같이 10만 언(十萬言)이 훨씬

택당집澤堂集

1674년(현종 15) | 택당(澤堂) 이식(李植) | 조선 중기에 편찬된 이식의 시문집으로, 본집 10권에 속집과 별집이 각각 6권과 18권으로 이루어져 있다. 주요 관직을 거치며 병자호란을 겪은 대신이 기록해 놓은 자전(自傳)이라는 점에서 사료로서의 가치가 크다.

넘는 방대한 분량을 남긴 경우는 드물다. 『석담일기』는 내용 면에서도 독특한 특징을 지닌다. 즉 『석담일기』는 경연에서의 강연 내용보다는 당시의 주요 쟁점과 정계 동향을 편년체로 기록한 정치·사상 평론 기록으로, 이이가 직접 정사에 참여하여 보고 겪은 사실을 기록하고 있다. 따라서 『석담일기』에는 그의 역사관과 사회개혁 의지는 물론 당시의 사회상도 살펴볼 수 있다.

이외에도 『석담일기』는 다음과 같은 점들로 주목받고 있다.

첫째, 『석담일기』는 『대동야승』과 같은 야사류에도 수록되는 등 이야기책으로서의 특징도 지닌다.

둘째, 『석담일기』는 이이가 자신이 살았던 시대의 역사적 사실을 나름의 엄정성을 가지고 평가하면서도, 객관적 시각을 견지하기보다는 자신의 견해를 덧붙이는 등 다소 복잡한 성격을 띠고 있다. 그렇지만 목적

의식에 따라 당대의 약사(略史)를 실록 수준으로 정리함으로써 역사의
식과 서술 방법이 매우 분명하고 엄정하다는 평가를 받는 등 치밀하게
기획된 역사서라고 할 수 있다.

셋째, 『석담일기』는 체제와 내용상 「명종실록」이나, 「선조수정실록」
과 많은 점에서 유사하다. 이러한 특징은 임진왜란과 정유재란 등으로
「선조실록」의 사료가 훼손되어 『석담일기』가 「선조수정실록」의 편찬에
매우 긴요하게 활용되었기 때문이다.

한편 『석담일기』는 충북 제원군 한수면의 한수재 고가(古家)에서 후
손들이 보관해 왔으나 6.25 전쟁으로 제2권이 분실되었고, 제1권과 3권
은 1972년 홍수로 한수재 고가가 침수하면서 유실되었다.

선조와 인연이 엇갈리는 듯하다

『석담일기』는 『율곡전서』에는 『경연일기』로, 『대동야승』에는 『석담일
기』로 기록되어 있다. 이이는 원래 표제를 『금상실록(今上實錄)』으로 기
재했다고 한다. 『석담일기』에는 역사에 관한 내용도 수록되었지만, 정사
가 아니어서 『석담일기』 또는 『석담유사』라고도 불린다.

『석담야사』라는 명칭은 박세채가 붙였다. 여기서 석담은 이이가 선조
4년(1571) 42세 되던 해에 황해도 해주 석담으로 돌아와 집을 짓고 여러
형제에게 함께 살기를 청하면서 일기를 써서 그렇게 부르게 되었다는
것이 정설이다. 그리고 『경연일기』라는 명칭은 경연에서 진술한 내용을
많이 담고 있기에 붙었다.

『석담일기』가 이처럼 복잡한 특징을 지니게 된 이유는 이이가 관직
생활을 하던 정국의 상황과도 연관이 있다. 대표적인 예로, 선조 초기에

조정에는 세 부류의 정치 집단이 형성되었을 정도로 정국이 복잡했다. 첫째는 과거 구체제에서 관료 생활을 하던 구신(舊臣)들로, 이들은 여전히 조정에서 영향력을 발휘하던 기득권층에 속했다. 두 번째는 구신이라고 해도 개인적으로 지조를 잃지 않았던 양식을 갖춘 관리들이 있었고, 세 번째는 문정왕후 세력의 몰락 이후 등장한 신진 세력이 있었다. 이들은 주로 학덕이 높은 선비의 무리라는 의미에서 사류(士類)라고도 했다. 성수심·이황·조식 등이 그들이다.

그러나 선조는 이들의 능력을 적절하게 활용하지 못했다. 달리 말하면 선조는 모든 것을 왕권 유지에 활용하는 정치력을 발휘하기는 했지만 백성을 위한 정치에는 한계가 있었다. 그 때문에 이이는 "선조가 천재(天災)를 당하여 두려워하는 마음과 정책도 겉치레에 지나지 않는다"고 우려하는 등 당시의 정국에 실망하는 마음을 여러 차례 기록으로 남겼다. 그가 "이황이 사망하자 여러 사람의 관심이 노수신에게 쏠렸으나, 상(선조)은 은총만 베풀 뿐 국사를 같이 다스릴 뜻이 없어 노수신의 말을 쓰지 않는 예가 많았다"고 아쉬워한 것도 그 예이다.

이듬해인 선조 5년(1572)에 오건(吳健)이 낙향하자 "뭇 사람의 원망이 더욱 심하고 또 상(선조)의 뜻이 사류(士類)를 싫어하여 소인배의 세력이 날로 성해지자 오건은 일할 수 없음을 헤아리고 벼슬을 버린 채 고향으로 돌아가 버렸다"고 낙담했다. 같은 해에 기대승이 벼슬을 버리고 낙향했을 때도 "상(선조)께서 총애하는 뜻이 없으며, 대신도 또한 중히 여기지 아니하므로 이에 결단을 내려 고향으로 갔다"고 평하였다.

이이는 자신이 직접 선조에게 경제 개혁을 위한 담당 기구인 경제사(經濟司)의 설치를 건의했지만, 선조에 의해 거부되기도 했다. 또 서북 변방의 정세를 "다행히 호협한 추장이 없어서 변방의 우환이 일어나지 않았다. 만일 조금의 재주와 용맹이 있는 자가 틈을 보아 움직였더라면 아무도 그것을 막을 수 없었을 것이다"라고 진단하면서 "적국의 외환을 당한다면 반드시 무인지경에 들어오듯 쳐들어올 것이니, 참으로 위태하다"라며 우려하기도 했다.

선조 7년(1574) 이이가 황해 감사로 부임했을 때 황해도 군관(軍官)으로 있던 이원익이 군적을 정리하였는데, 이이가 이원익을 적극 후원한 것도 이러한 이유 때문이었다. 그 덕분에 황해도 군적이 전국에서 가장 잘 정비되어 있다고 인정받기도 했다. 훗날 이이가 병조판서에 재직할 때 십만양병설(十萬養兵說)을 주장하였으나 받아들여지지 않았고(1583), 그로부터 10년이 되지 않아 임진왜란(1592~1598)을 겪게 된다.

이처럼 이이를 포함해 사류(土類)는 선조와 멀어지는 듯했다. 심지어 선조는 "말은 잘하지만 행동은 어긋난다"며 사류를 비웃는 등 그들에게 마음을 주지 않았다. 이러한 관계는 선조가 자신의 생부(生父) 덕흥군을 왕으로 추승하려고 시도했지만, 이를 반대했던 사류들과의 갈등이 마음에 앙금으로 남아 있었던 탓이라고 보기도 한다.

이이가 선조에 대한 기대를 끝까지 저버리지 않은 이유가 있었다. 이이는 "선조가 술이나 음악 또는 여색(女色)에 빠지지 않았고, 말타기나 사냥을 즐기지 않았으며, 폭력적으로 권력을 독점하거나 향유하지 않는 등 군주가 빠지기 쉬운 즐거움을 누리지 않았다"는 점에서 선조의 가능성을 보았다.

그러나 이이는 결국 관직을 내놓고 파주로 낙향했고, 선조는 이이를 붙잡지 않았다. 이이가 사직한 후 일만 자(一萬字)가 넘는 소를 올려 시폐(時弊)를 청산하고 구제할 계책을 건의했을 때도 선조는 "상소문을 살펴보니 충직한 것이 깊고 아름답다"라고 했을 뿐, 이를 수용하거나 이이를 불러들일 의사는 없는 듯했다.

이후 선조 11년(1578)에 선조는 이이를 대사헌으로 다시 불렀고, 호조와 병조판서 등으로 임용했다. 하지만 이요가 유성룡·이발·김효원을 비판하고 나서자 동인(東人)들은 이이를 배후로 의심하여 그를 소인으로 배척하기 시작했다. 선조 16년(1583) 4월, 이이는 나라의 질서를 바로잡기 위한 6개 조항의 폐정(弊政) 개혁안을 올렸다. 당시 그가 올린 개혁안은 첫째, 어진 인재를 등용하고 둘째, 백성과 군대를 제대로 먹여 살리며 셋째, 재용(財用)을 넉넉하게 마련하고 넷째, 국경을 튼튼하게 지키며 다섯째, 싸울 말(전마)과 무기를 제대로 준비하고 여섯째, 교육·문화를 통한 올바른 국민교육 정책을 펼칠 것을 주장했다.

그러나 그해 6월, 선조로부터 "나라 일을 그르친 소인"이라는 전교를 듣고 다시 파주로 돌아갔다. 이이는 이듬해 1월, 자신이 주장한 개혁안의 실현을 보지도 못한 채 현재 서울 탑골공원 근처인 대사동에서 세상을 떠났다. 젊은 시절 불교에 심취하여 금강산에 들어가 불경을 연구하고, 이후 다시 속세로 돌아와 「자경문(自警文)」을 지어 "필이성인자기(必以聖人自期)"라며 "반드시 성인이 되겠다"고 스스로 다짐하였던 그가 관직에 나아가 현실 정치에 참여하여 적극적으로 그 뜻을 펼치다가 사망한 것이다.

『이재난고』,
지방 선비의 시대의식을 읽다

이재난고頤齋亂藁

제작 시기 | 조선 후기

편저자 | 이재(頤齋) 황윤석(黃胤錫, 1729~1791)

내용과 의의 | 1738년(영조 14)부터 1791년(정조 15) 죽기 이틀 전까지 53년간 시문·언어·산학·천문·지리·도학·의학 등 생활에 이용되는 실사(實事)를 망라하여 쓴 일기로, 책마다 쓰기 시작한 연대와 끝낸 연대를 기록하고 난고(亂藁)라는 표제를 달았다. 다산 정약용보다 한 세대쯤 앞서 방대한 저술을 남겼으며, 학문의 영역이 폭넓고 학풍이 정치(精致)한 점에서도 높이 평가받는다.

도둑의 두목은 양반이거나 영웅이어야 하는가?

영웅은 없다!

도둑은 남의 재산을 훔친다는 점에서 사유재산제도가 성립된 이후에 생겨났으며, 서양의 십계나 고조선의 팔조법금에 "도둑질을 하면 노예로 삼는다"는 법규가 있는 것으로 보아 아주 오래전부터 도둑질을 사회악으로 받아들였음을 알 수 있다. 하지만 도둑이 역사에서 우호적으로 주목받는 경우가 종종 있었다. 도둑이 나타나는 현상이 사회의 구조적 모순으로 인한 가난과 밀접한 관계가 있었기 때문이다. 즉 가난은 개인의 잘못도 있지만, 때에 따라서는 정치를 잘못한 결과 사회에서 소외된 계층이 도둑이 되었다.

조선시대에는 17세기를 지나며 사회의 구조적 모순이 심화하면서 농민들이 삶의 터전을 버리고 도둑이 되는 일이 반복되었다. 심지어 무리를 지어 도둑 떼가 되기도 했고, 집단으로 산속에 거주하며 정치적 목적을 지닌 저항 세력을 형성하기도 했다. 따라서 이 시기의 도둑들은 유형이 여러 가지였다.

일반적으로 도둑은 혼자서 움직이고, 칼을 든 강도의 경우 몇 명이

짝을 이루어 다닌다. 그리고 강도는 평소에 함께 생활하지는 않는다. 하지만 집단으로 도둑질하는 무리가 나타나면서 산속에서 떼로 지내는 산채(山寨) 도둑도 생겨났다. 이들이 사는 곳은 일반적으로 산이 깊어 관군이 토벌하기가 쉽지 않았고, 도둑질할 대상들이 지나다니는 목 좋은 곳에 있었다. 예를 들면 공물(貢物)을 운반하는 간선도로와 인접해 있거나, 물건을 빼앗아 도망치기 쉬운 곳을 말한다.

전통적으로 산채 도둑이 유명했던 지역은 경상도 운문산과 황해도 구월산 그리고 서울의 관악산 등으로 전한다. 특히 구월산은 명종 때의 임꺽정과 숙종 때의 장길산 같은 의적(義賊)의 근거지로 유명하다. 이들은 농민만이 아니라 당시 성장하고 있던 상공업 세력과도 손을 잡았고, 장길산의 경우 신흥종교 집단인 미륵신앙을 추종하는 세력과 한양에 거주하던 소외된 양반이나 서자 출신들과도 연계되어 있을 정도로 조직적으로 활동했다.

산채 도둑은 그 규모가 최소한 수십에서 수백 명이 무리를 이룬 수준이었고, 평소에는 산속에서 마을을 형성하여 공동체 생활을 했다. 물론 이들의 생활 공간은 보통 사람들이 사는 마을과는 구분된다. 생활공간이 산에 있으면 산채(山寨)라고 하고, 물에 있으면 수채(水寨)라고 했다. 이들의 두목과 관련해서는 일반적으로 '양반초치담(兩班招致談)'이라는 이야기가 전한다.

양반초치담은 산채 도둑의 두목이 사고를 당하거나 사망하여 대규모의 도둑 집단을 먹여 살릴 수 있는 능력을 갖춘 두목이 필요하게 되었을 때, 도둑 집단에서 양반을 속이거나 또는 납치하여 산채로 데려오는 것을 말한다. 산채에 끌려온 양반은 새로운 두목의 자리에 오르고, 지략을 발휘하여 단기간에 더는 도둑질을 하지 않고도 먹고 살 정도의 큰 돈을 벌어들이기도 한다.

이후에 양반 두목은 산채를 해산하고 도둑 무리는 고향으로 돌아가 정상적인 생활을 하거나, 또는 양반 두목이 홀로 산채를 떠나기도 한다. 그러나 『이재난고』에는 '양반초치담'과 같은 산채 도둑 이야기는 나오지 않는다. 양반 도둑이 등장하기는 하지만, 의적 등 영웅의 모습도 찾아볼 수 없다.

사또에게 들볶이느니 저 낙토에 가서 살겠다

『이재난고』에는 저자 황윤석이 만난 양반 노인으로부터 알게 된 지리산 산채 도둑의 두목 김단 이야기가 수록되어 있다. 황윤석이 자신의 고향에서 일어난 사건을 고향 사람의 입을 통해 전하는 이유는 도둑 무리가 사람들이 사는 마을 인근 지역에 있다는 사실과 함께 김단의 이야기가 그냥 떠도는 소문이 아니라 실제 있었던 일이라는 점을 강조하기 위한 것이다. 지리산은 황윤석의 고향인 흥덕에서 보일 정도로 가까운 거리에 있었고, 김단이 바로 흥덕 사람이라는 점에서 세 사람은 서로 알던 고향 사람이었을 가능성도 충분했다.

흥덕에 살던 김단은 이씨 집안 종이었는데, 10대 중반의 나이에 갑자기 마을에서 사라졌다. 하루는 마을에 살던 한 양반이 지리산 자락에서 산적에게 납치되어 산채로 끌려갔는데, 가서 보니 산채 두목이 김단이었다. 산채는 마을에서 거의 40~50리 떨어진 깊은 산속에 있었다. 그곳에는 여염집이 즐비하고, 가운데에 관청처럼 큰 집이 있었다. 큰 집 앞에는 넓은 뜰이 있고, 밤에도 횃불을 켜서 대낮같이 밝혀 놓았다. 큰 집은 바로 산적 두목의 거처로, 비록 임꺽정 무리처럼 성까지 갖추지는 못했지만 규모가 하나의 작은 읍치(고을) 정도는 되었다.

납치된 양반이 무고한 인명을 해치지 말 것을 김단에게 부탁했는데, "소인은 다만 졸개들로 하여금 큰 부잣집에 나아가 재산의 반만 가져오고, 크게 탐학한 관리는 재산을 전부 빼앗아 오게 할 따름입니다. 그러나 기꺼이 죽인 적은 없습니다"라며 무고한 양민은 해치지 않고, 재산도 모두 빼앗지 않는 도덕적 규율을 갖추고 있었다. 산적들은 또 노인이 산을 빠져나갈 때 일사불란하게 움직여서 조직적인 군령 체계의 한 단면을 보여주는 등 마치 세상 밖에 있는 작은 국가라는 느낌까지 들게 한다. 그러나 이야기 속에서 영웅이나 의적과의 연관성은 전혀 찾아볼 수 없다.

『이재난고』에는 김단 외에도 산채 도둑과 관련한 다양한 지역과 인물이 등장한다. 김단의 이야기보다 10년 전인 영조 44년(1768)에 지리산 인근 지역에서 관리를 지낸 광주 진사 박하진이 성균관에서 공부할 때 들려주었다는 도둑 이야기도 흥미롭다.

박하진이 광양에 사는 조카 서씨 집을 방문했을 때 초상선(草上仙) 또는 초상비(草上飛)라고 불리는 도둑 떼가 쳐들어왔다고 한다. '풀잎 위를 밟으며 날아갈 듯 재빠르게 달린다'는 뜻의 초상비라는 이름에서 알 수 있듯이 이들은 신출귀몰했다. 평소에도 관아의 아전들이 붙잡으려고 하면 칼을 빼들고 대항했고, 낮에도 거침없이 돌아다닐 정도로 대담하기까지 했다. 한번은 순천부 진영장(鎭營將)에게 붙잡혔는데, 오히려 그를 협박해 풀려난 적도 있었다고 한다.

그리고 다음과 같은 산적 이야기도 소개했다.

남원의 백성 하나가 지리산 화개동에 숯을 구우러 갔다가 도둑들에게 끌려가 산채에서 살게 되었다. 그런데 얼마 후 그는 자신의 고향에 가서 식구를 모두 데리고 산채로 들어가면서 "사또에게 들볶이는 것보다는 저 낙토에 가서 살겠다"는 말을 남겼다.

이 산채 도둑 이야기 역시 김단의 이야기와 비슷하다. 식구들과 함께 산채로 들어간 도둑 역시 다름 아닌 평범한 백성이었고, 그가 도둑이 된 이유도 짐작할 수 있다. 산속에 거주하던 사찰의 승려들이 등장하는 다음 이야기도 흥미롭다.

남원의 한 선비가 순창(淳昌) 땅의 무량산사(無量山寺)에서 글을 읽고 있었는데, 어디서 왔는지 알 수 없는 7~8명 또는 10여 명의 사람이 준수한 용모에 깨끗한 의복까지 입고 매일 절을 찾았다. 그들은 승려들과 도박을 하며 담소를 나누다가 시간이 되면 어디론가 사라졌다. 하지만 승려들도 그들이 누구인지 그리고 어디에 거처하는지 아무것도 아는 것이 없었다. 이들은 신출귀몰하게 움직이며 무리를 지어 다녔다.

이 무리가 도둑질했다는 구체적인 내용은 보이지 않지만, 의복이나 외모로 보면 양반 도적을 떠올리게 한다. 반면 곡성 지역의 사찰에서 있었던 일을 전하는 다음 이야기에는 구체적인 내용이 들어 있다.

나주 회진 지역의 임씨가 곡성에서 처가살이하다가 천연두를 피해 산속 절로 들어갔다. 그런데 어느 날, 정체를 알 수 없는 사람 7~8명이 절에 올라와 승려들에게 재물을 요구했다. 승려들이 이들의 요구를 들어주지 않자, 밤에 여러 명의 고함 소리와 포성(砲聲)이 불빛과 뒤섞이더니 사람들이 절에 들이닥쳤다. 이들은 돌아갈 때 각자 부유한 승려들의 재물을 절반으로 나누어 가지고 갔다.

이처럼 도둑들은 절에서 세금(?)을 걷으려고 시도하다가 승려들에 의해 거부당하자 무력을 동원해 약탈을 자행했다. 다만 재물이 많은 승려를 선별해서 재물의 반만 가져가는 것은 평소 백성을 상대로 횡포를 부린 죄를 응징한다기보다 농사를 지어 반을 바치던 소작농을 연상시킨다. 그리고 "도둑의 무리가 절에 거처하던 임 씨를 협박하며 재물을 요구하자 이들의 두목이 부하들을 혼내면서 '임 씨는 경향(京鄕)에서 모두 아는 사람이다'라며 제지했다"는 내용도 보인다. 이것으로 보아 이들이 인근 지역 주민들의 정보에도 상당히 밝았으며, 도둑질할 대상의 선정 등에도 나름의 원칙이 있었다는 것을 알 수 있다.

도둑은 도둑일 뿐이다

조선시대에는 중앙의 포도청(捕盜廳)에서 평민들의 범죄를 다루었고, 지방에서는 군사들이 출동해 산적을 소탕하는 임무도 수행했던 진영(鎭營)이 있었다. 관리들을 대표하는 재상은 임금을 보좌하여 국정을 운영하는 최고 책임자였다. 그런데 이러한 기능이 제구실을 못 하면 국가의 공적 기능이 상실되고, 도적의 무리도 생겨났다.

하지만 도적들이 모두 핍박받은 백성으로 이루어진 것은 아니었고, 더구나 의적도 아니었다. 백성들은 단순히 배고픔을 해결하기 위해 도둑이 되기도 했지만, 무질서한 사회 분위기를 이용해 더 많은 재물을 갖고자 도둑이 되기도 했다.

『이재난고』에서는 실제로 발생한 사건이라고 밝히며 여주 지역에서 여주 목사와 삼도수군통제사 등을 지낸 원중회(元重會)의 아들 전부사(前府使) 원후진(元厚鎭)의 집에서 일어난 사건을 소개하고 있다.

> 양반들의 한 모임에서 정언 기국진(奇國鎭)이 말하기를 "봄 사이 양반 도적 이야기가 놀랍게도 세상에 널리 퍼져 있다"면서 어느 양반집에서 시(詩)도 잘 짓고 풍채도 건장한 양반을 하룻밤 묵게 해주었는데, 한밤 중에 갑자기 도둑들이 들이닥쳐 집안에 있던 재물을 빼앗아 갔다. 말로만 들어왔던 일이 똑같이 벌어진 것이다.

당시 원후진의 집에서 일어난 양반 도둑 사건은 『이조한문단편집』 하편에 나오는 「월출도」와도 내용이 거의 유사하다. 다만 「월출도」에 등장하는 도둑은 피해자 집안의 재물을 모두 훔쳐 갔지만, 원후진의 집에 든 도둑은 5,000냥이 든 항아리 14개 중 7개만 가져가고 나머지는 남겨 놓았다.

그런데 이들은 단순한 도둑의 무리는 아닌 듯하다. 무엇보다도 도둑들의 표적이 된 부잣집이 여주에 있었고, 여주는 강화도 물길과 함께 당시 가장 큰 물동량을 자랑하는 남한강 수로에 있었다. 또 원중회와 원후진 부자(父子)는 무과에 급제하여 각각 규모가 큰 군(軍)을 운영하는 책임자와 큰 고을의 수령을 지낸 인물이었다.

도둑들은 원후진의 재산이 얼마나 되고, 어디에 보관하지는 등을 이미 알고 있었고, 집안 이력도 구체적으로 파악하고 있었다. 심지어 도둑이 정체를 드러내자 놀란 원후진이 일어나 도망가려고 했을 때 "그대는 대대로 무장(武將) 집안 출신이면서 무엇을 그리 겁내시오?"라며 비웃을 정도로 여유도 있었다. 따라서 이들은 계획적으로 원후진의 집을 노린 것으로 짐작된다.

특히 도둑들은 원후진의 집안에 대한 구체적인 정보를 바탕으로 도둑질을 실행에 옮기는 치밀함과 배짱, 어느 정도의 무력도 있었다. 그뿐만 아니라 뒤탈이 없도록 이미 사후 조치도 준비해 놓았던 것으로 보인다. 이들은 의적과는 거리가 멀었다. 이 무리가 양반 출신으로 보이기는 하지만, 성리학을 숭상하던 당시 사회에서 양반으로서 지켜야 할 의리나 어떤 사회적 명분 등을 발견할 수 없기 때문이다. 이들이 국가에서도 어찌할 수 없는 존재였다는 점에서 뒤를 봐주는 권력이 있었을 가능성도 배제할 수 없다. 황윤석은 바로 이러한 사실을 말하고 싶었는지도 모른다.

또 다른 외부의 적을 보다

『이재난고』에 소개된 남원의 백룡은 지리산 아래에 도둑의 소굴을 만들었다. 임꺽정이 구월산에 굳건하게 성(城)을 쌓아 웅거했다면, 백룡은 겉으로 드러나게 성을 쌓아 굳게 지킬 정도로 본거지인 산채를 숨기지 않았다. 이들은 결국 관군에게 토벌되었지만, 대규모의 포위 작전을 써야 할 정도로 세력이 막강했다.

또 영조 4년(1728) 호남의 태인과 부안 지역을 중심으로 명화적(明火賊)이 성행했다는 이야기와 함께 이인좌의 난이 일어났을 때 주역 중 한

사람인 박필현(朴弼顯)의 반란 계획도 결국 실패했다는 이야기도 수록
되어 있다.

박필현은 태인 현감으로 부임한 후, 이인좌를 만나 반란의 뜻을 품고
밀풍군 이탄(李坦)을 왕으로 추대하려는 음모에 가담했다. 밀풍군은 인
조의 장남 소현세자의 증손이었다. 하지만 역모의 윤곽이 드러나면서
이인좌가 청주에서 반란을 일으켰다는 소식을 들은 박필현은 근왕병을
모집한다는 구실을 내세워 태인의 군사들을 거느리고 전주로 진군했다.
그러나 전주성에서 반란에 가담하기로 약속했던 전라 감사 정사효(鄭思
孝)가 반군(叛軍)에게 상황이 불리하게 돌아가자 태도를 바꾸어 성문을
열어주지 않았다. 결국 반란 계획이 부하들에게 발각되어 군사들이 모
두 도망가고, 박필현은 아들과 함께 상주로 도망가 숨어 있다가 사로잡
혀 참수당한다. 정사효 역시 나중에 체포되어 국문을 받다가 사망했고,
밀풍군도 자결한다.

그런데 『이재난고』에서는 "박필현이 바야흐로 도리에 어긋난 일을
도모하면서 암암리에 굳센 병졸 3,000을 양성했는데, 바로 이들이 그
도적들이다"라며 명화적의 근거를 반란군에서 찾고 있다. 또 이인좌의
난이 진압된 이후 40년이 지나도록 명화적이 다시 나타나지 않은 이유
를 이인좌의 난 때 이들이 완전히 토벌되었기 때문이라고 기록했다.

명화적은 화적(火賊) 또는 떼강도라고도 하며, 특히 19세기 후반에 집
중적으로 발생했다. 명화적이라는 명칭은 그들이 주로 횃불을 들고 다
니면서 불을 지르며 약탈을 자행했다고 해서 붙었다. 정약용은 절도와
강도, 명화적을 구분하면서 "절도는 밤중에 창문을 뚫고 들어와 함과
고리짝을 열고 옷 주머니나 상자를 뒤져서 옷이나 대야를 훔치거나, 또

는 가마솥을 가지고 달아나는 자를 말하며, 강도는 칼을 품고 몽둥이를 소매 속에 감춘 채 길에서 사람을 기다려 우마(牛馬)나 전폐(錢幣)를 빼앗고 칼로 찔러서 그 입을 막는 자를 말한다. 명화적은 뛰어난 말에 수놓은 안장을 놓고 올라앉아 따르는 자가 수십 인이요, 횃불과 창검을 들고 부잣집을 택해 안채에 들어가서 주인을 결박한 다음 금고를 털고 곡식 창고에 불을 지르며, 거듭 협박해 감히 발설하지 못하도록 하는 자이다"라고 정의했다.

『이재난고』에 따르면 숙종 말기부터 이인좌의 난이 일어나던 시기까지 명화적이 들끓었는데, 특히 전라도 태인과 부안 등의 지역에서 명화적이 자주 출몰했다. 이들은 깊은 산에 숨어 살면서 때로는 큰 마을에 보란 듯이 나타나 고위 관리들까지 위협했고, 양가(良家)의 부녀를 납치하기도 했다. 심지어 떼 지어 다니다가 불쑥 나타나 관리들에게 명령하는 것조차 꺼리지 않을 정도로 위세가 대단했다.

하지만 『이재난고』에 수록된 명화적 이야기 역시 도둑의 영웅적 행위로 독자의 흥미와 통쾌함을 유발하려는 의도는 찾아볼 수 없다. 다만 이들로 인해 현실 세계가 불안에 빠지고, 언제 다시 사회질서가 뒤흔들릴지 모른다는 점을 강조하고 있다. 그리고 당시 도적과 관아의 결탁은 상식 수준일 정도로 사회적 문제라고 지적하면서 "큰 도둑은 반드시 한양의 포청과 결탁하고, 작은 도둑은 지방관청과 결탁한다"며 지배층과 공권력의 부패를 비판하고 있다.

한편 『이재난고』에서 명화적의 존재는 현재의 사회질서를 위협하는 상상의 적으로 해석하기도 한다. 즉 노론과 소론이 충돌한 무신난의 상흔에서 비롯된 공포가 이러한 가상의 적을 빚어냈다는 것이다.

도둑은 부패로 탄생하고, 타락한 권력으로 확장된다

정약용의 「고양이」라는 제목의 장편 우화시(寓話詩)에는 "쥐들은 훔친 물건 뇌물로 주고, 태연히 너와 함께 돌아다닌다. …… 이로부터 쥐들은 꺼릴 것 없어, 들락날락 껄껄대며 수염을 흔든다"라며 집에서 기르는 고양이가 온갖 못된 짓을 해서 주인의 근심이 가득한데, 오히려 고양이는 쥐들과 야합하여 온 집안을 쑥대밭으로 만든다는 내용이 있다.

이 시는 도둑 그리고 도둑을 잡아야 하는 관리의 결탁을 풍자한 것으로, 그가 살았던 조선 후기 사회의 부정과 부패를 지적한 것이다. 즉 집주인은 일반 백성, 쥐는 도둑, 고양이는 도둑 잡는 관리에 비유했다. 『목민심서』에는 다음과 같은 기록도 보인다.

> 무릇 포도군관(捕盜軍官)은 경향을 막론하고 모두 큰 도적이다. 도적과 내통하여 그 장물을 나누어 먹고, 도적을 풀어 도적질할 수 있도록 방법을 제공하며, 수령이 도적을 잡으려고 하면 미리 기밀을 누설하여 도적이 멀리 달아나게 하고, 수령이 도적을 처형하려고 하면 비밀히 옥졸을 사주하여 옥졸로 하여금 도적을 고의로 놓치게 하니 그 천만 가지 죄악을 다 말할 수가 없다.

이처럼 도둑을 잡아야 할 포도군관이 도둑과 내통하는가 하면, 『목민심서』의 다른 기록에서는 도둑이 도둑질을 시작할 때 포도군관에게 소위 '신고식'을 해야 하며, 처음 세 번까지는 훔친 장물을 모두 군관에게 바치고 네 번째부터는 3·7제로 나눈다는 내용도 보인다.

『이재난고』에도 임성주(任聖周)라는 유학자를 앞세워 도둑 이야기를 수록하면서 사회적 부패의 심각성을 강조하기도 했다. 임성주는 형제들이 모두 조선을 대표하는 성리학자였고, 동생 임정주(任靖周)는 정조의 스승으로 정조가 "당대의 석유(碩儒)는 정주뿐이다"라고 극찬한 대학자였다. 누이 윤지당(允摯堂) 임씨도 대학자들과 견주어 손색이 없는 여류 성리학자였으며, 임성주 역시 조선이라는 국가를 떠받치는 이데올로그(idéologues, 특정의 계급적 의식이나 당파를 대표하는 이론적 지도자) 가운데 한 사람으로 평가받았다. 도둑의 우두머리가 자신을 변론하는 비판적 논리에 임성주가 할 말을 잃기도 했다는 다음과 같은 일화도 전한다.

양근 현감으로 있던 임성주에게 한양의 재상가 두세 집안에서 "양근 경내에 도둑 무리의 우두머리가 있으니 잡아들이라"는 소식을 보내오자, 임성주는 도적을 잡기 위해 장교들을 보냈다. 그런데 장교들은 산인 처사(山人處士)와 같은 고아한 모습을 하고 있던 양반 도둑 두목의 기세에 눌려 오히려 그를 양근 관아로 공손하게 모시고 왔다.

양반 도둑은 현감 앞에 끌려와서도 "관에서 만약 나를 도적이라 여긴다면, 요즘 세상에 사모(紗帽)를 쓴 자들 중에 누가 더 큰 도적인지 생각해 보시오"라며 자신의 행위를 당당하게 변론하면서 "다만 우리는 일생 동안 한 사람도 죽이지 않았고, 한 사람도 때리지 않았다. 비록 약간의 전지(田地)를 소유하고 있지만, 남에게 맡겨 경작하게 하여 도지(賭地)를 걷었을 뿐이다"라며 자신을 일종의 지주라고 소개했다. 이에 임성주는 양반 도적을 풀어주었고, 풀려난 양반 도적은 소유했던 땅을 농부들에게 무상으로 나누어 주고 산채를 떠났다.

이 이야기는 당시 사회가 얼마나 부패했는가를 전하면서 진짜 도둑이 누구인지를 되묻고 있다. 이때의 일 때문인지 임성주가 "영조 49년(1773) 전주 판관이 되었으나 정사에 서툴다는 이유로 체임(遞任)되어 영천 군수로 옮겼다"고 한 기록도 전한다.

또 장령 최여직(崔汝直)이 전하였다며, 정조의 비 효의왕후의 아버지 김시묵의 집안에서 일어난 다음과 같은 이야기도 소개했다.

> 봄 사이에 김시묵(金時黙) 집안의 종에게 도둑이 붙잡혔는데, 도둑이 말하기를 "나는 은진 김생원이고, 두문동 김상복(金相福)과 일가(一家)이다"라고 주장했다. 당시 좌포도대장 이국현(李國賢)이 도둑을 엄하게 국문(鞫問)하려고 했으나, 우포도대장 장지항(張志恒)은 "그가 조정(朝廷)과 연줄이 닿아 있어 끝을 맺기 어려울 것이다"라며 특별 교지로 곧바로 물고(物故)를 내버렸다. 결국 양반 도둑이 사망했고, 온 조정에서 장지항을 비난했다.

이처럼 도둑의 등장에 권세가는 물론, 왕비의 집안까지 거론되었다는 점도 주목된다. 당시 도적이 인척이라고 말한 김상복은 3사와 6조의 판서를 두루 거쳤고, 영조 39년(1763) 우의정에 임명된 후 영조 48년(1772)에 영의정까지 오르는 등 14년간 정승을 지낸 인물이다. 따라서 사실 여부를 떠나 도둑은 자신의 죄를 무마해 줄 상당한 권력을 지닌 누군가가 뒤에 있음을 강조한 것이었다. 그리고 도적이 권력을 이용해 처벌받지 않고 풀려날 것을 예상한 장지항이 급히 조서를 꾸며 죽여버렸다는 것으로 보아 장지항은 이미 도둑과 조정 권력자의 결탁을 알고 있었다는 것을 짐작할 수 있다.

『이재난고』에는 도둑이 어떻게 당시 정치권과 결탁했는지가 분명하게 드러나 있지 않지만, 권력의 비호를 받은 도둑의 존재가 당시 사회를 압도한 것은 사실이다. 『이재난고』에서 진정으로 하고 싶었던 말은 벌열(閥閱) 가문을 중심으로 지탱되는 조선이라는 국가의 허실과 외부 세력에 의해 한순간에 무너질 수도 있다는 위기감이었던 듯하다.

가장 많은 군도담(群盜談)을 수록하다

『이재난고』는 황윤석의 개인 일기이지만, 사회문제에 대한 다양한 이야기가 담겨 있다. 그가 기록한 이야기들은 단순히 재미를 위한 내용이 아니라 당시의 사회상을 알려주는 중요한 자료이기도 하다. 앞에서 살펴본 군도담, 즉 도둑의 무리와 관련한 이야기를 통해 18세기의 사회상을 엿볼 수 있는 것도 그 예라 하겠다.

18세기의 군도담은 다음과 같은 자료들에도 수록되어 있지만, 『이재난고』에는 1770년대를 전후한 시기에 가장 많은 10편 정도가 수록되어 있어 저자 황윤석은 군도담의 가장 중요한 작가라고도 할 수 있다.

잡기고담(雜記古談, 1754~1767), **임매**(任邁, 1711~1779)

『천예록』의 저자인 임방의 손자 임매가 편찬한 한문 야담집이다. 다른 야담집과 달리 비현실적인 요소를 담은 이야기가 보이지 않으며, 시정에서 벌어지는 사실적인 이야기를 중심으로 수록했다. 주로 한양이 무대이며, 내시들의 비리·인재 등용 문제·몰락한 양반의 현실·하층민들의 능력·다양한 분야에서 여성들의 활약상 등을 담았다. 사회 고발적인 성격도 띠고 있어, 야담이 현실성을 강조하는 방향으로 변모하고 있음을 보여주는 문집으로 평가받는다.

동패낙송(東稗洛誦, 1770년대), 노명흠(盧命欽, 1713~1775)

조선 후기의 사회상을 반영한 야담집이자 한문 단편집으로, 귀신·신선·남녀 간의 애정·신분 갈등·착한 일을 한 사람·전란이나 나랏일과 관련한 이야기 등 세속에 떠돌던 이야기들을 모아놓았다. 특히 당시 사회를 소재로 한 이야기가 전에 비해 많아졌는데, 조선 후기의 한문 단편집 중에서도 가장 돋보이는 작품으로 알려져 있다.

삽교만록(雪橋漫錄, 1786), 안석경(安錫儆, 1718~1774)

내용이 너무 광범위하고 다양하여 간단하게 정리하기는 쉽지 않지만, 대략 시국에 대한 견해·사물에 대한 느낌·역사적 사건에 대한 평·인물의 행적·일상적 대화·학문적 견해·기행 등 저자가 살았던 시대를 중심으로 과거와 현재를 냉철히 관찰하고 비판하면서 다양한 사회상과 인간상을 수록했다. 다른 기록이나 문집에서 볼 수 없는 흥미로운 활동이나 생각이 풍부하며, 생동감이 넘친다고 평가받는다.

한편 조선시대에는 화적(火賊)·비적(匪賊)·우마적(牛馬賊) 등 여러 형태의 도둑 무리가 등장한다. 그중에서도 지식인들은 군도의 지도자를 선비와 결합하면서 '의적(義賊)'으로 그려내기도 했다. 즉 규칙과 질서를 갖춘 군도의 도적 행위를 통해 공동체의 안녕을 저해하는 무리를 응징하여 통쾌함을 선사하면서 한편으로는 사회의 구조적 모순을 비판한다.

하지만 같은 시기에 기록된 황윤석의 군도담은 이러한 내용과는 거리가 있다. 황윤석은 당시 전하는 군도담 가운데 특별한 의미가 있다고 생각되거나, 자신과 친분이 있는 사람에게서 들었던 이야기 중 사실성이 있다고 판단되는 사건을 선별하여 소개하면서 당시의 사회상과 함께 군도담에 대한 저자의 고유한 인식을 담아냈다. 다음의 양반 도적 이야기도 그 예이다.

> 봄 사이에 한양에서 양반 도적이 떼를 지어 다니며 낮에도 남의 집에 들어가 물건을 탈취하면서 조금도 꺼리지 않는다는 말이 들려온다. …… 더 놀라운 것은 그들의 뒤를 봐주는 사람은 최아기라 불리는 은성옹주(恩城翁主)의 유모(乳母)이고, 그 유모의 조카가 그들의 우두머리이다. …… 이들 때문에 대간이 포도대장을 쫓아내야 한다고 아뢰기도 했다. …… 이 모든 것은 십여 년 사이에 과거의 폐단이 더욱 심해졌기 때문이다. …… 과거와 벼슬살이가 모두 뇌물로 이루어지기에 저들도 끝내 쉬이 수령이 될 수 없어 가난하고 곤궁해졌으니, 어디 가서 도둑질보다 나은 것을 찾을 수 있었겠는가?

이 이야기에 따르면 양반 도둑이 생겨난 원인은 과거의 부패이며, 관청에서 이들을 제거하지 못하는 이유는 왕실을 포함해 권세가들이 뒤를 봐주고 있기 때문이라는 것이다. 『이재난고』에서는 황윤석이 직접 체험한 사실을 중심으로 당시 과거에서 어떻게 부정이 행해졌는지를 상세하게 기록으로 남겼다.

18세기 과거장 풍경을 담다

쌀 5되로 급제하다

과거 시험을 준비하던 유생들의 삶에 관한 자료는 전하는 것이 거의 없다. 따라서 18세기 성균관 유생들의 정치적 동향·대표 선출·열악한 주거 환경·유생의 생활·교육방법 등을 기록한 『이재난고』는 대단히 귀중한 사료이다. 그뿐만 아니라 시골의 선비가 과거를 보기 위해 어떠한 준비 과정을 거치며, 한양으로 가는 경비 마련과 한양에 체류하면서 사용한 경비 내역 그리고 당시 과거장 풍경과 과거와 관련한 각종 비리와 폐단 등 다양한 이야기도 함께 수록하여 흥미를 더해준다.

조선시대의 과거는 관리를 선발하는 가장 기본적이면서 중요한 제도로, 조선 말기까지 500여 년간 지속했다. 과거를 치른다는 의미의 응과(應科)는 수도인 한양에서 치르는 '경과(京科)'가 있고, 지방에서 치르는 '향시(鄕試)'가 있다. 정기적으로 치르는 식년 문과는 향시(鄕試)에 합격해야 한양에서 치르는 경과(京科)에 응시할 자격이 주어진다. 17세기 이후부터는 국가에 특별히 경사가 있을 때마다 치르는 증광시(增廣試)와 국왕이 문묘에 가서 제례를 올리고 성균관 유생들에게 시험을 보게 하는 알성시(謁聖試) 등 비정기적으로 시행되는 과거가 증가했다.

조선 500년 동안 정기적으로 실시한 과거가 163회였고, 비정기적으로 실시한 과거는 581회였다. 전체적으로 보면 비정기적으로 시행한 과거가 압도적으로 많았다. 이러한 비정기적 과거는 조선 중기를 넘기면서 전체 과거의 80퍼센트를 차지했으며, 단 한 번으로 당락이 결정되는 시험도 있었다. 따라서 과거 응시생들은 정기적으로 치르는 과거보다 별시를 선호했고, 별시가 있을 때면 지방에서 많은 선비가 한양으로 몰려들었다.

물론 지방의 모든 응시생이 과거가 있을 때마다 한양에 올 수 있는 것은 아니었다. 기본적으로 과거 시험을 치를 수 있는 공부가 되어 있어야 했지만, 한편으로는 한양으로 오는 경비와 일정 기간 한양에 체류할 수 있는 숙식비 등 경제적 여건도 대단히 중요했다. 경제적 여건이 허락되는 선비라면 한양으로 갈 기회를 자주 마련했겠지만, 그렇지 못한 선비는 과거 응시를 신중하게 판단해야 했다.

과거장은 왕의 얼굴을 직접 볼 수 있는 영광스러운 자리이기도 했고, 전국 각지에 거주하는 선비들이 구체적인 약속이 없어도 친인척이나 지인들을 한곳에서 만날 수 있었다. 한마디로 과거장은 응시생들의 지적(知的)·인적(人的) 교류의 장이기도 했다. 그러나 준비되지 않은 응시생들까지 대거 모여들면서 불상사가 벌어지기도 했고, 다양한 부정 비리로 이어지기도 했다. 비록 무관에 관한 이야기이지만, 다음의 이야기도 과거로 인한 사회상의 한 단면을 보여준다.

만력 계사년(1593)에 영유 행재소(行在所)에서 무사 200명을 뽑았다. 당시에는 조선의 법이 엄하지 않아서 공사(公私) 노비도 무과에 몰래 응시하여 합격하는 자가 있었다. 판서 이항복이 집에서 손님과 대좌하고 있으면서 종을 불러도 응답하지 않자, 이항복이 "고약하구나. 이놈도 필시 과거에 나아갔을 것이야"라고 말해 주변 사람들이 한바탕 웃음바다가 되었다. …… 그해 겨울 지금 임금(광해군)이 세자로 왕명을 받고 의주에 나아가 머물면서 무사 500명을 뽑았다. 이때 온 나라에 기근이 들어 굶주려 죽은 사람이 길에 가득한데도, 남도에서는 과거에 응시하는 자가 쌀 5되로 급제를 사는 일이 흔하게 있었다.

이처럼 이항복의 농담을 통해 과거에 대한 당시의 세태와 함께 시간이 흐르면서 부정 비리로 이어졌다는 사실도 확인할 수 있다. 『이재난고』에서도 당시 과거로 인해 벌어지는 부정행위를 상당히 구체적으로 기록했다.

미치광이와 크게 다를 바 없다

어느 시대나 시험이 있는 곳에는 부정행위의 유혹이 따르기 마련이다. 조선시대의 과거 역시 전 시기에 걸쳐 부정행위가 발생했지만, 시간이 지나면서 그 정도가 심해졌다.

조선시대의 과거제도에는 일종의 예비시험에 해당하는 조흘강(照訖講)이 있었다. 조흘에서 '조는 확인 또는 대조를 뜻하며, 흘은 그러한 절차를 마쳤다'는 뜻이다. 여기에서 발급한 합격증은 다음 본시험을 위해 녹명(錄名)을 확인할 때 반드시 제시해야 하는 오늘날의 수험표이면서 일종의 신분 확인증이었다.

한번은 조흘강에서 이름도 모르는 한 응시생이 문명(文名)이 높았던 황윤석의 이름을 도용한 일이 있었다. 당시 황윤석은 과거에 응시하지 않았는데, 과거에 응시했던 지인으로부터 이 사실을 전해 들었다고 한다. 또 과거 시험장에서 은자(銀子) 1봉(封)을 주워 예조(禮曹)에 신고한 응시생이 있었는데, 시간이 지나도 주인이 나타나지 않자 예조에서는 습득한 사람에게 은자를 준 일도 있었다. 당시 황윤석은 "과거 시험장에서 이 돈을 부정에 사용하려고 했다가 잃어버려 주인이 나서지 못했다"고 기록했다.

집권 붕당이 자주 교체될 정도로 붕당 간의 갈등이 치열했던 숙종 대에는 과거에서 부정행위가 발각되어 대규모 옥사가 일어나기도 했다. 대표적인 예로 숙종 25년(1699) 증광시에서 역사상 가장 큰 부정 사건이 발생했다. 『연려실기술』에도 수록된 이 사건은 과거에서 행해진 부정이 모두 담겨 있을 정도로 그야말로 부정의 종합 선물 세트였다. 그 때문에 시험 자체가 무효가 되었고, 당시 상시관(上試官) 오도인 등 부정에 연루된 관리들이 대거 유배되는 등 조정에 커다란 충격을 주었다.

숙종 38년(1712)에 왕비의 종기가 나은 것을 축하하기 위해 시행된 과거에서도 문제가 발생했다. 당시 부정행위 자체는 그렇게 심각한 수준이 아니었지만, 부정 의혹을 둘러싸고 노론과 소론의 치열한 공방이 5년 동안이나 벌어지기도 했다. 이를 각각 기묘과옥(己卯科獄)과 임진과옥(壬辰科獄)이라고 한다.

영조 41년(1765)에는 과거 시험장에서 한양 유생들의 행태를 직접 목격한 경험담을 기록하면서 "과거장에서 한양 선비들이 심부름꾼을 보내 명륜당 안쪽 뜰에 일산(日傘)을 펴놓았다가 철거당했는데, 좋은 자리를 차지하려다가 뜻을 이루지 못한 것에 공공연히 불만을 토로했다"며 "미치광이와 크게 다를 바 없다"고 개탄하기도 했다. 심지어 "불법행위를 왕에게 보고하겠다는 김상중(金尙重)의 압박조차 통하지 않으니, 시험에 연연하는 그들에게서 선비들의 위엄과 체통을 찾을 수 없다"며 분개하기도 했다.

이외에도 학문이 뛰어난 사람에게 시험 답안을 부탁하여 합격하는 부정행위가 잦았는가 하면, 과거장에서 뇌물이 오가기도 했다. 또 3번이나 같은 시제(試題)가 나온 일도 있었고, 사전에 문제가 유출되기도 했다. 그뿐만 아니라 세도가의 권력이 합격에 영향을 미치는 심각한 폐해까지 발생했다. "돈만 있으면 어사화도 얻을 수 있다"며 장원급제도 돈으로 산다는 말이 공공연하게 나돌았다.

과거 보러 갔다가 시체로 돌아오다

일반적으로 식년시와 증광시 복시는 소수의 정해진 인원만 응시할 수 있었다. 그 때문에 비교적 질서정연하고 차분한 분위기에서 과거가 진행되었다. 하지만 식년시 초시나 비정기적으로 시행되었던 별시에는 백지 답안지가 많을 정도로 준비도 제대로 하지 않은 응시생까지 모여드는 등 과거 응시자들이 급증하여 혼란이 가중되었다.

선조 때 과거 응시생들이 제출한 답안지가 일 만여 장이나 되었다고 하며, 「정조실록」에 따르면 정조 대에 과거를 보기 위해 15만여 명이 한양 도성에 몰려들었다고 한다. 정조 24년(1800)에 실시한 과거에서는 응시생들이 제출한 답안지가 3만여 장이나 되었다고 한다.

정시에도 문제가 없었던 것은 아니다. 대표적인 예로 제출된 답안지를 채점해서 합격자 발표까지 모두 하루에 이루어졌기에 7,000여 장이 넘는 답안지를 한정된 채점관들이 검토하는 과정에서 채점이 졸속으로 이루어지기도 했다. 합격자 발표 과정에서 착오가 생겨 떨어질 사람이 붙고, 붙어야 할 사람이 떨어지는 일도 있었다.

시험장에 간식거리를 가져가거나, 시험 중에 밥을 먹는 일도 있었고, 과거장에서 좋은 자리를 차지하기 위해 시험 보기 며칠 전부터 미리 명륜당 안뜰에 사람을 들여보내 햇빛 가리개 등으로 앉을 자리를 선점했다가 물리는 일도 있었다. 특히 조선시대에는 과거를 치르는 별도의 전용공간이 없었기에 임시로 마련된 시험장의 분위기가 어수선해질 가능성이 상존했다.

영조 46년(1770) 대사간 박사해(朴師海)는 과거 시험장이 협소하게 된 이유를 "응시자들이 법을 지키지 않고 수종들을 많이 거느린 까닭인데, 경화거족(京華巨族) 중에는 30~40명의 시중드는 종을 데려와 우산과 장막으로 자리를 넓게 차지합니다. 이런 자들은 대체로 사나운 무뢰배들이어서, 가난한 선비나 시골 선비가 그 옆에 자리하면 칼로 머리를 부수는 변고도 일으킵니다"라며 이를 엄하게 금지해야 한다는 상소를 올리기도 했다.

과거장의 혼란스러움은 들어가는 과정부터 시작되었다. 시험장 밖에서 기다리던 응시생들이 시험장 문이 열리면 한꺼번에 들어가려고 몰려들어 극심한 혼잡이 벌어졌고, 크고 작은 사고가 일어났다. 비까지 내리는 날이면 진흙탕을 뚫고 다니느라 혼란이 더욱 극심했으며, 심지어 밟혀 죽는 참사가 일어나기도 했다.

「숙종실록」에는 경기도에 살던 유생 한중필(韓重弼) 등이 "과장(科場)을 개최할 때마다 응시생들이 짓밟혀 죽는 일까지 벌어지니 특별히 경기도에서 향시(鄕試)를 시행하여 응시자를 분산해 달라"는 상소를 올린

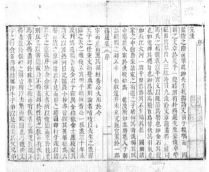

연암집燕巖集

1901년(광무 5), 1932년 | 연암(燕巖) 박지원(朴趾源) | 조선 후기의 실학자 연암 박지원의 시문집으로, 1901년 김택영(金澤榮)이 간행했다. 시문, 서간을 비롯하여「열하일기」등이 실려 있으며, 이용후생학파의 대표적 인물인 연암의 문학과 사상을 엿볼 수 있는 중요한 자료로 평가받는다.

일도 있었다. 박지원의『연암집』에는 "과거장에 들어갈 때 서로 밟고 밟혀 죽고 다치는 자들이 무수하며, 형제끼리 서로를 부르며 찾다가 급기야 만나게 되면 손을 잡고 마치 죽었다 살아난 사람을 만난 듯하니 죽을 확률이 10분의 9라 이를 만하지요"라며 당시의 과거장 분위기를 전하였다.

『이재난고』에 따르면 황윤석은 새벽에 과거 시험장에 도착해서 기다리다가 시간이 되면 과거장에 입장했다. 그리고 해가 뜰 때 시험문제가 공개되면 오후까지 답안을 작성했고, 때로는 밤이 되어서야 답안을 제출하고 과거장을 나왔다. 한번은 "글자는 잘못되고 줄이 비뚤어져 감히 임금이 계신 곳에 낼 수가 없었다"라며 감독관에게 새로 작성할 답안지를 더 달라고 요구한 적이 있었다. 하지만 더 줄 용지가 없다는 답변을 듣고서 결국 시험을 포기하고, 같이 시험을 치르던 동료의 답안 작성을 도와주기도 했다. 영조 40년(1764) 4월에 있었던 정시에서는 하루 전날 과거장에 입장하여 비를 맞고 밤을 새우며 기다렸다가 이튿날 시험을 보았다.

함께 동행한 사람은 모두 사람의 자식이 아니다

황윤석이 다른 사람의 답안 작성을 도왔다는 기록도 흥미롭다. 이러한 행동이 부정행위가 아니라, 17세기까지는 제시된 문제에 자신이 없으면 시험을 포기하고 함께 공부한 동료 중에서 더 훌륭한 답안을 작성할 수 있는 사람을 지원하는 풍토가 있었다는 뜻이기 때문이다. 하지만 18세기에는 이러한 풍토가 사라지고 자신의 답안 작성에만 몰두하는 등 개인주의로 변했고, 심한 경우 비인간적인 일을 저지르기도 했다.

황윤석은 자신이 들었던 이야기를 『이재난고』에 다음과 같이 기록으로 남겼다.

> 나주의 정택동이 과거를 보기 위해 7명의 응시생과 함께 한양으로 길을 떠났다. 그런데 천안 삼거리에서 갑자기 병이 나자 동행한 사람들이 모두 정택동을 버리고 떠나버렸다. 결국 정택동은 사망했고, 그의 시신은 한 선비가 지나가던 사람의 도움을 받아 수습하여 장례를 치러주었다. 당시 정택동은 죽어가면서 "동행한 자들은 모두 사람의 자식이 아니다"라는 글을 벽에다 써놓았다.

이처럼 황윤석은 과거의 극심한 폐단을 개탄하면서도 기회가 있을 때마다 과거에 응시할 정도로 오랜 시간 과거를 통해 관직에 나가는 꿈을 버리지 않았다. 이러한 황윤석에 대해 스승 김원행(金元行, 1702~1772)이 단순히 출세해 보려는 공명심에서 과거에 매달리는 것은 아닌지 물은 적도 있었다.

김원행은 높은 학식과 덕망을 인정받아 나라에서 정통 학자로 추대한 인물이었다. 하지만 그는 벼슬에 나가지 않고 시골에서 은거 생활을 하며 유수한 산림의 한 사람으로 존경받았고, 그의 문하에서 수많은 순수 성리학자들과 함께 실학자도 일부 배출될 정도로 당대를 대표한 학자였다.

그런데 당시 김원행의 질문에는 지역에 대한 차별 의식으로 해석될 여지가 있었다고 한다. 즉 김원행은 호남 지역에서는 진정한 학문을 탐구하기보다는 과거 시험에 매달리고 있다는 소문이 사실인지 물었던 것이다. 이에 황윤석은 "선조 이후로 호남 학풍이 예전 같지는 않게 되었으나, 효종 대에 다시 학문하는 선비가 많아졌다"고 호남의 학풍을 설명하면서 "학문하는 분위기는 어느 지방의 특성에 따라 좌우되는 것이 아니라, 조정에서 인재들을 길러내려는 의지가 있는가에 따라 결정된다"며 지역 차별에 대한 정서를 반박했다.

황윤석은 또 "한양 선비들이야 굳이 공명심에서 과거에 응시하지 않더라도 살아갈 수 있는 방도를 찾을 수 있지만, 노부모를 봉양하는 가난한 시골 선비로서는 과거 이외에 다른 방도가 없다"며 한양과 지방의 선비는 과거를 보아야 하는 이유부터 다르다는 등 지방에 대한 눈에 보이지 않는 편견과 차별 의식의 근본적 원인까지 지적했다.

이후에도 황윤석은 영조 44년(1768), 조정에 몸담고 있던 조엄(趙曮)으로부터 "조정에서 호남 선비들을 도외시하고 있다"는 말을 들었다고 기록할 정도로 중앙의 지역 차별 의식을 불식하기 위해 적극적인 관심을 기울였다. 황윤석은 이 문제에 대한 답을, 지방에 대한 배려 차원이 아니라 인재 등용 등 학문 진작을 위한 정당한 과정에서 찾았다.

황윤석에 따르면 조선 전기에는 관직 임명이 경직되지 않았을 뿐만 아니라, 과거 급제자들도 문벌보다는 학문과 능력에 따라 얼마든지 청직(淸職)에 나아갈 수 있었다고 한다. 그러나 인조반정이 있고 나서 이러한 분위기가 약화했다고 지적한다. 즉 인조반정 이후 반정공신들이 후손의 현달(顯達)을 위해 한양의 도성 안쪽 사람들만 청직에 발탁하고, 다른 관직도 도성에서 30리 이내의 거리에 있는 수십여 벌열 가문 출신들을 임용했다는 것이다.

또 지방에 대한 한양 사람들의 인식 차이는 김이신의 회고가 눈길을 끈다.

김이신은 자신이 처음 태인 지방으로 발령받았을 때 "태인 지역의 인심이 좋지 못하다"고 말한 사람들은 의정 홍한 등 한양의 명문 벌열들이었다고 한다. 그 때문에 김이신은 태인 지역에 부임하여 사람들을 엄하게 다스렸고, 한양에서 흘러나온 말을 들은 태인 사람들은 자신을 두려워했다고 한다. 하지만 김이신은 결과적으로 "나 자신도 속고 태인의 백성들도 속았다"며 중앙의 관리와 지방의 백성들이 서로에 대한 편견 때문에 소통이 불가능했었다는 사실을 오랜 시간이 지난 뒤에야 깨달았다고 한다. 훗날 김이신이 호남 지역에 다시 부임했을 때는 이미 호남의 민심이 어떤지 알고 있었으므로 나름의 선정을 펼칠 수 있었다고 덧붙였다.

지방과 중앙 지식인의 인식 차이를 보다

눈에 보이지 않는 편견에 도전하다

과거 응시생들 사이에서도 한양 출신인가 아닌가를 구분했다고 한다. 일반적으로 한양 출신이 지방 출신보다 과거에서 유리한 조건을 지니고 있었기 때문이다.

　기본적으로 한양에는 중앙의 고위 관리나 권문세가 출신이 많았고, 어떤 방식으로든 이들과 인맥을 형성할 수 있는 기회가 생겼다. 또 언제 과거가 시행되고, 출제 경향은 어떠한지 등등 과거와 관련한 정보 획득이 더 쉬웠으며, 과거에 응시할 기회도 더 많았다. 이외에도 소과(小科)에 합격한 한양 유생들은 대과(大科) 시험에 대비해 자문을 얻을 사람을 황급하게 찾아 준비하기도 했다.

　반면 지방의 유생들은 상대적으로 중앙의 고위 관리나 권문세가와 인맥을 맺고 유지할 수 있는 기회가 적었다. 그뿐만 아니라 과거에 대한 정보가 부족한 상황에서 과거 준비를 했으며, 응시 기회 또한 마음먹는다고 찾아오는 것이 아니었다. 물론 세력이 있는 가문의 자제들이나 한양의 세력가와 결탁한 일부 지방 유생들은 합격자 명단에 이름을 올릴 수 있었다. 하지만 선비들로부터 신망이 높았으나 권세가와 야합하지 않은 지방의 선비들은 합격자 명단에 이름을 올리기도 어려웠다. 영조 40년(1764)에 시행된 과거에서는 5명의 합격자가 모두 한양의 유생이어서 영조가 특별히 지방 선비만을 대상으로 별도의 시험을 치른 일도 있었다.

　조선 전기를 넘어가며 특정 가문에서 과거 급제자가 집중되는 현상도 나타났다. 조선시대에 전체 문과 합격자 1만 4600명 가운데 40퍼센트가 21개 가문에서 배출되었다. 특히 전주 이씨 가문에서 847명, 안동 권씨 가문에서 358명, 파평 윤씨 가문에서 339명, 남양 홍씨 가문에서 322명, 안동 김씨 가문에서 310명 등 5개 가문이 전체 합격자의 15퍼센트를 차지했다. 그리고 100명 이상 합격자를 배출한 38개 가문에서 50퍼센트가 넘는 7,500명의 합격자를 배출했다.

과거에 합격한다고 해도 지방 선비들은 관리로 선발하는 명단에서 이름을 찾아보기 어려웠다. 조선 중기를 넘어가면서 과거가 자주 시행되어 합격자가 많이 나온 탓에 합격증을 받고도 관직에 임용되지 못했던 것이다. 그 때문에 과거 합격자들 사이에서는 벼슬을 얻고자 집정자의 집을 분주하게 드나들며 엽관(獵官) 운동까지 벌어졌다.

『이재난고』에는 영조 42년(1766) 연말에 시행된 도목정(都目政)과 관련한 내용도 보인다. 도목정은 해마다 6월과 12월에 이조와 병조에서 중앙과 지방 관리의 공로와 과실을 평론하여 유능한 사람을 승진시키고 무능한 사람을 물리치는 평가를 말한다. 당시 18명이 처음으로 관직에 임명되었는데, 남부 지역과 충청 지역의 선비 한 명씩을 제외한 16명이 모두 한양 출신이었다. 더구나 한양 출신들은 소론계(小論系) 3명을 제외하면 나머지 13명이 모두 노론계(老論系)의 명문가 자제들이었다고 한다. 이에 황윤석은 소론계로 사림의 신망이 두터웠던 서지수(徐志修) 가문의 자제들이 제외된 이유를 제도의 잘못이라고 지적했다.

물론 호남 출신이었던 황윤석 역시 실력을 인정받았지만, 청환(淸宦, 학식과 문벌이 높은 사람에게 내리던 벼슬)과 현직(顯職, 높고 중요한 지위)은 물론 과거와도 인연이 없었다. 달리 말하면 황윤석의 입장에서 '친분 관계나 부귀와 권력에 구애받지 않고 인재를 등용한다'는 입현무방(立賢無方)은 낡은 책자에서나 볼 수 있는 구호가 된 지 이미 오래였다. 다행히 음직으로 관직에 나간 황윤석은 영조 말기에 세자시강원(世子侍講院)의 물망에 오르기도 했다.

당시 김구주(金龜柱)의 가문이 실권을 장악하자 호서 지역 출신의 일부가 김구주와 결탁했다. 그 때문에 김원행의 제자들 사이에서는 세자가 김구주 가문에 둘러싸이지 않도록 능력과 인품을 겸비한 사람이 세자시강원이 되어야 한다는 여론이 생겨났다. 이 과정에서 학문을 인정받았던 황윤석이 물망에 올랐던 것이다. 그러나 과거를 통해 관직에 등용되지 않았다는 점을 문제 삼아 세자시강원이 되지 못했다.

출신 지역도 출세에 영향을 미쳤다. 황윤석에 따르면 명종 이후 산림(山林, 학식과 덕이 높으나 벼슬을 하지 않고 숨어 지내는 선비)들이 세자시강원의 직책을 주로 맡으면서 경기와 호남, 남부 지역 출신 명망가들이 지역 차별 없이 모두 임용되었다고 한다. 그러나 숙종 대에 들어서면서 호서 지역 출신이 부상했고, 이후 경기와 호서 지역 출신들이 이 직책을 담당하면서 호남 지역과 남부 지역 출신은 거의 배제되었다고 한다.

사람은 한양에 살지 않으면 안 되겠다

영조 34년(1758), 황윤석의 고향 흥덕에 읍지를 편찬해 올리라는 공문이 내려왔을 때 지역의 선비들은 적극적으로 참여했다. 그러나 중앙의 논리와 행정의 필요성에 따라 작성된 편찬 지침은 지방의 지식인들을 만족시키지 못했다. 이에 흥덕 지역 선비들은 지역 사회에서 활용할 수 있는 별도의 읍지를 만들고자 했다.

황윤석 역시 읍지 편찬에 적극적으로 나서는 등 중앙에서 지방에 하달되는 요구들 가운데 부당하다고 판단한 것들에는 침묵하지 않았다. 특히 황윤석은 지역에 대한 잘못된 인식과 차별을 바로잡기 위해 스스로 다음과 같은 과제를 선정하여 실천에 옮기기도 했다.

첫 번째는 호남 학풍의 상징적 인물인 김인후(金麟厚, 1510~1560)를 문묘에 종사하는 일이었다. 김인후는 앞에서 살펴본 미암 유희춘의 친구이자 사돈이었다. 김인후는 과거로 관직에 나갔지만, 인종이 즉위 9개월 만에 사망하고 을사사화가 일어나자 6년간의 짧은 관직 생활을 접고 병을 핑계로 물러나 고향 장성으로 낙향했다. 이후 조정에서 관직을 내렸으나 사양하고 나가지 않았다.

그는 인종의 사망으로 충격을 받아 한때 고향에서 술과 시로 방황했다. 하지만 호남의 명사들과 폭넓은 교류를 이어가며 성리학 연구와 후학 양성에 전념하여 호남 지역의 학풍 진작에 커다란 영향을 미쳤다. 특히 의리를 실천하는 학문을 기반으로 했던 김인후는 유성춘(柳成春)·윤구(尹衢)와 함께 '호남 삼걸'로 꼽혔다.

김인후는 정몽주-길재-김숙자-김종직-김굉필-김안국으로 이어지는 조선 성리학의 도통(道統)을 이어받은 직계이기도 하다. 그의 성리학 이론은 유학사에서 '16세기 조선 성리학계를 이끈 대표적 이론으로 중요한 위치를 차지한다'는 평가를 받는다. 그는 또 천문·지리·의약·산수·율력(律曆) 등에도 정통하였고, 김구와 더불어 명대의 초서풍(草書風)을 선구적으로 수용하여 16세기 조선 서예계에 개성적인 서풍이 전개되는 데에도 많은 영향을 끼쳤다.

두 번째는 호남의 인물·문장·충효·정열 등을 담은 호남 읍지를 편찬하는 것이었고, 세 번째는 호남의 주요 문집들을 간행하는 일이었다. 마지막 네 번째는 호남 의병의 역사를 제대로 편찬해서 배포하는 일이었다. 황윤석은 이를 통해 호남의 학풍을 대외적으로 소개함으로써 호남에 대한 학문적 편견을 바로잡고, 국가에 대한 충절을 알릴 수 있을 것으로 기대했다. 그는 특히 관직을 그만두고 고향으로 내려온 이후 이러한 과제 수행에 집중했다.

이처럼 황윤석은 학통이나 학연과 관련한 문제에서 지방의 독자성과 자율성을 강하게 의식한 지식인이었다. 그렇다고 해서 시종일관 한양을 부정적으로 바라보거나, 지방 지식인으로서 배타적인 정체성만을 고집했던 것은 아니다. 그가 한양을 권력과 공리심을 쫓는 이들에 의한 부정적인 공간으로 비판하면서도 계속해서 한양에 주목한 데는 이유가 있었다.

당시 한양을 중심으로 중국을 거쳐 들어온 서양 과학 등의 새로운 지식과 문물에 주목하여 지식인들 사이에 일종의 네트워크가 형성되고 있었다. 그리고 이들과 교류하며 새로운 정보를 수집하려는 목적으로 한양을 주의 깊게 살피는 지방의 지식인들이 있었다. 황윤석 역시 예외는 아니었다. 황윤석은 한양에서 서양의 『천주실의』를 처음으로 접한 후 적극적인 관심을 기울였다. 물론 종교로서가 아니라 새롭고 선진적인 과학기술 등 학문 차원에서의 관심이었다.

황윤석은 노론계 기호학파 가운데 낙론계(洛論系)로 분류되지만, 그의 학문과 교유 관계는 당색에 관계없이 폭넓고 다양하게 이루어졌다. 그는 신대용·홍대용·이가환·서유구 등 당대의 지식인이자 실학자들과도 교류했다. 특히 스승 김원행의 제자 중에서 홍대용과의 만남은 큰 주목

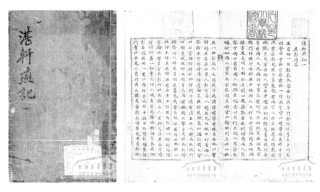

담헌연기湛軒燕記
1766년(영조 42) | 담헌(湛軒) 홍대용(洪大容) | 1765년(영조 41) 11월부터 이듬해 봄까지
의 중국 연경 견문록으로, 연경에 이르는 도중의 풍물, 중국인들과의 문답, 인물
평 따위를 수록했다. 조선 후기 실학과 북학의 학문 체계를 연구하는 데 중요한
자료로 꼽힌다.

을 받았다. 두 사람의 교류는 책으로 시작해서 책으로 마무리되었다고
할 정도로 책을 통해 시간 가는 줄 모르고 토론을 이어가며 서로를 성
장시켰다고 한다.

홍대용은 외교사절단을 따라 중국에 다녀와서 선진 문물을 접한 경
험을 『담헌연기』로 남겼는데, 『열하일기』와 함께 연행록의 쌍벽을 이루
는 저서로 평가받고 있다. 또 그는 연암 박지원과 함께 이용·후생학파(利
用厚生學派)로 분류되는 실학자로, 지구가 둥글다는 것과 자전·공전 그
리고 우주 무한론을 일찍부터 주장한 인물이었다.

한편 서양 학문과 문물에 대한 황윤석의 관심은 한양에서 교유 관
계의 폭과 깊이를 확장해 나갔다. 한번은 한양에 온 황윤석이 박휘진
을 통해 실학자 서호수에게 『칠요표(七曜表)』라는 책을 빌릴 수 있는지
물었다. 그러자 박휘진이 "황윤석이 와서 빌리기를 청한다면 어렵지 않

다"라는 서호수의 답변을 전했는데, 이것으로 보아 황윤석은 이미 한양의 지식인들 사이에서 알려진 인물이었던 듯하다. 황윤석은 다음 날, 서호수의 집을 찾아가 그와 대화를 나누면서 서양 천문역산학(天文曆算學)에 대한 서호수의 박학다식함을 직접 확인한 후 "사람은 한양에 살지 않으면 안 된다는 것을 알겠다. 궁벽한 곳에 태어나면 비록 뛰어난 재질을 가졌더라도 어찌 바로 지름길을 찾을 수 있겠는가"라는 소감을 기록으로 남기기도 했다.

새로운 학문에 주목하다

황윤석이 살던 시대는 한양과 지방의 분리가 더욱 확대되는 시기였다. 당시 청나라에서 들어오는 새로운 정보와 선진 문물이 한양으로 집중되었기 때문이다. 여기에 학연이나 신분, 정치의식의 차이는 한양과 수도권에 거주하는 지식인과 지방 지식인 사이의 인식 차이를 더 크게 벌렸다.

한양에서 태어나고 자란 지식인 대부분은 사신의 일행으로 청나라의 중심인 북경에 직접 다녀오거나, 또는 북경에 다녀온 지인들을 통해 변화한 북경의 모습과 서양의 문물 등을 간접적으로 경험했다. 그리고 이를 기반으로 대체로 서양 과학에 민감하게 반응하면서 북학의 정당성과 청나라에 유입된 새로운 문물에 대한 도입의 필요성을 역설했다.

특히 정조 대에 북학(北學)이 실학자를 중심으로 하는 지식인들의 주목을 받았고, 이후 한양의 지식인들 사이에서 북학에 대한 다양한 정서가 형성되었다. 예를 들면 북벌(北伐)로부터 북학으로 사상의 전환이 이루어지기도 했고, 한편에서는 북학을 발판으로 조선의 중화의식을 강화하려는 시도가 일어나는 등 여러 가지로 반응했다. 하지만 당시 지식인들은 서양의 학문과 문물이 어떻게 청나라에 수용되었는지에는 구체적인 관심을 기울이지 못했다는 한계가 있었다.

그래도 황윤석 같은 지방 출신 선비와는 당시 서양 문물을 대하는 차이가 하늘과 땅 차이였다. 황윤석이 북경에 직접 다녀온 경험이 있는 것도 아니었고, 한양의 지식인들과 지속적인 교유 관계를 유지한 것도 아니어서 서양 학문을 접할 기회는 극히 제한되어 있었다. 그 때문에 황윤석은 한양에 올 기회가 있으면 분주하게 움직였다.

한번은 황윤석이 서호수를 만난 자리에서 문광도(文光道)라는 천문역산가의 이름을 처음 들었다. 황윤석이 서호수에게 『칠요표』 얘기를 꺼내자, 서호수가 그 책을 먼저 빌렸던 문광도라는 인물을 거론한 것이다. 서호수는 문광도를 당대 최고의 천문역산학 전문가라고 소개하면서 '자신도 문광도에게 천문역산학을 배웠다'며 문광도를 만나볼 것을 권유하기도 했다.

당시 사회는 일반적으로 신분이 다르면 교류 관계를 맺는 것을 상상하기 힘들었고, 당파가 다르면 서로 알고도 사귀려고 하지 않는 실정이었다. 따라서 신분과 당파적 차이는 인간관계에 걸림돌이기도 했다. 황윤석은 이러한 인식에 얽매이지 않았다. 물론 초기에는 온전히 수용하지 못한 것으로 보이기도 하지만, 그는 나중에 서얼 차별과 노비 세습제 등에도 반대하게 된다.

그러나 여전히 명나라를 존중하는 중화주의에 뿌리를 두고 있었던 황윤석은 서학을 이단시하면서도 율력·천문·수학 등의 새로운 지식에는 주의를 기울였다. 황윤석의 학문이 단순히 홍대용을 통해 북학파의 영향을 받았다기보다는 오히려 자생적 지식인으로 평가받는 이유가 여기에 있다. 홍대용 역시 한양에서 성장하면서 공부한 자신들보다 지방 출신인 황윤석이 훨씬 더 책을 많이 읽고 박식하다는 사실을 인정할 정도였다.

풍수지리와도 다양한 인연이 전하다

나이와 신분을 가리지 않다

황윤석은 전문적인 공부를 하지 않고는 이해하기 어려운 풍수 전문용어를 정확히 주석할 정도로 풍수지리에도 상당한 지식을 갖추고 있었다. 그는 이러한 실력을 바탕으로 조선을 건국할 때 한양으로 천도하는 과정에서 무학대사의 왕십리 풍수설화를 소재로 시를 짓는 등 풍수지리와 관련한 내용을 자주 문학에 적용하기도 했다.

『이재난고』에서는 광해군 때의 대표적인 풍수가 박상의와 쌍벽을 이루었던 이의신이 광해군 4년(1612)에 "임진왜란과 역적의 반란이 잇달아 일어나고 조정이 당쟁으로 갈라지며 사방의 산이 붉게 물든 것은 한양의 지기가 쇠해진 것이니 도읍을 옮겨야 한다"는 상소를 올린 일을 기록으로 남겼다.

당시 이의신은 강화도에 인접하여 전략상으로도 유리한 파주 교하로 도읍을 옮길 것을 주장하여 광해군의 동의를 얻었으나, 예조판서 이정구와 이항복 등 대신들의 강력한 반대로 좌절되었다고 한다. 이정구 등이 천도에 반대한 이유는 한양이 정치·경제·군사 등의 입지 조건이 천혜의 요지이나 교하는 평탄한 지형으로 외적의 방어에 불리하고, 많은 인구를 지탱하기 위한 물과 연료 및 재목 등의 조달이 어려우며, 천도로 인해 민심의 동요와 국고의 고갈을 초래한다는 것이었다. 그 때문에 천도론은 무산되었지만, 조선 후기의 사회적 불안에 따른 풍수도참설의 유행과 한양의 지기가 쇠했다는 의식이 보편화하는 계기가 되었다는 견해도 있다.

이의신(李義信, 생몰미상)은 전라도 해남 출신의 풍수가로, 황윤석과 동향인이었다. 이의신은 천하제일의 풍수가가 될 운명을 지녔다거나, 자신이 죽으면 묻히려고 잡아놓은 명당자리를 고산 윤선도가 기지를 발휘해서 차지했다는 등 성장 과정에서부터 풍수지리와 관련한 다양한 일화를 남긴 인물로도 유명하다. 그는 풍수지리설을 간추려 우리나라의 실정에 알맞게 정리한 『해동보람(海東寶覽)』을 편찬하는 등 저술가로도 이름을 떨쳤다.

박상의(朴尙義, 1538~1621) 또한 전라도 장성 출신으로 황윤석과 동향이다. 유학자이면서 풍수의 대가이기도 했던 그는 광해군 때 창덕궁·경덕궁·인경궁 등의 궁궐과 동묘 그리고 선조의 정비 의인왕후 박씨의 유릉(裕陵) 등의 입지 선정에 참여했다. 박상의는 임진왜란이 일어날 것을 예언했다고 하며, 전라도 일대와 충남 공주·부여 등의 지역에서는 그와 관련한 다양한 설화가 전할 정도로 풍수가로 이름을 떨쳤다. 그런데 묘하게도 박상의 역시 자신이 죽으면 묻힐 명당자리를 잡아놓았지만, 다른 사람에게 속아 터를 빼앗겼다는 설화가 여러 가지 형태로 전한다. 아마도 여기에는 명당의 주인은 따로 정해져 있다는 의미가 담겨 있는 듯하다.

한편 황윤석은 『이재난고』에 풍수가들과의 다양한 만남을 비롯해 전국의 이름난 풍수학인(風水學人) 100여 명을 대상으로 그들의 수준과 주특기를 상세하게 분류하여 기록으로 남겼다. 당시 그가 교유했던 풍수가들을 보면 풍수 동자 차백량(車百兩)에서부터 87세의 변산 출신 풍수 최경륭(崔慶隆)에 이르기까지 나이는 물론 유학자·관리·상지관·민간인·승려 등 신분을 가리지 않을 정도로 관계의 폭이 넓었다.

황윤석은 승려 풍수 방일(方一)과 함께 순창, 강천산 일대를 여러 날 답사하는 등 호남 지역의 유명 지사들과 숙박하며 지역의 산세를 살펴보기도 했다. 훗날 황윤석이 사망했을 때 그의 천장지로 순창 아미산을 택한 것은 당시 황윤석의 활동과 무관하지 않다.

황윤석의 집안은 왕릉 수호직과도 인연이 깊었다. 황윤석 자신이 음직으로 관직에 나가 강원도 영월에 있는 단종 능의 장릉 참봉(莊陵參奉), 인조와 정비 인열왕후 능의 장릉령(長陵令)으로 재직했고, 비록 부임하지는 못했지만 현재 고양시 덕양구 용두동의 서오릉 안에 조성된 예종과 계비 안순왕후의 창릉령(昌陵令)까지 합치면 모두 세 번이나 왕릉 직을 제수받았다.

그의 아버지 황전(黃㙫) 역시 장릉 참봉(莊陵參奉)의 물망에 오른 일이 있었고, 영조 46년(1770) 단종의 정비 정순왕후의 사릉(思陵) 제관, 같은 해 현재 구리시 인창동의 동구릉 내에 조성된 헌종과 정비 명성왕후의 숭릉(崇陵) 제관, 영조 47년(1771) 서오릉 내에 조성된 숙종의 정비 인경왕후의 익릉(翼陵) 제관 등 세 번이나 왕릉 제관으로 차출되어 근무한 인연도 있었다.

일반적으로 왕릉의 조성과 관리는 왕실의 권위와 재력을 바탕으로 풍수지리와도 밀접한 연관이 있었다. 따라서 황윤석과 그의 아버지의 이력은 풍수에 대한 식견이 대단히 높았음을 말해준다. 『이재난고』에는 실제로 장릉령과 장릉 참봉 당시 왕릉의 내왕객이나 관리들과 풍수설을 논하거나, 왕릉 주변을 풍수 답사했다는 기록도 보인다.

예를 들면 장릉령 당시 능서원(陵書員) 이성번과 대화한 후에 지은 「교하잡영팔절(交河雜詠八絶)」에서 '힘차게 용틀임하는 산줄기[隆隆伏伏]와 물줄기의 환포[還有大江], 천도할 만한 승지(勝地)'라는 고사 등을 인용하여 장릉이 풍수상 길지라고 평했고, 「기본릉고사(記本陵故事)」에서는 풍수 발복설과 관련해 "인조가 장릉에 안장된 후 왕실에 좋지 않은 일들이 잇달아 일어났고, 누군가 일부러 능의 혈을 훼손하여 화를 초래했다"는 풍수설화 등을 소개했다.

포용적인 집안의 학풍(學風)을 이어받다

황윤석은 탄생 과정부터 풍수지리와 관련한 인연이 전한다. 황윤석의 외가는 전라도 태인 지역의 용머리에 해당하는 길지였고, 그의 어머니가 이곳에서 임신했을 때 "동남쪽 시내 건너에 있는 황방산 정상에 해가 솟아올라 용계(龍溪) 위에 자리를 잡자 햇빛과 물빛이 휘황찬란하여 온 세상이 모두 붉은 햇무리 속에 환하게 밝아졌다"는 비상한 태몽을 꾸었다는 이야기도 전한다.

황윤석의 집안인 평해 황씨(平海黃氏) 종사랑공파(從仕郎公派)에서도 양택이나 음택을 막론하고 길지를 선택하는 풍수 전통과 함께 각별한 조상숭배와 풍수 생활의 전통이 면면히 이어졌다. 특히 그의 5대조 황이후(黃以厚)는 광해군 7년(1615)에 조선 최고의 풍수가 박상의를 초빙하여 자신이 정착할 집터를 잡아주도록 부탁했다. 당시 박상의가 명당터를 잡아주었는데, 새·뱀·나비와 같은 특정 물형의 음택에는 석물(石物)을 하지 말라는 풍수 격언에 따라 제비집 명당터인 황윤석의 생가는 무거운 기와를 올리지 않고 초가집을 지었으며, 현재까지도 초가를 유지하여 집터의 기운을 보존해 오고 있다.

황윤석은 평생을 구수동 생가에서 살면서 별장 겸 학습처인 소요산 귀암서당에 자주 머물렀다고 한다. 구수동 생가는 호남의 삼신산 한가운데 자리해 있고, 구수마을은 소의 구유 모양의 명당터로 전한다.

황윤석의 아호 운포주인(雲浦主人)이나 부친 황전의 아호 선포(仙浦)도 이곳 선운포(仙雲浦)에서 취한 것이고, 숙부 황재중의 아호 구암(龜巖)도 역시 이곳 거북바위에서 따온 것으로 전한다. 또 선운포를 바라보는 서당마을 앞이 트여 있어서 허전함을 보완하기 위해 황윤석이 마을 들머리 좌우에 솟대를 세우도록 했다는 이야기도 전하는데, 매년 정월 보름날 솟대를 교체하는 풍속이 현재까지 이어지고 있다. 그 때문인지 황윤석은 이곳에 대한 자부심이 대단했다고 한다.

황윤석의 조상들이 묻힌 묘지도 최상급의 길지로 평가받는다. 이와 관련해 땅에는 그에 걸맞은 주인이 있다는 소주길흉론(所主吉凶論), 덕을 쌓아야만 길지를 얻는다는 적덕자(積德者) 명당취득론의 전형적 풍수설화도 전한다. 또 황윤석이 박상의의 전기를 집필할 정도로 그의 집안은 대대로 풍수가와의 각별한 인연도 전한다. 이러한 인연은 가풍(家風)이 박학(博學)을 추구하는 학문 취향으로 이어지게 했다. 풍수와 같은 잡학을 공부하는 등 황윤석의 개방적인 학문 태도 역시 다양한 학문을 받아들이려는 포용적인 가풍의 영향이 컸다.

특히 그는 숙부 황재중(黃載重. 1664~1718)의 학풍과 집 안에 있던 수많은 도서를 통해 일찍부터 여러 분야의 학문에 관심을 기울였고, 학문과 도를 지닌 통유(通儒)의 지식인이자 박학지사로 인정받았다. 황재중은 송시열의 문인이었던 기정익으로부터 배웠는데, 사화가 일어나자 이를 개탄하고 과거를 포기한 후 평생을 세상에 나오지 않고 서당을 지어 후학들을 가르치며 은거했다.

황윤석의 아버지 황전도 아들의 학풍에 커다란 영향을 미쳤다. 황전은 "이학(理學)·예학(禮學)·수학(數學)·병학(兵學)·보학(譜學) 등 수많은 학문이 있는데, 이학과 예학 두 가지 말고는 잡술로 몰고 있으니 한심한 노릇이다"라며, 당시로서는 파격일 정도로 실용적인 학문에 주의를 기울이는 등 개방적이며 진보적인 성향을 보였다. 이러한 학문 태도는 실학적 사고와 포용적 학풍으로 이어졌고, 황윤석으로 하여금 성리학에 머물지 않고 실학에도 관심을 돌리는 계기가 된다.

황윤석의 풍수지리에 대한 관심이 단순히 복을 빌기 위해서가 아니라 당시의 사회적 분위기에 대한 문제의식을 담은 것도 그 예라 하겠다. 그는 "터를 잡는다는 것은 그 땅의 좋고 나쁨을 정하는 것이지, 음양가들이 말하는 화복(禍福)을 추정하는 것이 아니다"라고 주장했다. 그리고 길흉화복에 집착하는 직업 술사들의 술수화(術數化)한 풍수의 역기능을 지적하면서 시급히 청산해야 할 과제로 삼았다. 특히 그는 조선 후기 사회에 만연한 술수 묘지 풍수로 생겨난 산송(山訟) 등의 사회적 병폐를 철저히 비판했다. 산송은 묘지와 관련한 소송으로 노비와 전답(田畓) 소송과 함께 조선시대 3대 민사 소송에 해당한다.

16세기 이후 성리학적 의례의 정착으로 분묘에 관심이 높아지면서 묏자리로 인한 법적 분쟁도 확대된다. 조선 후기에 들어서면 조상의 분묘를 수호하는 사대부 중 산송을 겪지 않은 집안이 드물 정도였다. 영조는 "요사이 상언(上言)한 것을 보자니 산송이 10의 8, 9나 되었다"라고 탄식하기도 했고, 규장각 소장 문서에 따르면 산송 관련 문서가 1,167건이나 되었다. 특히 명당을 차지하기 위해 불법적으로 남의 묘역에 시신을 묻는 투장(偸葬)과 이를 제지하려는 금장(禁葬)의 충돌로 인한 소송이 819건으로 전체의 70퍼센트를 차지했다. 당시 풍수 폐해로 인한 법규 위반으로 중노동형 또는 유배에 처하거나 심한 경우 사형이라는 중형을 받았는데, 사형받는 사람들의 거의 절반이 산송 사건의 당사자였다고 한다. 하지만 소송에 패하고도 갖가지 이유를 들어 판결에 따르지 않는 등 문제가 심각했다.

당시 지식인들은 "조상의 산소를 명당에 쓰면 자손들이 복을 얻는다"라는 음택풍수(陰宅風水)에서의 동기감응(同氣感應)의 폐해를 비판했다. 그리고 그 근거로 홍대용의 자연관 및 과학 사상을 담은 『의산문답』의 사례와 정약용의 풍수론 사례 등을 자주 인용했다. 예를 들면 앞서 언급한 '소주길흉론'으로, "땅에는 알맞은 임자가 따로 있다"는 이른바 '지인상관설(地人相關說)'이 있다. 달리 말하면 길지를 만나는 것은 하늘의 뜻에 달린 일이지 사람이 구한다고 억지로 되는 일이 아니라는 '천명관(天命觀)'을 말한다.

황윤석 역시 "좋은 명당은 덕을 많이 쌓은 사람만이 차지할 자격이 있고, 평소에 나쁜 일을 한 사람은 좋은 풍수가를 구해서 큰돈을 들인다고 해도 허혈(虛穴)에 지나지 않는다"라며 '천명(天命)'을 강조했다. 그는 "단종이 흉사를 당했을 때 엄흥도가 황급하게 업고 나와 매장했지만, 장릉과 같은 길지를 얻었다"는 사례도 들었다.

백과사전으로 평가받다

황윤석의 학문은 기본적으로 격물치지(格物致知)에 의한 박학 정신을 추구하였고, 천문·역상(曆象)·병법·산학·기하학은 물론 양명학·단학·선학(禪學) 그리고 복서(卜筮)·태을(太乙)·육임(六壬)·기문(奇門)·둔갑(遁甲) 등 잡술에 이르기까지 그 경향이 대단히 폭넓고 개방적이었다. 황윤석이 박물군자(博物君子), 즉 온갖 사물에 정통하다는 평가를 받는 이유도 여기에 있다. 『이재난고』는 이러한 황윤석의 학풍을 확인할 수 대표적 저서이다.

『이재난고』는 황윤석이 10세 때인 영조 14년(1738)부터 63세 때인 정조 15년(1791)까지 기록한 개인 일기로, 총 2권 57책 1만 2158면의 방대한 분량이다. 46책까지는 황윤석이 직접 쓴 일기이고, 47책과 48책은 잡록(雜錄)이며, 49책에서 52책까지는 그가 사망한 후 『이재난고』의 주요 내용을 축약하여 정리한 연보(年譜)로 구성되어 있다.

『이재난고』에는 일기와는 별도로 문학(文學)·경학(經學)·예학(禮學)·사학(史學)·산학(算學)·병형(兵刑)·종교(宗敎)·도학(道學)·천문(天文)·지리(地理)·역상(易象)·언어학(言語學)·전적(典籍)·예술(藝術)·의학(醫學)·음양(陰陽)·풍수(風水)·성씨(姓氏)·물산(物産) 등 다양한 분야의 내용이 담겨 있어 백과사전으로도 평가받는다.

이처럼 일기이면서도 여러 방면에 걸친 실사(實事)를 총망라하여 쓴 『이재난고』는 앞에서 살펴본 군도담 외에 다음과 같은 특징으로도 눈길을 끈다.

첫 번째는 평생 단학(丹學)을 공부하며 홍만종이 펴낸 우리나라 신선전 『해동이적보(海東異蹟補)』를 편술하는 등 신선과 관련한 흥미로운 이야기를 수록했다.

두 번째는 당대 저명한 문인들은 물론 소외된 시인들의 일화를 비롯해 역관에 대한 전기 등 폭넓은 계층의 인물을 소개했다. 예를 들면 허균이 지은 시선집 『국조시산』을 둘러싼 이야기, 신사임당이나 정선 등 당대의 뛰어난 화가들의 이야기, 상화·서양화·미인화·무녀도 등의 그림 이야기와 그림 구입이나 증정 등 비용에 대한 구체적인 정보를 확인할 수 있으며, 금속활자와 고서화 수집 열풍에 대한 평가 등 당대의 생생한 문학 정보를 담았다.

세 번째는 황윤석이 독서와 여행 그리고 다양한 부류의 사람을 만나며 보고 듣고 느낀 것을 상세하게 기록한 생활 일기이면서, 활발한 탐구

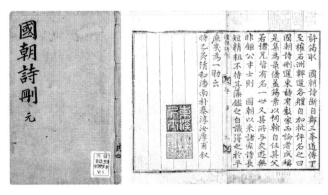

국조시산國朝詩刪
조선 중기 | 교산(蛟山) 허균(許筠) | 조선 전기의 한시(漢詩)를 뽑아 엮은 시문집으로, 오랫동안 발간되지 못하다가 숙종 대에 이르러 박태순(朴泰淳)에 의해 간행되었다. 정도전의 작품에서부터 권필의 시에 이르기까지 절구(絶句)와 율시(律詩), 고시(古詩), 잡체시(雜體詩) 등 다양한 형식의 한시가 실려 있다.

활동으로 광범위하게 학술 정보를 확보하는 과정까지 밝혀 놓은 학습서이기도 하다. 우리말이 한자·여진어·범어(梵語)·몽골어 등의 어원을 지닌다는 사실을 고증학 등 다양한 방식으로 보여준 것도 그 예이다.

네 번째는 당대의 정치 상황에 대한 이해가 관찬 연대기 자료와 비교해도 크게 손색이 없다는 점이다. 물론 개인적 일기나 야사류가 대부분 그렇듯이 개인적 판단과 성향이 담겨 있고, 황윤석이 정국의 중심에 한 번도 서본 경험이 없기에 한계가 있는 것은 사실이다. 그런데도 정부의 공식 문서나 조정에서 국정을 논의한 기록에 이르기까지 자신이 구할 수 있는 모든 자료를 다양하게 이용했으며, 관찬 사료가 지니지 못한 장점, 즉 정치적 사건의 이면사나 별개로 보이는 정치적 사건 사이의 상호 연관성을 구체적으로 설명하여 당시 정국에 대한 이해와 인식 수준을 높여주고 있다.

예를 들면 황윤석은 영조 말의 정국을 국가적 위기 상황으로 보고, 세손(정조)에 의한 일대 개혁의 관점에서 기록하면서 정조가 즉위한 후 홍국영의 세도정치가 이루어진 것은 정조의 정치력이 미숙해서가 아니라 홍국영의 손을 빌려 적폐를 청산하려고 한 정조의 정치적 의도 때문인 것으로 해석한다. 또 정치개혁을 향한 정조의 첫 시도는 바로 분열된 노론 세력을 약화함으로써 왕권을 재확립하는 것이었음을 밝혀내기도 했다.

이처럼 『이재난고』는 18세기 지식인의 생활상은 물론, 당대 사회상을 세세하게 반영하였다는 점에서 중요한 자료로 주목받고 있다. 특히 지금껏 이규보를 통해 고려 중기 사회를 알아보고, 정약용을 통해 조선 후기 사회를 그려내는 과정에서 그들이 남긴 시문이나 개인 편지까지 소중한 자료로 평가받는 사실을 감안하면, 『이재난고』는 조선 후기 사회 연구의 보물창고라 하겠다.

박물군자의 삶을 담다

『이재난고』는 황윤석이 스스로의 소소한 일상을 기록한 개인 일기이지만, 그 안에는 당시 사대부이자 지식인의 일상사와 관련한 다양한 정보도 수록되어 있다. 예를 들면 한양에서 생활비를 충당하기 위해 돈을 빌리거나 이자를 놓는 것, 책값이나 노비의 품삯 등 당시의 경제생활도 엿볼 수 있다.

또 과거를 포기한 황윤석이 냉정하게 시험장을 돌아서 나오지 못하는 모습이나, 한양에서 생활비 부담으로 첩을 들이는 문제를 구체적으로 알아보는 모습, 22차례나 한양을 오가며 새로운 정보와 지식을 살피기 위해 바쁘게 움직이며 무언가를 도모하는 모습 등 그의 인간적인 면모도 발견할 수 있다. 그러나 그는 평범한 시골 선비가 아니었다.

황윤석의 당색은 노론, 학문은 국학파, 사상은 수구파로 분류된다. 하지만 그는 고증적인 학문 태도를 지녔고, 대단한 독서광으로 음운과 방언을 연구한 국어학자이면서 문학자, 수학자 그리고 과학적이며 개방적이고 실용적으로 사고하는 박학다식한 학자였다. 황윤석이 호남 실학을 대표하는 3대 인물 중 한 사람으로 꼽히는 이유도 여기에 있다.

일반적으로 호남의 실학은 반계(磻溪) 유형원(柳馨遠, 1622~1673)이 부안(扶安)에 자리 잡고 살면서 『반계수록』을 집필한 후 뿌리 내린 실학이 황윤석과 신경준(申景濬, 1712~1781)이 이어받은 것으로 평가한다. 그러나

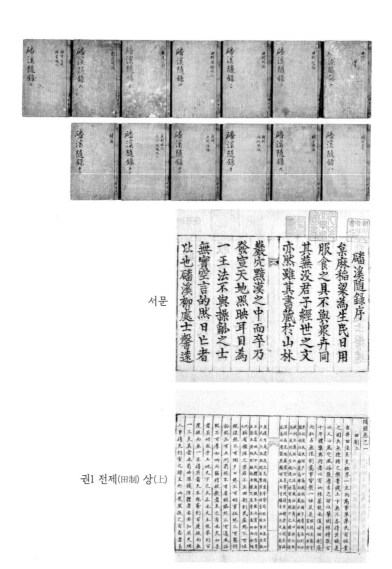

서문

권1 전제(田制) 상(上)

반계수록磻溪隨錄

1770년(영조 46), 1783년(정조 7) | 반계(磻溪) 유형원(柳馨遠) | 통치 제도에 관한 논집으로, 당시 우리 사회의 모순을 비판하면서 제도 및 제도 개혁의 경위 등을 기록하고 균전제를 중심으로 하는 토지 개혁안을 논하였다. 조선시대의 사회·경제, 특히 전제(田制)를 연구하는 데 귀중한 자료이다.

사회개혁에 주목했던 유형원과 달리 황윤석은 백과전서적인 성향이 강하고, 지역의 특수성에 주목했다는 차이가 있다. 그가 개혁 성향이 부족하다는 지적을 받는 이유가 여기에 있다.

황윤석은 전라도 고창 홍덕현에서 아버지 황전과 어머니 도강 김씨 사이에서 3남 2녀의 차남으로 태어났다. 그는 어려서부터 재질(才質)이 뛰어나 5세 때 할머니 강진 김씨(康津金氏)로부터 글을 배우기 시작했고, 당대의 대표적 학자 미호 김원행의 문하에서 공부했다. 이후 그는 방대한 저술을 남겼으며, 학문의 영역이 넓고 학풍이 정치(精致)한 점에서도 높이 평가받는 등 다산 정약용보다 한 세대 앞서 산 실학자였다.

한편 『이재난고』는 황윤석의 직계손인 황병관(黃炳寬) 씨가 원본을 보관해 오다가 안병석(安泰錫)·김종관(金鍾寬)·정창식(鄭昌植)·박상수(朴相洙)·구연달(具然達) 등 재야 학자들에 의해 세상에 알려졌다. 이 책의 간행 사업은 1990년에 시작되어 종합 연구서가 나오기까지 무려 20년의 세월이 흘렀는데, 이러한 연구는 앞으로도 계속될 예정이다.

평생 가족에 대한 부담을 안고 살다

황윤석은 과거에 여러 번 응시했지만, 본과에 합격하지 못하고 영조 35년(1759) 소과에 합격했다. 그리고 영조 42년(1766) 38세의 늦은 나이에 음직으로 관직에 나간다. 장릉 참봉으로 처음 출사한 그는 43세 때는 사포서별제에 제수되지만, 일을 시작하기도 전에 기한을 어겼다는 이유로 파직당한다. 같은 해 12월에는 부친상을 당했고, 이듬해 7월에는 스승인 김원행마저 세상을 떠나 시련이 이어지기도 했다.

그는 부친상을 마친 뒤, 영조 50년(1774) 46세의 나이로 과거에 다시 응시했지만 낙방했다. 또 영조 52년(1776) 1월 익위사익찬에 제수되었다는 소식을 고향에서 듣지만, 이 또한 몇 가지 이유로 부임하기도 전에 파직당하고 같은 해 9월 아내마저 세상을 떠나면서 커다란 심적 고통을 겪는다.

황윤석은 영조 24년(1748)인 20세 때 남원에 살던 동갑의 창원 정씨와 혼례를 올렸다. 그러나 24세부터 학문과 과거 공부를 위해 아내와 떨어져 지냈고, 늦은 나이에 음보로 관직에 나가면서 오랜 시간 홀로 객지 생활을 한다. 아내는 그런 남편을 원망하는 대신 남편을 위해 의식(衣食)을 마련하는 등 남편의 지원에 최선을 다했고, 홀로 시부모를 모시며 아이를 낳아 기르고 집안 살림을 책임졌다. 그렇지만 아이들이 어린 나이에 요절하는 슬픔을 겪는 등 평생을 고생만 하다가 48세의 나이로 먼저 세상을 떠났다.

황윤석은 아내와의 사이에서 3남 4녀를 두었지만, 아들 하나는 8개월 만에 사망했고, 두 딸은 각각 8세와 11세의 어린 나이에 병으로 죽고 말았다. 그 때문에 가까이에서 부모님을 모시지 못하는 아쉬움과 어린 자식들이 성장하는 모습을 곁에서 볼 수 없는 서글픔 그리고 모든 가정사를 홀로 도맡은 아내에 대한 미안함과 고마움을 일기의 곳곳에 기록해 놓았다. 그가 처음 관직에 나가며 쓴 「월주가」에서는 자신을 비롯해 아버지·어머니·동생·누이·아내·아들딸을 차례로 노래하면서 7장에서 생전의 아내에게 다음과 같이 썼다.

머리카락 반쯤 센 조강지처
젊어서 초췌하더니 이에 병석에 눕고 말았네

농사하는 집안의 온갖 일 달게만 여길 뿐

종일 부엌에 있어도 죽조차 못 차지하네

세상에서 물정 어둡고 게으른 자 누가 나와 같을까?

잠시도 그대를 편히 해주지 못했네

해마다 서행(西行)하니 재봉할 일 넘쳐나고

등잔 아래 다듬잇돌 옆 멀리서도 가련하네

오호라! 일곱째 노래여! 노래 더욱 괴로우나

목을 빼고 겨울옷 오기만 기다리노라

이 시에는 끼니조차 제대로 챙겨 먹지 못하는 어려움 속에서도 자신
을 내조했던 아내를 가슴 아프게 바라보는 황윤석의 마음이 담겨 있다.

황윤석은 정조 3년(1779) 목천 현감에 이어 전의 현감을 지냈지만, 정
작 그 영광을 아내와 함께 누릴 수 없었다. 그는 58세 때 고향으로 돌아
가 후학을 가르치다 정조 15년(1791) 63세로 생을 마감했다. 그가 남긴
저서로는 시문집인 『이재유고(頤齋遺稿)』와 『이재속고(頤齋續稿)』 그리고
백과사전식 과학서 『이수신편(理藪新編)』과 『자지록(恣知錄)』 등이 있다.

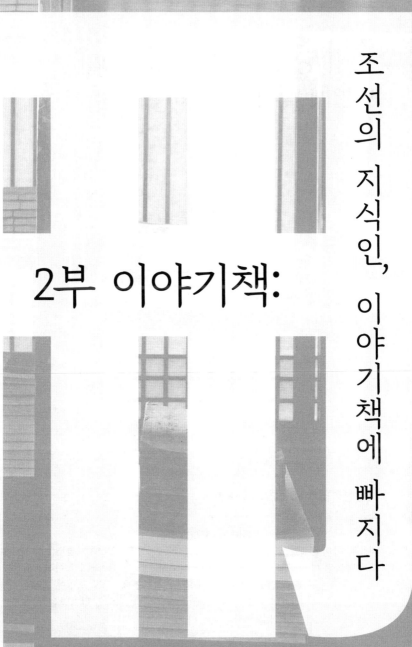

2부 이야기책:

조선의 지식인, 이야기책에 빠지다

『태평한화골계전』,
무질서 속에서 질서를 찾다

태평한화골계전太平閑話滑稽傳

제작 시기 | 조선 전기

편저자 | 사가정(四佳亭) 서거정(徐居正, 1420~1488)

내용과 의의 | 고려 말에서 조선 초에 고관·문인·승도 사이에 떠돌던 기발하고
도 해학적인 이야기를 들은 대로 기록한 설화집으로, 흔히 『골계전』이라고도 한
다. 현존하는 원본은 없고 여러 개의 이본만 전하는데, 한국 소설이 나타나기
이전 설화문학(說話文學)의 양상을 살피는 데 중요한 자료로 평가받는다. 후대
소화집(笑話集)들에도 많은 영향을 주었다.

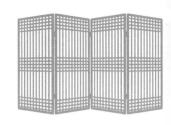

문명 전환기에 새로운 글쓰기 매체에 주목하다

어느 관리가 더 무식한가?

세조가 어느 날 최적(崔適)에게 "민발(閔發)이 글을 아는가?"라고 물었다. 이에 최적은 민발의 노비가 포망(捕亡)을 청했던 일화를 보고했다. 포망이란 노비가 나루를 건너려면 주인이 이를 증명하는 글을 써준 것을 말하는데, 만약 노비가 증서 없이 나루를 건너면 관청에 잡혀갔다. 그런데 글을 모르는 민발은 "오늘은 제삿날이니 포망을 쓸 수 없다"며 거짓말을 했다고 한다.

이 말을 들은 세조가 민발에게 사실이냐고 묻자, 민발도 최적의 일화를 보고했다. 최적이 일찍이 사재감(司宰監)을 지나 선공감(繕工監) 앞을 지나는데, 한 사람이 작은 쪽지를 내밀며 "이것이 어떤 글이냐?"고 물었다. 최적은 종이를 펴서 살피다가 한참 만에 "이것은 숯을 받았다는 자문(尺文)이다"라고 답했다. 당시 관부(官府)에 물품을 가져다주면 물품에 따라 해당 부서에서 이를 증명하는 증서를 적어주었는데, 이를 자문이라고 했다. 그런데 최적의 말을 들은 사람은 "이것은 어포(魚脯)를 받았다는 자문이어야 하는데 어찌 숯이 되었을꼬……"라고 말했다. 이에 최적은 "네가 선공감 앞에 있어서 숯을 받았다는 자문일 줄 알았다. 너는 어찌하여 어포를 바치는 사재감을 지날 때 내게 보이지 않았느냐? 그랬더라면 어포를 받았다는 자문이라고 말했을 것이다"라고 변명해서 주변 사람들이 모두 웃었다고 한다.

『태평한화골계전』에 수록된 이 이야기는 「예종실록」에도 나와 있다. 따라서 이 이야기는 실제 있었던 일로, 최적과 민발 또한 모두 실존 인물이다.

최적(崔適, ?~1487)은 귀화인 보로(甫老)의 서자로 전한다. 그는 단종 1년(1453) 갑사(甲士)로 별군(別軍)이 되어, 사은사로 명나라에 가는 수양대군(首陽大君)을 호위하면서 인연이 깊어졌다. 당시 수양대군은 왕위를 찬탈할 계획을 세우고 갑사들을 우대하는 과정에서 그를 심복으로 삼았다. 수양대군이 즉위에 성공하자, 최적은 일등 공신에 오른다. 세조 12년(1466)에는 등준시무과(登俊試武科)에서 장원으로 급제하여 상호군(上護軍)으로 특진했다. 이어 길주 목사가 되었고, 이듬해 이시애(李施愛)의 난이 일어나자 반란군을 격파하여 공을 세웠다.

최적은 궁술의 제일인자로, 세조 12년(1466) 이후 여러 차례 무술 시험에서 장원하였는데, 무식하였으나 순진하고 유순한 성품이라 역대 임금의 신망을 받았다. 하지만 성종 16년(1485) 대사간 한언(韓堰) 등이 "서얼 출신이 고위 관직에 있을 수 없다"는 이유로 상소를 올리는 등 여러 차례 탄핵을 받아 사직과 복직을 반복했다.

민발(閔發, 1419~1482) 역시 무인 출신으로, 세종 19년(1437) 음보로 내금위(內禁衛)에서 무관으로 관직 생활을 시작했다. 이후 문종이 즉위한 1450년, 수양대군을 따라 명나라에 다녀오면서 각별한 인연이 시작된다. 그는 단종 1년(1453) 무과에 합격하였는데, 「세조실록」에는 이와 관련한 일화가 전한다.

세조가 민발에게 "무과 시험은 어떻게 합격했는가?"라고 묻자 민발이 "신이 합격한 것은 명령이었습니다"라고 답했다. 이에 옆에 있던 신숙주가 "민발이 무과에서 『대학(大學)』을 잘못 읽어 시험관이 탈락시키려고 하자 크게 반발하며 '성상(세조)께서 일찍이 나에게 이같이 가르쳤고, 신숙주 또한 나에게 이같이 가르쳤는데, 시험관이 이를 의심하여 탈락시키려고 하는가?'라고 따져서 합격하였으니, 과연 민발의 말처럼 그의 합격은 명령이었습니다"라고 말해 세조도 크게 웃었다고 한다.

신숙주가 이처럼 민발을 변명해 준 이유는 세조가 민발을 심복으로 삼기 위해 민발이 무과에 합격하도록 신숙주에게 가르치게 했기 때문이다. 당시 신숙주는 무지한 민발에게 출제 과목에 해당하는 내용을 외우게 했는데, 민발이 잘못 알아듣고 다른 부분을 외웠다고 한다. 그 때문에 시험에서 탈락할 위기에 처하자 "나는 외우라는 명에 따랐는데 탈락시킬 수 있는가"라며 시험관에게 따졌던 것이다.

이후 민발은 세조의 즉위와 이시애의 난 때 공을 세워 공신에 책봉되었고, 세조의 총애를 받으며 승승장구했다. 그러나 예종이 즉위한 해인 1468년에 그의 형 민서(閔敍)가 남이(南怡)와 함께 역모를 꾀했다는 혐의로 처형되자, 이와 연루해 관직과 공신록을 삭탈당하고 충주로 귀양 갔다가 이듬해 예종의 특지로 풀려나 복직한다. 나중에 권세를 남용하는 등 사건을 일으켜 구설에 오르기도 했지만, 성종 대까지 호의호식하며 잘 살았다.

이처럼 세조의 총애를 받았던 최적과 민발의 이야기를 후세인들이 읽는다면, 세조가 왕권을 차지하는 과정에서 '글도 모르는 무관들이 세조를 측근에서 보좌하며 고위직에 올랐다'며 비판적 시각으로 볼 수도 있다. 하지만 세조 앞에서 벌어진 무지한 관리의 일화를 정사인 실록에 기록했고, 이 글을 수록한『태평한화골계전』의 저자 서거정 역시 세조의 치세에 적극 참여한 인물이었으니 세조를 비판하려는 의도가 있던 것은 아니었다.

그렇다고 단순히 농담거리를 기록한 것도 아니었다. 유학을 숭상하는 조선에서는 지식인들이 단순하게 농담을 주고받는 분위기에 비판적이었다. 특히 기강이 엄했던 사헌부는 법으로 엄격하게 금했고, 성균관에서도 이를 엄단하라는 상소가 올라오기도 했다.

그런데도 세조는 농담하기를 좋아해서 익살스러운 이야기를 잘하는 안효례 등을 불러다 즐기기도 했다. 마치 서양 중세 때 황제의 곁에서 웃음을 유발하던 광대가 연상되기도 하지만, 당시의 분위기를 구체적으로 알 수는 없는 일이다. 다만 실록의 기록에서 무지한 무관들에 대한 포용력과 함께 세조의 여유로움을 전하려는 의도를 읽을 수 있다.

이외에도『태평한화골계전』에는 다양한 계층의 인물이 등장하여 재치를 발휘하거나, 또는 무능함으로 인해 웃음을 주는 내용이 실려 있다. 하지만 단순히 해학적이거나 사회에 대한 비판 의식보다는 당시의 사회상을 담아 무질서함 속에서 질서를 찾으려고 하였다.

무질서 속에서 질서를 찾다

『태평한화골계전』에는 천한 신분의 노비를 비롯해 승려·기생·여인 등 유교 사회에서 비주류 또는 약자에 해당하는 계층이 자주 등장한다. 이는 그들의 무지나 천박함을 조롱하려는 것이 아니라 그들의 눈을 통해 지배계층의 허세나 무능 또는 지나친 욕심 등을 지적함으로써 당시 사대부이자 지식인으로서의 여유와 자신감을 드러내고 있다.

사대부의 전유물인 글공부 이야기를 수록하면서, 숭유억불을 내세웠던 조선에서 천한 신분에 속했던 승려가 지배계층인 선비들의 잘못된 말과 행동을 망신 주는 것도 그 예이다. 물론 이러한 이야기에도 지배계층에 대한 비판 의식보다는 진정한 선비로서 학문하는 자세와 언행의 중요성을 강조하려는 의도가 담겨 있다. 다음의 이야기도 마찬가지이다.

어느 날, 앞니가 빠진 생원이 절에 가서 머리에 큰 종기가 난 노승을 발견했다. 노승이 글을 모를 것이라고 생각한 생원은 "스님 머리 뒤에는 가죽 방망이가 나왔구려!"라며 한시를 한 구절 읊조렸다. 그러자 노승이 생원의 시를 받아 "속인(俗人)의 앞니가 비었으니 박처용이로다!"라며 재치 있게 한시로 답해서 생원이 깜짝 놀라고 말았다.

생원이 '가죽 방망이'라고 한 것은 노승의 머리에 난 종기를 남근에 비유한 것으로, 노승을 조롱하는 의미가 담겨 있었다. 그러나 노승은 곧바로 솜씨 좋게 답변하여 생원을 놀리고 있다. 노승이 말한 '박처용'은 앞니가 빠진 바가지탈을 말한 것으로, 이가 빠진 생원의 얼굴을 바가지탈에 비유하여 양반을 미천한 광대 취급하며 모욕을 준 것이다. 또 다음과 같은 이야기도 흥미롭다.

선비 세 사람이 과거에 계속 낙방하자, 합격을 기원하는 불공을 드리기 위해 절을 찾아갔다. 선비들이 주지를 만나 절을 찾은 이유를 말하자 주지는 "이왕에 불공을 드리려거든 지극한 정성으로 경건하게 드려야 한다"고 주의를 주었다. 선비들은 목욕한 후 향을 피우고 산삼을 캐어 공양했다. 그러나 불공에 집중하지 않고 자기들끼리 웃고 떠들자, 이를 본 주지가 "과거에 떨어지는 데는 본디 까닭이 있군요"라고 말했다.

노승은 학문을 하는 선비들이 형식만 따르며 마음을 다해 정성을 들이지도 않고, 한곳에 집중하지도 못하는 산만한 행동을 지적하고 있다. 다음의 이야기에는 노비와 양반집 도령이 등장하여 또 다른 의미를 전한다.

어느 귀한 집 도령이 어리석어서 늘 종에게 속기만 했다. 그러다가 어머니가 사망하자 도령은 장례 치르는 예절을 몰라 당황했다. 이에 노비가 도령을 곁에서 부축하며 문상객들에게 "도련님이 초상 때부터 죽과 미음조차 먹지 않고 슬퍼하시다가 병이 났습니다"라고 하면서 장례 절차를 빈틈없이 처리했다. 이를 본 조문객들은 모든 일을 도령이 노비에게 지시해서 이루어지는 것으로 알고 "도령은 진실로 어리석지 않구나!"라고 감탄했다.

이처럼 어리석은 도령은 평소 꾀 많은 노비에게 속으며 작은 손해를 보았지만, 노비의 지혜 덕분에 효자가 되고 명석하다고 인정까지 받게 된다. 심지어 도령은 도적을 만나 죽을 위기에 처했을 때도 노비가 기지를 발휘해 목숨을 구했다고 한다. 도령보다 더 슬기로운 노비 덕분에 큰 이익을 본 것이다. 이 이야기는 타고난 신분의 아래위와 습득한 능력의 높낮이는 같지 않다는 의미로 해석되지만, 한편으로는 명색이 진정한 선비가 되기 위해서는 도덕성은 물론 살아가는 지혜도 갖추어야 한다는 뜻이 담겨 있다.

수염은 나는데 머리가 빠지는 이유는?
술을 너무나 좋아한 공기(孔頎) 선생이 어느 날, 손님과 대화를 하다가 다음과 같은 이야기를 주고받았다.

> "선생은 머리는 벗어졌는데 수염은 길군요. 어찌 한몸인데 턱에는 털이 나고, 머리에는 나지 않습니까?"라고 손님이 묻자, 공기 선생이 "술의 재앙이지요"라고 답했다.
>
> 손님이 의아해하며 "어째서 술이 머리에는 재앙을 끼치고, 턱에는 안 끼칩니까?"라고 다시 묻자, 공기가 웃으면서 "그대는 술 때문에 아프다는 사람들의 앓는 소리를 듣지 못했소? 술을 먹고 머리가 아프다고는 하지만, 턱이 아프다고 하는 사람은 없지 않소? 아픈 데가 재앙을 받고 안 아픈 데는 재앙을 받지 않는 법이 아니겠소? 이것이 내 턱에 털이 있고, 머리에 없는 까닭이오"라고 대답했다. 이 말을 들은 손님은 자신도 모르게 웃음을 터뜨렸다.

이처럼 재치 넘치는 이야기의 주인공으로 나오는 공기 선생은 『태평한화골계전』에도 다음과 같이 등장한다.

공기는 경오년(1450)에 나이가 비슷했던 권안세(權安世)와 함께 과거에 급제했다. 하지만 수염이 하얗게 변한 권안세를 본 임금은 그가 나이가 들어 늙었음을 불쌍히 여겨 녹봉이 많은 자리에 등용한다. 이에 공기는 자기 수염을 쥐어뜯으며 "원통하다, 수염이여! 마땅히 희어야 할 때에 희지 않아 나로 하여금 벼슬을 못 하게 하는구나!"

「세종실록」에 따르면 공기 선생과 권안세는 세종 29년(1447)에 과거에 급제한 것으로 기록되어 있다. 따라서 『태평한화골계전』의 기록은 오류로 보인다. 물론 공기 선생이 외모가 남달랐고, 평소 익살스러운 이야기를 잘한 것은 사실이었다. 특히 말재주가 뛰어났던 그는 손님이 놀리려고 질문을 던져도 갈등을 유발하기보다는 재치로 받아넘겨 분위기를 반전하는 탁월한 능력이 있었다.

『용재총화(傭齋叢話)』에서는 역대 문사(文士)의 우열을 가리면서 공기 선생을 다음과 같이 평가했다.

공기는 익살스러워서 이야기를 잘하였으나, 글 짓는 일에는 비록 간단한 편지도 한 줄 쓰지 못하였다. 일찍이 남의 편지를 받고 답을 쓸 줄 몰라 생원 김순명이 마침 곁에 있다가 공기가 말하는 대로 답장을 쓰니 말과 사연이 매우 훌륭했다.

이 글에 따르면 공기 선생은 말재주는 대단했지만, 글재주는 없었던 모양이다. 『태평한화골계전』에는 공기 선생과는 반대로 글을 잘하고 학식이 뛰어났으나, 관리로서의 업무 능력이 뒤떨어졌던 사람의 이야기도 전한다.

세종 11년(1429) 과거에 급제하여 관리를 지냈던 변구상이라는 인물이
있었다. 그는 '변시마(卞詩魔)'라고 불릴 정도로 시(詩)를 잘 썼다. 하지만
공무에 서툴러 해결하지 못한 서류가 산같이 쌓였으며, 소송을 판결할
때 갑(甲)이 호소하면 "네 말이 옳다"고 하고, 을(乙)이 말하면 "네 말도
옳다"고 하여 시비를 가리지 못했다. 다만 그는 하늘을 보고 "이것이
바로 국론을 판단하기 어려운 것이로구나!"라며 탄식했다. 그 때문에
사람들은 그를 '변구상공사(卞九祥公事)'라고 불렀다.

얼마 후 그가 동부교관으로 자리를 옮기게 되었는데, 그는 기뻐하면
서 "심하도다. 관리의 일이 어려움이여, 만일에 장편 대작으로 책문을
짓거나 표문을 논한다면 내가 여유작작하게 할 수 있으리라"라고 혼잣
말을 했다.

실제로 변구상(卞九祥, 생몰미상)은 여러 고을의 교수로 부임하여 문명
(文名)을 떨쳤고, 불의를 그냥 보고 넘기지 않는 기개도 있었다. 한번은
그가 수원 교관으로 있을 때 중앙에서 뇌물 받기를 좋아하고 욕심이 많
은 관리가 나왔는데, 그는 물건을 사들이면서 신발 만드는 가죽을 요구
했다. 이에 옆에 있던 변구상이 관리의 얼굴을 보며 "그대의 얼굴에 신
발을 만들 만한 9마리의 소가죽이 있도다!"라는 시를 즉석에서 읊었
다. 관리의 욕심 많고 뻔뻔함을 빗대어 '얼굴 가죽이 두껍다'고 질타한
것이다. 이에 관리가 아무 말도 하지 못했다고 한다.

내 집 문짝도 장차 넘어지려고 한다

『태평한화골계전』에는 부부가 등장하여 웃음을 유발하는 이야기도 실려 있다. 특히 관리인 남편이 부인의 눈치를 보거나 매를 맞기도 하고, 부인의 말에 절대복종하는 다음의 이야기들이 흥미롭다.

성품이 지나치게 유순한 허씨 성을 가진 관리가 있었다. 반면 그의 부인 이씨는 성품이 아주 사나워서 부인이 소리를 지르면 허씨는 기가 죽어 아무 대꾸도 못 했다. 하루는 부인이 화가 잔뜩 나서 남편 허씨의 종아리를 피가 날 정도로 때렸다. 이 일을 알게 된 동료가 어느 날 허씨와 같이 있을 때 말단 아전이 죄를 짓자 화를 내는 척하며 마치 매를 칠 것처럼 했다. 이때 옆에 있던 허씨가 나서며 "제발 때리지는 말게. 지난번 내가 아내에게 맞아보니 너무 아파서 참을 수가 없었다네"라며 말렸다. 이 말을 들은 동료는 자신도 모르게 웃고 말았다.

어느 고을의 군수가 성질이 사나운 아내와 살았는데, 하루는 아내에게 매 맞은 고을 백성이 부인을 관아에 고발했다. 군수는 "음(陰)은 양(陽)에게 대들 수 없고, 처는 남편에게 대들 수 없다"며 아내에게 죄가 있다고 판결했다. 이 말을 들은 군수의 아내가 몽둥이를 들고 문짝을 마구 두드리며 "다른 일도 많은데 군수가 아녀자의 일이나 처결하고 있다"며 소리를 질렀다. 그러자 군수는 아내가 무서워 부부를 그냥 돌려보냈다.

이 이야기는 다음과 같이 변형된 내용이 나올 정도로 나약한 관리의 이야기는 다양한 형태로 전한다.

공처가인 군수가 관아에서 송사(訟事)를 처리하면서 남편의 얼굴에 상처를 낸 아내를 꾸짖었다. 그러자 아내가 무서웠던 남편이 "우연히 문짝이 넘어져서 상처가 났다"고 변명을 했다. 이때 군수의 아내가 몽둥이를 들고 문짝을 요란하게 두드리며 "고을의 수령이 공무를 처리하려면 도둑이나 토지와 노비에 관한 일을 돌보아야지 어찌 아녀자의 일에나 간여하는가?"라고 소리를 질렀다. 이에 군수는 손을 내저으며 "내 집 문짝도 장차 넘어지려고 한다"며 부부를 그냥 돌려보냈다.

이처럼 부인을 두려워하는 남편들의 이야기를 통해 당시 사대부 관리들이 '부인에 대해 남편과 관리로서 정상적인 위상을 바로잡아야 한다'는 의도를 발견할 수 있다. 비록 우스갯소리에 지나지 않은 이야기이지만, 부인이 집안에서 남편의 권위와 사회적인 위상을 무시하는 행위는 성리학적 윤리의 토대를 무너뜨리고 이로 인해 관리로서 남편의 직무 수행에도 영향을 미칠 수 있는 비정상적인 일로 받아들였기 때문이다.

다음과 같이 스스로 가장으로서의 권위를 지키지 못한 무능한 선비 이야기를 수록한 것도 그 예이다.

어떤 선비의 아내가 우는 아이를 재우려고 책을 가져다가 아이의 눈앞에 펼쳤다. 그러자 선비는 "글도 모르는 아이에게 책은 왜 들이미느냐?"고 물었다. 이에 부인은 "당신이 책을 손에 잡기만 하면 잠들어 버리니, 책이란 것은 잠을 권하는 물건일 따름이니까요"라고 대답했다.

유교 사회에서 '사대부란 곧 독서인'을 말할 정도로 독서는 대단히 중요한 덕목이었다. 따라서 이 이야기는 사대부가 독서를 게을리하는 것은 물론, 아예 위선으로 독서를 한다는 사실을 아내를 통해 폭로하고 있다. 그런가 하면 다음과 같은 이야기도 눈길을 끈다.

어떤 대장이 아내를 몹시 두려워했다. 하루는 붉은 깃발과 푸른 깃발을 세워 놓고 "아내가 두려운 자는 붉은 깃발에 서고, 그렇지 않은 자는 푸른 깃발에 가서 서라!"고 병사들에게 명했다. 그러자 모두 붉은 깃발 아래 섰는데, 오직 한 병사만 푸른 깃발 아래 섰다.

이를 본 대장이 장하게 여기며 그 이유를 묻자, 병사는 "아내가 항상 사내들이 여러 명 모인 곳에는 가지 말라고 했습니다"라고 대답했다. 이 말을 들은 대장은 "아내를 두려워하는 것은 나뿐만 아니로구나!"라고 혼자 말했다.

『태평한화골계전』 외에도 『조선왕조실록』이나 『어우야담』, 『천예록』 등에도 매 맞는 남편의 이야기가 의외로 적지 않게 실려 있다. 따라서 단순한 이야기가 아니라 실제로 있었던 일을 수록한 것으로 보인다. 이러한 현상은 친정의 정치적 위상이나 경제력 등을 기반으로 남편이 처가살이하던 것과도 무관하지 않은 듯하다.

정도전이 『삼봉집』에서 "결혼하여 처가살이를 행하니 부인이 무지하여 친정 부모의 사랑을 믿고 남편을 가벼이 여기며 교만과 투기하는 마음이 날로 자라 졸지에 반목하여 집안의 도덕과 규범이 무너진다"고 우려한 것도 그 예라 하겠다.

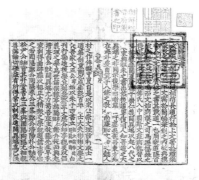

삼봉집三峯集

조선 전기 | 삼봉(三峰) 정도전(鄭道傳) | 조선의 개국공신이자 문신인 정도전의 시
문집으로, 시와 부(賦) 외에도 경국전, 불씨변(佛氏辨), 경제문감 등을 수록했다. 처
음에 증손인 정문형(鄭文炯)이 간행하였으나 판본이 오래되어 흩어져 없어지고,
1791년(정조 15)에 왕명에 따라 규장각에서 다시 간행했다.

누가 나를 부르는가?

『태평한화골계전』에는 상황판단을 제대로 못 하는 사람들의 이야기도
전한다.

> 위사(衛士) 용순우(龍順雨)는 성품이 매우 어리석었다. 어느 날, 그가 밤
> 길을 가다가 순관이 다가오자 다리 밑으로 숨었다. 이날은 마침 암호가
> '용(龍)'과 '호(虎)'였다. 순관이 순찰하면서 "용아"라고 외쳤는데, 용순
> 우는 자신을 알아본 것으로 생각하고 다리 밑에서 급히 나왔다. 놀란
> 순관이 "누구냐?"고 묻자, "내가 용가요"라고 말했다. 이에 순관이 껄껄
> 웃으면서 그냥 보내주었다. 그로 인해 세상에서는 어리석은 사람을 '용
> 가'라고 부른다.

이 이야기는 「예종실록」에도 기록되어 있다. 용순우는 대궐이나 관아와 능 등을 지켰던 무인으로, 한번은 정확히 알지도 못하면서 사람들 앞에서 아는 체를 하다가 옆에 있던 사람에게 지적을 받자 "무인의 지식이란 대강 아는 것이지, 선비들처럼 머리카락을 세듯 세세하게 아는 것은 아니오"라고 대꾸했다는 이야기도 전한다.

또 자신에게 "누구냐?"고 물었을 때 대답을 잘못해서 새로운 말이 생겨났다는 유래담도 전한다. 곡산 연씨의 실질적인 시조로 15세 때 이성계에게 발탁되어 무인으로 활약하며 위화도 회군과 조선 개국에도 참여한 후 태조·정종·태종·세종에 걸쳐 4대 임금을 모신 연사종(延嗣宗)의 아들 연경(延慶)이 등장하는 다음의 이야기가 그 예이다.

　　궁궐에서 무관으로 근무하던 연경이 어느 날, 태종을 만났다. 태종이 연경에게 "네가 누구냐?"라고 묻자 당황한 연경이 "연사종의 현남(賢男)입니다"라고 대답해서 태종이 크게 웃었다.

현남은 '어진 아들'이라는 뜻으로, 다른 사람의 아들을 예의상 높여 부르는 말이다. 그런데 주변에서 자신을 이렇게 부르는 것을 들었던 연경이 태종의 질문에 당황해서 스스로 '현남'이라고 대답한 것이다.

또 일반적으로 새신랑을 '서방(西方)'이라고 부르는데, 「세조실록」에는 "항간에서 사위는 서쪽 방에 묵으니, 사위를 서방으로 부른다"는 유래담도 전한다. 『고금소총』에는 다음과 같은 이야기도 전한다.

　　봉안국(奉安國)이 장가든 지 얼마 되지 않아 주변에서 그를 '봉 서방'이라고 불렀다. 그런데 어느 날, 봉안국이 대궐에서 임금을 만났다. 이에 임금이 "네가 누구냐?"라고 묻자 당황한 봉안국이 "예, 봉 서방입니다"라고 대답해 임금이 크게 웃었다. 이후 사람들은 연경을 '연 현남', 봉안국을 '봉 서방'이라고 부르게 되었다고 한다.

기생과 사랑에 빠지면 약도 없다?

기생과 사랑에 빠지면 약도 없다?

『태평한화골계전』에는 주로 한양을 배경으로 성균관과 궁궐 주변 이야기가 자주 등장한다. 실록에 기록된 내용도 적지 않아 실제로 저자인 서거정의 활동 반경과 겹치는 부분이 많다. 이는 그가 직접 보고 들은 것을 위주로 기록했다는 방증이기도 하다. 양반과 기생 사이에 벌어진 다음과 같은 이야기도 그 예이다.

김씨 성을 가진 나이 많은 관리가 평안도 함종(咸從) 지방의 수령으로 부임했다. 관리는 그곳에서 만난 평양 기생 두추(杜秋)를 사랑하게 된다. 하지만 관리는 자신이 나이가 많다는 사실을 숨기고 말해주지 않았다. 그러던 어느 날 수령의 병세가 위독해졌다. 두추는 "기도를 드리려면 연세를 알아야 하는데 영감님께서 태어나신 날짜가 언제인지요?"라고 물었다. 관리는 나지막한 목소리로 "삼십에다……"라고 말하고, 다시 이어서 "삼십에…… 다섯이네"라고 대답했다.

이 말을 들은 두추가 "그럼 어르신의 연세는 육십오 세인 게죠?"라고 묻자, 관리는 아무 말도 하지 않고 고개만 끄덕였다. 이후 세상 사람들은 수령을 '쌍삼십 선생'이라고 불렀다.

이처럼 65세의 나이를 알아맞힌 기생의 재치도 흥미롭지만, 자신의 나이를 정확히 말하는 것을 망설였던 늙은 관리가 삼십(三十)을 두 번 말했다고 해서 '쌍삼십(雙三十)'에 오직 다섯을 뜻하는 '단오(單五)'를 합해 '쌍삼십단오(雙三十單五)'라는 말도 생겨났다. 여기서 나이 많은 김씨 성의 관리는 김류로 전하고 평양 기생은 두추(杜秋)라는 이름만 밝혔을 뿐 구체적으로 알 수 없다.

평양 감사와 평양 기생도 다양한 이야기의 주인공으로 자주 등장한다. 아마도 "평안 감사도 저 싫으면 그만이다"라는 속담과 무관하지 않은 듯하다. 당시 관리라면 누구나 평양 감사 자리를 부러워했던 이유가, 첫 번째로 평양의 빼어난 경치를 꼽는다. 육당 최남선도 「조선십경가(朝鮮十景歌)」에서 대동강의 봄 경치가 일품이라고 감탄할 정도로 평양의 경치는 선비들에게 선망의 대상이었다. 두 번째는 평안도가 지리적으로 중국과 근접해서 국제무역이 성행했기 때문에 유통이 가장 활발하여 돈이 잘 돌아가는 풍족한 곳이었다. 세 번째는 평양은 기생이 아름답기로 소문난 곳으로, 당시 선비라면 한 번쯤 평양에서의 풍류를 꿈꿨다고 한다. 하지만 평양 기생과 사랑에 빠졌다가 커다란 대가를 치렀다는 이야기도 많이 전한다. 다음의 이야기도 그 예이다.

한 선비가 평양 기생을 사랑하여 수십 일을 함께 지냈다. 주변에서 이를 보고 선비를 조롱하면서 "십 년간 낭군의 수염을 뽑아 천 자나 되는 담요를 짰네. 아침에는 새 지아비와 앉고, 저녁이 되면 또 다른 새 지아비와 잠든다네. 십 년간 낭군의 이를 뽑았는데 낭군의 이가 각각 다르네. 끝내는 이들도 모두 쓸 데가 없어 썩은 흙더미에 버리네. 바라는 마음이 있다면 미인의 마음이 연잎의 이슬처럼 되지 않기를, 차라리 수염으로 담요를 짤지언정 이들을 흙더미에 버리지 말았으면 하네"라는 시를 지었다고 한다.

이와 같이 사람들은 기생과 사랑에 빠진 선비가 기생이 변심하지 않기를 바라는 마음을 비웃고 있다. 기생을 사랑할 수는 있겠지만, 기생의 마음이 평생 변하지 않기를 기대하는 것은 별개의 문제였다. 기생이라는 직업적인 특성도 있겠지만, 사랑하는 기생과 일생을 함께 살기 위해서는 치러야 하는 대가가 만만치 않았기 때문이다.

그런데도 기생과 사랑에 빠지면 약도 없을 정도로 누구도 말리지 못했다. 심지어 사대부들은 자신의 사랑을 증명하기 위해 생니를 뽑아 기생에게 주었다고 한다. 인기 있는 기생들은 이들이 뽑아준 이가 쌀자루에 가득했다고 한다. 다음의 이야기도 그 예이다.

기생에게 정을 준 한 젊은이가 관직을 옮기면서 정표로 이를 빼주고 이별했다. 그런데 얼마 후 기생에게 다른 남자가 생겼다는 말을 듣고 종을 보내 이를 찾아오게 했다. 이 말을 들은 기생이 손뼉을 치면서 "백정더러 살생을 하지 말라는 것이나, 기생에게 수절의 예를 지키라고 하는 것은 어리석고 망령된 사람이다"라며 크게 웃었다.

기생이 '백정과 기녀 사회에는 유교의 도덕이 통용되지 않는다'며 젊은 관리를 조롱한 것이다.

기생에게 사랑은 사치인가?

조선 사회에서 지배층인 사대부 남성과 천민 계층의 기생 사이에는 신분 차이가 컸다. 그런데도 이들의 사랑 이야기는 꼬리를 물고 이어졌다. '이룰 수 없는 사랑'에 대한 사람들의 호기심도 영향을 미친 듯하다. 하지만 이야기의 기록자가 글을 쓸 줄 아는 사대부여서 민가에서 구전되는 이야기와 달리 구체적이거나 절절하지는 않다.

엄격한 계급사회에서 사대부는 기생들의 삶보다는 사랑을 중심에 두고 대부분 기생과 관련한 한두 편의 글이나 시를 남기는 정도였다. 따라서 당시 사회의 냉혹한 현실을 뒤로한 채 기생들의 사랑을 지나치게 과장하거나 미화한 경향도 있었다. 사랑을 위해 모든 것을 버리고 희생하거나 심지어 목숨을 바치는 그런 사랑이 아니라면, 그 사랑은 거짓이고 상대방에 대한 기만이라고까지 여기는 정서가 기생문학의 창작에 자연스럽게 담기게 된 것도 이러한 이유 때문이다.

사대부였던 한재락은 의도적으로 기생과 관련한 『녹파잡기(綠波雜記)』라는 단행본을 저술로 남겼다. 녹파는 대동강 푸른 물결, 즉 평양을 상징한다. 『녹파잡기』에는 한재락이 19세기 초반 평양 기생 66명을 직접 만나 인터뷰한 내용과 기방 주변을 떠돌던 5명의 남자 이야기가 수록되어 있다.

한재락(韓在洛, 생몰미상)은 개성의 명문가 출신으로, 갑부집 아들이다. 정조와 순조 연간에 관직 생활을 하며 개성의 산천과 사적을 기록한

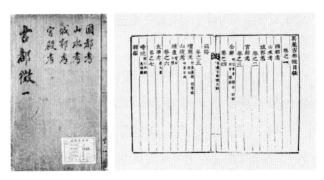

고려고도징高麗古都徵

1847년(헌종 13) | 심원자(心遠子) 한재렴(韓在濂) | 고려의 수도였던 개성의 산천과 사적을 기록한 지리서로, 19세기 중반에 편찬하였으나 내용과 인용서가 풍부하고 저자가 자신의 견해를 수록해 놓아 고려시대 연구에 좋은 참고 자료로 꼽힌다. 특히 항목별로 고찰한 내용은 매우 상세하면서도 확인하기 쉽게 배열되어 있다.

『고려고도징』을 쓴 저명한 학자 한재렴(漢在濂, 1775~1818)이 그의 친동생이다. 하지만 한재락은 형제들과 달리 과거에도 급제하지 못했고, 평생재야의 지식인으로 살았다.

그는 한양의 경화세족(京華世族)과도 어울리며 창작 활동을 했던 시인이었으나 사회적으로 인정받지는 못했다. 일찍부터 출세하려는 생각을 버렸던 그는 문사들과 여러 지방을 여행하며 각 지방의 기방 세계를 경험했다. 그리고 평양 기생에 대한 글을 쓰기 위해 현장을 다니며 축적한 경험에 풍부한 감성을 더해 『녹파잡기』라는 책을 펴낸다.

『녹파잡기』에는 기생들이 매일 어떤 사람을 만나고 어떤 생활을 하는지, 또 기생들이 느끼는 인식과 가치와 도덕 등이 기록되어 있다. 따라서 『녹파잡기』는 당시의 관습적인 기생 사회와 기방 문화를 보여주는 문학작품으로, 이러한 작품들 가운데서도 홍등가(紅燈街)에서 생활하는 기생의 일상을 생생하게 기록하고 서정적 묘사가 뛰어나다는 평가를 받는다.

조선 사회에서 기생은 비록 상류층 여성들과 혼동되지 않도록 삼회장 겹치마는 입을 수 없는 등의 제약이 있었지만, 화려한 비단으로 만든 옷과 큰머리, 각종 비녀와 삼작노리개 등으로 몸치장이 허용되었다. 사치스러웠던 기생의 치장은 민가의 부녀자들 사이에서 유행을 선도할 정도였다.

특히 사대부 남성의 복식이 중인과 그 아래 계급으로 하향 전파된 것과는 달리, 여성 복식은 사대부 집안 여성들이 기생의 복식을 모방하며 상향 전파되었다. 혜원 김홍도는 주로 서민층과 기생을 소재로 한 풍속도를 그렸는데, 그의 유명한 「미인도」를 보면 계층과 관계없이 저고리 형태가 같은 것도 그 예이다.

기생이 된다고 모두 화려한 생활을 할 수 있었던 것은 아니다. 그런 생활은 최소한 경제적 여건이 뒷받침되어야 가능했다.

그래도 후회는 없다

『녹파잡기』에는 간혹 속물근성을 가진 기생도 등장하지만, 끝까지 자존심을 지키려고 노력한 기생이나 기생 생활을 청산하고 사랑하는 남자를 따라 살림을 차린 기생 등 평양 기생들의 다양한 이야기가 수록되어 있다. 다음의 이야기도 그 예이다.

덕천 기생 초운(楚雲)이 열다섯에 대산 선생 오창렬을 만나 시를 받고 그를 사모하게 되었다. 그 후 다른 손님은 일절 거절하고 우울하게 지내다가, 오창렬 선생이 평양에 머문다는 소식을 듣고 기적(妓籍)을 평양 소속으로 옮겨 가슴속에 품고 있던 시를 오창렬에게 보여주었다. 초운 은 15세 때 받은 시를 보풀이 심하게 일어날 정도로 가슴에 품고서 보 고 또 보았다고 한다.

나섬이라는 기생은 용모가 빼어나게 아름답고 자존심이 강했다. 나 섬은 기풍과 재주가 있는 남자면 다 떨어진 옷차림을 하고 있어도 극진 하게 모셨다. 하지만 만약 비루한 남자가 속 좁게 굴면 금은보화로 구 슬꿰미를 수백 개 준다고 해도 마음을 주지 않았다.

제가 기생이 된 것은 운명입니다만, 천성이 뜻을 꺾거나 남에게 굽히질 못합니다. 기생들 속에 묻혀 있으면서도 다른 기생이 문에 기대어 웃음 을 파는 꼴을 보면 저도 모르게 마음이 싸늘해지고 꺼리는 기색이 얼 굴에 드러납니다. 제 마음에 맞지 않으면 금(金)을 광주리에 담고 구슬 을 말로 퍼서 매일 찾아온대도 어떻게 제 뜻을 꺾을 수 있겠어요?

또 조선 후기 평안도 성천(成川) 지역의 관기였던 일지홍(一枝紅)이라 는 기생도 많은 일화를 남겼다. 일지홍은 붓을 잡고 잠시 턱을 괴고 있 다가 곧바로 글을 지을 정도로 시에 능했다. 특히 사람의 이름을 제목 으로 시를 잘 지었다고 한다. 그 때문에 사람들이 성천 지역을 지나게 되면 일지홍을 보기 위해 방문할 정도로 유명했고, 사대부 중에는 그 소감을 시로 남기기도 했다. 영조 때 암행어사로 이 지역을 순찰했던 심 염조(沈念祖)와 평양을 유람하고 일지홍을 시로 읊었던 신광수(申光洙)도 그 예라 하겠다.

한재락도 평양 기생 일지홍의 외모를 가리켜 "눈동자가 샛별처럼 반짝이고, 눈썹은 봄의 산인 양 담담하다"라고 평하면서 다음과 같이 기록했다.

일지홍은 성품이 굳세고 곧아 속되지 않았다. 다른 기생들보다 훨씬 총명하여 요리도 잘했고, 차(茶)는 물론 바둑과 골패에 이르기까지 통달하지 않은 것이 없었다. 또 세상의 합리적인 이야기들을 전복(顚覆)하고, 불가능한 것들이 가능해질 수 있다고 믿는 신비로운 신념을 지닌 기생이다.

하지만 천하의 주목을 받았던 기생들도 젊은 시절 한때였다. 중국 사신으로 갔다 돌아오는 이우준이 판서 강시영에게 여색을 가까이하지 않는 이유를 묻자, 강시영이 "십구 년 전에 서장관으로 사신 길에 올랐다가 기생 일지홍과 녹류에게 정을 주었는데, 훗날 그들을 만났더니 그들도 늙었더라……. 누굴 만나더라도 늙지 않을 사람이 있겠느냐!"고 대답했다고 한다.

다음과 같이 진정으로 사랑하는 사람을 만나면 언제든지 화려한 기생 생활을 청산하겠다는 기생들도 있었다.

인생은 달리는 말과 아침 안개처럼 빨리 흘러가지요. 내가 양반집 태생도 아니면서 일부종사하는 정숙한 여인의 도리를 본받으려 하니, 갑자기 울적하게 봄날을 슬퍼하며 평생을 묻어버리고 싶기도 했소. 다만 겪는 사람은 많아도 마음에 드는 사람이 없어서 기다리는 것뿐이오. 내 평소 마음에 차는 사람을 만나면 원헌(原憲)처럼 가난하더라도 내 일생을 맡기겠소.

여기서 원헌(기원전 515~?)은 중국 춘추시대의 송나라 사람으로, 공자의 제자였다. 집이 너무 가난해서 쑥갓을 엮어 문으로 삼고 지붕은 비가 새며 방바닥은 습기가 찰 정도였지만, 그는 절의를 지키며 안빈낙도(安貧樂道)의 생활을 즐겼다고 한다. 따라서 진정한 사랑을 기다리는 기생의 마음을 짐작하고도 남는다. 실제로 사랑하는 사람을 만나 기생 생활을 청산하고 집안 살림을 한 기생도 있었다.

한창때에는 박자를 맞추느라 비녀를 부러뜨리고 술을 따르느라 치마를 더럽혔으며, 몸은 비단옷에 물리고 입은 맛있는 음식에 싫증이 났다. 그러나 하루아침에 남편을 따르게 되자, 집이 가난하여 베로 만든 치마를 두르고 싸리나무 가지로 쪽을 찌게 되었다. 몸소 물 긷고 방아를 찧었으나, 끝내 괴로워하거나 한스러워하지는 않았다.

초염(初豔)이라는 기생도 사랑을 좇아 기생 생활을 청산한 대표적인 기생이었다. 이들은 모두 기생으로 이름을 떨치긴 하였으나 마음에 드는 남자를 만난 후 집안에 들어앉아 살림에 힘썼다. 비록 앞날이 불안정했지만, 직접 자신의 삶을 결정하고 책임지며 진정한 사랑의 길을 택한 것이다.

이야기책의 계보를 만들다

패관문학의 문을 열다

『태평한화골계전』은 저자의 창작이나 각색에 따라 이야기가 새롭게 작성된 것도 아니고, 설명이나 묘사 등을 덧붙이기보다는 등장인물의 대화체 서술이 압도적으로 많다. 이러한 특징은 작자가 독자에게 이야기를 일방적으로 전달하려는 것이 아니라 독자가 직접 보고 듣는다는 생동감과 입체감을 느낄 수 있는 서술방식이기도 하다.

또 웃음을 유발하는 이야기는 냉소적이거나 조롱이 섞여 있기는 하지만, 이야기에 나오는 인물은 물론 독자들로 하여금 모욕감이나 고통을 느끼게 하지는 않는다. 현실에서 불가능한 일을 해결하는 무한한 능력을 지닌 영웅의 탄생이나 통쾌한 복수를 동반하지도 않고, 대부분 이야기로 끝을 맺어 해석의 가능성을 열어 두었다.

이는 15세기에는 이야기의 내용과 평가가 분리되지 않았음을 의미하는데, 이렇게 민간에서 수집한 이야기에 창의성을 더한 산문 문학을 패관문학이라고 한다. '패관문학(稗官文學)'에서 '패관'이란 중국 황제들이 민간의 풍속이나 정사를 살피기 위해 거리의 소문을 모아 기록하게 한 벼슬이었다. 나중에는 이야기를 짓는 사람을 패관이라고 하였고, 패관문학은 이들이 지은 작품을 일컫게 된다. 여기에는 흔히 해당 사회의 일상이 담겼다.

우리나라에서는 고려시대의 작품으로 『파한집』이나 『보한집』 등을 통해 간헐적으로 일상의 이야기를 접한 경험이 있었다. 참고로, 고려시대 3대 비평 문학서로도 꼽히는 『파한집』과 『보한집』 그리고 『역옹패설』을 간단하게 소개하면 다음과 같다.

『파한집』(破閑集, 1260), 이인로(李仁老, 1152~1220)

『파한집』에서 '파한'이란 '한가함을 깨뜨린다'는 뜻이다. 시화(詩話) 중심의 잡록으로, 우리나라 시화집의 효시이다. 시화·일화·기사·자작시와 함께 신라의 옛 풍속 및 서경(西京)과 개경(開京)의 풍물(風物) 그리고 궁궐과 사찰 등과 관련한 다양한 이야기를 재치 있게 소개했다. 작자가 보고 들은 일화(逸話)와 지식인들과 교류하면서 주고받은 이야기를 해학적인 수법으로 기록하였다는 점에서 고대소설의 태동기에 '패관문학'으로 분류되며, 소박하나마 작가가 살던 당대의 일상에 주목했다는 점에서 문학사적 의의와 함께 역사 자료로서 이용 가치 또한 크다.

『보한집』(補閑集, 1254), 최자(崔滋, 1188~1260)

권력자인 최이(崔怡)의 명령에 따라 『파한집』의 부족한 부분을 보충하기 위해 편찬했다. 고려 태조의 문장을 비롯해 역대 뛰어난 신하들의 언행과 누정(樓亭)·역원(驛院)을 소재로 한 시(詩), 이인로·이규보 등 선배 문인들의 일화와 시문평 그리고 모범적 시구(詩句)의 예시와 함께 저자의 시문론과 승려·기생의 작품 등도 수록되어 있다. 고려시대의 비평문학을 본궤도에 올려놓은 당대 최고의 비평서로 인정받았으며, 100년 뒤에 저술된 『역옹패설』에 영향을 미쳤다.

『**역옹패설**』(櫟翁稗說, 1342), **이제현**(李齊賢, 1287~1367)

시화·잡록집으로, 시화와 세태담(世態談)을 포함해 역사와 인물들의 일화, 익살스러운 이야기인 골계담(滑稽) 등이 수록되어 있다. 그리고 고려가 원나라로부터 치욕당한 것을 반성하는 내용, 무신정권의 전횡을 폭로하고 그 폐단을 고발하는 내용 등이 포함되어 있다. 당대의 사회상과 문학을 담고 있어 귀중한 자료로 평가받는다.

특히 조선시대 이전에는 골계담, 즉 익살스러운 이야기만을 선별하여 별책으로 묶어 편찬한 이제현의 『역옹패설』을 고려시대 최초이자 유일한 골계담으로 꼽는다. 비록 전문이 전하지는 않지만, 이제현은 서문에서 "이 책은 본래 따분함을 쫓기 위해 붓 가는 대로 기록한 것이다. 그속에 희롱의 말이 있다고 해서 이상할 게 무엇이 있겠는가?"라며 스스로 변명(?)하고 있다. 그러나 이후 유학을 공부하는 사대부들의 문집에서 우스운 이야기를 채록하여 싣는 전통을 형성하는 데 커다란 영향을 미쳤다.

그른 말도 옳은 듯하고, 옳은 말도 그른 듯하다

조선 초기의 문인들은 『역옹패설』로 골계담을 처음 접했고, '자질구레한 일을 기록한다'는 의미를 지닌 잡록(雜錄)의 본보기로 삼았다. 『역옹패설』은 당시 어떤 골계담보다도 오락성이 강해서 가장 비정통적인 저술이었다. 하지만 『역옹패설』에 담긴 익살스러운 이야기는 부록에 별책으로 묶어 여러 편의 이야기를 수록하여 본격적인 골계전인 『태평한화골계전』이 편찬되었을 때 지식인들이 거부반응을 보이기도 했다.

『태평한화골계전』에서 '골계'를 '그른 말도 옳은 듯하고, 옳은 말도 그릇 듯하다'라고 해석하는 것도 유학을 공부하는 사대부들에게 혼돈을 주기에 충분했다. 한편으로는 『태평한화골계전』이 등장한 후 이를 본뜬 패설집이 뒤를 이었다. 성종 때 강희맹이 '시골 노인들의 이야기를 모아 수록했다'는 의미를 담은 『촌담해이(村談解頤)』나, 조선 중기에 송세림이 익살스러운 이야기들을 모아 편찬한 『어면순(禦眠楯)』 등이 그 예이다. 따라서 『태평한화골계전』은 조선시대 골계담의 문을 열었다고 할 수 있다.

조선시대 선비들은 육담(肉談)을 초서(草書)라고 했는데, 야한 이야기를 차마 똑바로 말할 수 없기에 흘려 쓰는 필법에 비유했다. 하지만 조선시대 최초로 홍문관과 예문관의 수장을 겸하는 양관대제학을 지낸 서거정이 골계담을 저술한 것에서 보듯이 육담에는 백성들의 진솔한 삶이 담겨 있었고, 임금도 이를 정사에 활용했다. 패설집은 시간이 지나면서 그 성격이 다양해졌다. 일부는 골계담에 교훈을 주기 위한 서술 기법이 더해지기도 했으며, 조선 중기를 지나면서부터는 점차 웃음을 자아내는 오락성에 치우쳐 단순히 해학이나 풍자와 같은 웃음 유발 기제로 사용되었다. 따라서 골계담의 의미도 대체로 '말이 능란하고 유창하며 미끄러지듯 빠르게 말하여 그 지혜와 계책이 다투어 나오므로 사람에게 시비의 판단을 그릇되게 하는 우스갯소리'라고 해석되기도 했다.

조선시대의 골계담 편찬은 개국이라는 문명 전환의 분위기가 어느 정도 자리 잡게 된 것과도 무관하지 않았다. 『태평한화골계전』에 수록된 대부분의 이야기에 사대부 관리가 자주 등장하여 양반 관료 사회에서 벌어졌던 다양한 이야기를 다룬 것도 그 예라 하겠다.

반면 『태평한화골계전』에 수록된 총 271편의 이야기 중 순수한 민간의 이야기는 7~8편에 불과해 관료와 기생의 관계를 다룬 16편의 이야기나, 관료와 아내의 관계를 다룬 14편의 이야기보다도 적다. 양반 관료와 관련한 이야기에는 조선 건국의 주역이었던 고려 말기 신흥사대부가 등장하는데, 고려 귀족들의 무능과 무책임, 문란한 생활 등 사회질서를 어지럽히는 관료들을 징계하거나 또는 적극적으로 배제하는 특징을 발견할 수 있다. 물론 여기에는 조선 건국의 정통성과 신흥사대부 출신의 도덕적 순결성 그리고 정치적 정당성 등을 강조하려는 의도도 담기게 된다.

이러한 특징은 여말 선초에는 공식 역사를 기록하는 사관과 잡록을 향유하는 집단이 다르지 않았다는 사실을 알려준다. 『태평한화골계전』에 수록된 이야기들이 공적 담론의 장인 『조선왕조실록』에 실려 있는 것도 그 예라 하겠다.

한편 골계담에는 사대부 집안의 남성뿐만 아니라 여성도 등장한다. 사대부 집안 여성의 문제는 조정에서 왕과 대신들도 관심을 기울였고, 일반 백성들보다 훨씬 엄격하고 무겁게 법을 적용할 정도로 주요 관심사였다. 참고로, 조선 전기에 해당하는 성종 대까지 효녀로 선정된 195명 중 151명이 사족(士族)이며, 그중 절반은 문무 유식자(文武有識者)였다. 열녀는 118명 중 79명이 사족 출신의 처였다. 하지만 후대로 갈수록 일반 백성의 수가 증가한다. 따라서 이 시기까지 성리학적 이념과 질서 유지를 위해 주로 사대부 계층의 남녀가 교화의 우선적 대상이었음을 알 수 있다.

당신은 이미 나의 붓통에 들어갔다

『태평한화골계전』의 뒤를 이어 유학자들의 문집에 본격적으로 설화를 싣기 시작한 것은 15세기에 성현(成俔)의 『용재총화』를 대표적 예로 꼽을 수 있다. 이후 지속적으로 지식인들에 의해 잡기류의 저술이 이어지면서 일종의 계보를 형성한다. 『어우야담(於于野談)』이나 조선 후기 『고금소총(古今笑叢)』 등으로 이어지는 과정에서 골계담(滑稽談)을 주로 수록하면서도 저속하고 품격이 낮은 육담(肉談)도 담긴다.

그 때문에 성리학적 이념과 질서에 충실한 유학자들에게는 설화의 내용이 반(反)유교적이라는 이유로 기피의 대상이 되었고, 심지어 공자의 도를 표방하는 유학적 활동만 인정하는 보수적인 선비들은 설화집을 '이단'으로 규정하여 범죄행위로 취급하는 등 격렬하게 반발했다. 대학자로 추앙받던 서거정의 『태평한화골계전』 역시 『고금소총』에 비하면 육담의 비중이 아주 낮고 주로 익살스러운 이야기를 수록한 설화집이지만, 예외는 아니었다.

그런데도 골계담을 기록으로 정리하기 위해서는 한문은 물론 경서(經書)에도 능통해야 했기에 유학자들의 몫이 될 수밖에 없었다. 유학자들이 설화집을 지속적으로 저술한 이유를 『태평한화골계전』의 저자 서거정의 예를 들어 설명하면 다음과 같다.

첫째, "광대나 하는 천박한 짓거리다"라는 유학자들의 비판에 "중국의 성군(聖君)들도 즐겨 했던 군자의 통치 방식이었다"며 주(周)나라 문왕과 무왕의 행적을 들어 "우스갯소리가 한갓 웃음거리가 아니라 천하를 다스리는 데 유익한 구실을 한다"고 반박했다.

둘째, "세속 교화에 장애가 되는 일이다"라는 유학자들의 비판에 "선현들도 골계전을 사서(四書)에 남겨 후세에 일깨움을 주었다"고 지적했다. 그리고 우스갯소리를 담은 중국의 명저 『남화』와 「골계열전」을 수록한 반고의 역사서 『한서(漢書)』의 사례를 들면서 "우스갯소리가 역사서술의 중요한 구실을 한다"고 덧붙였다. 심지어 「골계열전」은 사마천의 『사기』에도 수록되었는데, 여기에는 왕이나 제후 등 권력자나 역사적 인물이 아니라 해학과 기지가 넘치는 재치로 세상을 지혜롭게 살았던 익살꾼이나 풍자가들의 이야기가 담겨 있다. 제나라 위왕 때 순우곤, 초나라 장왕 때 우맹, 진나라 시황제 때 궁중에서 난쟁이 연예인단의 책임자급이었던 우전 등이 그들이다.

셋째, "공자의 도(道)에 죄가 되는 일이다"라고 비판한 유학자들을 상대로 "공자도 마음을 경계하기 위해 소일거리를 즐겼다"면서, 공자가 "할 일 없이 시간을 보내는 것보다 바둑과 장기라도 즐기는 것이 낫다"는 말을 인용했다. 또 "선비라고 해서 반드시 후세에 남기는 일만 하는 것이 아니라 때로는 소일거리를 찾는 것도 바람직하다"고 덧붙였다.

이러한 서거정의 지적은 일상에 대한 인식의 확장이기도 했다. 일반적으로 후대 사람들이 모범으로 삼을 수 있는 글쓰기는 도덕과 윤리 또는 법과 제도를 밝히는 거대 담론을 위주로 하지만, 결국 그것은 자신이 살고 있는 일상에서부터 비롯된다. 따라서 어떤 방식으로든 이야기가 한자로 정리되는 과정에서 사대부 지식인들의 일상에 대한 인식이 담기게 된다. 골계담에서 양반 계층이 자주 등장하여 유학 서적이나 학문하는 자세 등을 소재로 가짜 선비를 조롱하고 비판하는 것도 그 예라 하겠다. 다음의 이야기도 이러한 의식을 담고 있다.

어느 가난한 사관(史官)이 시종하는 노비도 없이 혼자 말을 타고 길을 가고 있었다. 이때 맞은편에서 지위가 높은 관리가 행차하면서 그를 수행하는 무리가 갑자기 길을 가득 메웠다. 그 때문에 사관은 미처 피할 겨를도 없이 진흙탕에 빠지고 말았다. 관리는 이를 보고도 의기양양하게 그냥 지나가 버렸다.

　이에 사관이 왼손으로는 허리에 찬 붓통을 흔들고, 오른손으로는 고관을 가리키며 "당신이 비록 으스대며 득의양양하지만, 당신은 벌써 나의 붓통 안에 들어갔다. 세상에 당신의 악명을 어떻게 숨길 수 있겠는가!"라고 말했다.

이 이야기는 사관이 관리의 오만한 행동을 세상 사람이 모두 알 수 있도록 기록으로 남김으로써, 아무리 권세가 대단한 고관대작이라도 기록의 역사 앞에서는 무기력하다는 의미를 담고 있다. 서거정 역시 '기록의 힘'을 알고 있었다는 뜻이다.

서거정의 또 다른 저술인 『필원잡기(筆苑雜記)』에서도 유학자로서의 바람직한 자세를 다룬 내용을 곳곳에서 찾아볼 수 있다. '연못에서 다치지 않으려면 유교 경전의 하나인 『대학(大學)』을 공부해야 한다'고 말하는 다음의 이야기도 그 예이다.

하우명이라는 관리가 있었는데, 그는 우스갯소리를 잘했다. 하루는 하우명이 아버지를 모시고 연못에서 고기를 잡는데, 한 아이가 연못 바닥에 박혀 있던 말뚝에 다쳤다. 이를 본 하우명은 "아이가 아직 『대학』을 깨우치지 못해서 그렇게 되었다"고 말했다. 옆에 있던 아버지가 "무슨 소리냐?"고 묻자, 하우명은 "「경일장(經日章)」에 물유본말(物有本末)'이라 했으니, 연못 바닥을 잘 살펴보아야 합니다"라고 대답했다.

여기서 물(物)은 물(水)과 같은 음이고, 본(本)은 밑을 의미하며, 말(末)은 말뚝과 발음이 같으니 '물 밑에 말뚝이 있다'는 뜻으로 해석한 것이다. 이처럼 『대학』에 나오는 문장을 인용할 정도라면 하우명이라는 인물의 학식이 어느 정도였는지를 짐작할 수 있다. 어설픈 지식을 자랑하기보다는 학문을 일상에 도움이 되는 웃음의 소재로 활용한 지식인의 여유를 느낄 수 있다.

실제로 하우명(河友明, 1413~1493)은 왕명 출납과 군기 등을 담당하는 중추원의 정이품직에 올랐던 인물로, 세종 때 영의정을 지낸 하연의 셋째 아들이다. 그는 계유정난이 일어나자 관직을 버리고 향리인 신천동에 은거했다. 이후 세조가 두 번씩이나 관직을 내렸으나, 병을 이유로 응하지 않았다.

백성의 눈과 입을 통해 보고 말하다

해학을 담고 있으면서도 백성의 눈과 입으로 무능한 관리를 조롱하는 다음과 같은 골계담도 전한다.

조정에서 근무하던 한 관리가 지방의 수령으로 나갔는데, 그는 위장병으로 음식을 잘 먹지 못했다. 하지만 차와 과일, 술과 안주는 입에서 떠나지 않을 정도로 즐겼다. 그는 성격이 부지런했으나, 문자는 형편없고 수준이 낮아서 하루 종일 열심히 업무를 보아도 해결하는 일이 하나도 없었다. 그 때문에 고을 사람들은 "우리 원님은 할 수 없을 것 같은데 하는 것은 먹는 것이요, 할 수 있을 것 같은데 하지 못하는 것은 업무를 처리하는 것이다"라고 평하였다.

이처럼 관리가 위장병으로 식사를 제대로 하지 못하면서도 차와 과일은 물론 술과 안주를 입에 달고 살았다면, 쓸데없이 낭비되는 비용이 얼마나 많았을지 충분히 짐작할 수 있다. 더구나 성격은 부지런하나 능력이 없다면 사람들을 바쁘게만 할 뿐 업무 성과가 형편없었을 테고, 고을 사람들의 고충은 이만저만이 아니었을 것이다. 따라서 백성들의 눈과 입을 통해 무능하고 무책임한 관리를 간단명료하게 평가함으로써 관리를 더욱 초라하게 만들고 있다. 다음의 이야기도 그 예이다.

하루 종일 관청에 앉아만 있는 원님 때문에 어두워질 때까지 송사를 해결 받지 못한 백성이 원님을 "벌판에 세워둔 새 잡는 흙더미 같다"며 초독(草纛), 즉 풀독이라고 조롱했다. 그러자 옆에 있던 다른 백성이 "원님은 술잔은 잡을 줄 아니 초독보다는 났다"고 말해서 주위 사람들이 모두 쓰러질 정도로 웃었다.

그런가 하면 다음과 같은 이야기도 수록되어 있다.

조운홀이 서해도 관찰사로 있을 때 새벽마다 아미타불을 외웠다. 어느 날, 그가 배천 고을에 갔을 때 새벽에 배천 군수 박희문이 자신의 이름을 외우는 소리가 들렸다. 조운홀이 그 이유를 묻자, 박희문은 "관찰사께서 아미타불을 외우는 것은 부처가 되려 함이요, 제가 관찰사의 성함을 외우는 것은 관찰사가 되기 위함입니다'라고 대답했다.

이 이야기는 관찰사의 이름을 외운다고 관찰사가 되지 않듯이, 단순히 아미타불을 외운다고 부처가 되는 것도 아니라는 사실을 말하면서 정작 자신이 해야 할 일을 통해 성취를 이루려고 하지 않는 무능과 나태한 관리를 조롱하고 있다.

다음은 한 관리가 외모를 가지고 하인을 놀리자, 하인이 재치 있게 대응하며 상황을 통쾌하게 뒤집은 이야기이다.

허리와 배가 뚱뚱한 관리가 어느 날 말을 타고 가다가 한 마졸(馬卒)의 두 눈이 음습한 것을 보고, "너의 눈이 비록 습기가 많은들 올해 벼 서른 섬을 심을 수 있겠는가? 적삼 소매에는 액이요, 파리에게는 복이로다"라며 마졸이 눈물을 자주 닦아야 하는 것을 빗대어 놀렸다. 이에 마졸이 "귀한 분의 허리와 배가 비록 큰들 썩은 흙 서른 섬을 실을 수야 있겠습니까? 말에게는 큰 재앙이요, 굶주린 호랑이에게는 큰 복입니다"라고 답하니 관리는 무안해서 그저 웃기만 했다.

관리가 마졸의 외모를 놀리려고 한마디 했다가 오히려 마졸의 재치에 당하고 만다. 이 이야기는 '사람을 외모만 보고 판단해서는 안 된다'는 뜻이기도 하지만, 한편으로는 '진정한 선비는 자기 자신부터 돌아보아야 한다'는 교훈적 의미도 재확인해 준다.

자부심과 차별 의식을 담다

『태평한화골계전』에서 인물을 소재로 한 이야기는 75화로 대략 28퍼센트를 차지하는데, 무식(無識)과 관련한 이야기는 11화이다. 여기에는 사대부 외에도 무관(武官)·무신(武臣)·무사(武士)와 그 아내 또는 승려(僧侶) 등이 등장하여 문무의 차별과 숭유억불에 대한 인식도 드러낸다. 여성이 등장하는 경우 유순하고 순종적이며, 남편을 공경할 줄 알고, 성적인 욕망과 거리가 멀며, 남편을 충실히 내조하는 아내이자 가문을 위해 헌신하는 여인의 덕목을 강조한다. 이러한 이야기들은 남성 중심적이면서 유학자인 문인들의 우월한 의식도 담겨 있다. 다음의 이야기도 그 예이다.

어떤 마을에 문관과 무관이 살았다. 문관은 세도가 있었지만 품계가 낮았고, 무관은 세도는 없었지만 품계가 높아 관청에 출입할 때 앞에서 인도하는 부하가 있었다.

어느 날, 문관의 부인이 무관의 부인을 만나자 "무신들은 사리를 모르고 동쪽과 서쪽을 구별하지 못하는데 어찌 집을 잘 찾아올 수 있을까?"라고 말을 걸었다. 이에 무관의 아내가 "무인이 동서를 모르니 앞에서 인도하는 사람이 있다"며 은근히 자신의 남편이 관직이 높다는 사실을 강조했다. 문관의 아내는 무관을 놀리려다가 아무 말도 하지 못하고, 도리어 자신이 웃음거리가 되고 말았다.

이 이야기에서는 상황을 새롭게 해석함으로써 자신에게 불리한 형편을 유리하게 뒤집어 지배자와 피지배자, 강자와 약자, 어린아이와 어른,

속이려는 자와 속는 자 등 현실적인 관계를 반전하는 재치를 엿볼 수 있다. 다음의 이야기는 전형적인 예에 속한다.

몹시 인색한 관리가 있었는데, 그는 손님 접대를 할 때마다 졸인 콩 세 개에 오래된 술 석 잔만 내놓았다. 하루는 손님이 두 사람 방문했는데, 두 번째 손님이 "나는 반드시 술 열두 잔을 마실 것이오"라고 자신 있게 말했다. 이날도 역시 졸인 콩 세 개가 나왔다. 이에 두 번째 손님은 차고 있던 칼로 콩 한 개를 열 십 자로 갈라 네 조각으로 나누어 모두 12조각을 만들면서 "콩을 4배로 늘려 12개로 만들었으니, 술도 마땅히 4배인 12잔을 마셔야 하지 않겠소?"라고 관리에게 말했다.

이를 본 관리가 웃으며 말하기를 "대인께서는 이미 노부(老夫)의 술책을 아시는군요"라며 자신의 잘못을 인정하고 술을 내놓았다.

이처럼 관리가 자신의 인색한 행동을 인정함으로써 상황이 종료되기도 하지만, 때로는 재치를 발휘하는 사람이 오히려 골탕 먹는다는 다음과 같은 이야기도 전한다.

한 청년이 군역(軍役)을 피하려고 왼쪽 다리를 절며 관청에 나가 군역을 면제받았다. 관리의 눈을 속이는 데 성공한 청년은 의기양양하게 오른쪽 발을 절며 관청을 나섰다. 이를 본 관리가 속았다는 것을 눈치채고 청년을 다시 불러 말하기를 "너는 군역에 종사하되 어느 쪽 다리를 절 것인지는 마음대로 하라"고 했다.

이외에도 군역을 면제받기 위해 장님 행세를 한 청년의 거짓을 발견한 관리가 "너는 군역에 종사하되 멀고 가까운 것, 크고 작은 것은 네 마음대로 보라"고 말했다는 일화가 전한다.

이렇게 어설픈 말이나 행동으로 거짓이 탄로 나는 것도 웃음을 유발하지만, 이에 대한 관리의 반응도 응징이나 갈등이 아니라 재치로 해결하고 있다는 점 또한 흥미롭다.

잡학(雜學)에도 치도(治道)가 있다

군자에게 죄를 짓고, 후세의 비웃음을 사지 않겠는가?
서거정은 『태평한화골계전』의 서문에서 자신의 편찬 의도를 다음과 같이 말했다.

> 내가 관직에서 물러나 한가하게 지내면서 놀이 삼아 친구들과 우스갯소리로 했던 것을 글로 써서 『골계전』이라 제목을 붙였다. …… 맹랑한 이야기나 주워 모아서 호사자의 턱을 빠지게 하는 것은 배우(俳優)의 대단한 장기이지 세교(世敎)에 무슨 보탬이 되겠는가.

이처럼 서거정은 스스로 골계전에 대한 세간의 부정적 인식을 인정하고 있다. 그러나 그는 "특별한 말과 기발한 글은 정도에서 벗어난 것이기는 하지만, 나름의 의의를 지니고 있다"라며 편찬 의미를 덧붙이기도 했다.

강희맹 역시 『태평한화골계전』의 서문을 써주면서 "이 책은 근거 없는 이야기를 옮겨 적은 것인지라 군자에게 죄를 짓고, 후세의 비웃음을 사지 않겠는가?"라고 말했지만, 저자인 서거정은 물론 강희맹도 진심으로 '군자에게 죄를 짓고 후세에 비웃음을 살 만한 저작'으로 인식하지는 않았다. 만약 그랬다면 서거정이 이 책을 쓰지도 않았겠지만, 강희맹도 이 책의 서문을 쓰지 않았을 것이다.

그뿐만 아니라 강희맹은 골계전인 『촌담해이(村談解頤)』를 저술하면서 "어찌 항간의 말이나 뒷골목의 논의라 해서 정한 의리가 없을까?"라고 반문하고, "우스우면서도 사람을 경계할 만한 이야기들을 취했다"며 잡다한 기록이라고 하더라도 경사(經史) 못지않은 나름의 의의가 있다고 말했다.

『태평한화골계전』은 등장인물이 실존 인물이면서 저자인 서거정과 동시대를 산 인물도 적지 않다는 특징도 눈길을 끈다. 단순한 우스갯소리를 쓰면서 실존 인물을 거론했다면 대단히 조심스러운 일이겠지만, 이야기를 통해 유학자로서의 특별한 의미도 발견할 수 있기 때문이다. 예를 들면 이 책은 권위를 갖는 전통 역사서와는 거리가 먼 듯하지만, 소소한 일상에 주목함으로써 다양성을 존중하고 사소한 것의 가치를 놓치지 않으려는 미시적 관점에서의 실천 의지가 담겨 있다. 달리 말하면 국가적인 거대 담론도 중요하지만, 지식인이자 지배층이었던 사대부들이 잡록(雜錄)을 즐겨 편찬하면서 일상의 작은 기록이나 허황하고 우스운 이야기에서 또 다른 의미를 찾고 있다.

『태평한화골계전』이 비록 잡록으로 분류되지만, 여말 선초 문명 전환의 기운이 성하던 시대 상황에서 만들어진 새로운 글쓰기 방식이 적용된 결과물이면서 사실에 기초하여 '역사 서술에서 일탈한 문학적 글쓰기이자, 문학적 글쓰기에서 일탈한 역사 서술'이라고 평가받는 이유도 여기에 있다.

특히 조선의 건국 기틀이 자리 잡아가던 15세기는 사대부 지식인들에 의해 잡록류 편찬이 두드러졌다. 이러한 현상은 당시의 사회적 분위기와도 연관이 있었다. 즉 세종 대를 거치면서 이룩한 학문적 연구 성과로 국가 운영에 필요한 실무 지식의 정비 차원에서 박학(博學)에 대한 관심이 왕성해졌는데, 박학은 두루 아는 단계에서 그치지 않고 분야에 따라 전문가적 능력을 발휘할 수 있는 깊이까지 갖추어야 실무에 사용될 수 있었기 때문이다. 이에 관리들은 경전을 통해 보편적·도덕적 진리를 속속들이 파고들어 깊이 연구해야 했고, 한편으로는 일상의 다양한 분야에도 구체적인 관심을 기울였다.

사대부가 쓰고 사대부가 향유하다

『태평한화골계전』은 조선 전기인 성종 8년(1477) 서거정이 58세의 나이에 사람들의 웃음을 소재로 편찬한 이야기책으로, 최초의 본격적인 소화서(笑話書)로 평가받는다. 당시 소화서는 특권층의 여유에서 나온 한담일사(閑談逸事)로만 치부되어 진지한 관심의 대상이 아니었으며, 휴식문학 정도로 평가하기도 한다.

조선시대에 글을 읽고 기록으로 남기는 것은 사대부의 몫이었다. 특히 소화서는 사대부 남성들이 주변에서 보고 들었던 이야기를 기록으로 남기면서 한자로 쓰인 고문(古文)이나 고담(古談) 등을 인용했기 때문에 비록 이야기책이라고 해도 일반인들이 접근하기에는 한계가 있었다.

따라서 이야기책의 향유층 역시 사대부였다.

『태평한화골계전』에서는 다음과 같이 현실 정치에 적극적으로 참여했던 사대부의 입장에서 기록되었다는 특징을 발견할 수 있다.

첫째, 부정적 인물을 소재로 하는 일화가 많지 않으며, 단순히 풍자로 볼 만한 작품은 더욱 적다. 달리 말하면 대부분의 이야기가 낙관적 분위기로 점철된 일상을 재현하되, 조정 안팎에서 벌어진 사대부들의 이야기와 사건이 뼈대를 이룬다.

둘째, 풍자적인 작품 역시 등장인물을 비난하거나 사회의 구조적 모순에 대한 비판보다는 단지 부정적 인물을 반면교사로 삼아 자신을 수양하려는 전제로만 작동할 뿐이다. 달리 말하면 수양을 통해 현실을 개조함으로써 새로운 문명에 대응하려는 낙관론적 세계관을 발견할 수 있다.

셋째, 학연과 혈연적 유대를 바탕으로 한 훈구 관료 계층이 선호한 이야기를 주로 담고 있다. 반면에 관직을 버리고 자연으로 돌아가 안빈낙도하는 선비의 이야기는 찾아보기 힘들다.

넷째, 이야기에 당시의 사회상을 어떠한 방식으로든 담고 있으며, 때로는 의도하지 않았더라도 최소한의 사회적 메시지도 발견된다.

『태평한화골계전』에서는 익살스러운 이야기들을 수록하고 있지만, 조선 건국 초기에 관직 생활을 한 사대부들이 국가의 체제 정비에 동참하여 태평성대를 이루었다는 자부심을 작품에 담고자 했다. 서거정 역시 『시경』에 나오는 구절을 인용하며 위나라 무공이 희학(戲謔)을 잘하여 포악하지 않았고, 「예기편」을 인용해 "한 번 긴장하고 한 번 푸는 것이 문왕과 무왕의 도였다"며 경전과 사서만이 성군(聖君)과 현명한 재상이 치국(治國)하는 도를 제시하는 것이 아니라 해학적이고 우의적인 이야기 속에 담긴 일상성과 세속성도 교화의 한 방편이라고 스스로 밝히고 있다.

또 서거정이 서문에서 "후세에 전하려는 뜻을 둔 것이 아니라 세상에 대한 근심을 잊어버리고자 한 것이다"라고 밝힌 점도 주목된다. 즉 세조의 왕위 찬탈이나 단종의 복위 사건 등 심각한 정치적 사건 등에 대한 문제의식을 찾아보기 어렵다는 점에서 이들이 기득권층으로 자리 잡았고, 이들의 자부심에는 사회질서 유지를 위한 보수적 세계관도 발견되기 때문이다. 따라서 여기에는 지배층이자 지식인들의 삶의 여유를 바탕으로 한 사랑방 문화가 담겼으며, 그 향유층 역시 바로 그들이었음을 알 수 있다.

이처럼 성리학으로 무장하여 역사를 주도했던 사대부들은 제도권 내에서 폭넓은 지식과 경험을 축적하고, 이를 바탕으로 개인적으로는 자부심과 사회적으로는 현실 세계에 대한 긍정적 가치관을 형성해 나갔다. 이 과정에서 해학과 재치를 통한 여유가 생겨났고, 이후에도 사대부들 사이에서 보고 들은 것을 기록으로 남기는 풍조가 이어지게 된다.

속된 말에도 이치(理致)가 있다

조선시대 유학자라면 말과 행동거지가 반듯하고, 평생 성리학을 공부하며, 이를 현실에서 실천하는 모범을 보여야 했다. 따라서 익살스럽고 수준이 낮다고 평가하는 이야기에 관심을 기울이며 직접 기록으로 남겼다는 사실은 모순으로 보이기도 한다. 하지만 여기에는 또 다른 의미가 있었다.

이승소(李承召, 1422~1484)가 "경전의 도리를 밝혀 높은 경지에 이르렀다면 속된 말에도 모두 이치가 있는 것이어서 도움을 줄 수 있다"고 말한 것이 그 예라 하겠다. 여기에는 당대 문학을 담당했던 유학자로서의 자신감이 담겨 있다. 예를 들면 이야기에 등장하는 인물의 특성을 치열한 경쟁 관계나 욕망의 구현 등을 통해 드러내는 것이 아니라, 오히려 일상에서 벗어난 일들을 이야기하면서 정상적인 질서를 찾으려는 자신감으로 해석할 수 있다.

조선 초기에는 성리학적 이념과 질서를 구축하기 위해 각종 문물을 정비하고 대외관계를 원만히 해결해 나가는 과정에서 단순히 유교 경전에만 밝은 것이 아니라 구체적 실무능력도 요구되었다. 그리고 실무능력의 배양에는 잡학(雜學), 즉 여러 방면에 걸친 해박한 지식이 필요했다. 이러한 분위기는 조선이 건국된 후 모범적인 관리의 자세로 제시되었던 통유(通儒), 다시 말해 세상일에 통달하고 모든 일에 실행 능력을 갖춘 유학자들에게 현실에 바탕을 두고 다양한 형식의 글을 쓰게 하는 원동력이 되었다.

세조가 계유정난으로 왕위에 오른 후 강력한 전제 왕권을 바탕으로 유학자들에게 천문·지리·의약·복서 등 다양한 분야의 잡학에 대한 지식을 요구한 것도 이유가 있었다. 자신의 즉위 과정에 대한 모순을 속히 잠재우고, 국가의 원활한 운영을 위해 실무능력을 배양할 필요가 있었던 것이다. 세조는 이를 통해 통치 체제를 구축하고, 궁극적으로 왕의 통치 기반을 확고하게 다지고자 했다.

세조 8년(1462) 신선(神仙)·불가(佛家)·괴력(怪力)·희학(戲謔) 등을 다루는 『태평광기상절』과 성종 대의 『태평통재』가 간행된 것도 이처럼 잡학의 가치를 긍정하는 학문적 분위기의 영향을 받은 예라 하겠다. 참고로, 『태평광기상절』과 『태평통재』의 특징 등을 정리하면 다음과 같다.

『태평광기상절』(太平廣記詳節, 1462), 성임(成任, 1421~1484)

송나라 이방(李昉)이 왕명에 따라 엮은 설화집 『태평광기(太平廣記)』 500권을 조선 성종의 명으로 성임(成任)이 50권으로 줄여서 펴낸 책이다. 『태평광기』는 당나라 이전까지 중국 각지에 퍼졌던 설화·소설·전기·야사 등을 채집하여 6,900종의 이야기를 신선·방사(方士)·이승(異僧)·보응(報應)·명현(名賢)·공거(貢擧)·호협(豪俠)·유행(儒行)·서(書)·화(畵)·의(醫)·상(相)·주(酒)·회해(謔諧)·부인(婦人)·정감(情感)·몽(夢)·환술(幻術)·신(神)·귀(鬼)·요괴·재생(再生)·용·호랑이·여우·뱀·잡전기(雜傳記) 등 92개 항목으로 크게 분류하였으며, 우리나라 한문소설에 커다란 영향을 미쳤다. 김시습의 『금오신화』에 수록된 「만복사저포기」나 현대인들에게도 잘 알려진 「장화홍련전」에서 귀신이 등장하는 이야기가 『태평광기』에서 비롯되었다는 견해도 있다. 이 책은 후에 다른 이야기들이 더해져 『태평통재』 80권으로 편찬되었다.

『태평통재』(太平通載, 조선 전기), 성임(成任, 1421~1484)

중국 송대의 『태평광기』를 본떠 조선 전기에 국내외 서적들에 실려 있던 지괴(地怪)·설화(說話)·소설 등의 이야기를 광범위하게 수집하여 펴낸 잡록집이다. 이 책의 편찬은 성종 대를 전후한 지적 분위기와 긴밀한 관계가 있다. 즉 '사대부들이 경전만 읽을 것이 아니라 잡록류도 읽어야 할 것인가'를 놓고 논쟁을 벌였을 때 '잡록을 읽어 다양한 지식을 습득하고, 한편으로는 긴장을 풀어주는 것이 필요하다'는 주장도 적지 않았다. 성종 역시 잡록이나 패설을 편찬하고 읽는 것에 관심을 기울였고, 『태평통재』의 편찬을 독려했다.

이처럼 조선 전기에 잡학과 관련한 책을 왕명으로 편찬했다는 사실은 당시 조선의 사대부들이 중국의 패설이나 잡록류를 즐겨 읽었음을 말해주기도 한다. 「성종실록」에 따르면 성현이 성종에게 다음과 같이 주장했다는 기록도 흥미롭다.

"관상감·사역원·전의감·혜민서는 본래 사족(士族)에 속한 사람이 아니니, 내의원 이외에는 문관과 무관의 반열(班列)에 넣지 말라"고 하셨는데, 신(臣)은 천문·지리·복서·의약·통역 등 일체의 잡술(雜術)은 그중 하나라도 치도(治道)의 도움이 되지 않는 것이 없다고 생각합니다. 조종조(祖宗朝)로부터 제학(諸學)을 동반(東班)의 직임(職任)으로 삼고 과거제도까지 설치한 것은 그 임무를 중요하게 여겼기 때문입니다. 그리고 세종께서는 이미 문교(文敎)를 중요하게 생각하시고, 또 잡예(雜藝)에도 뜻을 두시어 당시에 인재가 많이 나왔으며, 그들 가운데 뛰어난 사람이 있으면 발탁하여 중용하기도 하였습니다.

성현은 잡학도 백성을 다스리는 도리이기에 대단히 중요하다고 강조하면서, 세종이 잡학에 능한 인재를 뽑아 관리로 등용한 사례까지 인용하고 있다.

일상 속에서 학문의 다양성에 주목하다

성현은 "대체로 재주가 많은 자는 도(道)에 위배된다고 하고, 육경(六經)에 통달하면 교활하여 임용하기 어렵다고 하며, 문학(文學)이 풍부하면 허황하게 과장해서 진실하지 못하다고 하니, 학문에서도 이러한데 더구나 잡술(雜術)이겠습니까?"라며 편협하게 학문하는 자세와 이를 조장하는 세태를 비판했다. 그리고 "학문하는 자세는 다양한 분야의 가치를 제대로 인정하고 이해하는 데 있다"며 실용적인 분야도 주목했다.

동시대를 살았던 서거정 역시 『태평광기상절』의 서문에서 통유(通儒)의 자세를 말하면서 "옛사람의 말과 행동을 많이 알아서 박학해야 한다"고 강조하며 평범한 사람들의 사소한 말과 행동도 놓치지 않았다. 조선시대 사대부들이 우스갯소리를 수집해 저술로 남긴 것도 이러한 이유 때문이다.

참고로, 뒤에서 살펴볼 『어우야담』 외에도 『태평한화골계전』 이후 편찬된 주요 이야기책의 특징을 소개하면 다음과 같다.

『용재총화』(傭齋叢話, 15세기), 성현(成俔, 1439~1504)

당대의 역사·정치·문학·지리·종교·풍속·제도·음악·서화·동식물 등 다양한 분야와 왕족·유학자·서화가·음악인·과부·승려·점술가·기생 등 최상층에서부터 사회에서 천대받는 최하층에 이르기까지 여러 계층의 인물을 수록했다. 특히 『용재총화』에 서술된 인물은 조정에서 중심적 위치에 있었던 특수층이 많고, 그들만이 누리거나 경험할 수 있는 관료 세계의 사건으로 제한적이라는 특징이 있다.

서문에 "심심풀이로 보기에 족하다"고 밝혔듯이 성현은 다양하고 흥미로운 이야기들을 수록하였을 뿐만 아니라 서거정의 뒤를 이어 대제학을 지내는 등 관료이자 학자로서의 폭넓은 학식과 경험을 바탕으로 시간과 공간적 배경을 명시하여 서사체에 역사성을 담았다.

또 음식, 사신들의 인물평과 접대, 과거제도와 제사 풍습 그리고 불교와 관련한 이야기 등도 실었으며, 자신을 포함한 가문에 대한 자부심을 당당하게 드러내기도 했다. 문벌(門閥)의 성대함은 광주 이씨가 제일이고, 그다음이 성씨(成氏)라고 하면서 역대 벼슬을 지낸 조상을 열거한 것도 그 예이다.

『촌담해이』(村談解頤, 성종 연간), 강희맹(姜希孟, 1424~1483)

성종 때 편찬한 소화집(笑話集)으로, 저자 강희맹은 폭넓은 교양과 실무적 소양을 갖춘 관리로 평가받는 인물이다. 시골 노인들과 나눈 극담(劇談) 가운데 "턱이 열릴 만한 것, 즉 크게 웃음을 유발할 수 있는 내용을 선별하여 기록한다"고 소개할 정도로 흥미진진한 내용이 많이 실려 있다. 특히 음담패설 등 외설적 이야기가 대다수를 차지하는데, 대부분 터무니없다고 할 정도로 꾸며낸 이야기를 수록하여 과장담(誇張譚)으로 분류되기도 한다.

그런데도 인간의 본성이 적나라하게 드러남으로써 오락적인 효과와 함께 스스로 깨우치는 교훈적인 내용을 담았으며, 농가에 널리 전승되던 민요나 설화를 통해 당시 농촌사회의 실상과 농민들의 애환 등도 보여준다. 현재 완전한 형태로 전하지 않아 작품과 내용 등에는 논란이 있는데, 『고금소총』에 전하는 10개의 이야기가 널리 알려졌다.

『**청파문집**』(靑坡文集, 1512), **이륙**(李陸, 1438~1498)

시문집으로, 역사적 인물에서 음식과 의복에 이르기까지 다양한 이야기가 실려 있다. 예를 들면 「기실」에서는 이암(李嵓)·공부(孔俯)를 비롯해 세조와 조수(趙須) 등 여러 인물에 얽힌 흥미로운 사실을 기록했으며, 「척이」에서는 안유(安裕)·김덕생(金德生)·권홍(權弘)·정창손(鄭昌孫) 등의 야사를 수록했다. 「정렬」에는 고려 우왕의 근비(謹妃) 이씨(李氏)와 영비(寧妃) 최씨(崔氏) 등 왕실 여인과 유효장(柳孝章) 등 열녀들의 행적도 담았다. 「조복」은 고려시대와 조선 초기의 관복(官服)을 소개했으며, 「의상」은 목면·베·마포(麻布)의 유래와 사용자를 수록하여 여말 선초의 민속·의상·관복 등의 연구와 역사적 인물들의 전기적 자료로서 가치가 크다.

이외에도 잡저(雜著)의 「두류산록(頭流山錄)」은 저자가 3년간 두류산(지리산의 다른 이름)에 들어가 공부하면서 지리산의 위치와 주변의 인문·자연지리를 상세하게 기록했으며, 기르던 개를 소재로 쓴 「의견설(義犬說)」 등 자신과 관련한 이야기도 실었다.

『**추강냉화**』(秋江冷話, 조선 전기), **남효온**(南孝溫, 1454~1492)

성종 때 사육신의 한 사람이었던 남효온이 시화(詩話)·일사(逸事)들을 모아 엮은 한문 수필집으로, 잡기류로 분류되기도 한다. 66편의 이야기가 수록되었으며, 저자와 친분이 있던 당대 문인들의 시와 세간에서 전하는 이야기들도 실려 있다.

『**패관잡기**』(稗官雜記, 16세기), **어숙권**(魚叔權, 생몰미상)

조선 중기에 지은 수필집으로, 패관문학의 대표작으로 평가받는다. 조선 전기의 사실(史實)을 이해하는 데 중요한 자료이면서 설화적 소재가 풍부해 문학사적 의미도 크다. 또 명나라를 건국한 주원장(朱元璋)으로부터 시작하여 조선 건국 후 명나라에 다녀온 사신들과 요동(遼東)·일본·대마도·유구(琉球) 지역의 유사(遺事)와 풍속 등을 자세하게 기록하였고, 당시의 사환(仕宦)·일사(逸士)·시인·묵객들의 언행과 재인·기예(技藝)·축첩(蓄妾)·동요(童謠) 등에 관한 다양한 사실들을 보고 들은 그대로 기술했다.

『**용천담적기**』(龍泉談寂記, 1525), **김안로**(金安老, 1481~1537)

김안로가 경기도에서 유배 생활을 하는 동안 쓴 야담 설화집으로, "귀양살이로 정신이 피로하여 성인의 글을 읽을 수가 없어 예전에 친구들과 하던 이야기를 떠올려 붓 가는 대로 기록해서 친구들과 이야기하고 농담하는 것에 대신할까 한다"고 저술 동기를 밝혔다. 당시 전승하던 야담 35개를 수록했으며, 여기에는 세조가 단종의 어머니 현덕왕후 능을 옮길 때 일어난 기이한 일을 포함해 세종·문종·성종·연산군 등 임금과 관련해 전하는 이야기와 김시습·성현·허종 등 다양한 인물담 그리고 고금(古今)의 이름난 화가와 그림에 관한 이야기, 중국 사신과 시를 주고받던 이야기 등을 실었다.

이외에도 조수(潮水)의 출입과 지각의 변동에 관한 학설을 소개하는 등 자연과학 및 예술 전반에 관한 이야기 등 듣고 보고 느낀 것을 기록하여 문헌설화로서의 가치를 인정받고 있다.

『고금소총』(古今笑叢, 19세기로 추정), 작자미상

조선 후기 민간에 전래하는 우스운 이야기를 집대성한 설화집으로, 작자는 밝혀지지 않았으나 이 책에 수록된 소화집의 편찬자는 대부분 알려진 인물이다. 외설담에 비중을 많이 두어 우리나라의 대표적인 외설서로 꼽기도 하지만, 전체적으로는 외설적인 이야기와 비외설적인 이야기로 분류할 수 있다. 비외설적인 이야기는 다시 치우담, 즉 단순한 웃음을 유발하는 이야기와 지혜담, 즉 슬기와 재담이 곁들여진 이야기로 나누어진다.

한편 『용재총화』의 저자 성현은 주변에서 "미친 듯 어지럽다"는 말을 들을 정도로 기질이 호방하고 장난을 잘 쳤으며, 유머 감각을 지닌 것으로 전한다. 『용재총화』는 이러한 저자의 진면목을 보여준다. 『태평광기상절』 등을 엮은 성임은 성현의 큰형으로, 어린 나이에 부친을 잃은 성현에게 열여덟 살이나 차이 나는 성임은 아버지와 같은 존재였다.

특히 성현은 어린 시절 큰형의 친구들이었던 김수온에게 음악, 강희맹에게 그림, 서거정에게 문장 등을 배웠다. 또 북경에 사신으로 가는 큰형을 따라가 많은 경험을 했고, 기행시로 엮어 『관광록(觀光錄)』을 남기는 등 성현에게 큰형 성임의 영향력은 대단히 컸다.

성현은 훈구파 학자들의 영향 밑에서 성장했지만, 후에 당대의 사림파 학자로 명망이 높았던 김종직(金宗直)·유호인(兪好仁)과도 교유하는 등 폭넓은 인간관계를 통해 이들의 학풍에도 영향을 주었다. 유학자이자 문인이었던 지배층이, 동시대에 일어난 사회적 사건들을 두루 기록하는 태도를 중요하게 여긴 것도 그 예라 하겠다. 그 과정에서 성현은 일상에도 적극적인 관심을 보였으며, 우스운 이야기나 심지어 속된 이야기라도 모두 놓치지 않고 열심히 기록으로 남겼다. 사림 출신으로 생육신의 한 사람이었던 남효온이 『추강냉화(秋江冷話)』와 같은 잡기류를 저술한 것도 당시 훈구파 문인들의 저술 활동에서 영향을 받은 것으로 추정된다.

가장 화려한 삶을 살다

서거정은 세종·문종·단종·세조·예종·성종 등 여섯 임금을 모시고 총 45년간 관직 생활을 했다. 특히 그는 집현전을 거쳐 대제학을 지내며 문헌 편찬 등 각종 문화 사업에 참여하여 능력을 발휘했으며, 관직 생활 후반기에 해당하는 23년간은 조선 전기 최고의 문장가로 활약했다.

서거정의 학문과 관련해서는 그의 외가도 주목받는다. 그의 어머니는 권근(權近, 1352~1409)의 딸로, 서거정은 권근의 외손자가 된다. 권근은 이색(李穡)의 제자로, 고려 말기에 이색의 문하에서 공부하며 정몽주·이 숭인·정도전 등 당대 석학들과도 교유했다. 그는 조선 건국 과정에는 참여하지 않았지만, 이후 태조와 태종을 도와 새 왕조의 문물을 정비하는 데 크게 공헌했다. 한편 권근은 조선의 초대 대제학을 역임하면서 과거 시험을 주관했는데, 그 때문에 조선 초기 문인들은 그가 선호하는 문예사조에 민감하게 반응하는 등 권근의 학문적 영향을 적지 않게 받았다.

서거정은 자신의 누이와 혼인한 최항(崔沆, 1409~1474)의 가르침도 받았다. 최항은 다음과 같은 각별한 이야기가 전할 정도로 세종의 신임을 받았던 수재였다.

세종이 과거를 실시하기 전날 밤에 꿈을 꾸었는데, 용 한 마리가 성균관 서쪽 뜰에 있던 잣나무를 휘감고 있었다. 깜짝 놀라 잠에서 깬 세종이 꿈에서 보았던 자리에 사람을 보냈더니, 한 선비가 잣나무 밑에서 책을 베고 잠을 자고 있었다. 세종이 선비를 불러 "어디에 사는 누구인가?"를 묻고 돌려보냈고, 다음 날 예정대로 과거를 시행했다. 그런데 어제 보았던 선비가 장원급제를 했다. 이에 세종은 "이는 필시 하늘이 내려준 나라의 재목이다"라며 매우 기뻐했다. 이 선비가 바로 최항으로, 이후 사람들은 최항이 잠자던 잣나무가 장원 급제자를 배출했다고 해서 '장원백'이라고 불렀다.

최항은 관직 생활을 하며 한글 창제에도 참여하는 등 능력을 발휘하

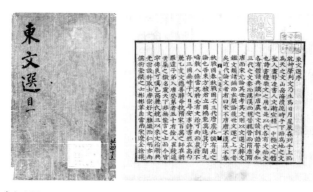

동문선東文選

1478년(성종 9) 이후 | 사가정(四佳亭) 서거정(徐居正) 외 | 문신 서거정, 노사신, 강희맹, 양성지 등이 성종의 명으로 신라 때부터 조선 전기까지의 시문을 집대성하여 엮은 한시문선집(漢詩文選集)이다. 우리나라 한문학의 총결산이라 할 만하며, 양이 풍부하여 당시의 문학뿐 아니라 문화 전반에 대한 인식까지도 살펴볼 수 있다. 작품의 내용을 문제 삼기보다는 가급적 많은 수의 작품을 수록하려 한 것으로 보인다.

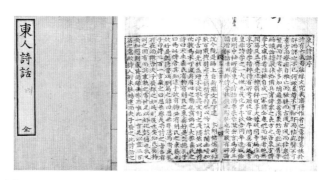

동인시화東人詩話

1474년(성종 5) | 사가정(四佳亭) 서거정(徐居正) | 신라시대부터 조선 초기까지의 시와 시인을 논하는 이야기를 모아 편찬한 시화집(詩話集)으로, 고려시대에 활발하였던 시화 창작의 전통을 이어받으면서 동시에 '詩話'라는 용어를 처음으로 사용했다. 시(詩)를 통하여 귀족 사회의 생활과 취미를 엿볼 수 있는 귀중한 자료로, 성종 5년(1474)에 간행하였고 인조 17년(1639)에 이필영(李必榮)이 중간(重刊)했다.

여 세종의 총애를 받았다. 훗날 세조가 일으킨 계유정란에 동조하여 우의정과 좌의정 그리고 영의정을 최단 기간에 역임하는 등 세조의 두터운 신임을 얻는다.

서거정 역시 문종 2년(1452), 수양대군이 사신으로 명나라에 갈 때 종사관(從事官)으로 함께 가면서 인연이 시작된다. 도중에 서거정은 어머니의 사망으로 되돌아왔지만, 이후 두 사람은 각별한 관계로 이어졌다. 세조가 왕위에 오른 뒤에 외교문서는 대부분 서거정의 손을 거칠 정도로 서거정은 능력을 발휘했고, 세조의 두터운 신임을 받으며 주요 관직을 두루 역임한다. 그는 세조의 측근이었던 권람·한명회·신숙주 등과도 가깝게 지낸 것으로 전한다.

서거정은 성리학뿐만 아니라 천문(天文)·지리(地理)·의약(醫藥)·복서(卜筮)·성명(性命)·풍수(風水) 등을 관통할 정도로 학문이 깊고 폭이 넓었다. 그는 이러한 능력을 기반으로 일찍부터 대규모 편찬 사업의 기획과 실무에 참여하여 많은 결과물을 만들어냈다.

대표적인 예로 서거정은 국가의 요구에 따라『경국대전』,『삼국사절요(三國史節要)』,『동국여지승람(東國興地勝覽)』,『동문선』,『동국통감』,『오행총괄(五行摠括)』 등을 편찬하는 등 법전·역사·지리·문학 등 다양한 분야에 걸쳐서 총 9종을 편찬했고, 그 분량은 수백 권에 이른다. 개인 저술로는 훌륭한 설화문학 작품으로 평가받는『태평한화골계전』과『필원잡기』 외에도 우리나라 역대 문인들의 시를 모아 엮은 시화집『동인시화』와 서거정의 시문을 모아 간행한『사가집(四佳集)』이 있다.

『금오신화』,
또 다른 글쓰기를 시도하다

금오신화金鰲新話

제작 시기 | 명종 연간(초간), 1653년(이하 일본 중간)

편저자 | 매월당(梅月堂) 김시습(金時習, 1435~1493)

내용과 의의 | 김시습이 금오산에서 지내며 쓴 우리나라 최초의 한문 단편 소설집으로, 「만복사저포기」·「이생규장전」·「취유부벽정기」·「용궁부연록」·「남염부주지」 5편이 수록되었다. 완본(完本)은 전하지 않으나, 조선 전기에 간행된 목판본 1책과 일본에서 간행된 목판본 2책이 전한다. 한국 소설의 발달 과정에서 『금오신화』에 이르러 소설이라는 문학 양식이 확립되었다는 평가를 받는다.

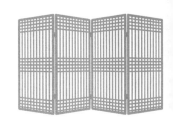

새로운 글쓰기 방식을 개척하다

우리나라 최초의 한문소설 『금오신화』와 저자 김시습의 삶은 『태평한화골계전』과 저자 서거정의 삶과 비교하면 책의 내용만큼이나 서로 상당히 대조적이었다.

『태평한화골계전』은 앞에서 살펴보았듯이 익살스러운 이야기를 통해 당시 사회의 지배층인 사대부 지식인의 여유를 보여주고, 후대 지식인들의 골계담 편찬에도 큰 영향을 주었다. 반면 동시대에 김시습이 저술한 『금오신화』는 나말 여초의 전기소설(傳奇小說)이라 불리는 일련의 작품에 의해 마련된 서사 문학적 전통을 세웠으며, 사회사 및 사상사의 새로운 전기를 이루었다는 평가를 받는다. 그러나 사대부라고 해서 누구나 부담 없이 쓸 수 있는 작품은 아니었다.

또 『태평한화골계전』은 편찬 시기와 저자가 명확하게 전하며, 저자 서거정은 조선의 체제 정비에 적극적으로 참여하고 공적인 영역에서 활동한 조선의 대표적인 유학자이자 지식인으로 자리매김했다. 반면 『금오신화』는 김시습이 30대의 나이에 경주 금오산 용장사에 은거하면서 지은 것이라는 견해가 유력하지만, 창작된 시기와 장소에 대해서 여러 가지 설이 있을 정도로 전하는 자료가 많지 않다. 의리를 내세워 관직에 나가는 것을 포기했던 김시습은 체제 정비에 협조하지 않은 소외된 지식인이었고, 새 왕조의 이념적 모순과 사회적 폐단을 비판하는 등 새로운 사상과 실천을 모색했던 재야의 지식인을 대표하게 된다.

김시습이 처음부터 세상을 비판하며 인연을 단절하고 살았던 것은 아니다. 그도 한때는 주변의 기대 속에서 청운의 꿈을 품고 공부했고, 과거에도 뜻이 있었다. 그러다가 그의 삶에 커다란 변화를 일으키는 역사적 사건이 일어난다. 김시습이 한양의 북한산 중흥사에서 공부할 때 '수양대군이 단종을 폐위하고 왕위에 올랐다'는 소식을 듣게 된 것이다. 그의 나이 19세 때였다. 당시 김시습은 공부하던 책을 모두 불에 태워버리고 강원도 김화로 들어가 뜻을 같이하는 사람들과 한동안 은둔 생활을 했다. 24세 때인 세조 4년(1458)부터 전국을 유람했는데, 31세 때인 세조 11년(1465)에는 경주 남산에 금오산실을 짓고 6년여 동안 칩거하면서 『금오신화』를 저술한 것으로 전한다.

중국 소설 『전등신화(剪燈新話)』의 영향을 받은 것으로 보이는 『금오신화』는 제목에서 알 수 있듯이, 유학에서 '허무맹랑하다'는 이유로 거부했던 신화를 호출하여 새로운 글쓰기를 시도했다. 『금오신화』에서 불교사상과 도교사상 등을 발견할 수 있는 것이 그 예라 하겠다. 『금오신화』는 유자(儒者)·선승(禪僧)·방외인(方外人)으로서의 김시습이 '서로 성질이 다른 다양한 사상적 근거 위에서 나름의 글쓰기 방식을 개척하고 정립하였다'는 평가를 받는다. 『금오신화』를 구성하는 5개의 이야기가 유학을 공부한 지식인의 자세와는 거리가 느껴질 정도로 특이하기 때문이다.

『금오신화』는 대부분 귀신이 이야기의 주인공으로 등장하면서도 이야기를 현실로 끌어내어 제도(制度)와 인습(因襲)이 파괴되는 전쟁이나 폭력 등으로부터 인간의 운명을 극복해 보려는 저항 의식을 보여준다. 그리고 그 기저에는 인간성을 긍정하고 있다는 점도 주목된다. 달리 말하면 비록 귀신이 주인공으로 등장하지만, 인간을 중심에 두고 이야기를 서술하면서 인간을 압박하는 세상의 부조리한 것들에 굽히지 않음으로써 자유와 초월을 갈구하는 작가만의 세계관을 발견할 수 있다.

다섯 개의 이야기, 세상은 합리적으로 운영되는가?

「만복사저포기(萬福寺樗蒲記)」, 기이(奇異)를 현실 세계로 호출하다

전라북도 남원을 배경으로 하는 우리 고전소설은 『금오신화』의 「만복사저포기」를 포함해 임진왜란에서 병자호란에 이르는 긴 전란의 시기에 최척과 그 가족이 조선과 일본, 중국으로 흩어졌다가 다시 만난다는 『최척전(崔陟傳)』 그리고 우리가 잘 아는 『춘향전』 등 3편이 전한다. 모두 명작으로 평가받는 이 작품들에는 남원의 대표적인 사찰 만복사가 공통으로 등장한다. 만복사는 광한루에서 얼마 떨어지지 않은 남원의 서쪽에 그 터와 유물 몇 점이 남아 있어서 지금도 누구나 답사가 가능하다.

「만복사저포기」에서는 부모를 여의고 장가도 들지 못한 채 만복사 골방에서 사는 청년 양생(梁生)이 등장한다. 양생은 배필을 구하기 위해 부처님과 저포로 내기를 한다. 내기에서 이긴 그는 아름다운 처녀와 만나 개녕동에 있는 처녀의 집을 방문해 함께 지낸다. 그러나 처녀는 왜구가 침략했을 때 절개를 지키다 죽은 귀신으로, 그 집은 바로 처녀의 무덤이었다. 이곳에서 3일간 처녀와 함께 보낸 양생은 보련사에서 다시 만나기로 약속하고 헤어졌다.

다음 날, 약속 장소에서 처녀를 기다리던 양생은 우연히 처녀의 부모를 만나 처녀가 3년 전에 죽었다는 사실을 알게 된다. 양생은 보련사에서 처녀를 위한 천도재에 참여한 후 처녀의 부모로부터 받은 전답과 가옥을 모두 팔아 처녀를 위해 재를 올리고, 다시는 결혼하지 않고 지리산에 들어가 종적을 감춘다.

이처럼 산 남자와 죽은 여자 귀신 사이의 사랑은 기이한 일에 속한다. 그런데 김시습은 이들의 사랑을 기이한 일로만 그리지 않고, 구체적인 시간과 공간 속에서 일어난 실제 사건으로 묘사했다. 우선 작품에 등장하는 남원·만복사·개녕동·보련사 등은 실재하는 공간이다. 또 고려시대 말기에 이성계가 남원 인근의 운봉에서 왜구를 크게 무찌른 적이 있는데, 실제 정절을 지키다가 왜구에게 죽임을 당한 여인이 있었을 가능성도 있다.

따라서 처녀 역시 정체불명의 귀신은 아니며, 남자 주인공의 성씨인 양씨도 남원이 본관인 양씨가 실제로 있다. 그리고 양생은 비록 외로운 생활을 했지만, 처녀와 함께 집으로 갈 때 마을 사람이 안부를 묻는 것으로 보아 남원 지역에서 살던 청년임을 알 수 있다. 특히 역사적인 관점에서 보면 양생과 억울하게 죽은 처녀는 기이한 만남이 아니라 여전히 현실에 존재하는 사회적 아픔이었다. 달리 말하면 기이한 일이란 현실과 다른 별개의 사건이 아니라 부조리한 사건을 통해 현실 속에 기이한 일이 있게 된 것이다.

그 때문에 양생은 억울하게 죽은 여성을 만나 짧은 기간 동안 사랑하고, 운명적으로 헤어지는 체험을 하면서 두 가지 의미 있는 변화를 보인다. 하나는 처음 만났을 때는 그저 처녀의 자태에 반하고, 배필을 만났다는 사실을 즐거워했다. 하지만 처녀의 사연을 안 후에는 이승과 저승을 넘어서 진정으로 처녀를 사랑하게 된다. 다른 하나는 양생이 귀신과 이별한 후 다시는 결혼하지 않고 지리산에 들어가 종적을 감추었다는 점이다. 즉 양생이 사라지는 결말을 통해 진정한 사랑을 이루기에는 현실이 얼마나 부조리한가를 함축적으로 말하는 듯하다.

「이생규장전(李生窺墻傳)」, 사랑의 열망을 빚어내다

「이생규장전」은 '주인공 이생(李生)이 담 너머로 처녀를 엿본다'는 뜻으로, 청년 이생과 최씨 처녀의 사랑을 그린 일종의 애정소설이다.

이생은 요즘으로 말하면 국립대학인 고려의 국학(國學)에 다니는 학생이었고, 최씨는 귀족의 딸이었다. 당시 사회에서 두 사람은 그야말로 선남선녀였지만, 부모의 허락 없이 사랑을 나눈 것이 문제였다. 결국 둘의 관계를 알게 된 이생의 아버지가 이생을 울산으로 쫓아 보내면서 이별을 맞는다. 그 때문에 상사병으로 자리에 누운 최씨가 죽을 지경에 이르자, 최씨 집안이 적극적으로 나서서 두 사람은 혼례를 치른다.

이후 이생이 과거에 급제하여 관직 생활을 하며 두 사람은 행복하게 살아간다. 그러나 공민왕 때 홍건적의 난을 피해 숨어 있던 최씨가 겁탈하려는 도적에 항거하다 사망하고, 이생만 간신히 살아남는다. 이후 깊은 슬픔에 빠져 있던 이생 앞에 최씨가 환생하여 두 사람은 다시 만

난다. 이생은 최씨가 사망했다는 사실도 잊은 채 여러 해 동안 두문불
출하며 서로 사랑하며 지낸다. 하지만 환생의 기한이 차서 최씨가 떠나
가자, 뒤이어 이생도 세상을 떠난다.

이처럼 죽은 부인이 환생(幻生)하여 남편과 살았다는 「이생규장전」의
내용은 「만복사저포기」의 사연과 유사한 면이 있다. 다른 점이 있다면
두 사람의 만남과 사랑이 현실에서 이루어졌고 우여곡절을 겪지만, 결
국 최씨 여인의 애정과 노력으로 결혼에 성공했다는 것이다.

그러나 이야기는 선한 두 사람의 사랑이 결국 현실에서 좌절되는 것
으로 끝이 난다. 달리 말하면 현실에서 맺어진 사랑이 세상의 부조리함
으로 인해 깨져버리고, 이승을 떠나는 것으로 사랑을 책임진다. 그런 점
에서 이 이야기는 참혹한 현실을 역설적으로 서술함으로써 결말의 비
극성을 사실적으로 묘사했다고 해석할 수 있다.

「취유부벽정기(醉遊浮碧亭記)」, 민족사에 대한 회고 속에 연정을 담다

「취유부벽정기」는 '술에 취해 부벽정에서 놀다가 발생한 사연을 기록한
다'는 뜻으로, 서로 다른 세계에 속한 남녀가 만난다는 점과 여성이 변
란으로 세상을 등지게 되었다는 점에서 「만복사저포기」나 「이생규장
전」과 내용이 비슷하다. 김시습이 관서 지방을 유람한 것과 그가 도가
(道家) 사상에도 일가견이 있었다는 점에서 그의 유랑 생활의 경험도 담
겨 있는 듯하다.

반면 앞의 두 이야기가 남녀의 사랑을 이야기한 것과는 달리 「취유
부벽정기」는 상고시대의 우리 역사를 부각했으며, 남녀의 애정은 암시
적일 뿐이다. 달리 말하면 두 남녀의 만남이 오로지 사랑만을 위한 것

이 아니라 회고를 통해 우리 민족사에 대한 공감을 두드러지게 드러내고 있다는 점에서 앞의 두 작품과는 또 다른 의미를 발견할 수 있다.

개성에 사는 홍생(洪生)이라는 청년이 평양에서 친구들과 놀다가 취흥이 일어 혼자 부벽정으로 간다. 그는 이곳에서 평양을 무대로 한 우리의 고대사를 돌아보며 시를 읊었다. 그때 한 여인이 나타나 홍생의 시에 화답한다. 여인은 기자조선의 마지막 왕이었던 준왕의 공주로, 위만이 나라를 차지하자 고난 속에서 목숨을 걸고 절개를 지키다가 단군에 이끌려 신선이 되어 천상에 살았는데, 달이 밝자 고국 생각이 나서 잠깐 찾아왔다고 자신을 소개한다.

공주는 다시 시를 읊은 뒤 하늘로 올라갔고, 홍생은 이별을 안타깝게 여기며 돌아온다. 홍생은 공주를 잊지 못해 병이 들었는데, 꿈에 어떤 미인이 나타나 옥황상제가 홍생을 하늘로 불러 일을 맡긴다는 명령을 내렸다고 전한다. 얼마 지나지 않아 홍생이 사망하고, 세상 사람들은 그가 신선이 되었다고 말한다.

이처럼 작품의 서두에서부터 평양이 옛 조선과 고구려의 중심이었으며, 우리의 상고사와 문화가 중국과 대등했다는 역사적 사실을 확인해준다. 작가의 이러한 역사의식으로 인해 두 남녀의 만남이 이루어진다. 즉 주인공 홍생이 단군조선에서 고구려까지의 흥망을 회고하면서 지극한 감회에 빠져들자, 단군이 신선의 세계로 인도했던 공주가 나타나 우울한 마음을 함께 풀자고 제안한 것이다. 따라서 이 작품은 우리 역사가 단군조선에서 시작되었다는 역사의 기원을 내포하면서도 다른 층위에서는 단군신화에서 보이는 우리 고유의 신선 사상(神仙思想)을 반영해 현세적 시공간을 넘어서 신화의 세계로 이어가는 중층적 의미를 담고 있다.

그런데도 이 작품 역시 기이한 세계가 아니라 현실 세계를 이야기한다. 홍생은 상고시대의 무대인 평양에서 공주와 만나며 우리 민족사를 재확인하고, 한편으로는 그 위에 펼쳐진 선계(仙界)를 알게 된다. 「만복사저포기」에서 처녀 귀신이 청년에게 준 주발을 알아본 처녀의 부모를 통해 왜구의 침략이라는 역사적 사실을 확인했듯이, 이 작품에서는 평양에 남아 있는 유물과 공간을 통해 공주의 존재와 상고의 역사를 확인한다. 따라서 「취유부벽정기」는 우리의 삶의 터전이, 현재의 시간이 지배하는 평면적 공간이 아니라 과거의 역사가 여러 층위로 쌓인 입체적 공간이라는 사실도 알려준다. 고대의 역사이지만, 현실에서 수양대군이 계유정난으로 어린 조카 단종의 왕위를 찬탈한 사건을 통해 정당한 삶과 역사가 폭력에 의해 좌절된 아픔을 말하는 듯하다.

「남염부주지(南炎浮州志)」, 이상 세계의 열망을 담다

「남염부주지」는 '기이한 세계를 꿈속에서 여행한다'는 의미로, 주인공은 경주에 사는 청년 박생이다. 박생은 인품도 훌륭하고 뜻이 높고 강직하며, 사람을 대할 때는 순박하고 성실해서 주변으로부터 칭송받았다. 그는 승려와 무격(巫覡)의 귀신 등의 존재를 부정했고, "천하에는 하나의 이치만 있을 뿐이다"라는 '일리론(一理論)'을 저술할 정도로 현실을 중시하는 성리학적 사상이 확고했다. 그러나 유학으로 대성하겠다는 포부를 안고 열심히 공부하다가 낙방하여 몹시 기분이 상하고 만다.

그러던 어느 날, 박생은 꿈에서 저승사자에게 인도되어 남쪽 염부주라는 별세계를 방문하고 염왕을 만나 유교와 불교, 미신과 정치 등 사상적 담론을 벌인다. 고대로부터 고려에 이르기까지 우리 역사의 흥망을 소재로 하여 백성을 폭력적으로 통치하는 왕을 비판하는 의견도 교환하면서 박생은 저승에서도 자신의 지식과 믿음이 타당하다는 사실을 확신한다.

염왕 또한 박생의 참된 지식과 능력을 알아본 후 박생에게 왕위를 물려준다는 조서를 내리고 잠시 세상에 다녀오라고 한다. 박생은 꿈에서 깨어났지만, 몇 달 뒤 병을 얻어 세상을 떠난다. 이웃 사람의 꿈에 신인(神人)이 나타나 박생이 염마왕이 될 것이라고 전한다. 이 세상 말고 다른 세상은 없다고 믿었던 박생이 전생에 악행을 일삼은 사람들을 교화하는 염왕의 초대를 받아 그 나라의 왕이 된 것이다.

이 이야기 역시 또 하나의 역설(逆說)이다. 그러나 이 역설은 작품의 모순이라기보다 작가의 의식 속에 남아 있는 현실 세계의 보편적 질서를 말하고 있다. 염왕도 사실은 현실에서 주인공의 사상이 옳다는 것을 입증하기 위해 등장한 존재에 불과하기 때문이다. 즉 저승이라는 또 다른 세상에서도 폭력과 억압으로 다스리면 반드시 멸망한다는 '세상의 보편적 질서에 대한 믿음'을 확인함으로써 현실 세계 외에 별도의 천당과 지옥 또는 저승의 질서가 없다는 믿음에는 변함이 없다. 염왕이 왕위를 물려주는 글에서, 박생은 모든 백성이 의지할 만한 사람이니 백성을 지선(至善)의 경지에 들게 하고 세상을 태평하게 해달라고 부탁한 것도 그 예라 하겠다.

물론 여기에는 현실 세계에서 벌어지는 부조리함이나 모순을 제거하고 보편적 질서를 지향하고자 하는 주인공의 열망이 담겨 있다. 즉 이 작품에서 전개된 기이(奇異)는 공포를 유발하는 남염부주의 기상천외한 모습이지만, 박생이 염왕의 뒤를 이어 이곳을 다스리게 된다는 점에서 남염부주는 결국 유학이라는 이념의 연장선상에서 세워진 공간을 의미한다. 염왕은 전생에 부모와 임금을 죽이는 등 간교하고 흉악한 짓을 한 인물들을 교화하고, 남염부주는 바로 그러한 일이 일어나는 공간인 까닭이다.

달리 말하면 이 작품에서 보여주는 '기이한 세계'란 곧 현실 세계의 문제점이 투영된 공간으로, 기이는 별도로 존재하는 것이 아니다. 따라서 박생이 염마왕이 된다는 기이한 설정 역시 남염부주라는 곳이 사실은 태평한 세계로 나아가기 위한 필연의 현실 세계임을 말하는 듯하다. 박생이 저승에서 염왕과 문답한 것이나 왕위를 선양하는 염왕의 글 등으로 저자가 경험했던 부조리한 현실, 즉 세조의 왕위 찬탈을 우회적으로 비판하고 있기 때문이다.

또 앞의 세 작품은 시(詩)로써 등장인물의 심정을 표출했지만, 이 작품에는 시가 한 편도 없고 서술과 대화만 나온다는 점도 주목된다. 특히 박생과 염왕이 천지 운행의 이치에서부터 인간 세상의 풍습에 이르기까지 주요한 쟁점이나 문제점을 직설적으로 논했다는 점에서 저자의 마음을 읽을 수 있다.

「용궁부연록(龍宮赴宴錄)」, 현실 세계의 보편적 질서를 회구하다

「용궁부연록」은 '용궁의 잔치에 초대받아 다녀온 이야기'라는 뜻이다. 이 이야기는 고려시대의 인물인 한생(韓生)이 주인공으로, 용왕이 공주의 혼인을 위해 누각을 짓고 상량문(上樑文, 건물을 새로 짓거나 고친 내력, 까닭과 공사 날짜, 시간 등을 적은 글)을 얻기 위해 한생을 용궁에 초대한다. 한생이 상량문을 짓자 용왕은 여러 강(江)의 신들과 함께 성대한 잔치를 베풀어 그를 대접했고, 한생은 잔치가 끝난 뒤 용궁을 두루 구경하고 선물까지 받아 다시 집으로 돌아온다. 그러나 꿈에서 깬 한생은 이후 세상의 명리를 떨쳐버리고 명산(名山)에 들어가 종적을 감춘다.

이처럼 「용궁부연록」은 앞의 이야기들과 유사한 내용을 포함하면서도 차이점도 분명하게 보인다. 예를 들면 이 작품에 나오는 용궁은 신비하면서도 평화롭고, 희망이 있는 곳이다. 주인공 한생도 부조리한 사건 등으로 불행을 겪지 않는다. 오히려 한생이 용궁에서 지은 글과 노래는 물론, 잔치에 참여한 구성원들의 노래 역시 모두 현실을 긍정하면서 희망을 담고 있다. 따라서 앞의 네 작품에 비해 이 작품에 등장하는 세계는 밝다. 마치 현실 세계에서 말하는 태평성대를 보는 듯하다.

또 주인공 한생은 뛰어난 글솜씨로 이미 세상에서 인정받았고, 용궁에도 초청될 정도로 크게 이름을 떨쳤다. 한생은 신화 속에나 등장하는 용궁에서 벌이는 잔치를 현실 세계의 잔치답게 만들면서 즐겁게 탐방하고 돌아왔다. 그런데도 한생이 용궁에서 돌아온 뒤 종적을 감췄다는 결말은 앞의 네 작품과 동일하다. 아마도 용궁을 체험하고 돌아온 주인공이 비로소 불합리한 현실에 눈을 뜬 듯하다. 달리 말하면 이 작품에 등장하는 용궁과 그 구성원들이 보여준 밝은 세계는 바로 현실 세계가 되어야 마땅하지만 그 세상은 기이한 세계이자 이상 세계를 상징할 뿐이다. 한생은 용왕에게서 선물로 받은 야명주와 흰 비단을 남에게 보여주지 않는다. 그리고 부조리한 현실 세계에서는 용궁의 체험이 의미가 없다고 판단하고 종적을 감춰버린다.

「용궁부연록」은 김시습의 독특한 개인사와도 대단히 유사하다. 그는 어린 나이에 신동으로 이름이 나서 세종의 명으로 궁궐에도 초대받았고, 시를 지어 세종과 조정 대신들의 찬사를 받았다. 앞날을 위해 크게 쓰겠다는 세종의 약속과 함께 상까지 받고 집으로 돌아왔던 것이다.

당시 김시습이 경험한 세상은 조화롭고 행복한 공간이었다. 미래 또한 희망만 가득했다. 그런데 이 같은 현실 세계가 세조의 왕위 찬탈로 훼손되어 다시는 회복할 수 없는 상태가 되었고, 한생이 용왕으로부터 받은 선물을 세상에 내놓지 않았듯이 김시습 역시 세종으로부터 상으로 받은 비단은 물론, 더는 누구하고도 어린 시절의 경험을 공유할 수 없게 된다. 그렇다고 어그러져 가는 현실과 타협할 수 없었던 그가 한평생 방외(方外)의 인물로 떠돌게 된 삶 또한 한생이 명산에 들어가 종적을 감춘 것과 유사하다.

세상의 부조리에 저항하다

『금오신화』에 등장하는 남성 주인공들은 사람의 몸으로 환생한 여자 귀신과 애틋한 사랑을 나누며 위로받기도 하고, 염왕이나 용왕과 같은 비현실적 존재와의 만남을 통해 부조리한 현실을 비판하며 자신의 믿음을 재확인한다. 그러나 이러한 경험을 한 주인공들은 모두 죽음을 택하거나, 세상과 인연을 끊고 자취를 감춰버린다. 여기에는 현실 세계의 부조리에 대한 저자의 저항 의식이 담겨 있지만, 현실의 장벽을 극복하지 못하는 절망감도 느껴진다.

다섯 편의 이야기는 시간적으로는 고대부터 저자가 살았던 시기와 가까운 최근까지를 포함하며, 공간적으로는 조선의 중심인 한양이 아니라 남원·경주·개성·평양 등 전국적으로 오랜 역사적 의미를 지닌 지역들이다. 반면 등장인물은 양생·이생·홍생·박생·한생 등 권력이나 경제력과는 관계없는 평범한 젊은이들이 나온다. 세상에는 그들의 앞길을 가로막는 불합리한 모순들이 놓여 있고, 오히려 귀신과 저승의 염왕, 용궁과 용왕 등이 등장하여 일반적인 현실 세계의 질서를 보여준다.

김시습은 이러한 기이한 이야기 속에 자신의 삶을 담아 세상에서 가장 보편적인 질서를 말하고 있다. 즉 주인공이 사는 실제 세상은 부조리가 있는 허상이며, 주인공이 보았던 기이한 세계가 바로 현실이라고 말하는 듯하다. 그는 비현실적인 소재를 교묘하게 이용함으로써 궁극적으로는 현실적인 것의 의미를 더욱 생생하게 표현하고, 그 안에 포함된 주인공과 불합리한 세상과의 대결을 더욱 날카롭게 부각한다. 이것이 고도의 창작 기교 중 하나인 역설법으로, 현실 세계의 횡포에 맞서 합리적이고 보편적인 질서를 찾으려는 주인공의 간절한 소망을 동시에 반영하고 있다.

『금오신화』는 대부분 고전소설의 종결부가 행복한 결말로 처리되는 것과도 좋은 대조를 이룬다. 주인공이 세상을 등지는 것은 운명에 대한 순종이나 패배가 아니라 그릇된 세계의 질서를 받아들이지 않겠다는 비장한 결단이기 때문이다. 따라서 『금오신화』에 등장하는 주인공들의 삶은 바로 작가 김시습의 정신세계이기도 했다.

김시습은 학문적 능력은 탁월하면서도 정치와 경제적 기반이 취약했던 15세기 후반의 신흥 사류(士類)로, 부조리한 일이 벌어진 현실과의 심각한 갈등 속에서 극히 불우하고 고독한 생애를 보냈다. 특히 현실과 타협할 수 없었던 그는 방랑으로 울분을 달래며 평생을 지냈고, 어느 작은 사찰에서 『금오신화』를 남기고 59세의 나이에 생을 마감한다.

두 천재, 엇갈린 삶을 살다

신동으로 주목받았지만······

김시습은 서거정보다 열다섯 살이 많았지만, 둘은 같은 시대를 살았던 인물로 공통점도 있었다. 무엇보다 두 사람은 어릴 때부터 신동(神童)으로 이름을 떨쳤으며, 고려 말기의 대표적 성리학자였던 이색의 손자이자 권근의 외손자이며 당대 최고의 문장가로 인정받았던 이계전(李季甸, 1404~1459)의 문하에서 동문수학했다. 이렇게 당대 최고의 학맥과 인연을 맺었으나, 서거정과 달리 김시습은 이들과 특별한 교유 관계를 유지하지는 않았다.

또 두 사람은 젊은 시절부터 전혀 다른 길을 걸었다. 10대에 학업에 전념했던 김시습에게 인생의 전기가 찾아온 것은 그의 사춘기 시절이었다. 어머니가 사망한 후 자신을 돌보아 주던 외숙모와 아버지까지 중병에 걸려 사망하는 등 시련이 계속되었고, 훗날 그를 크게 쓰겠다고 약속했던 세종마저 세상을 떠난다. 어린 김시습과 세종과의 유명한 일화가 전할 정도로 각별한 인연이었기에 그의 충격은 더 클 수밖에 없었다.

김시습이 어렸을 때 천재라는 소문이 세종의 귀에도 들어갔다. 세종은 이를 확인하기 위해 어린 김시습을 직접 궁궐로 불러 시를 짓게 했다. 이에 김시습이 단번에 시를 지어 바치자, 그의 시를 보고 감탄한 세종이 기뻐하며 나중에 크게 쓰겠다고 약속했다. 세종은 비단 여러 필을 상으로 내리면서 무거운 비단을 김시습이 어떻게 운반할지 시험했다. 김시습은 별문제가 아니라는 듯 비단을 모두 풀어 끝과 끝을 서로 묶고 나서 제일 끝부분을 잡아 끌었다. 그러자 비단이 길게 늘어지며 끌려갔고, 이를 본 사람들이 모두 감탄했다고 한다.

그러나 1455년, 수양대군이 왕위를 찬탈하는 계유정난이 일어났다는 소식에 김시습은 3일간 통곡했다. 그는 보던 책들을 모두 모아 불사른 뒤 스스로 머리를 깎고 승려가 되어 전국 각지를 유랑했다. 사육신이 처형되던 날 밤에는 온 장안 사람들이 세조가 두려워 벌벌 떨었지만, 거열형(車裂刑)에 처해 거리에 버려진 사육신의 시신을 바랑에 주섬주섬 담아 노량진 거리에 임시 매장한 사람이 바로 김시습이었다는 이야기가 『연려실기술』에 수록되어 있다. 이후에도 그는 현실 정치에 참

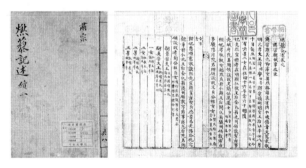

연려실기술燃藜室記述
1776년(영조 52) 이전 | 연려실(燃藜室) 이긍익(李肯翊) | 조선조의 역사를 야사(野史)에서 자료를 수집, 분류하여 기사본말체(記事本末體, 연대나 인물이 아닌 사건에 중점을 두고 사건의 일부를 처음부터 끝까지 연차순으로 한데 모아 일관성을 지니게 한 역사 서술 체제)로 서술한 역사서로, 사견(私見)이 섞이지 않은 공정한 필치로 엮은 점이 특징이다. 우리나라 야사류 가운데 가장 모범적이고 풍부한 사료의 하나로 평가받는다.

여하지 않고 기인의 삶을 살았다.

어숙권의 『패관잡기』에는 다음과 같이 세조와 관련한 김시습의 일화가 전한다.

> 김시습이 일찍이 속세를 떠나 승려가 되었는데, 부잣집 늙은이가 백단자(白段子)로 가사를 지어 그에게 보시했다. 김시습은 백단자를 입고 한양에 들어가 진흙탕에 몸을 수십 번 구른 후 가사를 벗어 던져 버렸다. 후에 세조가 원각사(圓覺寺)에 행차하여 수륙재에 참석할 때 김시습이 신승(神僧)으로 부름을 받았다. 당시 그는 누더기를 걸친 채 청어(靑魚) 한 마리를 품 안에 넣고 세조에게 절했는데, 세조가 미친 중이라며 물리쳤다.

엇갈린 삶을 살다

김시습과 서거정의 스승이었던 이계전은 세조의 왕위 찬탈 과정에 참여하여 공신에 책봉되었고, 서거정 역시 스승과 함께 세조의 총애를 받으며 조정에서 능력을 발휘했다. 따라서 조선의 공식 역사에서 이름 한 줄 남지 않은 김시습과 달리 서거정과 관련해서는 많은 내용이 기록으로 전한다. 즉 조선시대를 통틀어 김시습이 불운하게 산 대표적 지식인이었다면, 서거정은 자신의 재능을 펼치며 가장 화려하게 산 지식인이었다.

그러나 두 사람이 사망한 후 『조선왕조실록』에서부터 평가에 변화가 보이기 시작했다. 성종 19년(1488), 서거정이 사망하자 「성종실록」에는 그를 긍정적으로 평가하면서도 마지막 부분에 다음과 같이 기록했다.

조정에서 가장 뛰어난 실력을 인정받았던 그는 명망이 자기보다 뒤에 있는 자가 종종 정승의 자리에 뛰어오르면, 치우친 마음이 없지 않았다. 또 서거정에게 명하여 후배들과 더불어 같이 시문(詩文)을 지어 올리게 한 것이 한두 번이 아닌데, 서거정이 불평하기를 "내가 비록 자격이 없을지라도 기문(斯文)의 맹주(盟主)로 있은 지 30여 년인데, 입에 젖내 나는 소생(小生)과 더불어 재주 겨루기를 마음으로 달게 여기겠는가? 조정이 여기에 체통을 잃었다"고 하였다. 서거정은 그릇이 좁아서 사람을 용납하는 도량이 없고, 일찍이 후생을 장려해 기른 것이 없으니 세상 사람들이 그릇을 작게 여겼다.

심지어 "서거정의 사론(史論)은 김부식이나 권근의 사론보다 아주 못하다"거나, 그가 지은 『동국통감(東國通鑑)』은 "단군(檀君) 이하부터는 더욱 황망(荒茫)하다"는 등 그의 학식에 대한 부정적인 평가도 이루어졌다. 서거정의 사망으로 그의 시대는 막을 내린 듯했다.

반면 김시습은 사망한 후인 성종 6년(1474)에 "김시습과 남효온이 남긴 원고를 수습하여 간행해야 한다"는 주청이 올라오는 등 그에 대한 긍정적인 평가가 명종·선조·숙종·정조 대까지 이어졌다.

특히 김시습은 세조의 왕위 찬탈과 관련해 생육신의 한 사람으로 '배운 바를 실천으로 옮긴 지성인'으로 존경받게 된다. 심지어 윤춘년은 그를 공자에 비유했고, 율곡 이이는 '백세의 스승'이라고 칭송했다. 또 김시습의 문집인 『매월당집』에 전하는 「상류양양진정서(上柳襄陽陳情書)」 외에도 윤춘년(尹春年)의 전기(傳記), 이이의 전기, 이자(李耔)의 서문(序文)을 비롯해 『장릉지』, 『해동명신록』, 『연려실기술』 등에 그의 생애를

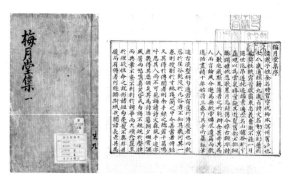

매월당집梅月堂集

1583년(선조 16) | 매월당(梅月堂) 김시습(金時習) | 조선 전기 문인 김시습의 시(詩)와
문(文)을 왕명에 따라 엮은 시문집으로, 시문서(詩文書) 외에 고금(古今)의 제왕과
각국의 흥망론(興亡論)을 비롯하여 인문(人文)·천형(天形)·성리(性理) 등을 실었다.
시집(詩集) 15권, 문집(文集) 6권, 부록 2권으로 구성되었다.

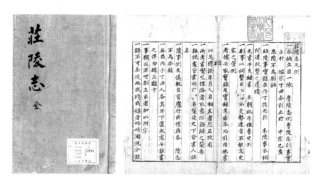

장릉지莊陵誌

권화(權和)·박경여(朴慶餘) 외 | 단종이 왕위를 빼앗긴 뒤에 전개된 상황을 기록한
책으로, 1711년(숙종 37) 당시 영월부사 윤순거(尹舜擧)가 편찬한 『노릉지(魯陵志)』를
고증하고 이후 새로 속지(續誌)를 덧붙였다. 『장릉지』란 명칭은 숙종 때 단종으로
복위된 뒤의 능호인 장릉(莊陵)에 따른 것이다.

수록할 정도로 지속적으로 추앙받았다.

　김시습과 서거정에 대한 평가는 사림(士林)들의 정치적 태도도 커다란 영향을 주었다. 살아 있을 때 미치광이 취급을 받았던 김시습은 사림들로부터 그가 생전에 보여준 절의(節義)와 진정성을 높이 평가받았다. 이에 비해 서거정은 16세기에 훈구파가 점차 역사의 무대에서 사라지고 사림파가 중앙 정계에 진출하여 훈구파와 대립하면서 비판적인 평가가 이루어졌다. 서거정이 사림파와 대립했던 훈구파의 핵심 인물이었기 때문이다.

　이처럼 동시대를 산 두 천재는 살아서도 죽어서도 엇갈리기만 했다. 그러나 이러한 차이는 김시습은 물론 서거정 역시 본인이 스스로 선택한 삶의 결과였다.

『어우야담』,
이야기가 확장되다

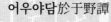

어우야담於于野譚

제작 시기 | 1622년(광해군 14)경

편저자 | 어우당(於于堂) 유몽인(柳夢寅, 1559~1623)

내용과 의의 | 야사(野史)·항담(巷談)·가설(街說) 등을 풍자적으로 묘사한 설화집으로, 권1은 인륜편, 권2는 종교편, 권3은 학예편, 권4는 사회편, 권5는 만물(萬物)편이다. 조선 후기에 성행한 야담류의 효시이며, 설화 기술(記述)이 과감하고 획기적인 작품으로 평가받는다.

조선 최초로 공식 기록에 나타난 귀신은?

귀신도 시대에 따라 변한다

시간과 공간에 따라 귀신 이야기도 다양하게 변화했다. 그리고 여기에
는 당대의 사회와 문화적 특징이 담기게 된다. 현대인들이 기억하는 우
리나라의 대표적 귀신은 처녀 귀신을 꼽을 수 있다. '손각시(손말명)'라고
도 하는 처녀 귀신은 산발한 머리에 입 주위를 비롯해 몸 여기저기에서
붉은 피를 흘리고, 소복(素服)을 입고 있으며, 흐느끼는 소리로 말을 하
기도 한다.

이처럼 우리나라 귀신의 이미지가 처녀 귀신과 같은 젊은 여자 귀신
으로 굳어진 이유 중에는 조선의 사회적 분위기도 연관이 있다. 남존여
비 관념이 철저해지면서 결혼을 하지 못하거나, 아들을 낳지 못하고 죽
은 여성의 원한이 쌓여 귀신으로 변한 이야기가 크게 늘어난 것이 그
예였다. 일본에도 비슷한 가부장 문화가 전하지만, 결혼 제도는 데릴사
위제 등이 발달해 처녀 귀신보다 유부녀 귀신이 많은 특징과도 비교된
다. 그러나 조선시대의 귀신 이미지가 처음부터 이렇지는 않았다.

『조선왕조실록』을 보면 건국 초기부터 귀신과 관련한 기록이 나오지

만, 귀신에게 제사 지내는 내용이 대부분을 차지한다. 그리고 억울한 죽음이나 결핍으로 인해 저승으로 가지 못하고 이승을 떠도는 귀신을 달래기 위한 제사는 수용하는 편이지만, 귀신에게 복을 비는 등 무언가를 기원하기 위한 제사는 미신으로 간주해 비판하고 있다.

「태종실록」에는 태종 5년(1405) 5월, "요망한 귀신, 즉 요귀(妖神)가 청주(淸州)의 관비(官婢)였던 백이(栢伊)라는 자에게 내려 공중에서 사람과 말을 하니, 점치는 자들이 많이 모여들었다"는 기록도 보인다. 관비 백이는 굿을 하는 무당으로, 당시 조정에서는 "무당 백이가 거짓으로 귀신을 사칭하며 사람들을 속였다"는 죄를 물어 장(杖)을 때리도록 명했다. 그렇지만 조선 초기에는 귀신의 모습이나 행태 등과 관련한 내용은 찾아보기 힘들다.

이후 시간이 지나면서 좀 더 구체적인 귀신의 모습과 행태가 기록으로 전한다. 「성종실록」에 따르면 성종 17년(1486) 11월, 성종이 "호조좌랑(戶曹佐郞) 이두(李杜)의 집에 요귀(妖鬼)가 있다고 하는데, 지금도 있는가? 그것을 물어서 아뢰라"라고 명하자 이두가 와서 다음과 같이 알렸다고 한다.

신의 집에 9월부터 요귀가 있어서, 나타나기도 하고 자취를 감추기도 하며, 창호지를 찢기도 하고 불빛을 내기도 하며, 기와나 돌을 던지기도 합니다. 때로는 사람이 부딪혀도 다치는 일은 없으나, 다만 신의 아내가 살짝 부딪혀 잠시 피가 났습니다. 종들에 따르면 귀신이 사람과 말하는데 사람과 다름이 없고, 비록 그 전신(全身)은 보이지 아니하나 허리 밑은 여자의 복장으로 흰 치마가 남루하다고 합니다. 그러나 신은 일찍이 못 보았고, 단지 밤에 두 번 사람을 부르는 소리를 들었을 뿐입니다. 신이 처자(妻子)를 이끌고 다른 집으로 피해 있었더니, 얼마 되지 않아 따라와서 시도 때도 없이 나타났다가 없어졌다가 하기에 신이 생각하기를 피하는 것은 소용이 없다고 여기고 집으로 돌아왔는데, 그때는 요귀가 없었습니다.

당시 이두의 집에 나타난 귀신은 죽은 이두의 고모로, 마치 좀비와 같은 모습으로 나타나 후손을 괴롭혔다고 한다. 그리고 '귀신이 사람과 대화도 하며, 상체는 보이지 않고 남루한 한복 치마를 입은 하체만 보인다'는 내용은 귀신의 생김새를 처음으로 보인 공식 기록이기도 하다. 무당과 천민 등 사회적으로 하층민에 속하는 비주류 계층이 아니라 중견 관리를 지내는 사대부가 직접 체험했다는 점도 흥미롭다.

이두의 고모 귀신은 다음과 같이 살이 붙기도 했다.

생산과 작업을 하나하나 '이래라저래라' 하고 간섭했고, 오로지 새벽이나 저녁밥만을 제공해야 했다. 조금이라도 뜻과 같지 않으면 발연히 성을 낸다. 비록 그가 숟가락을 잡고 밥을 떠 올리는 것은 보이지 않으나 반찬과 밥은 스스로 사라져 없어진다. 허리 이상은 보이지 않고, 허리 이하는 종이를 붙여서 치마를 하였다. 두 발은 마르고 파리한 것이 옷처럼 새까맣고 살은 없으며 다만 뼈뿐이었다. 사람이 "발이 어째서 그러냐?"고 물으면 "죽은 지 오래되어 땅 밑에 있었으니 어찌 그렇지 않을 수 있는가?"라고 말했다. 온갖 방법으로 굿을 해도 사라지지 않았고, 얼마 되지 않아 이두가 병이 들어 죽었다.

이처럼 귀신 이야기는 변형을 거듭하며 전승되었다. 특히 조선은 중기를 넘기면서 민가에서 더욱 많은 귀신 이야기가 등장한다. 이 시기에 편찬된 유몽인의 『어우야담』은 다양한 귀신 이야기를 수록한 대표적인 책으로 꼽힌다.

귀신도 자신의 결핍은 스스로 해결하지 못했다

『어우야담』에 등장하는 귀신들은 대부분 '무언가에 대한 결핍'이 원인이었고, 사람들에게 나타나 자신의 결핍을 채워주기를 요구한다. 이러한 귀신의 행태는 『어우야담』의 저자 유몽인이 살았던 시대적 상황과도 무관하지 않다. 유몽인이 생존했던 16~17세기는 임진왜란과 전염병 그리고 흉년 등으로 인해 전국적으로 굶어 죽은 사람들의 시신이 즐비할 정도로 생활이 비참했다. 다음의 이야기도 그 예이다.

한양 남부 소공주동(小公主洞)에 신막정(申莫定)의 집이 있었는데, 그 집은 항상 주인이 살지 않고 남에게 빌려주었다. 사람들이 그 까닭을 물어보니 처음에 주인이 그 집을 사서 살았는데, 그 집에 귀신이 있어서 밤낮을 가리지 않고 항상 좌우를 떠나지 않았다. 귀신의 언어는 보통 사람과 같았으나, 형체만은 드러내지 않았다. 귀신은 집주인을 주인님이라고 부르며 노예같이 섬겼는데, 주인이 요청하는 것이 있으면 모두 들어주었다. 반면 귀신은 주인에게 항상 먹을 것을 요구했는데, 들어주지 않으면 그때마다 화를 내고 괴상한 짓을 하였다. 또 밤에 주인 부부가 침상에 누우면 귀신은 침상 아래 엎드려 웃었다. 그 때문에 괴로워서 다른 곳으로 피하면 귀신도 항상 따라다녔다.

어느 날 주인이 귀신에게 "네가 우리 집에 산 지 한참이 되었는데도 모습을 못 보았구나. 네 모습을 벽에 그려 보아라"라고 말하자 잠시 후 귀신이 벽에 그림을 그렸는데, 머리가 두 개에 눈이 네 개이며, 뿔이 높이 솟아 있고 입술은 처졌으며, 구부러진 코에 눈동자는 붉었다. 주인은 차마 눈을 뜨고 볼 수가 없어 빨리 지우라고 하였다.

주인이 귀신 모르게 방사(方士)에게 귀신을 퇴치하는 방법을 물었더니, "귀신이 배고프다며 밥을 달라고 할 때 들쥐를 잡아서 구워주면 반드시 귀신이 죽을 것입니다"라고 일러주었다. 주인이 그대로 하자 귀신은 단숨에 음식을 다 먹고 얼마 안 되어 통곡하면서 "주인님께서 나를 속이셨습니다. 이것은 들쥐고기입니다. 나는 이제 죽게 되었습니다"라고 말하고는 밖으로 나가 다시는 나타나지 않았다. 이후 주인은 노량진 강가에 살면서 남에게 집을 빌려주며 세(貰)만 받았다.

저자 유몽인은 이야기의 마지막에 "내 맏형이 일찍이 그 집 근처에 살았는데, 하녀에게 자세히 물어보니 과연 사실이었다"며 귀신이 진짜 있었다는 사실을 강조했다.

귀신은 외모와 신기한 능력을 제외하면 가족과 대화를 나누며 함께 생활하는 등 사람과 다른 점이 거의 없다. 심지어 귀신도 죽는다고 하며, 일반적으로 귀신은 밤에만 나타나는 것으로 전하지만 밤낮을 가리지 않고 등장한다. 또 귀신이 죽은 원인을 기록하지는 않았지만 대체로 아사(餓死)하였을 것으로 짐작된다. 따라서 전쟁이나 흉년 또는 전염병 등으로 사망자가 줄을 이었고, 먹을 것이 귀하던 시기였음을 감안하면 귀신은 공포의 대상이 아니라 죽은 영혼이 사람에게 부족했던 것을 요구하는 결핍의 존재였음을 알 수 있다. 그런데 귀신은 주인이 원하는 것은 무엇이든 들어줄 수 있는 신통한 능력이 있었음에도 늘 '굶주림'이라는 자신의 결핍은 스스로 해결하지 못하고 있다.

한편 귀신을 퇴치하는 방법도 흥미로운데, 『학산한언(鶴山閑言)』에 귀신 퇴치와 유사한 이야기가 있다. 허우(許雨)라는 사람의 집에 귀신이 둘 있었는데, 어느 날 허우가 그들과 이야기하다가 귀신 죽이는 방법을 묻자, "박쥐 삶은 물에 밥을 말아 먹으면 죽는다"고 하여 귀신 몰래 그대로 하였더니 귀신이 그것을 먹고 죽었다고 한다. 따라서 귀신 퇴치와 '쥐'가 어떤 연관이 있는 듯하나, 구체적인 내용은 알 수 없다. 다만 『학산한언』에 다음과 같이 또 다른 귀신 퇴치에 관한 이야기가 수록된 것으로 보아 귀신의 유형도 다양했고, 이에 따른 퇴치 방법도 달랐던 것으로 추정된다.

옛날에 신천(信川) 사람이 거위 200여 마리를 길렀는데, 호랑이가 와서 잡아먹었다. 주인은 호랑이를 막기 위해 호랑이가 다니는 길에 함정을 설치해 놓았지만, 호랑이는 함정에 빠지지도 않고 다시 나타나지도 않았다.

하루는 어떤 노인이 와서 "왜 호랑이를 잡지 않냐"라고 물었다. 주인이 "함정을 설치했는데도 호랑이가 빠지지 않는다"고 하자, 노인은 "창귀(倀鬼)가 미리 알고 호랑이에게 지시해서 그러하니, 먼저 창귀부터 제거해야 호랑이를 잡을 수 있다"고 하면서 "창귀는 신맛을 좋아하니, 매실을 호랑이 다니는 길에 뿌려 두면 창귀가 이것을 주워 먹고 취해 사물을 보지 못할 것이라 호랑이를 잡을 수 있다"고 말하고는 어디론가 사라졌다. 그날 밤 노인의 말대로 했더니, 밤중에 호랑이가 함정에 빠져 있었다.

여기서 노인은 사람에게 해를 끼치는 귀신을 퇴치하는 신선이 연상된다. 반면 귀신은 여전히 스스로의 결핍을 해결하지 못하고 호랑이를 통해 먹을 것을 구하고 있다. 다음과 같이 결핍의 대상인 귀신이 조카의 집을 탕진했다는 '안씨 귀신'의 이야기도 흥미롭다.

한양 낙산 아래 소용동(所用洞)에 과부 안씨가 살았다. 안씨는 집에서 늘 하얀 승려복을 입고 짚으로 짠 둥근 갓을 쓰고 염불만 외우면서 소밥만 먹고 살다가 60세가 넘어서 사망했다. 안씨에게는 자녀가 없어 조카가 그 집에서 살게 되었는데, 몇 년이 지난 어느 날 마루에서 사람 소리가 들렸다. 조카가 나가 보니 환한 대낮에 안씨가 살아 있었을 때의 복장을 하고 앉아 있는데, 조카를 보자 배가 고프다며 음식을 청했다.

이후 안씨는 계속해서 음식을 요구했다. 이를 견디지 못한 집안 식구들이 집을 떠나려고 하자 안씨도 따라오려고 했다. 결국 조카는 포기하고 귀신에게 술과 음식을 주며 헤어질 것을 요청했다. 먹을 것을 대접받은 귀신은 조카의 요구대로 집을 떠났고, 그 뒤로 소식이 없었다. 식구들은 서로 축하하며 기뻐했는데, 십여 일이 지나자 안씨 귀신이 다른 귀신들과 함께 찾아와 먹을 것을 남김없이 탕진하며 난동을 부렸다. 이에 식구들이 다른 곳으로 도망갔으나, 가는 데마다 귀신이 쫓아다녔다. 고통을 참지 못한 식구들이 몇 년 사이에 연이어 사망하였고, 낙산 아래 집은 텅 비게 되었다.

이처럼 죽은 과부 안씨는 살아 있을 때 채식을 하며 평생 금욕적인 생활을 한 것 같지만, 사실은 먹을 것이 없어 굶주림에 시달리다 사망한 것으로 보인다. 그 때문에 안씨는 귀신이 되어 나타나 먹을 것을 요구했고, 화전(花煎)을 맛본 후에는 집안사람을 때리며 감당할 수 없을 정도로 괴롭혔다. 심지어 자신과 비슷한 처지로 사망한 거지꼴을 한 귀신들까지 집으로 데려와서 음식을 요구했고, 자신의 요청을 들어주지 않으면 행패를 부렸다. 결국 가족들은 사망했고, 집은 폐허가 되고 말았다고 한다.

귀신들이 대성통곡한 이유는?

귀신은 사람이 사는 집에 나타나 "배가 고프다"며 먹을 것을 요구하기도 했지만, 살 집이 필요했고 옷이 없어서 추위에 떨기도 했다. 심지어 어떤 귀신은 결혼할 아내를 구하는 등 일상의 결핍으로 인한 고통을 호소하기도 했다. 민가에는 고통을 참지 못하는 또 다른 귀신 이야기도 전한다. 파주 지역에 산불이 크게 나서 집 뒤의 무덤까지 불길이 번졌는데, 무덤 속의 귀신들이 고통스러워하며 "우리 집에 불이 났소! 우리 집에 불이 났소!"라며 울부짖었다는 이야기가 그 예이다.

이처럼 귀신들이 견디지 못하는 궁핍함이나 고통은 당시 민중들의 삶의 모습을 담은 듯하다. 유몽인이 생존했던 시기는 한마디로 희망보다는 암울함이 백성들의 삶을 지배했기에 백성들은 귀신 이야기를 통해 억울한 죽음을 기억하며 위로했고, 한편으로는 현실이 아닌 다른 곳에서 감동을 찾으며 삶의 결핍에 따른 고통을 극복하고자 했다. 사람과 귀신은 전혀 다른 세계에 존재했지만, 정서적 교감을 이루기도 했다. 귀신들을 대성통곡하게 만들었다는 다음의 이야기도 그 예이다.

진사 시험에 합격하여 성균관에서 본과를 준비하던 김운란(金雲鸞)이라는 선비가 있었다. 그런데 그는 눈병을 앓아 두 눈을 모두 실명하고 만다. 더는 과거 공부를 할 수도 없었고, 음직으로 관직에 나갈 수도 없게 된다. 선비들과의 교류도 이어갈 수 없었던 그는 결국 공부를 하며 읽었던 음양복서(陰陽卜筮)를 토대로 판수, 즉 점치는 일을 하는 맹인으로 살면서 생계를 유지했다. 하지만 자기의 일을 부끄럽게 여겨 아쟁을 배워서 스스로 울적함을 달랬는데, 그 수준이 입신(入神)의 경지에 올랐다.

어느 날, 그는 자신의 처지를 비통해하며 아쟁을 연주하면서 길을 나섰다. 그리고 가까운 남쪽 산에 있던 사당의 담벼락에 기대어 서너 곡을 더 연주했다. 그 순간, 몹시 웅장하면서도 애달픈 아쟁 소리에 사당 안에 있던 귀신들이 모두 소리 내어 대성통곡을 하기 시작했다. 당시 귀신들이 처량하게 우는 소리는 마치 물 끓는 듯 요란했다. 이 소리를 들은 김운란은 놀라 아쟁을 가지고 도망쳤다.

비록 김운란과 귀신이 직접 소통하지는 않았지만, 이승에 사는 한 사람의 상실감으로 인한 비통함이 담긴 아쟁 소리를 듣고 이미 세상을 떠난 귀신들도 자신의 서글픈 처지가 떠올라 슬픔이 북받친 것이다. 물론 귀신들이 저승으로 가지 못했다는 점에서 그들의 사연은 살아생전 이승에서의 어떤 결핍과 연관이 있었을 것이다.

이처럼 유몽인의 『어우야담』에 등장하는 귀신담은 뒤를 이어 등장한 임방(任埅)의 『천예록(天倪錄)』으로 이어졌다. 『천예록』에는 『어우야담』

과 유사한 이야기들이 다수 수록되어 있으나, 동일한 귀신담이 좀 더 복잡한 구조로 확장하여 『어우야담』과는 확실하게 구분되는 등 크게 보면 다음과 같은 변화의 양상도 발견된다.

첫 번째는 이전과 달리 공포와 두려움의 대상이 귀신이나 요괴 등으로 가시화한 점이다. 특히 17세기 조선을 덮친 대기근과 전염병으로 인한 고통과 불행을 담아 미지의 존재에 대한 보다 근원적인 공포를 나타내고 있다.

두 번째는 환상적으로 소망을 실현함으로써 위로하는 마음과 함께 사회적 모순에 대한 비판을 담은 점이다. 전쟁과 재해로 피폐해진 백성들의 삶을 기이담을 통해 이인(異人)에 의한 구출 등 초현실적인 해결책을 꿈꾸는 것이 그 예이다. 이것으로 백성들의 바람이 이루어지는 등 문제가 풀리는 것처럼 보이지만, 구체적 대안 없이 이야기 안에서 비현실적으로 이루어지고 있을 뿐이다.

세 번째는 조선 전반기에는 찾아보기 힘들었던 유가적(儒家的) 가치관을 상징하는 조상 혼령담이 등장한 점이다. 이러한 현상은 예교(禮敎)의 중시로 조상에 대한 제사가 강화되었고, 이로 인해 앞 시대보다 조상 혼령담의 비중이 증가했다. 이 과정에서 귀신의 결핍 역시 확장성을 보이고 있다. 귀신이 거처하는 집과 관련한 다음의 이야기가 그 예이다.

임진왜란이 일어났을 때 통제사 이순신이 전투용 배를 만들기 위해 수군을 징발하여 한산도에서 나무를 벌채하게 했다. 그러자 나무 위에서 길게 휘파람 소리가 나면서 "원하옵건대 이 골짜기의 나무를 베지 마십시오. 죽은 병사의 귀신이 이 골짜기의 나무에 많이 의탁하고 있습니다. 당신들이 나무를 베면 대부분 다른 나무로 옮겨 가야 하니 베지 말아 주십시오"라고 사정하는 소리가 들렸다. 이에 군사들이 "당신은 누구요?"라고 물었더니 "나는 전라도 유생 송(松)인데 집안 남녀가 모두 전쟁에서 죽어 지금은 이 나무에 의탁하고 있습니다"라고 대답했다. 이 말을 들은 군사들은 다른 골짜기로 가서 벌채했다.

이 이야기에 등장하는 귀신들은 전쟁 통에 비명횡사했고, 시체조차 제대로 안장되지 못했음을 알 수 있다. 그 때문에 귀신들은 저승으로 가지 못하고, 머물 곳을 찾아 골짜기의 나무에 의탁한 것이다. 무덤도 없이 이승을 떠돌던 귀신들에게 거처할 곳은 더욱 절실했다. 귀신의 거처와 관련한 이야기는 이후 흉가(凶家) 이야기로 발전하며 더욱 다양한 상상력이 담기게 된다.

흉가(凶家)에서는 무슨 일이 벌어졌나?

흉가도 오랜 역사가 있다

흉가는 귀신이 거처하는 집으로, 사전적 의미는 '불길한 집' 또는 '불길한 일이 일어난 집'이다. 여기서 '불길하다'란 말은 사람에게 일어나는 불가사의한 일에 따른 현실 질서의 교란을 뜻한다. 민가에서는 흉가라고 하면 '귀신 붙은 집'이라는 의미로 전하며, 이는 두려움과 공포의 대상이었다.

중국 송나라 말기에서 원나라 초기의 학자 마단림(馬端臨)이 20여 년에 걸쳐 제도와 문물사(文物史)에 관해 저술한『문헌통고』에 따르면, 옛날 예맥(濊貊)의 풍속에 "사람이 질병으로 죽으면 꺼리고 두려워서 피했기 때문에 곧장 집을 버렸다"는 기록이 전할 정도로 흉가의 역사는 매우 오래되었다. 이러한 풍속은 조선시대에도 전승되어 사람이 불행한 일을 당해 사망하면 흉가라고 소문이 나서 곧바로 집을 싸게 팔았다고 한다.

조선 말기에 편찬된 이규경의『오주연문장전산고』에도 "지금 인가(人家)에 요사하고 괴이한 일이 있으면 흉가라고 한다"는 기록이 보인다. 물론 여기서 흉가는 '인간이 이해할 수 없는 일들이 벌어지는 집으로, 사람들에게 두려움과 공포를 야기한다'는 의미가 담겨 있다.『용재총화』에도 저자가 이웃 사람에게 들었다며, 흉가에서 일어난 기이한 일들을 다음과 같이 구체적으로 소개하고 있다.

어느 양반집 하인이 문밖에 서 있었는데 갑자기 무언가 등에 들러붙었다. 하인은 너무 무거워서 비틀거리며 집 안으로 들어왔다. 하지만 아무리 살펴보아도 실체를 볼 수가 없었다. 한참 후에야 풀려난 하인은 온몸이 땀으로 젖어 있었다. 그때부터 집안에 괴이한 일이 벌어졌다. 밥을 하려고 하면 솥뚜껑은 그대로인데 솥 안에는 똥이 가득하고 밥알은 뜰에 모두 뿌려졌는가 하면, 쟁반과 그릇 등이 공중으로 날아다니거나 큰 솥이 공중에서 돌다가 무언가가 솥을 쳤는지 종소리같이 커다란 소리가 나기도 했다. 그뿐만 아니라 밭의 채소들이 거꾸로 심어져 얼마 후에 말라버리기도 했으며, 잠겨 있던 옷장 안의 옷들이 모두 들보 위에 걸렸는데 옷마다 해독하기 어려운 기이한 글씨가 쓰여 있었다. 심지어 사람이 없는데도 갑자기 아궁이에 불이 피어올랐고, 놀란 사람들이 불을 끄려고 가까이 가면 불이 번져 행랑을 모두 태우기도 했다. 그 때문에 집을 버렸고, 이를 수습하는 사람이 아무도 없었다.

이처럼 흉가에서는 일반적으로 볼 수 없는 기이한 일들이 벌어져 결국 사람들이 모두 집을 떠나고 만다. 당시 집주인 기유는 자식의 도리를 다하겠다며 조상들이 살아온 집을 지키기 위해 흉가로 다시 들어갔지만, 기이한 일들이 계속되면서 결국 기유는 병을 얻어 죽었다고 한다.

기유의 외사촌 유계량(柳繼亮)은 반란을 꾀하다가 사형에 처해졌는데, 사람들은 그의 귀신이 집에 붙어 이러한 일을 벌였다고 입을 모았다. 여기서 유계량은 예종 1년(1468), 유자광의 모함으로 '남이 장군의 역모'에 연루되어 처형당한 인물로 추정된다. 당시 이 사건으로 30여 명이 참형당했고, 가족들은 모두 노비가 되었다. 이 사건은 훗날 억울하게 희생자들이 발생했다는 평가가 이루어진다. 아마도 사람들은 윤계량의 억울한 죽음을 기억하고 있었던 것 같다.

흉가에서 무슨 일이 벌어졌나?

『어우야담』에 수록된 흉가 이야기는 그 집에 거주하던 사람들의 기억을 보다 구체적이고 직접적으로 소개하고 있다. 심지어 흉가를 소재로 삼지 않은 이야기에서도 폐가의 모습을 생생하게 재현하는 작품도 보인다. 전쟁이나 역병 등 거대한 사건이 얽힌 흉가에는 뿌리 깊은 사회문제에 연루된 인물들의 기구한 사연이 함께 전하기도 한다. 따라서 『어우야담』에 등장하는 흉가를 통해 그 집에 살던 사람의 개인적 비극을 넘

어 사회적인 문제를 환기하는 의미도 발견할 수 있다. 다음의 이야기도
그 예이다.

> 전란 이후 온 나라에 기근이 들어 사람들이 서로 잡아먹었고, 굶어 죽
> 은 시신들이 길에 널려 있었다. 선비 박엽이 바깥에서 난리를 피해 있
> 다가 한양으로 돌아와 보니 옛집은 쑥대밭이 되어 있었다. 박엽은 하
> 는 수 없이 인근의 다 쓰러져 가는 집에서 묵었다. 가족들은 궁한 처지
> 와 굶주림에 시달린 터라 정신이 허해졌다. …… 그 집은 사족(士族)의
> 집으로 나이가 찬 처자가 있었는데, 병들어 굶주려 죽었고 식구들 역시
> 모두 굶어 죽은 채 서로를 베고 있었다.

이처럼 전쟁으로 인해 한양에 거주했던 양반의 집까지도 흉가로 변
할 정도로 흉가와 관련한 이야기는 도성 안에서도 확대 재생산되었다.
앞에서 살펴본 신막정의 집이나 과부 안씨의 집은 물론, 정릉동 허량(許
亮)의 집 등 도성 안의 흉가 이야기는 꼬리에 꼬리를 물고 이어졌다. 심
지어 용모가 준수한 호학(好學)의 젊은 성균관 유생이 다른 유생들의
싸움에 휘말려 죽은 뒤 귀신이 되어 성균관에 출몰했다는 등 성균관과
궁궐 안의 승정원까지 흉가가 되었다는 이야기도 전한다.

이 시기에는 귀신을 포함한 흉가 이야기가 질적으로 전환하였음을 보
여준다. 『어우야담』에서 흉가에 의해 억압받은 사람들에 대한 연민이나
공감과 같은 작가의 서술 태도를 발견할 수 있는 것도 그 예이다. 귀신
이야기 속에 등장하는 흉가는 사회의 모순에 대한 비판적 메시지를 함
축하기도 한다.

이외에도 홍귀달이라는 귀신에게 술을 권하여 그의 원혼을 위로했던 친구의 후손들이 잘살았다는 다음과 같은 이야기도 전한다.

송일은 여산 사람으로. 황해도 용천역에서 하룻밤을 지내게 되었다. 그런데 밤이 이슥해지자 갑자기 먼 데서부터 한기가 올라와 뼛속에 파고들더니 문밖에서 자신을 부르는 소리가 들렸다. 송일이 목소리를 기억하고 "그대는 겸선(홍귀달)인가?"라고 물으니 "그렇다"고 대답하며 창을 밀고 들어왔다. 그러고는 "나는 이미 죽었는데, 날이 추워 시신이 얼어버렸으니, 몸을 데울 수 있도록 술 한 잔 주게"라고 청했다.

송일이 술을 데워 내놓자 마시는 소리는 들리는데, 술은 줄어들지 않았다. 한참이 지나니 귀신은 한기가 좀 풀렸다며, 고맙다는 인사와 함께 "자손들에게 복이 이어질 것이오"라는 말을 남기고 사라졌다.

여기서 송일이 묵은 집은 홍귀달이 억울하게 죽은 집, 즉 일종의 흉가인 듯하다. 홍귀달(洪貴達, 1438~1504)은 문장이 뛰어났고 글씨에도 능했으며, 성품이 평탄하고 너그러웠다. 그는 평생 다른 사람에게 거스르는 모습을 보인 적이 없고, 남이 자기를 헐뜯는 말을 해도 전혀 화를 내지 않았다. 그 때문에 "그의 아량에 감복하는 사람이 많았다"고 평할 정도로 인품이 뛰어난 인물이었다.

또 그는 성품이 강직해 부정한 권력에 굴하지 않았다. 주변에서 그에게 몸조심하라고 조언했지만, 오히려 "내가 국은(國恩)을 두터이 입고 이제 늙었으니 죽어도 원통할 것이 없다"고 태연하게 말했다고 한다. 성종 10년(1479) 도승지로 있을 때는 연산군의 생모 윤씨의 폐비(廢妃)에 반대하다가 투옥되기도 했고, 연산군 4년(1498) 무오사화 때는 연산군의 폭정을 10여 조목을 들어 간(諫)하다가 좌천되는 등 시련이 이어졌다. 결국 그는 연산군 10년(1504)에 손녀딸을 궁중에 들이라는 연산군의 명을 거역한 죄로 장형을 받고 유배 가는 도중에 단천(端川)에서 승명관(承命官)에게 교살되고 말았다.

따라서 홍귀달이 추위에 떠는 귀신이 되어 나타났다는 이야기는 애석한 그의 죽음과도 연관이 있는 듯하다. 다만 일방적으로 먹을 것을 요구하는 귀신들과는 분위기가 다르기도 하고, 자신의 청을 들어준 고마움으로 후손들에게 복을 주었다는 점은 제사를 연상하게 한다.

귀신이 정기적으로 집을 찾아오다

전쟁에 대한 기억이 점차 사라지는 18세기 말에서 19세기에도 흉가 이야기는 양적 증가와 함께 질적 변화가 일어났다. 예를 들면 앞선 시기에 보였던 긴장감이 완화되면서 귀신이 사람에게 접근하여 무덤을 옮겨달라는 등 원한이나 불편함을 호소하며 이를 해소해 주기를 부탁하기도 한다. 또 귀신이 무언가에 대한 보답으로 사람에게 은(銀) 항아리가 있는 곳을 알려주어 부자로 만들기도 하고, 아버지의 혼령이 나타나 아들의 혼사를 돌보거나 앞으로 일어날 역모 사건에 연루될 것을 예언하여 목숨을 구해주기도 한다. 심지어 귀신의 소원을 들어주어 문제를 해결한 후 그 집에 들어가 살면서, 불길하고 불행한 의미의 '흉(凶)'을 해소하고 행운을 가져다주는 '길(吉)'한 공간으로 인식을 바꾸기도 한다.

흉가를 퇴치하는 방법 등 보다 적극적인 이야기들도 등장한다. 이규경은 『오주연문장전산고』에서 흉가를 가리켜 "지금 인가(人家)에 왕왕 요사하고 괴이한 일들이 있으면 흉가라고 한다. 편히 거하지 못하는 이들은 쌓인 먼지와 어두운 음기가 화를 일으키는 줄 모르고 공연히 무당을 불러 축수할 뿐이다"라며 흉가가 발생하는 원인을 소개하면서 세상 사람들이 소문과 분위기에 휩쓸려 흉가를 피해 달아나는 풍속을 지적했다. 그리고 자신이 흉가에서 직접 지냈는데, 아무 일도 일어나지 않았다는 경험과 함께 중국의 자료까지 참고하여 다음과 같은 흉가 퇴치법도 소개했다.

어둡고 으슥한 곳의 먼지 낀 곳을 청소한 후 종이에 소주와 유황을 묻혀 불로 태워 비추고 연기를 내면 귀신의 기운이 흩어져 다시는 화를 일으키지 못한다.

또 집에 귀신이 찾아온다고 해서 모두 흉가는 아니었다. 대표적인 예로 조선에서 조상에 대한 제사 의식이 확장되면서 정기적인 제사를 통해 집으로 찾아오는 귀신의 원혼을 달래주는 이야기도 등장한다. 『천예록』에는 다음과 같은 이야기가 수록되어 있다.

한양의 선비가 영남에 갔다가 돌아오는 길에 어느 집에서 하룻밤을 보내려고 했다. 하지만 "아이가 두창을 앓아 손님이 들 수 없다"고 거절당했다. 마땅히 거처를 마련할 수 없었던 선비는 사정 끝에 그 집의 물건 파는 점가(店家)에서 자게 되었다. 그날 밤, 선비의 꿈에 어떤 반백 노인이 나타나서 자기가 두창을 퍼뜨리는 귀신이라며 "이 집에 유숙한 지 여러 날 되었는데, 대접을 제대로 하지 않아서 아이를 죽이기로 했다"

고 말했다. 선비는 자신이 "주인에게 잘 이야기할 테니 좋은 대접을 받고 아이를 살려주면 어떻겠냐?"고 청했고, 노인은 그렇게 하기로 약속했다.

이튿날, 선비는 주인을 불러 산 꿩과 쇠고기, 곶감으로 정결하게 음식을 준비해 똑같은 상을 두 개 차리게 했다. 그리고 한 상에는 선비가 앉아 음식을 먹고, 술을 잔에 부어 옆 상에 두면서 술잔을 교환하는 것처럼 했다. 이때 앓던 아이가 자신에게도 꿩고기를 달라고 해서 주인이 옆 상의 음식을 집어다 주려고 했지만, 아무리 집으려고 해도 집어지지 않았다. 주인은 비로소 선비가 신인(神人)임을 알고 다른 음식을 아이에게 가져다주었다. 얼마 후 선비가 상을 치우라고 하자 옆 상에서도 숟가락 놓는 소리가 들렸고, 조금 후 아이의 병이 나았다.

선비는 그 집에서 하루를 더 묵었는데, 그날 밤 꿈에 두창신 노인이 다시 나타났다. 노인은 선비의 청을 들어주었으니 이번에는 자기의 청을 들어달라고 했다. 노인은 두창을 행하는 일 때문에 자신의 제삿날이 되어도 고향에 갈 수가 없으니, 자신의 집에 가서 아들에게 말해 제사를 다시 지내게 해달라고 부탁했다. 그러면서 자신이 산 밭문서를 아무도 모르는 곳에 숨겨 두었으니, 그것을 말해 주면 선비의 말을 믿을 것이라고 했다.

선비가 노인의 말대로 아들 집을 찾아가 꿈속에서 부친을 만난 이야기를 했지만, 아들이 믿지 않았다. 이에 선비가 밭문서 이야기를 자세히 하자, 아들이 기둥 구멍에서 문서를 찾아내고는 선비의 말을 믿었다. 그러나 밤이 늦어 그날은 대충 제사를 모시고, 뒤에 날을 받아 크게 제사를 다시 모셨다.

『어우야담』에도 제사와 관련한 다음의 이야기가 수록되어 있다.

민기문이 승지로 있을 때였다. 어느 날 새벽 종소리를 듣고서야 대궐에서 퇴근하는데, 말 위에서 잠깐 졸다가 죽은 친구 유경심을 길에서 만났다. 민기문이 인사를 나누며 "어디를 가는가?"라고 물으니 유경심이 "우리 집 아이들이 술과 안주를 마련해서 상을 차려주어 다 먹고 돌아가는 길이네"라고 대답했다. 민기문이 말을 마치고 헤어지려는데 술 냄새가 코를 찔렀다. 민기문이 이상한 생각이 들어 사람을 시켜 그 집에 가서 물어보니 유경심의 아들이 "오늘 돌아가신 아버지의 제삿날이어서 방금 제사를 마치고 상을 거두는 중입니다"라고 말했다.

민기문(閔起文, 1511~1574)과 유경심(柳景深, 1516~1571)은 조선 중기의 문신으로, 실존 인물이다. 유경심은 유성룡의 조카이기도 하다. 두 사람은 문정왕후와 윤원형의 전횡에 협력하지 않아 미움을 받아 고초를 겪기도 했다. 그런데 묘하게도 유경심은 평안도 관찰사로 재직할 때 병이 있어 한양으로 이동하는 중에 경기도 장단에서 사망했고, 3년 후 민기문도 황해도 관찰사로 부임했다가 얼마 후 좌승지에 임명되어 한양으로 오던 중 장단과 가까운 곳인 개성에서 사망했다.

이야기의 향유층에 따라 해석을 달리하다

『어우야담』에 실존 인물이 등장하는 것과 관련해 앞에서 언급한 박엽도 주목되는 인물이다. 박엽 역시 평안 감사와 황해도 병마절도사 등을 역임한 실존 인물이지만, 민가의 이야기와 역사적 기록이 상당히 차이가 있기 때문이다.

박엽(朴燁, 1570~1623)은 조선 중기의 문신으로, 시를 잘 지었고 무술과 도술도 뛰어났다. 특히 그는 후금의 누르하치와 용골대에게 대적할 만한 힘과 비범한 능력을 지녔던 것으로 전한다. 광해군은 박엽의 능력을 알아보고 그를 총애했으며, 평안 감사로 발탁하여 북방 지역을 지키게 했다. 당시 만주 지역에서 난이 일어나는 등 일이 많았으나, 박엽이 여진족의 동정을 면밀히 살펴 방비를 튼튼히 하여 함부로 침입할 수 없었다고 한다. 이에 박엽의 능력을 인정한 광해군은 10년 동안이나 그에게 평안 감사직을 맡겼다고 한다.

박엽이 후금에 맞서 겨룰 만한 뛰어난 능력을 갖추었다는 다음과 같은 설화도 전한다.

박엽은 재물을 많이 써서 첩자를 적절하게 활용했다. 한번은 지역을 순시하다가 구성(龜城)에 도착했는데, 마침 청나라 군대가 와서 성을 포위했다. 그런데 그날 밤 호인(胡人) 하나가 성을 넘어 박엽의 침소에 들어와 박엽의 귀에다 무언가를 말하고 돌아갔다. 날이 밝자 박엽은 사람을 시켜 술과 소고기로 긴 꼬치 적(炙)을 만들어 청나라 군졸에게 나누어 주었는데, 남지도 모자라지도 않았다. 박엽이 청나라 군사의 규모를 정확히 알고 있었던 것이다. 이를 본 청나라 장수가 크게 놀라고 괴이하게 여겨 "박엽은 신이다"라며 곧 강화(講和)한 다음, 포위를 풀고 돌아가 버렸다.

박엽은 이후에도 함경도 병마절도사가 되어 광해군의 뜻에 따라 성지(城池)를 수축(修築)해 북변의 방비를 공고히 했고, 다시 평안도 관찰사가 되어 6년 동안 규율을 확립하고 여진족의 동정을 잘 살펴 외침을 당하지 않았다. 그뿐만 아니라 당시 박엽은 권신 이이첨(李爾瞻)을 모욕하고도 무사할 정도로 권세가 있었다.

박엽은 국가에 대한 충성심도 대단했던 것으로 전한다. 다음과 같은 이야기도 그 예이다.

> 박엽의 비장(裨將) 한 사람이 기회를 엿보다 박엽에게 귀띔하기를 "지금의 조정은 패할 것입니다. 공은 임금(광해군)이 총애하는 신하이니 반드시 화를 당할 것입니다. 그러니 청국과 내밀히 결탁하였다가, 조정에 일이 벌어지거든 이 지역을 청국에 바치고 일부를 떼어서 공이 차지한다면 자립하기에 넉넉할 것입니다. 만약 그렇지 않으면 화를 면하기 어렵습니다"라며 청나라에 귀순할 것을 권했다. 그러나 박엽은 "나는 문관이다. 어찌 나라를 배반하는 신하가 되겠는가?"라며 거절했다. 그러자 비장은 곧 박엽을 버리고 도망쳤고, 얼마 안 되어 인조가 반정으로 즉위한 후 사신을 보내 광해군의 신임을 받았던 박엽을 그 자리에서 베어 죽였다.

이외에도 박엽이 홀로 후금의 군대와 맞서 승리를 거둘 정도로 도술과 용맹이 뛰어났다거나, 박엽의 비범한 재주를 조선이 아닌 후금의 우두머리와 장수들이 먼저 알아보았다는 등의 이야기도 전한다. 여기에는 인재를 알아보지 못한 조정의 무능에 대한 비판이 우회적으로 담긴 듯하다. 한편 박엽이 가난하게 살았다는 다음과 같은 이야기도 흥미롭다.

어느 날, 박엽이 가난과 굶주림에 지친 아내가 몰래 흙덩이를 먹는 모습을 보았다. 이에 박엽은 호국(胡國) 장수 용골대에게 큰돈을 받고 두루마리 족자를 팔아 생계에 보탰다. 용골대는 박엽에게 큰 벼슬을 제안했으나 박엽이 끝내 거절했다. 후에 평안 감사가 된 박엽이 밤마다 자리를 비우자, 기생 홍도가 그 연유를 궁금해했다. 박엽은 홍도를 데리고 도술을 써서 단숨에 후금 군대가 주둔해 있는 들판으로 가서, 후금이 조선과 명나라를 침범하지 못하도록 월등한 무력으로 무찌르고 돌아왔다.

문헌 설화집 『계서야담(溪西野談)』에도 박엽이 조선의 사정을 정탐하러 온 용골대와 마부대의 정체를 알아채고 돌려보내거나, 호랑이에게 잡아먹힐 운명을 지닌 아이에게 불행을 피할 방법을 일러주었다고 하며, 인조반정으로 자신이 죽임을 당할 것을 알았으나 천명에 순응했다는 등 박엽과 관련한 설화가 다섯 편이나 수록되어 있다.

반면 정사에서는 "1623년 인조반정 뒤, 광해군 아래에서 심하(深河)의 역(役)에 협력하고, 부인이 세자빈의 인척이라는 이유로 박엽을 두려워하는 훈신들에 의해 학정(虐政)의 죄로 임지인 평양에서 처형되었다"는 등 상반된 기록도 전한다. 박정현이 광해군 1년부터 인조 13년까지의 사건을 기록한 『응천일록(凝川日錄)』에서도 "박엽은 광해군 5년(1613) 의주 부윤으로 있을 때 형장을 남용하여 가는 곳마다 사람을 죽이고 백성들의 고혈을 짜냈으며, 여색을 탐하며 음탕하고 더러운 짓을 마음대로 하였다"고 기록했다.

임진왜란이 일어나자 남원 지역에서 의병장으로 활약했던 조경남이 선조 15년(1582)부터 인조 15년(1637)까지 약 55년간 국내외에서 일어난 주요 사건을 일기체 형식으로 기록한 『속잡록(續雜錄)』에서는 "박엽이 호남우도(湖南右道)의 균전사가 되어 혹독한 형벌을 적용해 폐해가 컸다" 고 하고, 평안 감사 재임 때는 "음탕하고 포악 방자하며 거리낌이 없어 새로 70여 칸의 집을 짓고 도내 명창 100여 명을 모아 날마다 함께 거처하며 주야로 오락과 음탕한 짓을 일삼았으며, 조세로 바치는 쌀을 곱절로 늘려 독촉하여 이행하지 않으면 참혹한 형을 가해 박엽이 처형되자 군중이 모여들어 관을 부수고 시체를 꺼내어 마디마디 끊었다"고 기록했다.

한편 『응천일록』은 광해군과 인조를 둘러싼 정치적 분위기와 당쟁 연구에는 귀중한 자료이지만, 객관적 분석이 필요한 부분이 많다는 평가를 받는다. 『속잡록』은 직접 전란을 경험한 저자의 기록이라는 점에서 가치 있는 자료이지만, 혼란 속에서 떠돌던 이야기들을 수록하면서 확인 과정을 거치지 않은 내용도 포함하여 교차 검증이 필요하다는 평가를 받는다. 따라서 박엽에 대한 기록은 해석의 여지가 있을 것으로 보인다. 설화의 향유층에 따라 그 평가가 상당한 차이가 있기 때문이다.

기이한 이야기도 기록으로 남기다

기묘하고 이상한 이야기도 남기다

『어우야담』에는 둔갑술 등 환술(幻術)과 관련한 이야기뿐 아니라 국내외의 다양한 자료들을 참고한 흥미로운 내용도 전한다. 특히 『어우야담』에서 참고한 중국 자료 중에는 청나라 초기 소설가 겸 극작가 포송령(蒲松齡)의 『요재지이(聊齋志異)』가 있는데, 이 책은 동양 문학에서는 보기 드물게 귀신과 요괴 등 환상적인 이야기들을 수록하면서 당시의 사회적 폐단과 부조리에 대한 날카로운 비판을 덧붙여 주목받았다.

예를 들면 『어우야담』에는 전우치의 환술을 소개하면서 전우치가 "밧줄을 세워 아이로 하여금 줄을 타고 하늘에 올라가 복숭아를 따게 했고, 밧줄을 타고 올라갔던 아이가 땅에 떨어져 여러 토막이 나자 사지를 다시 맞추어 걷게 했다"는 등 『요재지이』의 천궁투도(天宮偸桃)와 완전하게 같은 내용을 수록했다. 그리고 전우치가 "밥알을 씹다가 뜰을 향해 내뿜으니 하얀 나비로 변했다"는 변희법(變戲法)도 소개했다.

또 "곽치허(郭致虛)는 씨를 뿌려 순식간에 열매를 맺게 하는 종과(種果) 환술을 잘했다"며 다음과 같은 일화도 소개했다.

어느 날 향교의 문묘에서 공자에게 제사 지내는 석전제를 거행하는데, 곽치허가 그 일을 맡았다. 이에 유생들이 모여 의논하기를 "곽치허는 요사스러운 사람이니 석전제 일을 맡는 것이 옳지 않다. 그러니 성인의 사당에서 물리쳐야 한다"며 반대했다. 이에 곽치허가 크게 화를 내며 "당신들이 나를 곤경에 빠트리니 나라고 당신들을 곤경에 빠트리지 않겠는가!"라고 반발했다.

얼마 후 폭우가 쏟아져 뜰에 물이 넘쳐흘렀고, 유생들이 공부하는 집이 내려앉아 모두 급하게 배나무로 기어 올라가다가 가지에 찔려 피가 나는 등 난장판이 되었다. 결국 유생들은 곽치허에게 잘못했다고 사과하며 풀어달라고 애걸했다. 그러자 잠시 후에 비가 그치고, 집도 아무런 일이 없었다는 듯 멀쩡해졌다.

이외에도 김새라는 사람이 젊었을 때 희천의 교생 곽치허에게 배웠는데, 전수(傳受)한 술법 책의 앞 장이 불에 타버려 완전하게 익히지 못했다고 한다. 후에 김새가 남의 첩을 도둑질하기 위해 술법을 써서 몸을 숨기고 집 안으로 들어갔다가, 정기가 흐트러져 끝까지 몸을 감추지 못해 결국 주인 남자에게 발각되어 곤욕을 치렀다는 이야기도 전한다.

이처럼 『어우야담』에 실린 도술담은 비록 공연예술로서의 기록은 아니지만, 당시 환술에 대한 다양한 일화를 수록하여 사람들의 주목을 받았다. 또 『어우야담』에는 많지 않지만, 무속 등 민간신앙과 관련한 이야기도 실려 있다. 저자가 직접 경험했거나, 믿을 만한 주변 사람들이 겪었던 이야기라며 긍정적인 이야기와 부정적인 이야기를 모두 수록했다는 점도 특징이다.

기록으로 남기지만, 믿기는 어렵다

성리학을 통치 이념으로 삼았던 조선은 공자의 가르침에 따라 유학 이외에는 '괴력난신(怪力亂神)'으로 취급하여 인정하지 않았다. 승려와 무당을 도성 밖으로 쫓아냈으며, 도성 출입을 금한 것도 그 예였다. 하지만 무당들은 감시와 규제가 소홀한 틈을 타서 도성 안에 드나들며 사대부와 권세가의 집안을 위해 무속 의례를 거행하기도 했다.

『어우야담』에는 이러한 사회적 분위기가 기록으로 남아 있다. 다음은 '신이 내린 무당의 영험함에 놀랐다'며 실제 일어났던 일을 소개한 내용이다.

참판 이택은 나의 죽은 형 유몽표의 장인이다. 가정 계해년(1653년. 명종 18)에 평안도 절도사가 되어 집안의 권속들을 데려가 영변의 관저에서 거주했다. 그 고을에는 매우 어리석고 일자무식인 한 백성이 있었는데, 그에게 귀신이 내려 무당이 되었다. 무당이 자칭 중국 한나라의 승상 황패의 신이라며 길흉화복을 말하는데, 징험(徵驗)함이 여간 아니었다. 이 소문을 들은 이택의 집안사람이 그를 맞아 관아에서 점을 쳤다. 무당이 신을 부르자 길을 인도하는 소리가 쉬파리 소리처럼 가늘더니 멀리서부터 다가와 처마 끝에 이르렀다. 무당이 뜰에 엎드려 신을 맞으니 신은 한 관졸이 죄를 지었다며 관청 뜰에서 관졸을 매질하게 했고, 매를 헤아리는 소리가 모기 떼가 윙윙거리는 것처럼 분명히 들렸다.

이택의 형수가 임신했으나 태가 불안해 배가 아픈 지 여러 날 되었고, 약을 써도 효험이 없었다. 무당이 "3년 묵은 토란 줄기로 죽을 쑤어 먹으면 반드시 나을 것이다"라고 말하자, 모두 "민가에서 토란을 캐서 줄기는 말려 먹으니, 일 년 지난 것도 없는데 하물며 3년이나 묵은 게 있겠는가?"라고 물었다. 무당은 "어천의 역졸 아무개의 집 부엌 위에 엮어 걸어놓은 것이 있으니 가져올 수 있을 것이다"라고 말했다.

하인을 보냈더니 과연 그 집에 3년 묵은 것이 있어 그것을 얻어와 잘게 썰고 죽을 쑤어 먹였더니 곧 나았다. 또 임신한 아이가 남아인지 여아인지 물으니 신이 대답하기를 "밭 전(田) 자 아래에 힘 력(力) 자이고, 그 아이는 반드시 귀하게 될 것이다"라고 말했다.

이듬해 갑자년에 사내아이를 낳았는데, 지금 가선대부 대사간 유숙이 바로 그 사람이다.

여기서 유숙(柳潚, 1564~1636)은 유몽인의 형 유몽표와 부인, 즉 이택의 딸 사이에서 태어난 인물을 말한다. 그는 유몽인이 역모죄로 무고되었을 때 연좌되어 청하로 귀양 갔다가 인조의 특명으로 방면되기도 했다. 유숙과 관련해 강원도 춘천과 얽힌 각별한 인연도 전한다. 선조 41년(1608), 유숙이 강원도 도사(江原道都事)에 부임하여 인연을 맺은 후 광해군 8년(1616) 부친 유몽표의 묘를 춘천 서면에 조성하고 6년 동안이나 시묘살이를 하면서 서면 가정리 일대에 고흥 유씨 집성촌이 생겨났다. 구한말 의병장으로 항일운동을 했던 유인석(柳麟錫)과 유홍석(柳弘錫) 그리고 유제원(柳濟遠)과 그의 아내 윤희순(尹熙順) 등은 유숙의 후손이다.

한편 다음과 같이 신들린 무당 이야기도 흥미롭다.

어느 판서(判書)가 가는 베와 좋은 매를 구하기 위해 함경도 고을의 여러 아전에게 편지를 띄웠다. 판서는 세공(歲貢)을 거두어들일 것을 독촉하고, 별도로 매를 담당하는 종 두 명을 보냈다. 종들이 좋은 매 2마리를 취하고, 베 50단과 제멋대로 소 4마리를 징발하여 돌아오던 길에 고산역의 한 마을에서 묵었다. 주인 여자는 신령한 무당이었는데, 대들보에서 휘파람 소리가 나더니 "오늘 묵는 손님은 밤중에 큰 재앙을 만날 것이다. 많은 사람이 병기를 지니고 길에 있을 것이니 경계할지어다"라는 소리가 들렸다.

한 종은 술에 곯아떨어졌고, 한 종은 두려움에 잠을 이루지 못하고 큰 몽둥이를 들고 방문 옆에 서 있었다. 다시 휘파람 소리가 나더니 "이미 이르렀도다"라는 말소리가 들려 문틈으로 엿보니, 문밖에 수십 명이 각기 칼과 몽둥이를 들고 서 있다가 그 가운데 두 사람이 칼을 잡고 큰 소리를 내며 문으로 돌진해 들어왔다. 종이 급히 그들을 치자 모두 땅에 쓰러졌고, 나머지는 뿔뿔이 흩어졌다. 드디어 혼자서 두 사람을 결박해 본읍(本邑)에 가두고는 소와 베를 되돌려주었다. 세공을 바친 민가는 관아에서 다스렸다.

또 다음과 같은 이야기로 무속에 대한 비판적인 견해도 수록했다.

47세로 자녀가 없었던 한 여인이 점쟁이에게 물어보니 모두 "평생 자녀가 없겠다"고 해서 자못 그 말을 믿었다. 그런데 올해 4월에 배가 크게 부르고 뱃속에서 무언가 움직이는 것이 있었다. 의원에게 물으니 모두 다 '벌레의 독'이라고 해서 여 의원에게 약을 짓게 했는데, 여 의원은 임신한 것이 아닐까 염려해서 약을 지어 주지 않았다.

침술에 뛰어난 의원이 한 자 되는 은침을 쥐고 뱃속의 그것이 움직이는 틈을 타서 찔렀는데 적중하지 못했다. 의원은 "뱀이나 거북 따위가 뱃속에 숨어 있으면서 침을 피하는 것이다"라며 침이 다 들어가도록 마구 찔렀지만, 침이 모두 구부러졌다. 여인은 통증을 이기지 못하고 밤낮으로 비명을 지르며 배를 갈라 벌레를 꺼내 달라고 애걸하다가 결국 죽고 만다. 주변에 흘린 피가 가득하고 얼마 후 남자아이가 바닥에 떨어져 우는데 몸에는 아무런 상처가 없었다.

아! 점쟁이와 의원을 믿을 수 없음이 이와 같다. 천명(天命)이 있는 곳에는 사람이 죽으려 해도 할 수가 없으니, 어찌 기이하지 아니한가? 때는 만력 을묘년(1615년, 광해군 7)이다.

스스로 앞날을 점치다

『어우야담』에는 점술(占術)이 뛰어난 사대부들도 등장한다. 구의강이 친구 이시경에게 자신의 점술 능력을 자랑했다는 다음의 이야기도 그 예이다.

구의강이 이시경에게 자신의 점술을 시험해 보라고 제안하자, 이시경이 자리 밑에서 물건 하나를 꺼내 손에 쥐고 "내 손 안에 있는 것이 무엇이냐?"고 물었다. 구의강은 "손안에 귀가 떨어진 바늘(兌卦)이 있구려"라고 답했다.

이시경은 처음에 바늘을 잡았을 때 바늘의 귀가 떨어진 것을 몰랐는데, 손바닥을 펴서 바늘을 살펴보니 정말로 바늘귀가 떨어져 있었다. 대개 태(兌)란 조그만 쇠를 뜻하고 손바닥으로 쥘 수 있는 쇠는 바늘 정도가 있는데, 태괘(兌卦)의 형상은 입이 터져서 그 뜻을 헤아린 것이다.

이 이야기에 등장하는 이시경(李著慶, ?~1597)은 무인으로 정유재란 때 군공을 세우며 활약했으나 전사했고, 구의강(具義剛, 1559~1612)은 조선 중기의 문신으로 대사간과 대사헌까지 지낸 문인이자 학자였다. 그런데 평소 점을 치지 않던 구의강이 한자를 해석해서 우연히 적중한 것이었다.

이처럼 한자를 풀어서 점을 치는 능력은 유학을 공부한 사대부들에게 거부감보다는 학문적 소양을 보여주는 수단이기도 했다. 반면 다음과 같이 점술에 능한 사대부가 자신의 앞날을 점을 쳐서 결정했다는 이야기도 전한다.

김형이라는 선비가 처음 생원이 되어 남쪽에서 올라와 태학에 기거했는데, 점술이 신묘해 당대에 이름을 떨쳤다. 종실 가운데 송사련의 사위가 있었는데, 남부리에 살았다. 송사련은 김형이 점을 잘 친다는 말을 듣고 김형을 만나 자신의 앞날을 물었다. 김형은 아무 말도 하지 않고 다만 붓을 들어 "그리운 저 사람, 서북으로 떠나가네. 바라보고 슬피 우는데, 바람은 맑고 달은 밝구나"라고 써주었다. 송사련이 "무슨 뜻이냐?"고 물었지만, 김형은 웃기만 할 뿐 대답하지 않았다. 그런데 훗날 조정에서 논란이 크게 일어나 송사련의 거짓 공훈을 삭탈하고, 안당의 억울함을 풀어주었다.

여기서 '안당의 억울함을 풀어주었다'는 이야기는 송사련(宋祀連, 1496~1575)이 정승이었던 안당(安瑭, 1461~1521)의 집안 노비를 사주하여 "주인 안당이 역모를 꾸민다"고 무고한 '안당의 역모 사건'을 말한다. 당시 이 사건으로 신사무옥이 일어났고, 안당을 비롯해 많은 사람이 처형되었다. 송사련은 그 공으로 첨지중추부사에 오르게 된다.

그런데 송사련의 집이 있는 남부리에서 보면 안당의 집이 서북쪽인 장의동에 있었다. 따라서 김형의 시에서 '그리운 저 사람 서북으로 떠난다'는 것은 나중에 '송사련의 죄가 밝혀져 아내가 안당의 집에 노비로 간다'는 의미였고, '바라보고 슬피 운다'는 것은 '송사련이 떠나는 아내를 바라보며 슬프게 울었다'는 것을 뜻했다.

송사련은 어린 시절부터 안처겸과 안당의 집안을 드나들며 가족같이 지냈다. 하지만 송사련은 장성하자 자신의 지위가 미천한 것을 한탄하며 안당의 반대파였던 심정(沈貞)에게 아부하여 출세할 기회를 엿보았다. 사주(四柱) 보는 법에 정통했던 송사련은 중종 16년(1521) 자신의 사주를 보았는데, 운수가 대통하여 부귀를 얻을 운이었다. 안당과 그 가족은 죽음을 면치 못하고 집안이 망할 사주가 나왔다. 이에 엉뚱한 생각을 품은 송사련이 안처겸의 어머니가 사망했을 때 안당과 안처겸 등이 반역을 모의했다고 사건을 꾸몄다. 이 무고로 안당과 안처겸 등 많은 사람이 처형되었고, 송사련은 공을 인정받아 선조 대에 이르기까지 네 임금을 섬기면서 고위직에 올라 30여 년간 세력을 잡고 종신토록 부귀영화를 누렸다.

송사련의 딸도 왕실로 시집가서 왕자가 송사련의 사위가 되었고, 아들 5형제도 모두 명문 집안에 장가들어 집안이 한때 번창했다. 하지만 송사련이 사망한 뒤 선조 19년(1586) 안당의 종손인 안로(安璐)의 처 윤씨의 상소로 안당의 무죄가 밝혀지자, 송씨 집안도 맞상소하여 싸우다가 결국 패하여 관작이 삭탈되었다. 김형의 점은 바로 이때의 일을 예언한 것이었다.

김형은 벼슬에 나간 후에도 위기에 처할 때마다 스스로 점을 쳐서 위기에서 벗어났다는 이야기가 전한다. 한번은 그가 감옥에 갇혔는데, 스스로 점을 쳐보니 '오시(午時)가 되면 형을 받지 않는다'는 점괘가 나오자, 간수에게 측간(廁間)에 가기를 청하며 버티다가 고문을 받지 않고 풀려났다고 한다. 그리고 함께 감옥에 있던 이기(李芑)의 앞날을 점친 뒤 그가 장차 재상이 될 것을 알고 친교를 맺었다는 이야기도 전하며, 당이모에게 친척의 딸아이를 입양할 것을 권했는데 그 말을 따른 당이모가 후에 수양딸을 재상 유전에게 시집보내 죽을 때까지 효도 받으며 살았다고도 한다.

이외에 "어느 날 조위(曺偉)가 자기의 죽음을 예언하고 지인에게 글을 지어주었는데, 나중에 조위의 운명이 글대로 되었다"는 이야기도 수록되어 있다. 박순(朴淳)은 점치는 능력이 있었던 것은 아니지만, 유학자로서 학문이 깊고 지혜로워 점술가의 예언을 듣고 스스로 자신이 죽을 날을 예언했다는 다음과 같은 이야기도 전한다.

박순은 파직당한 후 양평에서 한가롭게 지내고 있었다. 하루는 그가 병이 들어 시비(侍婢)를 베고 누웠다가 예전에 중국에 사신으로 갔다가 점쟁이에게 들은 말이 떠올랐다. 점쟁이는 박순이 "봉황(鳳凰)을 베고 죽을 것이다"라고 예언했는데, 박순이 베고 있는 시비의 이름이 '봉(鳳)'이라는 사실을 깨닫고 자신이 곧 죽게 될 것을 예감했다. 그리고 자신의 침방 앞에서 아끼던 개가 호랑이에게 물려 죽었기에 다가오는 '호랑이 날(寅日)'에 자신이 죽을 것을 예언했는데, 말대로 되었다고 한다.

점복(占卜)은 해석하기에 달려 있다

국가의 앞날을 예언하는 속신적(俗信的) 전조(前兆)에 관해서도 다양한 이야기가 전한다. 예를 들면 임진왜란이 일어날 것을 미리 예언한 여러 가지 일화들이 전하는데, 심지어 다음과 같이 우리나라는 물론 중국에서도 임진왜란의 징조가 이미 있었다고 한다.

신묘년(1591)에 중국 무기고에 있던 병기가 유난히 광채가 나서 천하의 군사를 움직일 징조를 보였다. 조선에서는 군기사(軍器寺) 연못 물이 저절로 끓어 넘치더니 솟구쳐 올라 담장을 넘었고, 가야산에 있던 팔만 대장경의 옻칠한 판목 하나하나가 모두 땀을 흘렸는가 하면, 이듬해에는 역병이 발생했다. 또 왜적을 정벌한다는 의미로 만든 관왕(關王)의 동상에서 땀이 흘러나와 모두 두려워했다.

이야기의 마지막에는 "이처럼 기이한 현상이 모두 아무런 의미 없이 일어난 것이 아닐 텐데, 당시 정치인들은 누구도 왜적이 침입할 것에 대비하지 않아 임진왜란이 일어나자 조선은 곧 왜적에게 패했다"고 덧붙였다.

물론 자연재해나 전쟁의 발발을 민간에서 전하는 미신에 의존해서 예견하고 방지할 수 있는 일은 아니지만, 『어우야담』에서는 적어도 평소에 국가 방위에 관심을 기울이지 않았던 위정자들의 무책임을 비판하고 있다.

비록 지나간 일이지만, 17세기에 『어우야담』에서 임진왜란의 징조에 관해 관심을 기울인 이유는 당시 임진왜란과 정유재란 등 커다란 전쟁으로 인해 몸과 마음의 상처가 오래도록 아물지 않았고, 언제 또다시 자연재해나 전쟁이 일어날지 모른다는 불안감이 마음속에 자리 잡고 있었기 때문이다. 속신이나 점술 행위에는 당시의 사회적 분위기도 담겨 있었던 것이다.

또 『어우야담』에서는 "점을 잘 치는 사람은 비단 사람이 죽고 살고, 출세와 몰락 또는 길하고 흉한 것을 귀신같이 알 뿐만 아니라, 초목의 씨를 뿌리거나 그릇을 만드는 데 이르기까지 그 처음과 끝을 추구하여 오래도록 맞히는 것이다"라며 점술이 신통하다고 소개하면서도 "그 속신은 반드시 맞는 것은 아니다"라면서 점괘의 해석은 "귀에 걸면 귀걸이, 코에 걸면 코걸이"라며 점을 맹신하는 것을 경계했다. 그리고 책을 보고 점을 치는 다음의 이야기를 통해 점술도 사용하는 의도에 따라 다른 결과를 초래한다는 의미를 전하고 있다.

> 홍양(興陽) 사람 유충신이 점 보는 책을 가지고 와서 나의 큰형님에게 주었다. 그는 "예전에 이 책 때문에 곤욕을 치른 일이 있어서 다시는 이 것으로 점을 치지 않으려고 가지고 왔다"고 말했다. 큰 형님이 그 이유를 묻자 유충신은 "젊었을 때 이 책으로 점 보는 법을 고향 선생에게 배운 뒤 한양으로 올라와 길가의 객점에 머물렀는데, 주인의 처가 자색이 있어서 마음이 끌려 눈짓을 보냈다"고 한다. 그리고 "이 책으로 점을 치니 '아름다운 여인을 만나리라'는 점괘가 나와 밤을 틈타 몰래 유혹했는데, 주인의 처가 큰 소리로 외쳐서 남편이 몽둥이를 들고 쫓아와 맨몸으로 도망친 뒤로 다시는 이 책으로 점을 치지 않는다"고 말했다.
> 이후 부모님이 돌아가셔서 큰형님이 서산에서 시묘살이를 했는데, 제사를 받든 노복 허약대가 언문을 조금 알아서 이 책으로 점치는 법을 가르쳐주었더니, 마을 사람들이 묻는 일에 대해 알아맞히는 것이 많았다. 이 소문을 듣고 사람들이 날마다 술과 쌀을 가지고 와서 허약대를 대접했다. 점은 한 가지인데, 얻고 잃음이 같지 않으니 가소롭구나!

이처럼 똑같은 책을 보고 점을 쳤는데도 '유충신은 해를 입고, 노복 허약대는 복을 얻었다'며 긍정적인 이야기와 부정적인 이야기를 모두 소개하면서 최종 가치 판단은 독자의 몫으로 남겨 두었다.

그런데도 지식인들의 점술에 대한 관심은 조선 말기까지 이어졌고,

다양한 이야기를 기록으로 남겼다. 예를 들면 숙종 때 홍만선이 쓴 농서이자 가정 생활서인 『산림경제』 「치농편」에서는 험세(驗歲)라는 항목을 설정하여 점복을 기록했다. 19세기 중엽의 『오주연문장전산고』에서는 점복을 14항목으로 설정하여 다양한 관점에서 설명했다.

이처럼 점복에 대한 관심이 오래도록 유지된 이유는 농경사회와도 밀접한 연관이 있었다. 즉 농경사회였던 조선시대에는 천문 기상의 변화가 농업생산에 직접적인 영향을 미쳤다. 그 때문에 과학기술이 발달하지 못했던 당시에는 하늘을 공경하며 살피는 일이 국가적으로 대단히 중요한 활동이었다. 조선시대에 예조에 속한 관청으로 관상감(觀象監)을 두고 하늘을 관측하는 특별한 임무를 수행한 것도 그 예였다. 민가에서도 농업생산력 증대를 위해 다양한 방식으로 일기를 예측하거나 한 해의 풍흉 등을 점쳤고, 이러한 풍습은 일상에서 생활의 지혜로 활용되기도 했다.

예를 들면 민간에서 전하는 속신(俗信)에는 일상적인 소소한 일에도 주의를 기울이는 내용이나, 주변에서 흔히 볼 수 있는 새들도 등장한다. "까치가 남쪽 나뭇가지에 둥지를 틀면 반드시 영화를 얻는다"거나, 양반집에서는 "까치가 집 안에 둥지를 틀면 과거 급제자가 나온다"는 속설도 전한다. 이에 과거 응시생이 있는 집에서는 까치집을 훔쳐다가 집 안의 나뭇가지에 올려놓기도 했고, 까치집을 구하지 못하면 매일 새벽에 사람이 나무를 타고 올라가 까치가 우는 흉내를 내기도 했다.

반면 올빼미는 "집에 이르면 반드시 화재가 이어서 일어난다"거나 "사기나 도난을 당한다"는 등 흉조로 전한다. 올빼미가 크면 어미를 잡아먹는다는 속설 탓에 충(忠)과 함께 효(孝)를 중시했던 조선시대에는 거부감이 상당히 컸다. 『지봉유설』에서도 "중국 한나라 때는 단오에 올빼미 국을 끓여 신하에게 나누어 주었다"고 소개하면서, 그 이유를 "올빼미가 흉조이기 때문이다"라고 기록했다.

명당 주인은 따로 있다

조선은 건국 후 나라의 중심인 수도를 결정하면서 이단으로 여기는 풍수지리를 적극적으로 동원했다. 예조의 관상감에서는 나라에서 대궐을 건축하거나 왕릉을 조성하기 위해 터를 잡는 과정에서 풍수지리를 동원하여 지형을 살피고 길흉을 판단했다. 당시 관상감에서는 상지관이라는 직책을 두어 풍수지리와 관련한 공적인 업무를 수행했고, 과거에도 음양과를 두어 천문학·지리학·명과학을 시험 볼 정도로 풍수지리는 국가 운영에 실재적 원리로 작용했다.

또 풍수지리는 건국의 기틀이 세워지는 조선 전기를 지나면서 왕릉의 선정 과정에서 논란의 중심에 서며 정치적 사건·사고가 발생하기도 했다. 민간에서는 가문의 부흥과 개인의 출세를 빌거나, 복을 기원하는 지극히 개인적이고 이기주의적인 성격이 강화된다.

특히 좋은 묏자리의 선정은 조상을 편안하게 모신다는 뜻도 있지만, 궁극적으로 살아 있는 후손들의 복을 바라는 의미가 더 중요하게 작용했다. 그 때문에 묏자리 선정을 놓고 때로는 목숨을 잃을 정도로 심각한 갈등이 일어나기도 했다. 하지만 명당을 선택하는 것은 사람의 능력만으로는 한계가 있었다. 남사고(南師古) 등 유명 풍수가들이 정작 자신이 묻힐 명당을 선택하지 못했다든가 또는 명당을 찾았지만 결국 누군가의 꾀에 넘어가 명당자리를 빼앗기게 되었다는 이야기가 전하는 것도 그 예이다. 달리 말하면 명당은 주인이 따로 있다는 것이다. 다음의 이야기들은 더욱 구체적이다.

부원군(府院君) 박응순(朴應順)은 전대 임금의 장인이었다. 그가 사망하여 묏자리를 택했는데, 묘혈(墓穴) 뒤에 주인 없는 오래된 무덤이 있었다. 땅을 파고 묘혈을 열어보니 오래된 비석이 나왔는데, 무덤의 주인 역시 예전 임금의 장인이었다. 그래서 임금께 다른 곳으로 묘를 옮겨줄 것을 청했지만 허락하지 않으셨다.

대원군(帶原君) 윤효전(尹孝全)이 상지인(相地人) 박상의(朴尙義)에게 아버지 부정공(副正公)의 묏자리를 보아달라고 청했다. 박상의는 "이곳은 귀문혈(鬼門穴)을 범해 광중(壙中, 시체가 놓이는 무덤의 구덩이 부분)에 괴기가 있으니 속히 옮기십시오. 그렇지 않으면 반드시 재앙이 닥칠 것입니다"라고 말했다. 이에 광중을 열자 그 안에 있던 목로(木奴, 나무로 만든 노비)에 모두 수염이 나고, 머리털의 길이가 서너 촌으로 바람결에 나부꼈다. 매우 괴이하게 여겨 머리털을 뽑아 보니, 모근(毛根)이 모두 하얀 것이 살아 있는 사람의 피부에 붙어 있는 것과 똑같았다. 그 때문에 상서롭지 못한 것이라 여기고 점을 쳐서 다른 산에 장사 지냈는데, 이곳에서 나온 지석(誌石)에 따르면 예전 부정(副正)의 묘였다……. 부원군과 부정의 자리에 예전 부원군과 부정의 묘가 있으니 지리(地理)는 추측하기가 쉽지 않은 일이다.

이 이야기는 묏자리가 인간의 운명과 관계있다는 인식을 확인해 주고 있다. 소세양(蘇世讓) 삼 형제가 돌아가신 아버지의 묏자리를 선정하는 다음의 이야기도 흥미롭다.

소세양 삼 형제는 아버지가 돌아가시자 묏자리를 잡기 위해 영험한 지관을 불렀다. 지관은 형제의 사연을 듣고 명당터를 찾았으나, 그곳에서 몇 발자국 떨어진 곳을 알려주었다. 그가 발견한 명당은 신령한 벌이 살고 있어 이곳을 알려준 자는 죽을 운명에 처하기 때문에 일부로 약간 떨어진 곳을 말해준 것이다. 이 사실을 알게 된 삼 형제는 지관이 알려준 곳이 아니라 명당에 아버지 묘를 썼다. 결국 삼 형제는 높은 벼슬에 올랐지만, 지관은 죽고 말았다.

이처럼 묏자리와 관련한 풍수담은 유교라는 국가 이념에 의해 배척당하면서도 한편으로는 유교에서 중시하는 국가와 가문의 안녕과 발전에 중요한 매개 역할을 하면서 상존했다.

일상의 지혜를 담다

신조어(新造語)의 유행에는 시대상이 담겨 있다

『어우야담』에서는 기후 관측과 세시풍속 그리고 식목·사냥·민요 등 일상생활과 연관이 있는 내용도 수록했다. 또 설화 형식이 아니라 단순하게 나열한 정보들을 통해 생활의 지혜나 당시의 시대상을 읽을 수 있는 흥미로운 이야기도 수록했다.

그리고 "여기에 실은 신조어는 모두 당대에 널리 퍼져 있던 속담이다"라며 민가에서 새롭게 생겨난 말들도 소개했다. 그러나 이때의 속담은 '옛날부터 전하는 격언으로 현재에도 유효한 것'이 아니라 일종의 신조어로, 당대에만 유행한 것이라는 점에서 정확하게 말하면 속담이라기보다는 유행어에 해당한다.

시작은 거창하게 했으나 끝에 움츠러드는 것을 '정번의 정재인(呈才人)'이라고 했다는 다음과 같은 일화도 그 예이다.

> 정번이라는 사람이 살았는데, 자신이 장원급제했다는 소식을 듣고 너무 기뻐서 춤과 노래를 부르는 사람인 '정재인'까지 불러 장원급제를 외치게 하며 거리를 돌게 했다. 그런데 나중에 자신의 급제가 취소되었다는 말을 듣고, 기가 죽은 채 아무 소리도 못 했다고 해서 '정번의 정재인(呈才人)'이라는 말이 생겨났다.

이 이야기는 과거에 급제하면 전문 놀이꾼까지 동원해 마을을 돌며 떠들썩하게 잔치를 벌였다는 사실도 알려준다.

다음은 헛된 생각을 하다가 실제 일을 망치는 것을 이르는 '유함의 빛깔 좋은 말'이라는 유래담이다.

> 과거에서 번번이 낙방했던 유함이라는 선비가 과거 시험장에서 자신이 아는 문제가 나오자 과거 급제는 문제없다고 자신했다. 이에 그는 답안을 쓰기도 전에 미리 급제했을 때 입을 의복과 타고 다닐 말을 어디서 빌릴까 등등을 생각하다가 그만 답안지를 작성하지 못해 시험을 그르

치고 말았다.

다음은 사건의 발단은 갑(甲)에게서 비롯되었는데, 재앙은 을(乙)에게 옮겨진 것을 이르는 '활인서 별좌의 파관이다'라는 유래담이다.

밤이 깊었는데, 유생이 길 가던 기생을 희롱하다가 기생의 옷이 찢어졌다. 화가 난 기생이 사인(舍人)에게 이를 고하였고, 사인은 중학에서 숙직하는 관리를 책하려고 하였다. 하지만 책임이 커질 것을 염려한 아전이 "담당 관리가 활인서에 부정을 조사하러 갔다가 날이 저물어 성곽문이 닫혀 오지 못했다"고 거짓말을 했다. 그리고 이를 사실로 만들기 위해 활인서에 직접 갔다가 마침 활인서 별좌가 그날 숙직을 빼먹은 것을 알고 그를 파면해 버렸다. 잘못한 사람은 따로 있는데, 엉뚱한 관리가 걸려 파직당한 것이다.

신조어를 통한 조롱의 대상에는 재상도 등장한다. 다음과 같이 재상의 무능을 꼬집는 '한 상국의 농사'라는 말의 유래담도 그 예이다.

상국(相國) 한응인(韓應寅)은 왜구가 쳐들어오자 가족들을 모두 데리고 피난 가서 시비로 하여금 농사를 짓게 했는데, 5월에 두 번이나 김을 매어 논에 푸른 물결이 일었다. 이를 본 상국이 농부에게 "우리는 농사를 지으면서 두 번이나 김을 매어 곡식들이 푸른 물결을 이루고 있으니 어찌 즐겁지 않은가!"라고 자랑했다. 이 말을 들은 농부가 논을 살펴보니 벼는 보이지 않고 잡초뿐이었다. 시비들이 한양에서 나고 자라 벼를 본적이 없어 김을 맨다며 벼를 모두 뽑아버리고 잡초만 남긴 것이다. 그러나 집안사람 중에 이를 알아본 사람은 아무도 없었다.

이후 신천 사람들은 농사일을 엉터리로 하는 사람을 보면 꼭 '한 상국의 농사'라고 하니, 아! 말세에 사람 쓰는 것이 이와 비슷하다.

이외에도 '을사년 굶주린 까마귀가 빈 뒷간을 엿본다'라는 말이 생겨난 이유는 사람이 굶주리니 닭과 개 또한 굶주려 뒷간에도 남아 있는 똥이 없음을 이른 것이다. 또 '창부의 삼공일여(三空一餘)'라는 말은 '창부가 늙은 후에는 세 가지가 텅 비게 되고 한 가지가 남는데, 세 가지 텅 비는 것은 집의 재산이 텅 비고, 몸이 텅 비고, 명성이 텅 빈다는 것이고, 다만 한 가지 달콤한 말솜씨가 남는다'는 것을 의미한다.

기생들은 한창 젊을 때는 산해진미를 먹으며 호화로운 비단옷과 각종 노리개 등으로 장식하는 등 화려한 생활을 하지만, 나이가 들어 손님이 끊기면 번지르르한 말솜씨만 남고 생계조차 어려워진다는 것이다. 그 때문에 기생들은 한창때 재산을 모으려고 온갖 수단을 동원하기도 했다. 『어우야담』에서도 사람을 업신여기며 돈만 밝히는 기생들의 일화를 소개하면서 "아! 기생이 몸을 가볍게 하고 돈을 중히 여김은 천하가 똑같으니 탄식할 일이다"라고 비판하고 있다.

음식 문화는 상대적인 것이다

『어우야담』에는 우리나라와 중국의 음식 문화를 비교하면서 "중국과 우리의 토양이 다르듯 그 토양에서 나는 재료로 만든 음식도 다를 수밖에 없다. 그러므로 음식에 대해 자신의 문화와 다르다고 손가락질할 수는 없다"며 중국인들의 자문화 중심주의가 타문화에 대한 무조건적인 배척으로 이어졌다고 비평했다. 그리고 다음과 같이 구체적인 사례를 수록했다.

중국인들은 우리가 육회와 생선을 즐겨 먹는 것이 이상하다고 하지만, 역사를 거슬러 올라가면 공자를 비롯한 옛사람들이 즐겨 먹었다. 그러나 이후 중국인들은 특별한 이유 없이 이를 먹지 않게 되었고, 다른 나라 사람들이 먹는 것을 이상하다고 여긴다. 중국은 지역에 따라 뱀과 사마귀 등을 잡아먹기도 하고, 두꺼비를 즐겨 먹기도 한다. 이처럼 이상한 음식을 즐겨 먹는 자신들의 풍속을 제대로 살피지 못하고 있다.

또 중국인들은 차(茶)와 밀가루 음식, 자하젓 등을 귀하게 여기지만, 조선에서는 유학을 신봉하는 무리인 사림이 집권하면서 불교를 탄압하여 불교문화를 상징하는 차를 기피하게 되었다는 역사적인 사실도 소개했다.

고려 원종 2년(1261)에 각 도의 관찰사에게 "왕은 인심을 금수(禽獸)에게까지 베풀어야 하니 육선(肉膳)을 올리지 말라"고 명하는 등 고려에서 육식을 금하게 된 것은 불교의 영향이 컸다. 반면 고려에서는 사찰 음식이 크게 발달하였으나, 조선시대에 불교를 억압하면서 유생들이 사찰 음식은 물론 불교에서 차를 올리고 즐겨 마시는 풍습도 꺼려 차밭을 방치해 차 문화가 쇠퇴했다. 그 때문에 일부 전라도 지방의 사찰과 학자들 사이에서만 차 마시는 풍습이 이어졌다. 그러나 조선 초기보다 불교에 대한 편견에서 벗어나게 되는 조선 중기가 지나면서 산속의 절을 찾아가 승려들과 교유하는 선비가 늘어났고, 이 과정에서 선비들은 자연스럽게 사찰 음식을 접했다.

『어우야담』의 저자 유몽인 역시 승려와 교유하는 과정에서 사찰 음식을 접한 후 "승려는 육식을 하지 않아 재료에 제약이 있지만, 그들의 소박한 음식 중에는 뛰어난 맛의 음식이 있다"며 두류산에서 대나무 열매를 따서 지은 밥, 팔미차(八味茶), 개골산(겨울의 금강산)의 구운 송이버섯 등을 천하의 진미로 소개하면서 산(山)사람이나 승려가 먹는 음식을 높게 평가했다.

유몽인은 또 "조선의 음식 문화가 명나라 음식보다 화려하며, 오히려 작은 나라 안에서 갖가지 재료가 나니 그로 인해 만들어지는 음식이 대단하다"며 중국과 구체적으로 비교하여 소개했다. 이는 요즘 말로 하면 '문화란 각자의 전통이 있기에 비교할 수 없는 가치가 있다'는 문화 상대주의적 인식을 담은 것이다.

이러한 인식은 일반적으로 조선의 지식인들이 "명나라 학자들은 누구나 시서(詩書)와 육경(六經)을 잘한다"거나 "명나라에 가면 요순(堯舜)의 정치와 공자·맹자의 학문을 볼 수 있다"고 말할 정도로 명나라를 중화 문화의 중심이자 기준으로 인식하고 있었던 것과도 비교된다. 유몽인의 이 같은 인식에는 단순히 자국 중심의 사고가 아니라 나름의 객관적인 근거가 있었다.

기본적으로 유몽인은 임진왜란으로 명나라에 원군을 요청하는 외교 문서를 담당하는 등 중국과 빈번하게 접촉했던 경험을 바탕으로 중국과 조선의 풍속이 다르다는 것을 인식했다. 그의 인식은 중국의 문화를 일방적으로 수용하는 것을 경계하고, 중국과 대등한 외교 관계를 유지해야 한다는 자주적인 발상으로 이어졌다. 한 마디로 유몽인은 선진적 지식인이었다.

남자들도 보쌈을 당하다

『어우야담』에는 조선시대의 혼례 풍속 중 '재가금지법'으로 인한 폐해도 기록되어 있다. 고려 공양왕 때에도 개가를 금지했지만, 모든 여성에게 강제 적용한 것이 아니라 사대부 부녀자를 대상으로 권유하는 차원이었다. 그러나 조선이 건국된 후 태종 3년(1403)에 "간혹 삼년상을 치르는 계모 중에는 겨우 백일상이 지나면 상복을 벗고 개가하면서도 조금도 부끄러워하지 않는 이가 있으니 문제다"라며 여인들의 재혼을 사회 질서를 흔드는 문제로 인식하게 된다.

이후 성종 대에 조정에서 과부의 개가 금지에 대한 본격적인 논의가 벌어졌다. 당시 대신들은 대체로 재가를 법으로 금하는 것에 부정적이었다. 다만 세 번째 결혼하는 것부터 법으로 규제해야 한다는 의견이 많았다. 하지만 사회질서 유지 차원에서 조선은 성종 8년(1477) '재가금지법'을 제정해 『경국대전』에 수록하고, 이를 어길 때는 자녀들의 과거 응시 자격을 박탈하는 등 엄격하게 통제했다.

이로 인한 사회적 폐해도 발생했다. 『어우야담』에서는 당시 유행했던 보쌈과 관련해 다음과 같은 이야기도 소개하고 있다.

과거에 응시하기 위해 한양으로 가던 유생이 밤에 장정들에게 납치되어 어느 대궐 같은 집으로 끌려갔다. 장정들은 유생의 옷을 벗기고 목욕을 시킨 다음 새 옷으로 갈아입혀 방 안으로 들여보냈다. 방 안에는 의복을 곱고 세련되게 차려입었으나 안색이 초췌한 듯한 여인이 앉아 있었다. 유생은 이 여인과 하룻밤을 보낸다. 그러나 새벽이 되자 여인은 나가버렸고, 유생은 다시 가죽 자루에 담겨 원래 있던 자리로 돌아왔다. 당시 개가를 금지하는 법이 시행된 지 얼마 안 되어 사족의 집에서 좋지 못한 짓을 한 것이다.

이 이야기에서 유생은 아무 일 없었다는 듯 다시 처음 자리로 돌아왔지만, 비밀 유지를 위해 보쌈을 당한 남자가 죽임을 당하는 부작용이 발생하기도 했다. 그리고 불미스러운 일을 저지른 과부가 오히려 국가로부터 상을 받았다는 다음과 같은 일화도 소개하고 있다.

한양에 근무하던 무인이 오랜만에 지방에 있던 친구를 찾아갔다. 그러나 친구는 이미 죽고 없었다. 무인은 하룻밤을 묵고 떠나려고 하다가 우연히 친구의 부인이 중과 사통하는 것을 목격했다. 격분한 무인은 중을 화살로 쏘아 죽인 후 모르는 척하며 방으로 다시 돌아왔다. 그런데 죽은 친구의 부인은 자신의 방에 중이 뛰어들어 겁탈하려고 해서 자신이 중을 찔러 죽이고 정절을 지킨 것처럼 연극을 했다. 다음 해에 무인이 그 집 주변을 지나다 보니, 집 앞에 정려문이 세워져 있었다.

당시 정절을 지킨 여인에게 나라에서 내렸던 정려문(旌閭門)은 양반 집안의 최고 명예였지만, 정려문을 받기 위해 이처럼 부조리한 일이 일어나기도 했다.

교조주의적 명분을 뛰어넘다

효자가 되기 전에 목숨부터 부지해야 하지 않겠는가?

조선에서는 중국 고대 유가(儒家)의 경전인 「예기(禮記)」에 근거하여 부모님이 돌아가시면 삼년상을 치렀다. 삼년상은 부모님 묘소 근처에 여막(廬幕)을 지어 거처하며 아침저녁으로 음식을 올리고, 밥과 나물에 물만 먹으며 3년간 생활하는 것을 말한다. 자식은 태어난 지 3년이 지나야 비로소 부모의 품 안을 떠날 수 있으니, 삼년상을 치르는 것이 부모가 길러준 은혜에 대한 보답이었다.

그뿐만 아니라 부모님이 돌아가시면 자식은 죄인이 되었다. 그래서 외출할 때는 '부모를 돌아가시게 한 죄인이라 하늘을 볼 수 없다'는 의미로 머리에는 삿갓 모양의 방립(方笠)을 쓰고, 대나무로 양쪽에 자루를 만들어 장방형의 베를 붙여 만든 포선으로 얼굴을 가렸다. 또 절대 술과 고기를 먹지 않았다.

우리나라에서 이러한 규범을 지키며 처음으로 삼년상을 치른 인물은 정몽주로 전한다. 삼년상의 규범을 제대로 지키는 것은 고초가 대단히 클 수밖에 없었다. 먹는 것도 부실했고, 산 아래까지 내려가 식량과 물을 구하는 것도 쉬운 일은 아니었다. 겨울에는 추위로 고생했으며, 때로는 맹수가 침입하기도 했다. 그 때문에 삼년상을 마치기도 전에 자식이 사망하는 일도 있었다. 유몽인은 이와 관련해서 다음과 같은 일화를 기록으로 남겼다.

우리나라는 지세가 바다와 육지가 교차하는 곳이어서 백성들의 습속이 귀천을 막론하고 모두 생선과 고기로 배를 채운다. 게다가 한양은 팔방의 물산이 모두 모이는 곳으로 맛있는 음식이 더욱 많다. 백성들이 사사로이 보양하는 것은 중국 사람들조차 미치지 못할 정도다. 평상시 호사스럽게 보양하다가 하루아침에 상(喪)을 당하여 예를 따르느라 한 움큼의 쌀로 입에 풀칠하니, 3년을 채우지 못하고 갑작스럽게 죽는 이가 많은 것이다.

삼강행실을 낱낱이 살펴보면, 우리나라 사람 가운데 죽만 마시고 상을 마치는 사람은 대부분 산야에서 곤궁하게 사는 선비이지 한양 사람은 드물다. 상국(相國) 홍섬(洪暹)은 노모의 나이가 아흔 살이 넘었는데, 매양 식사 때마다 맛있는 음식을 거의 먹지 않으며 말하기를 "어버이가 돌아가실 연세가 되면 자식 된 자는 의당 담박하게 먹는 것을 습관으로 삼아야 한다"라고 했다. 삼년상에 거친 밥과 물만 먹는다는 내용은 「예경(禮經)」에 쓰여 있다. 홍섬은 노모가 세상을 떠나자 오래지 않아 사망했다.

유극신 또한 부모상을 당해서 3년간 죽을 마셨고, 삼년상을 거의 마칠 무렵에 병이 들어 죽었다. 나(유몽인)의 작고하신 아버지는 상을 당하자 채소나 과일도 들지 않으셨고, 소상(小祥, 사람이 죽은 지 일 년 만에 지내는 제사) 후에야 채소를 드시기 시작했다. 어느 누가 효자가 아니겠는가마는, 체질의 강약으로 인해 그 분수가 생기는 것이다.

여기서 상국 홍섬은 선조 대에 영의정을 세 번이나 지낸 인물이다. 그는 삼년상을 치르기 위해 평소의 생활 습관을 바꿔가면서까지 미리 대비했지만, 상을 당한 지 얼마 지나지 않아 허무하게 죽고 말았다.

유몽인은 이러한 사례를 기록하면서 "우리 집안에서는 효자를 원치 않으며, 자식이 예법을 지키려다 죽기를 바라지는 않는다"는 정광필(鄭 光弼)의 말까지 인용했다. 당시 정광필은 이 말로 인해 세상의 비난을 받았지만, 『어우야담』에서는 "자제들을 위해 이 기록을 남겨둔다"는 의 견을 덧붙이며 이야기를 마치고 있다.

이처럼 유몽인은 제도를 일방적으로 수용하고 지키는 것만이 옳은 것이 아니라, 상황에 따라 판단하기를 요구했다. 그는 폐해를 불러오 는 제도의 시행에 쓴소리도 주저하지 않았다. 요즘 말로 하면 유몽인은 '교조주의적 명분이 지배하는 사회에서 발생하는 불합리한 제도와 풍 속이 사람들의 삶에 어떤 고통을 주는지에 대한 비판적 인식'을 지녔던 진보적 지식인이라 할 만하다.

과거급제를 위해 금기 사항들이 생겨나다

조선시대에 과거는 관리가 되어 가장 확실한 출세를 보장하는 정통 코 스였고, 집안을 일으키는 틀림없는 길이었다. 조선 중기가 지나면서 지 방의 사대부 집안에서는 자손들이 과거에 급제하여 관직에 나갈 능력 이 되지 않는다고 판단되면, 지역에서 치르는 초시에라도 합격해 생원이 나 진사가 되는 방법을 백방으로 찾아 나섰다. 그래야만 지역에서 본인 은 물론 가문의 위상을 유지하며 살아갈 수 있었기 때문이다.

따라서 사대부 집안에서 태어난 남자라면 대부분 과거 공부에 매달 렸다. 특히 가진 것이 없는 사대부들에게 입신양명할 수 있는 기회는 과 거가 유일했다. 그 때문에 가장의 과거급제를 위해 가족들은 힘든 생활 을 참아내며 물심양면으로 지원했다. 꼭 이루고자 하는 소망은 집안사람들로 하여금 주변의 사소한 것들에도 민감하게 반응하게 만들었다. 심지어 과거와 관련한 징크스 등 수험생과 가족 간에 속신이 생겨나기도 했다.

예를 들면 사대부는 불교에 비판적이었음에도 과거 공부를 위해 절에 들어가기도 했고, 과거 급제자를 배출한 사찰들이 유생들의 주목을 받기도 했다. 한양 도성의 북문인 숙청문(肅淸門) 기둥에 신상(神像)을 걸어놓고 부녀자들이 기도했다거나, 인왕산 칠성암에서 과거 응시자들이 급제를 빌었다고도 한다. 심지어 부모님이 지어주신 이름을 바꾼다거나, 무속에 의지하기도 했다.

『어우야담』에는 과거 응시생들 사이에서 '떨어질 락(落)' 자를 쓰는 것을 금했다는 이야기도 전한다. 응시생들은 구운 낙지가 반찬으로 나오면 낙지를 뜻하는 한자어 낙제(絡蹄)와 같은 음으로 읽히는 낙제(落第)를 경계하여 "입제(入蹄) 구운 것 좀 먹어도 되겠소?"라고 말했다고 한다. '시험에서 탈락한다'는 뜻의 글자 대신 합격을 의미하는 '입(立)' 자를 쓴 것이다. 또 다음과 같은 일화도 전한다.

신숙이라는 유생은 초시부터 과거에 응시할 때마다 고양이가 그의 앞을 가로질러 갔는데, 그때마다 과거에 합격했다. 그래서 마지막 대과를 보기 전날에는 밤늦게까지 고양이를 찾아다녔다. 마침내 고양이를 발견한 신숙은 고양이가 움직이려고 하지 않자, 부채를 휘둘러 고양이가 자신의 앞으로 지나가게 했다. 그는 다음 날 대과에도 합격했다.

응시생들의 징크스나 금기 사항 중 일부는 현대까지 이어지고 있다.

시험을 앞두고 '시험에서 미끄러지거나 죽을 쓰지 말라'는 뜻에서 미역국이나 죽을 먹지 않는다든가, 머리를 자르지 않는 등 소위 유감주술(類感呪術, 원하는 바와 닮은 대상의 모습이나 행동을 따라 하면 소원이 이루어진다고 믿는 속신)을 바탕으로 하는 금기 사항이 그 예이다. 이는 비록 비합리적이고 비과학적이지만, 미처 생각하지 못한 사소한 것이 불행의 원인이 될지도 모른다는 불안한 마음을 스스로 극복하고 위로하기 위한 막연한 보호 수단이었다.

상상을 초월하는 통과의례가 기다리다

어렵게 과거에 급제한다고 해서 이후 순탄한 길만 기다리고 있는 것은 아니었다. 무엇보다도 처음 관직에 나가면 대단히 긴장될 수밖에 없었고, 실수가 발생하기도 했다. 선배 관리들이 이러한 상황을 이용해 의도적으로 신임 관리를 골탕 먹이는 등 일종의 통과의례도 있었다. 명종 연간에 사간원 사간을 지낸 박광우(朴光佑)와 유몽인이 급제했을 때의 다음과 같은 일화도 그 예이다.

> 과거에 2등으로 급제한 박광우가 대궐 안에서 한 선배 관리를 만났다. 박광우는 '신래(新來)'라며 명함을 주었는데, 거꾸로 전달해서 이름이 '우광박(佑光朴)'이 되었다. 그러자 선배 관리는 "자네는 2등으로 급제한 것을 한스럽게 여기지 말게나. 소동파도 2등으로 급제하였고, 남곤도 2등으로 급제했다네"라고 말하고는 그를 물러가게 했다. 박광우가 하인에게 선배 관리가 누구인가를 묻자 바로 수찬 김일손이었다.
> 내(유몽인)가 막 급제하여 유가삼일(遊街三日)할 때 선생 박홍로를 만났

다. 그는 "노신래(老新來)는 어디 갔다가 이제야 급제했소?"라고 물었다. 나는 "전에는 2등으로 급제할 것 같아서 참다가 지금에 이르렀습니다"라고 답했더니, 박홍로가 폭소하면서 "잡방기(雜放氣)는 치우고, 신래(新來)는 물러가시오"라고 말하고는 가버렸다. 박홍로는 나와 같은 해에 진사가 되었으며, 대과에는 일찍이 2등으로 급제했다. 나는 이때 나이 31세로 장원급제했다.

여기서 선배 관리 김일손(金馹孫, 1464~1498)은 생원시에 수석으로 합격하였고, 진사시에서는 2등으로 합격한 수재였다. 이후 관직에 나간 그는 권세가들의 비리를 공격하며 사림들의 중앙 정계 진출을 적극적으로 지원했다. 박홍로(朴弘老, 1552~1624)는 훗날 이름을 홍구(弘耉)로 고쳤는데, 두 사람 모두 당대를 대표하는 관리이자 학자였다. 이처럼 역사에 이름을 남긴 인물들도 후배로서 신고식을 치렀다.

여기서 신임 관리가 선배 관리에게 명함을 줄 때 거꾸로 주는 독특한 풍습도 신고식의 일종이었다. 또 선배 관리가 "물러가라"고 말한 것은 '관리 생활의 시작을 인정한다'는 의미이며, 잡언(雜言)을 잡방기(雜放氣)라고 하는 것은 모두 예로부터 전해오는 풍습이다.

조선에서는 과거에 급제한 신참을 신래(新來)라고 했다. 따라서 유몽인에게 '노신례'라고 한 것은 나이가 들어 과거에 급제한 사람을 의미했다. 그러나 이 정도의 신고식은 그야말로 애교에 지나지 않았다.

과거에 급제하여 관직에 나가면 신입 사원이라는 의미로 신귀(新鬼)라고 하여 신고식을 치르기도 했다. 신고식은 '난관을 극복하여 신참을 면하다'는 의미로 '면신래(免新來)'라고도 했다. 면신은 선배 관리들이 신참 관원의 오만을 꺾고 상하의 위계질서를 분명히 함과 동시에, 시련을 극복하는 과정에서 신참자의 자질·능력·재치를 시험하는 전통적인 관례로 자리 잡았다.

이처럼 신입 관원을 대상으로 하는 혹독한 신고식은 고려 말기에 생겨난 것으로 전한다. 당시는 정치 질서가 무너져 권세가의 자제들이 집안 세력을 등에 업고 관리 선발이라는 요식 절차를 거쳐 관리에 등용되는 일이 흔했다. 그래서 이들의 기를 꺾어 놓기 위해 선배 관리들의 혹독한 신고식이 이루어졌고, 이후 조선시대로 이어지면서 각종 절차가 더해지기도 했다.

면신래는 한 번으로 끝나지 않을 때도 많았다. 이 과정에서 선배 관리들은 인격적인 모독을 가하고, 직무상 함정에 빠뜨리거나 구타와 같은 가혹 행위를 하는 등 온갖 방법으로 신참 관원을 시험하고 괴롭혔다. 그 때문에 신참 관원들은 면신래를 무사히 통과하기 위해 잔치를 성대하게 베풀었고, 때로는 금품을 상납하기도 했다. 심지어 "예문관의 신고식으로 집안의 기둥뿌리가 뽑힌다"는 말이 공공연하게 돌 정도로 경제적인 부담도 컸다. 물론 면신래에서 금품을 받는 것은 법에 처벌 조항이 있었지만, 조선 후기에는 공공연하게 금품이나 향응을 요구하는 면신래까지 생겨났다.

별도의 통과의례도 있었다. 통과의례는 각 부서의 특성에 따라 각기 달랐고, 상당히 까다로운 절차로 인해 신참들이 곤욕을 치렀다. 예를 들면 거미를 맨손으로 잡게 한 다음 그 손을 씻은 물을 마시게 했다. 만약 마시지 못하면 돌아가며 발로 차거나, 한겨울에 물에 들어가게 했다. 물론 물에 들어가지 못하면 오물을 뿌리거나, 그 벌로 일주일 동안 보초를 서게 했다.

『용재총화』에 따르면, 과거에 합격하면 먼저 선배 관리들을 초청하여 술과 안주를 성대하게 대접하며 일차 향응을 베풀었고, 열흘쯤 뒤에 '면신래'라는 명목으로 다시 주연(酒宴)을 벌이기도 했다. 그리고 홀수로 잔칫상을 차려야 했는데 3의 수, 5의 수, 7의 수 또는 9의 수까지 이어지기도 했다. 이런 이유로 관직 생활을 시작하기도 전에 가난뱅이가 되어 돈 많은 집 데릴사위로 들어간 사례도 있었고, 때로는 육체적으로 심한 고통을 겪다가 사망하는 불상사가 일어나기도 했다.

그렇다고 면신래를 거부할 수 있는 것도 아니었다. 이를 거부하면 관직 생활에 불이익이 뒤따랐다. 율곡 이이도 선배 관리들에게 공손하지 못하다는 이유로 면신래를 통과하지 못해 관직에 나가지 못하는 등 소위 왕따를 당하기도 했다.

이이는 자신이 직접 경험하기도 했지만, 면신래의 폐해를 심각하게 여겨 선조에게 이러한 악습을 타파할 것을 건의했다. 조정에서도 여러 번 이를 금지하는 조치를 취했지만, 면신래는 완전하게 근절되지 않았고 조선 말기까지 이어졌다.

반면에 면신을 잘 치르면 선배 관원들로부터 재능과 인품을 인정받아 관직 생활에 도움이 되었다. 그러나 면신래를 거쳤다고 해서 모든 게 끝난 것은 아니었다. 관직 생활을 하는 동안에도 관리들 사이에는 다양한 의례가 남아 있었다. 승정원의 옛 관습에 따르면 모든 승지는 도승지를 공경하여 감히 농담하지 못했고, 불경한 자에게는 그 벌로 잔치를 벌이게 했다.

전환기의 시대상을 담다

논개의 죽음을 처음으로 기록에 남기다

『어우야담』에서는 진주 기생 논개(?~1593)가 "임진왜란 때 2차 진주성 전투에서 왜장을 꾀어 그를 끌어안고 남강에 투신했다"는 사실을 최초로 기록으로 남겼다. 덕분에 논개가 절개와 지조를 실천한 의기(義妓)의 표본으로 역사에 이름이 전한다. 여기에는 논개(論介)라는 이름이 "왜군들 앞에서도 언제나 당당하게 자신의 의견을 밝혔다"고 해서 임진왜란 당시 왜군이 '말을 잘하는 사람'이라는 뜻으로 붙였다는 사실도 기록되어 있다.

논개는 전라도 장수 출신으로, 1차 진주성 전투 직전에 의병장 최경회(崔慶會) 장군을 따라 진주에 온 것으로 전한다. 따라서 진주 지역 주민들이 논개를 구체적으로 알지 못했을 가능성도 있었다. 논개가 세상에 알려진 것은 임진왜란 이후였다.

선조 27년(1594), 유몽인은 삼도 순안어사가 되어 하삼도 지역을 돌아다니며 전쟁의 피해 상황을 조사했다. 당시 그는 진주에서 진주성 전투의 희생자 명단을 정리하면서 처음으로 논개와 관련한 이야기를 들었고, 이후 관기(官妓)라는 이유로 광해군 9년(1617)에 편찬한『동국신속삼강행실도』에 논개의 순국 사실이 기록되지 않았음을 알게 된다. 이에 유몽인은 광해군 13년(1621) 자신이 편찬한『어우야담』에 논개의 순국 기록을 남겼다.

이처럼 유몽인은 당시 사회에서 지배층을 형성했던 부류의 관심사는 물론, 암행어사로 전국을 돌며 보고 들은 민중들의 삶도 기록했다.『어

동국신속삼강행실도東國新續三綱行實圖

1617년(광해군 9) | 유근(柳根) 외 | 조선 초기에 간행된 『삼강행실도』·『속삼강행실
도』의 속편으로, 광해군의 명에 따라 편찬했다. 임진왜란 중에 목숨을 바친 사람
들을 비롯하여 신라·고려·조선에서 삼강(三綱)의 모범이 될 만한 효자, 충신, 열
녀들을 뽑아 그 행실(行實)을 수록하고 칭송했다. 사람마다 한 장의 그림을 넣었으
며, 한문으로 적고 한글로 풀이했다.

우야담』에 담긴 민중의 삶에 대한 관심은 그가 살던 시기의 사회적 분

위기와도 연관이 있었다.

『어우야담』이 편찬된 17세기 전반기는 임진왜란이라는 국가적 혼란

과 인조반정으로 광해군이 쫓겨나는 등 정치적 혼란이 뒤엉킨 시기였

다. 한편으로는 근대라는 대격변기가 몰려오는 18~19세기 바로 직전의

과도기이기도 했다. 이러한 분위기에서 유몽인은 30대 초반의 나이에

임진왜란을 겪었고, 암행어사로 전국을 돌아다니며 어떤 정치인보다도

전쟁으로 피폐해진 민생 현장을 직접 체험할 수 있었다. 문장력도 뛰어

났던 그는 전쟁 기간에 명나라와의 외교에도 직접 참여했으며, 세 차례

에 걸쳐 사신으로 명나라를 다녀오기도 했다. 한마디로 유몽인은 17세

기 전반기 조선 사회의 대내외적 상황을 폭넓게 접한 경험을 토대로 정

확하게 시대를 파악한 지식인이자 관리였다.

17세기 이전은 주자학적 성리학 이론이 지배하던 관념론의 시대였다. 그리고 17세기는 18세기에 실학자들에 의해 본격적으로 민속에 대한 서적이 쏟아져 나오기 전이었다. 따라서 17세기는 16세기의 사회적 분위기와 18~19세기의 본격적인 근대화 시기 사이에 살던 지식인들의 인식에 변화가 나타나던 때였다. 전란과 국내 정치의 혼란을 겪은 후 민중들의 고다한 삶에 관심을 기울이면서 이를 기록으로 남기기 시작한 것도 그 예이다.

『어우야담』 역시 비록 전문적인 민속서는 아니지만, 민간에서 떠도는 이야기들에 주목하여 설화와 민간신앙 그리고 풍속 등의 이야기를 수록함으로써 17세기 조선 사회를 이해하는 데 중요한 정보를 제공하고 있다.

독창적인 창조자 역할을 수행하다

『어우야담』은 조선 중기인 광해군 13년에 편찬한 최초의 본격적인 야담집으로, 조선 후기에 성행한 야담류의 효시로 평가받는다. 여기에는 왕실 귀인에서부터 상인과 천민 그리고 기생 등 다양한 계층과 관련하여 전하는 야사·항담(巷談)·가설(街說) 등이 수록되어 있다. 특히 민간에 유포된 음담패설보다는 풍자적인 설화와 기지에 찬 이야기들이 실려 있으며, 간결하면서도 생동감 있고 명쾌한 문체로 임진왜란 전후의 생활상이 만화경(萬華鏡)같이 투영되어 있다. 따라서 설화문학의 귀중한 자료로 꼽힌다.

일반적으로 야담(野談)은 저자가 보거나 들은 이야기를 기록한 것을 기반으로 한다. 그렇기에 실존하는 인물이나 사건·사고가 기록으로 정리되는 등 사실성은 야담의 중요한 특징이기도 하다. 물론 모든 이야기가 사실은 아니지만, 문자를 소유한 지식인들에 의해 이야기가 기록되는 과정에서 당시의 사회상이 담기게 된다.

특히 『어우야담』에서는 저자가 자신의 견문과 경험을 바탕으로 이야기에 적극적으로 개입하면서 견해도 덧붙이고 있다. 그 때문에 저자는 단순한 이야기 전달자가 아닌 '독창적인 창조자 역할을 수행한다'는 평가를 받는다.

『어우야담』의 저자 유몽인은 광해군 10년(1618)부터 관직을 버리고 은둔 생활을 하며 이야기 자료를 수집하기 시작했고, 광해군 14년(1622)에 『어우야담』을 완성했다. 『어우야담』은 다음과 같이 총 5권에 모두 558편의 이야기가 담겨 있다.

권1 인륜편	11항목	효열(孝烈)·충의·덕의(德義)·은둔·혼인·처첩·기상(氣相)·붕우(朋友)·노비·배우(俳優)·창기(娼妓) 이야기
권2 종교편	10항목	선도(仙道)·승려·서교(西敎)·무격(巫覡)·몽(夢)·영혼·귀신·속기(俗忌)·풍수·천명(天命) 이야기
권3 학예편	12항목	문예·식감(識鑑)·의식(衣食)·교양·음악·사어(射御)·서화·의약·기예·점후(占候)·복서(卜筮)·박혁(博奕) 이야기
권4 사회편	20항목	과거·구관(求官)·부귀·치부·내구(耐久)·음덕(陰德)·붕당·무망(誣罔)·고풍(古風)·외임(外任)·용력(勇力)·처사(處事)·구변(口辯)·오기(傲忌)·교학(驕虐)·욕심·재앙·생활고·도적·해학 이야기
권5 만물편	6항목	천지·초목·인류·금수·인개(鱗介)·고물(古物) 이야기

이처럼 『어우야담』은 인간의 삶에 얽힌 사연 그리고 꿈·귀신·풍속·성 등 일상에서 일어나는 다양한 이야기를 생동감 있게 기록한 설화문학이자 기이(奇異)·신기(新奇)·해학(諧謔)·풍자(諷刺) 등을 담은 과감하고 획기적인 작품집이라 할 수 있다.

『어우야담』에는 임진왜란 전후의 생활 모습도 담겨 있다. 거대한 전란을 겪고 난 뒤 부(富)에 대한 관심이 커지고, 신분제가 이완되던 17세기의 시대상을 발견할 수 있는 것도 그 예이다. 『어우야담』은 지배계층만이 아니라 일반 백성의 주목을 받기에 충분했다. 백성들의 입장에서 보면 어렵고 교훈적인 내용이 아니라 바로 자신들의 삶을 담고 있었기 때문이다. 『어우야담』의 원본은 한문이지만, 후세인들에 의해 한글로 번역되어 대중들에게까지 폭넓게 읽힌 이유가 여기에 있다.

『어우야담』은 후대의 야담집에도 커다란 영향을 끼쳤다. 특히 18세기에는 『어우야담』의 뒤를 잇는 야담집이 활발하게 편찬되었고, 19세기에는 전대 문헌의 이야기를 총정리하여 집대성한 야담집이 많이 나왔다. 참고로, 『어우야담』의 뒤를 이어 편찬된 주요 야담집을 소개하면 다음과 같다.

『천예록』(天倪錄, 18세기), 임방(任埅, 1640~1724)

『어우야담』 이후 가장 앞선 시기에 편찬된 본격 야담집으로, 저자가 직접 보고 들은 이야기를 '여(余)'라는 일인칭 시점에서 서술하면서 이야기 수집 경위도 비교적 소상하게 밝혔다. 대부분 선대의 문헌에서 비슷한 내용을 찾을 수 없는 독특한 이야기가 수록되었고, 18세기 이후에 편찬된 야담집에 비해 비현실적이며 환상적인 귀신·요괴·신선·이인 등이 등장하는 신이담(神異譚)이 두드러진다.

그런데도 당시의 시대 상황을 일정하게 반영하였으며, 17세기 말에서 18세기 초 잡록이 야담이라는 장르로 구체화하며 변화하는 모습을 잘 보여주는 책으로 평가받는다. 특히 후대 야담집을 본격적으로 편찬하는 계기를 마련하는 데 큰 역할을 했다.

총 67편 이상의 이야기가 수록된 것으로 추정되며, 상궁이 궁체로 쓴 한글본이 전하는 것으로 보아 궁궐에서도 읽혔음을 알 수 있다. 1913년에는 서양 선교사가 영어로 번역하여 소개하기도 했다.

『**청구야담**』(靑邱野談, 19세기 중엽 전후), **작자미상**

『계서야담(溪西野談)』, 『동야휘집(東野彙輯)』과 함께 3대 야담집으로 꼽힌다. 야담 본연의 모습이 가장 잘 담겼으며, 비슷한 종류의 책들 가운데 내용이 비교적 충실하다는 평가를 받는다.

민가에서 떠도는 260여 편의 이야기가 수록되었는데, 사대부를 주인공으로 하는 이야기에서도 하층민들이 겪는 사회적 갈등에 깊은 관심을 보인다는 점 등이 특징이다. 또 기존 야담집이나 문집에서 발췌한 작품이 많고, 사실성보다 오락성을 강조하는 방향으로 전환하는 양상을 띠며, 문장이 절묘하고 이야기가 소설에 가까운 경지에 이르렀다고 알려졌다.

당시의 언어·풍속·관습 등의 연구에도 귀한 자료로, 15종에 이르는 이본(異本)이 있을 정도로 인기가 있었다.

『**계서야담**』(溪西野談, 1833~1842년 추정), **이희준**(李羲準, 1775~1842)

예로부터 전승되는 이문(異聞)·잡설(雜說)·해담(諧談) 등 재미있는 이야기들을 보고 들은 대로 기록하였으며, 한문으로 된 패관문학에 속한다. 『기문총화』를 중심에 두면서 일부 이야기는 계서(溪西) 이희평(李羲平)의 『계서잡록(溪西雜錄)』(1828)에서 발췌한 문헌 설화집이다. 총 313편의 이야기가 수록되었으며, 야담의 향유 양상을 이해할 수 있는 흥미로운 자료로 평가받는다. 계서는 저자 이희준의 형 이희평의 호이다. 그 때문에 이 책도 이희평이 저술한 것으로 보는 견해도 있다.

『**동야휘집**』(東野彙輯, 1869), **이원명**(李源明, 1807~1887)

야담과 패설(稗說) 등을 수집하여 편찬한 야담집 또는 한문 소설집으로. 저자는 서문에서 "패관야승(稗官野乘)은 성현의 책이나 역대의 문집을 공부하는 데 이롭지 못하므로 문장가들이 즐겨 보고자 아니한다. 그러나 이상한 소문을 찾고, 기이한 볼거리를 넓혀 역사적 사실을 기록한 책은 모자란 바를 보충하여 담소의 자료에 이바지하는 바 크니, 문장가들이 내던져 버릴 수도 없는 것이다"라고 편찬 의도를 밝혔다. 이 책은 민가에 구전되는 이야기와 다양한 야담집을 참고하여 쓸 만한 자료를 모아, 고치고 윤색한 것이다. 중국의 필기(筆記) 소설집의 작품도 18편 수록했다. 편찬 연대는 저자가 모든 공직에서 물러난 62세 때로, 고종 6년(1869)으로 보고 있다.

19세기 설화집 중 대표적인 작품으로 양이 많고, 서문 및 주제별로 분류된 점 등이 다른 설화집과 구별되는 특징이라 할 수 있다. 20세기 이전에 국내에서 이루어진 최초의 설화 분류법은 획기적이라는 평가를 받는다.

『기문총화』(記聞叢話, 조선 말기), 작자미상

조선시대 명사(名士)들의 일화·시화(詩話)·항담(巷談)·소화(笑話) 등을 모아 편찬한 문헌 설화집으로, 30여 종의 책에서 250여 종의 각종 설화를 뽑아 수록했다. 주로 역대 명사들의 일화를 다루었으며, 어사 박문수와 여종의 이야기·황진이와 소세양 이야기·퇴계 이황과 관기 두향의 애절한 사랑 이야기 등 잘 알려지지 않은 이야기를 수록하는 등 현재 전하는 야사집 가운데 가장 많은 자료가 실려 있다.

또 허구와 사실을 혼동한 결점이 있지만 현재까지 소개된 야담집 중 가장 많은 이본이 전하며, 그 가운데는 『해동기화(海東奇話)』, 『아동기문(我東奇聞)』, 『선언편』 등 제목이 다른 이본도 20여 종이 넘는다. 우리나라 야담의 소통 양상을 이해하는 데 가장 중요한 자료이기도 하다.

『금계필담』(錦溪筆談, 1873), 서유영(徐有英, 1801~1874)

문헌 설화집으로, 저자는 서문에서 "말년에 외로움을 느껴 스스로 마음을 달래고자 심심풀이로 이 책을 쓴다"고 기록했다. 그런데도 이제까지 기록에서 빠진 이야기를 모았다는 뜻인 '좌해일사(左海逸事)'라는 부제가 말해주듯이, 이 책은 조선 후기에 많이 등장하는 야담집과는 달리 다른 문헌을 참고하지 않고, 저자 자신이 직접 들은 이야기만을 수록하였다는 점도 특징이다.

제왕과 왕비·문신·이인·양반층·여인·기생·하층 여인·무인 및 장사(壯士)의 순으로 이들에 얽힌 다양한 이야기를 배열하고, 풍속에 관한 잡다한 이야기를 함께 묶어서 마지막에 첨부했다. 각 인물은 대체로 단종부터 순종 대에 걸쳐 시대순으로 배열하였으며, 작품에서 다룬 주인공들은 하층민보다 상층민이 많은 비중을 차지한다. 현실에서 문제를 해결하는 인물보다 현실에서 소망을 이루지 못한 인물들에게 특별한 관심을 보인다는 점도 특징이다.

정치적 균형감각을 유지하며 자유로운 문장을 추구하다

유몽인은 조선 중기의 문장가이면서 외교가로 이름을 떨쳤으며, 전서·예서·해서·초서 등 글씨에도 뛰어났다. 본관은 전라남도 고흥(高興)으로, 그의 아버지 유탱(柳樘)은 종육품 주부(主簿)를 역임했고, 어머니는 여흥 민씨 집안인 참봉 민위(閔褘)의 딸이다.

유몽인은 명종 14년(1559) 11월, 현재의 남대문로·을지로·명동·충무로 일부에 속하는 한양 남부 지역의 명례방(明禮坊)에서 4남 1녀 중 4남으로 태어났다. 그의 형들은 유몽사(柳夢獅)·유몽표(柳夢彪)·유몽웅(柳夢熊)으로, 이름에 각각 사자와 표범 그리고 곰이 들어 있고 유몽인의 이름에도 12지의 하나인 호랑이가 들어 있다는 점도 흥미롭다.

유몽인은 정치적 균형감각을 유지하면서도 스스로 "송대의 문장을 불이나 화살처럼 피했다"며 사대부들 사이에서 주목받은 기존의 문장들에 익숙해지는 것을 스스로 경계할 정도로 규범에 얽매이지 않은 자유로운 문학을 추구했다. 성혼(成渾)과 신호(申濩)에게서 수학했으나 경박하다는 책망을 받고 쫓겨나, 성혼과는 사이가 좋지 않았던 것으로 전한다. 그런데도 그는 선조 15년(1582)에 진사가 되고, 선조 22년(1589)에는 증광 문과에 장원급제할 정도로 문학적 능력이 뛰어났다.

『어우야담』에서 '어우'는 유몽인의 호로, 『장자(莊子)』에 나오는 "과장해서 속이거나 아첨한다"는 뜻이다. 『장자』에는 공자를 조롱하는 내용이 많은데, 이 표현은 늙은 농부가 "공자는 넓은 학문으로 자신을 성인에 빗대고, 허황한 말로 백성을 속이며, 홀로 슬픈 노래를 연주해 천하에 명성을 파는 사람이 아닌가?"라고 비판한 대목에서 나온다. 이처럼 유몽인은 공자를 정면으로 비판한 대목에서 자신의 호를 따왔고, 문장의 규범으로『장자』를 존중할 정도로 매우 자유로운 사고를 추구한 인물이었다.

유몽인은 명종 22년(1567) 8세 때 아버지가 사망했지만, 꾸준히 노력해서 커다란 학문적 성취를 이룬다. 14세 때인 선조 6년(1573)에 고령 신씨 집안 출신으로 정오품직인 판관(判官) 신식(申栻)의 딸과 혼인했고, 23세 때인 선조 15년(1582)에는 사마시에 합격해서 성균관에 들어간다. 당시 그는 선조 18년(1585)에 좌의정을 역임하고 조선 후기 4대 문장가로 꼽히는 월사 이정구(李廷求, 1564~1635) 등과 함께 공부하며 교류하기도 했다.

4년 뒤인 선조 22년(1589), 30세에 증광시에서 장원으로 급제한 유몽인은 이후 하위 품계를 뛰어넘어 종육품에 임용되는 특혜를 누리며 관직 생활을 시작한다.

정치에 초연했으나 역모죄로 처형당하다

유몽인은 임진왜란과 광해군 때 청나라와의 관계 등 중대한 외교적 현안을 해결하는 데 적극적으로 나서서 능력을 인정받았고, 중국에 세 번이나 사신으로 다녀온 독특한 이력은 『어우야담』의 저술에 적지 않은 영향을 미쳤다.

그의 첫 사행은 관직에 나간 직후 32세 때인 선조 24년(1591)이었다. 당시 그는 특수한 문제를 질의하거나 해명하는 임무를 맡은 질정관(質正官)으로 사신 임무를 수행했다. 해를 넘겨 선조 25년(1592) 임무를 마치고 귀국할 무렵 임진왜란이 발발하자, 국난 극복을 위해 분주하게 움직였다. 그는 의주로 몽진(蒙塵, 먼지를 뒤집어쓴다는 뜻으로 임금의 피난을 말함)한 선조를 호종한 뒤 이듬해인 선조 26년(1593)부터 명과의 외교 업무에 투입되었다. 명나라가 참전한 뒤에는 뛰어난 문장력으로 이정구·신흠(申欽)과 함께 명과 빈번하게 접촉하며 외교력을 발휘했다.

그는 임진왜란 동안 국왕 선조를 대신해 국난 극복에 앞장섰던 세자 광해군을 호종하면서 삼도 순안어사(三道巡按御史, 1595)·함경도 순무어사(巡撫御史, 1597)·평안도 순변어사(巡邊御史, 1598) 등으로 파견되어 전란으로 피폐해진 지역을 살피고 안정시키는 데 큰 공을 세웠다. 37세 때인 선조 29년(1596)에는 겨울에 진위사(進慰使)의 서장관(書狀官)으로 두 번째 중국 사행을 다녀온다. 전란이 끝났을 때 유몽인은 40대에 접어들었고, 선조가 사망할 때까지 10여 년간 중앙과 지방의 요직을 두루 거친다. 선조 39년(1606)에는 요동 도사(遼東都司) 연위사(延慰使)로 의주에 가서 당시 유명한 학자였던 명나라 사신 주지번(朱之蕃)을 접대하는 등 외교 분야에서 활약했다.

유몽인은 광해군이 즉위한 1609년 성절사 겸 사은사로 세 번째 명나라에 다녀왔으나, 이후 벼슬에 뜻을 버리고 고향에서 은거 생활을 했다. 그러나 왕이 다시 불러 남원 부사로 나갔다가 한성부좌윤·대사간 등을 지냈다. 광해군 10년(1618) 정인홍(鄭仁弘)과 이이첨(李爾瞻) 등을 중심으로 집권 세력인 대북(大北)이 인목대비(仁穆大妃, 1584~1632)의 폐비론을 제기했을 때 유몽인은 북인 출신이었지만, 중립적 위치에 서서 폐비론에 참여하지 않았다.

59세의 나이로 사직한 뒤에는 서강(西江)의 와우산(臥牛山)과 도봉산 북폭포동(北瀑布洞)에 초가집을 짓고 우거(寓居)하다가 4년 뒤인 63세 때 금강산에 들어가 유점사(楡岾寺)와 표훈사(表訓寺) 등에 머무르는 등 5년간 유람하며 글을 썼다. 『어우야담』은 이때의 산물이었다.

유몽인은 관직에서 물러난 뒤 성안에는 발도 들여놓지 않았다고 한다. 덕분에 1623년, 서인 일파가 광해군을 몰아내고 인조를 즉위시켰을 때 화를 모면한 듯하다. 유몽인은 표훈사에서 인조반정 소식을 들었다고 하는데, "이미 조짐이 보였기 때문에 크게 놀라지 않았다"고 스스로 기록할 정도로 정치에 초연했다. 그러나 같은 해 7월에 현령 유응경(柳應洞)이 "유몽인이 광해군의 복위 음모를 꾸민다"고 무고해 국문을 받게 되었고, 결국 아들 유약(柳瀹)과 함께 사형되었다. 당시 그의 죽음은 서인들이 중북파(中北派)라 부르며 끝내 반대 세력으로 몰아 죽인 것으로 전한다. 이때 관작의 추탈은 물론 임진왜란의 공으로 내린 영양군(瀛陽君)의 봉호도 빼앗겨 한동안 그에 대해 부정적인 평가가 이루어지기도 했다.

야담(野談)에서 백과사전까지,
일상에 깊게 뿌리 내리다

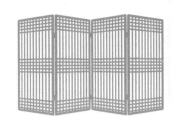

관우 신앙이 들어오다

조선시대에는 민간신앙이 성리학의 비판 대상이었다. 그러나 대부분 책에는 어떤 방식으로든 민간신앙과 관련한 내용이 적지 않게 수록되어 있다. 조선시대에 편찬된 이야기책이나, 유서(類書)와 같은 백과사전은 우리나라와 중국의 민간신앙을 명확하게 구분하지 않는 경향이 있다. 이러한 현상은 우리가 중화 문화의 계승자라는 당시 지식인들의 소중화(小中華) 의식과도 무관하지 않다.

예를 들면 어린아이 귀신을 말하는 태자귀(太子鬼)는 온갖 것을 잘 알아맞힌다고 해서 많은 부녀자가 신앙으로 삼았고, 태자귀 무당도 많았다. 그런데 『성호사설』에서는 태자귀의 유래를 중국 춘추시대 진나라의 태자 신생(申生)에서 찾고 있다. 신생은 진나라의 태자였으나, 헌공이 여희를 사랑해 신생을 버리고 여희의 아들 계제를 태자로 세웠다. 신생의 계모였던 여희는 신생을 자살하게 만들어서 억울하게 죽은 신생이 귀신이 되었고, 이름에 '태자'가 붙었다고 전한다.

반면 천연두와 같은 병이나 영양실조 등으로 영유아 사망률이 높았던 조선에서는 이들의 혼령이 귀신이 되었다고 전한다. 태자귀도 이처럼 어린아이가 사망한 귀신의 일종으로, 『오주연문장전산고』에 따르면 태자귀가 오면 말채찍 치는 소리나 휘파람 소리가 난다고 한다. 무당들은 이를 알아들으며, 공중에서 울리는 휘파람 같은 소리로 혼령과 대화한다고도 한다. 이를 복화술이라고 하는데, 앞에서 살펴본 신들린 무당 이야기와도 유사하다.

또 『오주연문장전산고』에서는 풍요를 기원하고 예측하기 위한 농경 신앙으로 자리 잡은 우리의 쌀점을 중국에서 유래한 것으로 설명한다. 쌀점이 언제 어디에서 시작되었는지 구체적으로 전하는 것은 없다. 다만 조선시대에도 쌀알의 숫자로 길흉을 예견하는 쌀점이 전하였다. 예를 들면 추수한 나락이나 쌀의 빛깔이 바래거나 곰팡이가 슬어 냄새가 나고 썩으면, 이듬해 흉년이 들거나 집안에 좋지 않은 일이 생긴다는 흉조로 여겼다. 반면 곡식이 증가하거나 상태가 깨끗하면 풍년이 들고, 집안이 형통(亨通)할 길조로 생각했다. 특정 항아리에서 꺼낸 지난해의 곡물은 절대 집 밖으로 내보내서는 안 된다거나, 떡이나 메를 지어 집안 식구끼리만 먹는 등 쌀을 포함해 곡물 종자에도 여러 가지 금기나 속신이 전한다.

중국 촉한의 장수 관우(關羽. ?~219)에 대한 민간신앙도 자주 등장한다. 삼국지에서 유비와 형제의 맹약을 맺고 장비와 함께 목숨을 바쳐 유비를 보좌했던 관우가 중국에서 신앙의 대상으로 자리 잡기 시작한 것은 당나라 때였다. 이후 관우 신앙은 전국적으로 퍼져 송나라 때인 1108년에는 국가에서 무안왕(武安王)으로 봉하면서 관우를 관왕(關王)으로 부르기도 했다. 명나라 때는 더욱 확대되어 관우를 관제(關帝)라고 했다. 공자를 문선왕(文宣王)에 봉한 것과 비교하면 관우 신앙의 위상이 어느 정도였는지 짐작할 수 있다.

심지어 중국에서 관왕 신앙은 유교에서 중시하는 충(忠)의 상징이었고, 불교에서는 가람(伽藍)의 수호신으로 그리고 도교에서는 신선(神仙)으로 받아들일 정도로 특정 종교의 전유물이 아니었다. 초기에는 관왕이 군신(軍神)으로 숭배되었지만, 후대로 오면서 재신적(財神的) 성격이 강조되는 등 관왕의 성격도 확장되었다. 현재 중국의 호텔이나 상점 등에 관우 상을 모신 것은 재신(財神)으로서의 성격 때문이다. 조선시대의 기록에도 중국의 관왕신이나, 관왕신을 모시는 무당이 등장하게 된 이유가 있다.

중국의 관왕 신앙이 우리나라에 유입된 것은 정유재란에 참전한 명나라 장수들에 의해서였다. 이들이 선조 31년(1598) 한양 숭례문 밖에 처음으로 관왕을 모시는 남묘(南廟)를 세웠다. 그리고 같은 해에 안동·성주·강진 고금도에도 세웠으며, 이듬해에는 남원에 관왕묘가 조성되었다. 이후 명나라 황제가 4,000금을 보내와 선조 34년(1601) 한양에 관왕묘를 건립하여 동대문(興仁門) 밖에 동묘가 완성되었다. 지금의 지하철 1호선과 6호선 '동묘앞역' 인근을 말한다.

명나라 장수들이 조선에 관왕묘를 건립하는 데 힘쓴 까닭은 군사들의 사기와 관련이 있었다. 『증보문헌비고』에 임진왜란과 정유재란 때 관왕의 영혼이 자주 나타나 신병(神兵)이 명나라 군사를 도왔다는 기록도 그 예이다. 그런데 당시 조선에서는 관왕 신앙에 소극적이었고, 부정적이기까지 했다. 특히 조정 대신들은 "중국의 일개 장수인 관우에게 조선의 국왕이 제사 지내는 것은 옳지 않다"는 이유로 국가에서 관왕에게 제사 지내는 것을 비판했다. 하지만 시간이 지나면서 불안한 정국을 타

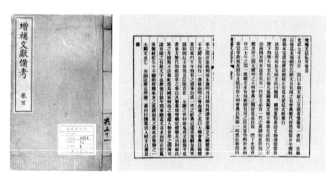

증보문헌비고增補文獻備考

1903년(광무 7)~1908년(융희 2) 사이 | 박용대(朴容大) 외 | 상고 이래 대한제국까지 우리나라의 문물제도를 총망라하여 정리한 백과사전으로,『문헌비고』라고도 한다. 정조 6년(1782)에 이만운에게 명하여『동국문헌비고』를 보충한 것을, 1903년(광무 7) 고종 연간에 이르러 찬집소(纂輯所)를 설치하고 박용대 등 30여 명의 문사에게 명하여 이를 다시 증보하여 제계(帝系), 문빙(文聘), 예문(藝文)의 3항을 더했다.

개하려는 정치적 의도에서 관왕 신앙이 주목받게 된다.

숙종 때에는 관우의 절의와 충절(忠節)을 기리는 시문(詩文)을 지어 바쳤고, 무인들을 격려하기 위해 남묘(南廟)라고도 하는 남관왕묘와 동묘(東廟)라고도 하는 동관왕묘에 왕이 직접 참배할 정도로 관왕 신앙에 적극성을 보였다. 영조·사도세자·정조는 관우의 충절을 찬양하는 글을 새긴 비석을 남묘와 동묘에 세웠다.

나중에는 관우신에 대한 제사도 이루어진다. 특히 고종 때 관왕 신앙의 열기가 절정에 달하면서 도처에 관왕묘가 건립되었다. 물론 여기에는 관왕묘를 통해 국가의 위기를 극복하려는 의도가 담겨 있었다. 이러한 과정에서 관왕 신앙은 점차 우리의 전통문화와 융합되어 갔다. 불확실한 삶으로부터 탈출구를 찾으려는 일반 백성들의 마음에서 관왕이 무속의 신으로 확장된 것이 그 대표적 예이다.

지방 관아에서도 마을신을 제사 지내다

민간신앙과 관련한 자료에는 부근신(付根神)과 그를 모시는 신당인 부근당(付根堂)에 관심이 드러나 있다. 부근신이란 옛날 관아(官衙)의 뜰 밖 한구석에 작은 사당을 지어 놓고 제사 지내던 마을 수호신을 말하며, 부근당은 단순히 신당이라고도 한다.

조선시대에는 전국적으로 대부분 관청에 부근당이 있었고, 심지어 궁궐인 창덕궁 안에도 있었던 것으로 전한다. 부근당은 독립 건물로 내부에는 부근신의 신상을 두었고, 종이를 오려 다발을 만들어 엽전이 달린 것처럼 보이는 무속 도구인 지전(紙錢)이나, 나무로 만든 남자 성기 모형을 주렁주렁 걸어 두기도 했다. 다만 관청에 따라 모시는 부근신은 달랐다.

예를 들면 송씨 부인이나 송씨 처녀 같은 여성도 있고, 남성으로는 동명왕이나 공민왕 등 왕을 신으로 모시거나, 최영과 임경업 등 용맹이 뛰어났으나 애석하게 사망한 장군을 신으로 모시기도 했다. 일부 지역에서는 중국의 제갈량을 신으로 모셨고, 관청에서는 이 신들에게 정기적으로 제사를 지냈다. 시기는 관아마다 차이가 있었는데, 지역에 따라 관청의 서리들이 무당을 동원하여 관아의 신을 달래는 무속 행위가 더해지기도 했다.

조선 초기 "유학의 이념에 배치된다는 이유로 각 관청의 부근당을 철폐했다"는 문인 어효첨(魚孝瞻)의 기록이 전하기는 하지만, 조선에서는 공식적으로 국가가 나서서 철폐한 적은 없었다. 비록 고종 35년(1898)에 모두 철폐되었지만, 관원들이 귀신의 원한을 두려워해서 철폐에 나서지 못했다고 할 정도로 부근 신앙은 각 지역에 깊게 뿌리 내리고 있었다. 일부 지역에서는 관아가 없어진 후에도 부근당이 마을 제당으로 민간 신앙의 명맥을 유지했다.

또 민간신앙 자료에 따르면 다신(多神) 숭배라는 특징과 함께 시간과 지역에 따라 각기 다른 유래담도 전한다. 예를 들면 질병마다 이를 관장하는 신이 있어 질병 퇴치 차원에서 이 귀신들에게 제사 지내는 등 다양한 속신(俗信)이 전한다. 『오주연문장전산고』에서는 천연두의 역사와 종두법 등을 비롯해 조선 중기 문신 민정중(閔鼎重, 1628~1692)을 천연두 귀신으로 소개하는가 하면, 우리와 유사한 일본의 천연두 관련 민간신 앙도 수록했다.

민정중은 인조 27년(1649) 정시 문과에 장원급제한 수재였다. 그는 관직에 나가 충청도와 경상도 암행어사로 민심을 살피고 안정시키는 임무를 수행하기도 했고, 함경도 관찰사 시절에는 지역의 유풍(儒風)을 크게 일으키기도 했다. 인재 양성에도 관심을 기울였던 그는 6조의 판서를 두루 거칠 정도로 능력을 인정받은 관리였다. 하지만 서인 계열이었던 까닭에 숙종이 즉위한 1675년, 남인이 득세하자 장흥부(長興府)로 유배되기도 했다. 이후 유배에서 풀려나 좌의정까지 올랐는데, 숙종 15년 (1689) 기사환국 때 남인이 다시 득세하자 벽동(碧潼)에 유배되어 그곳에서 사망했다.

민정중의 불행한 죽음 때문인지 민간에서는 그를 주목했고, 제사를 지내며 그의 넋을 위로했다. 여기에는 그의 뛰어난 능력에 의지해 천연두를 물리치려는 바람이 담기는 등 의학이 발달하지 못한 시기에 초자연적인 힘에 기대어 질병의 원인을 진단하고, 치료법을 찾아보려는 소망이 반영되었다. 조선에서 천연두는 인간의 힘으로는 극복할 수 없는 공포의 대상이었기 때문이다.

호랑이는 종합병원이었다?

민간신앙에서 용이나 호랑이 등 동물의 영험함에 관심을 두었다는 사실은 다양한 기록을 통해 확인할 수 있다. 이러한 관심은 민간신앙은 물론 일상의 문화에도 깊게 뿌리 내리고 있었다. 특히 호랑이는 오래전부터 인간의 길흉화복을 다스리는 신성한 존재로, 산신(山神) 또는 산신령의 화신으로도 전한다. 물론 이처럼 호랑이에 주목한 이유가 있었다.

현실에서는 호랑이가 도성까지 들어와 사람을 공격하는 등 호환(虎患)이 심각했음에도 호랑이 제압에 많은 어려움을 겪었다. 『미암일기』에 따르면 호랑이가 문밖에서 노비를 덮친 일도 있었고, 경기도 지방에 호랑이와 표범이 성행하여 백주 대낮에 사람을 해치거나 집을 뜯고 들어가 마음대로 잡아먹은 일이 있었다. 심지어 고양(高揚) 등 여러 곳에 출몰하여 사람 400여 명과 짐승들을 덮쳐 죽인 일도 있었다.

그 때문에 호랑이로 인한 폐해는 국가 차원에서 심각한 문제였고, 민가에서는 억울하게 호랑이에게 잡아먹힌 사람의 영혼이 호랑이의 노예가 되어 다른 사람을 잡아먹게 만든다는 이야기도 떠돌았다. 이처럼 두려움의 존재였던 호랑이는 사람들이 함부로 입에 올리지 못할 정도였다. 밤에 호랑이가 출몰하면 '늑대보다 눈 큰 짐승'으로 표현하는 등 호랑이를 직접적으로 거론하는 것도 삼갔다고 한다.

반면 민화(民畵)에서는 호랑이가 술에 취해 있다거나 고슴도치를 먹으려다가 혼이 나기도 하고, 심지어 토끼나 까치에게 골탕을 먹는 등 해학의 상징으로 그려지기도 한다. 여기에는 호랑이에 대한 두려움을 극복하고 한편으로는 용맹스러운 호랑이를 친근하게 형상화하여 복을 기원하고 재앙의 접근을 막아 보려는 믿음도 담겨 있었다.

호랑이에 대한 믿음은 일상으로 더욱 확장되어 다양한 속신도 생겨났다. 여인들이 호랑이 발톱 모양의 노리개 등을 만들어 차고 다닌 것도 잡귀를 막아준다는 믿음이 있었고, 신부가 혼례를 치르고 시댁으로 갈 때 호랑이 가죽이나 호랑이 무늬 담요를 가마 위에 덮은 것도 혼인을 시기하는 잡귀들로부터 새색시를 보호해 준다고 믿었기 때문이다.

이러한 믿음은 민간치료법으로도 이어졌다. 민가에서는 콜레라에 걸리면 호랑이 고기를 삶아 먹고, 종기가 나면 호랑이 그림을 벽에 붙여 병마를 쫓았다. 또 독감에 걸렸을 때 "범 봤다!"를 세 번 외치면 감기도 물리칠 수 있으며, 갑자기 정신이 나갔을 때 호랑이 가죽을 불에 태워 물에 타서 마시면 악귀가 물러간다고 믿었다.

호랑이를 이용한 치료법은 실제로 의학서에도 많이 실려 있다. 중국 명나라 때의 명의(名醫) 이시진이, 민간에서 전하는 근거 없는 내용을 배제하고 30여 년에 걸쳐 완성한 한의학 서적인 『본초강목』에서 호랑이를 이용한 치료법을 수록했다.

예를 들면 호랑이의 뼈는 사악한 기운과 병독의 발작을 멈추는 데 효과가 있고, 풍병 치료의 약재로 쓰였다. 그리고 호랑이의 이빨은 매독이나 종기 등 부스럼에, 코는 미친병과 어린이 경풍에, 눈은 행동이 산만한 사람에게, 발톱은 어린이 팔뚝에 붙은 도깨비를 물리치는 데 효과가 있다고 했다. 또 수염은 이가 아플 때, 가죽은 사악한 귀신을 놀라게 하여 학질을 쫓아낼 때, 오줌은 쇠붙이를 삼켰을 때 치료제로 쓰는 등 육체적인 병은 물론 정신적인 병까지 인간에게 유용하지 않은 부분이 없을 정도로 만병통치약으로 전한다. 요즘으로 말하면 그야말로 종합병원이라고 할 수 있다.

한편 상상의 동물인 용도 그 신비함에 주목하여 다양한 민간신앙이 기록으로 전한다. 특히 용은 비를 뿌려준다는 믿음이 담겨 농경사회와도 밀접한 관계를 보이며, 물과 연관된다는 점에서 바다의 용왕이 등장하기도 한다. 그리고 용을 보다 구체적으로 형상화하는 과정에서 현실에서 존재하는 동물들이 용의 전신(前身)으로 등장하기도 한다.

저주 사건으로도 이어지다

「세종실록」에는 "병진년(丙辰年) 용해에 제주도에서 다섯 마리의 용이 승천하다가 한 마리가 땅에 떨어져 수풀 위를 감돌았다"고 제주 안무사가 보고했다는 기록도 전한다. 당시 세종은 용의 크기·형태·색깔이 어떠했으며, 용의 전체를 보았는지 아니면 머리나 꼬리 등 일부분만 보았는지, 용이 승천할 때 구름은 어떠했고, 벼락이 쳤는지 등등을 상세하게 조사해서 올리라고 명했다. 아마도 바다에서 일어난 다섯 줄기의 회오리바람을 본 것으로 추정되지만, 용이 실재한다고 믿었던 당시 사람들의 마음을 읽을 수 있다.

이처럼 용이 실재할 것이라는 생각은 지상의 동물 중에서 어떤 동물은 오랜 시간이 지나면 용이 된다는 믿음으로 이어졌다. 용의 전신으로 는 뱀과 관련한 이야기가 가장 폭넓게 분포되어 있다. 현대 사회에서도 학교에서 운동회나 소풍 가는 날 비가 오는 것은 학교 터를 지키던 구 렁이가 용이 되어 승천하려다가 학교 관계자에게 잡혀 승천하지 못했기 때문이라는 이야기가 전할 정도이다.

그러나 뱀 역시 단순히 용의 전신이 아니라 또 다른 민간신앙이 담길 정도로 다양한 속설이 있다. 중국 신화에서 우주의 확립과 생명 창조의 원천을 상징하는 대모신(大母神)인 여성을 여와(女媧)라고 하는데, 사람 머리에 뱀 몸의 모습이다. 우리나라에서는 고대 국가의 왕권과 관련한 설화에 뱀이 등장한다.

신라 48대 왕인 경문왕은 '임금님 귀는 당나귀 귀' 설화의 주인공으 로, 43대 희강왕의 손자이다. 성품이 어질었던 그는 헌안왕에게 아들이 없자 헌안왕의 딸과 결혼하여 왕으로 즉위한다. 당시는 왕권을 놓고 중 앙의 진골 귀족 간에 피비린내 나는 정쟁이 벌어지는 과정에서 골육상 잔의 참상이 벌어졌고, 소성왕부터 헌안왕까지 9대 60여 년간 세 명의 왕이 살해될 정도로 정치적으로 불안정한 시기였다. 그 때문에 경문왕 역시 신변에 위협을 느낄 수밖에 없었는데, 당시 경문왕을 지켜준 것은 다름 아닌 뱀이었다고 한다.

『삼국유사』에는 경문왕이 즉위하기 전부터 그의 침실에 밤마다 뱀들 이 몰려와서 그가 잘 때 언제나 혀를 내밀며 가슴을 덮어 보호해 주었 다는 이야기나, 왕위에 오른 후에도 반역 세력의 위협으로부터 왕을 수 호하는 뱀의 무리가 문학적으로 형상화된 이야기도 전한다. 고려 고종 45년(1258)에는 뱀이 반란을 예고했다는 다음과 같은 이야기도 전한다.

북쪽 변방의 위도(葦島)에 누런 뱀이 나타났는데, 크기가 기둥만 하고 가산(假山)의 구멍 안에서 살았다. 목동 두 명이 그곳을 지나가다가 부르는 소리가 들려 사방을 둘러보아도 아무도 없었다. 자세히 보니 뱀이 사람 소리로 말하기를 "곧 이 섬 사람들이 반드시 난을 일으킬 것이다. 돌아가서 감창(監倉)에게 고하되 반드시 신중하라"고 하였다. 감창사 이승진(李承璡)이 소문을 듣고 목동을 불러서 물으니 사실대로 대답했다. 이승진이 괴이하게 여겨 비밀로 하였는데, 과연 5월이 되자 고을 사람들이 반란을 일으켜 몽고에 투항했다.

이 사건은 『고려사절요』에도 다음과 같이 자세하게 소개되었다.

북계 지병마사(知兵馬事) 홍희가 여색을 좋아하고 정사를 게을리하자, 평북 박주 지역의 민심이 이반하여 사람들이 위도로 들어갔다. 이를 알게 된 국가에서 최예 등을 보내 별초를 거느리고 진무(振武)하게 하였다. 그러자 박주 지역 사람들이 반란을 일으켜 최예·유겸·이승진과 갈대 속에 숨었던 최예의 군사를 모조리 찾아 죽이고 몽고로 달아났다.

이외에도 『고려사』에는 "인종 7년(1129)년 지금의 함경남도 금야군인 장평진에서 관비가 알을 세 말가량 낳았는데, 큰 것은 오리알 만하고 작은 것은 참새알 만했다. 모두 깨지면서 작은 뱀이 나왔는데, 길이는 한 치[寸] 남짓 되었다"고 하며, "고종 10년(1223)에는 지금의 충청북도 충주에 해당하는 중원부 수금동의 여자가 사람 머리에 몸통은 뱀처럼 생긴 아이를 낳았다"는 기록도 전한다. 고대 신화에서는 이러한 형상을 신성하게 해석하지만, 고려시대에는 기이한 일로만 취급된 것으로 보아 뱀의 상징성이 축소되었음을 알 수 있다.

조선시대에 들어오면 뱀이 저주와 같은 사술(邪術)에 주로 등장하는 등 상징적 의미에 변화가 일어난다. 『조선왕조실록』에 따르면 "세종 11년(1429), 문종이 세자 시절 세자빈 김씨가 세자의 관심을 얻고자 뱀 그림을 음식에 넣은 뒤 자기가 저주하는 사람에게 먹여 뱀이 배 속에서 살아 움직여 복통을 일으키게 하는 주술을 사용했다"는 기록도 전한다.

뱀과 관련한 부정적인 이야기는 조선의 이야기책이나 유서에서 더욱 다양하게 전한다. 예를 들면 중국의 영향을 받아 뱀이 다른 동물보다 변화의 속성이 강하다고 믿었고, 심지어 다음의 이야기처럼 이종 간의 교접도 훨씬 많다고 믿었다.

뱀이 꿩과 교접하는데, 혹 거북이나 농어와도 교접하니 나귀나 말이 소와 교접하는 것과 같다. 두 동물은 사악하고 음란하며 바르지 못한 기운을 타고났기 때문인 듯하다. 또 옛 책에서 "거북과 자라는 수컷이 없고 뱀과 교접한다"고 하였다. 뱀이 거북과 교접하면 거북을 낳고, 꿩과 교접하면 이무기를 낳는다.

또 다음과 같이 조선시대 지식인들은 발이 없는 뱀이 기어 다니는 것에도 주목했다.

용(龍)은 뿔로 들으니 뿔을 귀로 삼은 것이다. 소는 코로 들으니 코를 귀로 삼은 것이다. 용은 날개가 없어도 날 수 있으니, 날개가 아닌 것으로 날개를 삼은 것이다. 뱀은 발이 없어도 가니, 이는 발이 없는 것으로 발을 삼은 것이다.

이처럼 뱀은 발이 없지만, 특유의 이동 방법이 있다고 생각했다. 그러나 그것이 무엇인지는 알 수 없다고 스스로 밝히고 있다. 다만 풍수지리에서는 다리가 없는 뱀이 꼬리 부분을 움직여 이동하니, 뱀의 형상을 한 지형(地形)의 꼬리 부분에 묘를 쓰면 집안이 번창하고 자손들이 출세하며 재산이 불어난다는 이야기도 전한다.

반면 뱀의 입 부분에 묘를 쓰면 후손들이 입으로 소리를 내는 통소 등을 불게 되고, 집안의 가세가 기울어진다고 한다. 아마도 그 이유는 뱀의 혀가 보기 흉하고, 입으로 괴이한 소리를 내는 것과도 연관이 있는 듯하다.

사대부들의 비판을 받다

다산 정약용은 "백성들에게 가장 큰 해독은 첫째가 도적이고, 둘째가 귀신이며, 셋째가 호랑이"라고 지적하면서 특히 "귀신의 재앙은 사람이 불러들여서 발생하는 것으로 요사한 무당들이 귀신에 의지해 빌붙어 먹고 살기 때문에 무당이나 혹세무민하는 것들을 제거해야 한다"고 강조했다.

『조선왕조실록』에서도 "요망한 마귀를 모시며 사술을 행하여 남을 해칠 뿐만 아니라 남자 무당이 여성 복장을 하고 다니면서 풍기를 문란하게 하고, 사람들을 속인다"며 당시의 세태를 비판했다. 「영조실록」에서는 무당을 찾는 사대부들을 비판하며 이들을 처벌할 것을 영조에게 요청한 일도 있었다.

이러한 행태는 모두 현실에서 이성적으로 해결할 수 없는 문제를 굿에 기대어 풀어보려는 마음이 반영된 것이었다. 그 때문에 지식인들은 저주와 같은 사술(邪術)들을 언급하며 충(蟲)을 판별하는 방법이나 방지법, 치료법 등 여러 대처 방안을 기록으로 남기기도 했다.

그러나 신윤복의 작품 「무녀신무」에서 양반댁 부인이 바람난 남편이 돌아오기를 빌며 몰래 벌인 굿을 소재로 할 정도로 양반가에서는 여전히 무속에 의지하고 있었다. 민간에서는 다양한 주술을 동원한 저주 사건까지 발생했고, 때로는 처참한 살인으로 이어졌다.

「영조실록」에는 영조 10년(1734) 경기도 광주 사람 김대뢰(金大賚)의 노비 영만이, 김대뢰와 노비 30여 명이 사망한 원인을 김대뢰의 종 세적의 저주 때문이라며 살해하고 자수한 사건이 기록으로 전한다. 영조 23년(1747)에는 경기도에서 장옥봉의 며느리가 자신과 자신의 남편을 저주했다는 이유로 장옥봉의 쫓겨난 후처를 낫으로 찔러 죽인 사건이 발생했고, 강동의 양녀 기례는 남의 무덤에서 뼈를 파내 앙심을 품은 자를 저주한 일도 있었다.

정조 5년(1781)에는 개성 갑부 한명주의 첩 복덕이 한명주의 적처(嫡妻, 정식으로 예를 갖추어 맞은 아내)와 아들, 손자를 저주했다는 혐의로 체포되어 조사를 받았으나 10년 만에 무죄판결을 받은 일도 있었다. 정조대에 발생한 중범죄 사건 1,112건에 대한 판례집인 『심리록』에는 정조 11년(1787) 경상도 고성에서 마태봉이 자신을 저주했다는 이유로 전처

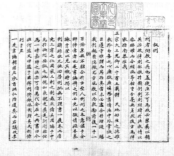

지역별 부(部), 군(郡)에 따른
인명이 기재된 목차

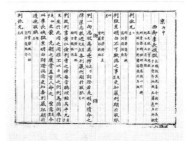

각 심리(審理) 사실

심리록審理錄

1799년(정조 23) | 홍인호(洪仁浩), 홍의호(洪義浩) | 정조 연간의 심리(審理) 사실을 사건 판례(判例)를 중심으로 분류 정리하여 사건 처리에 참고가 되도록 한 판례집으로, 18세기 말 사회사를 연구하는 데 중요한 자료이다. 사건에 따라 경제적 배경이 중요한 요인이 된 경우도 많아서 조선 후기의 경제 상황을 이해하는 데에도 도움을 준다.

허씨를 살해한 사건도 기록되어 있다.

심지어 누군가를 저주하기 위해 남의 무덤을 파서 시체를 훼손하는 일도 발생했다. 그 때문에 「조축고독살인조(造畜蠱毒殺人條)」에 따르면 "무릇 무덤을 발굴하여 관이 드러나게 한 자는 장 100, 유(流) 3,000리에 처한다. 만약 염매나 부서를 만들어 저주하는 자는 모사로 논죄한다"는 등의 구체적인 처벌 조항도 만들어졌다.

하지만 민가에서 전하는 저주 방법 등의 무속 행위는 궁궐에서도 행해졌고, 때로는 정치적인 사건으로 비화하기도 했다. 특히 궐내의 저주 사건은 조선 중기를 넘기면서 더욱 증가했고, 저주의 대상은 주로 왕과 왕비를 중심으로 일어났다. 따라서 많은 사람이 처형되는 등 무자비한 숙청이 이루어졌으며, 정치세력이 교체되기도 했다.

예를 들면 중종 때 후궁 경빈 박씨의 인종 저주 사건, 광해군 때 인목대비의 광해군 저주 사건, 인조 때 인목대비의 딸 정명공주의 인조 저주 사건, 소현 세자빈 강씨의 인조 저주 사건, 효종 때 인조의 후궁 조소원(조귀인)의 효종과 인조의 계비 장렬대비 저주 사건, 숙종 때 희빈 장씨의 인현왕후 저주 사건 등 수많은 사례가 기록으로 전한다.

이외에도 인조 때는 대궐 안에 흉측한 물건들이 많이 묻혀 있으니 왕의 거처를 옮겨야 한다는 주장이 나와 논쟁이 벌어지기도 했고, 효종 때는 동관(東關)의 흙을 모두 교체하는 일도 있었다. 영조 때는 사족 출신의 조철과 이희 등이 독갑방(獨甲房)이라는 무녀를 사주하여 사도세자를 저주한 사건으로 독갑방을 둘러싼 논란이 일 년간이나 지속된 일도 있었다.

일상의 점복 행위에서 세시풍속으로 확장되다

조선시대의 유학자들은 인간의 운명을 점복 행위에 의지하는 행위에는 부정적이었다. 하지만 일상에서 일어나는 작은 일들은 조짐 등을 통해 직접 점을 치기도 했고, 한 해 농사의 풍흉을 알아보는 농경점 등 공동체의 안녕과 관련해서는 대체로 수용하는 편이었다. 이는 하루의 일상이 안정적이지 못했고, 한편으로는 과학이 발달하지 못했던 농경사회에서 사람의 노력보다는 자연의 영향이 더 중요하다고 인식한 것과도 연관이 있었다.

지식인들이 농사의 풍흉을 점치는 이야기를 기록으로 남긴 것도 이러한 인식을 기반으로 한다. 예를 들면 춘분 전후 가장 가까운 술일(戌日)인 춘사일(春社日)에 비가 오면 풍년이 들고, 추사일(秋社日)에 비가 오면 다음 해에 풍년이 들며, 입동에 바람이 서북쪽에서 불어오면 이듬해에 오곡이 잘 익고, 동남쪽에서 불어오면 여름에 가뭄이 든다고 전한다. 또 주변에서 볼 수 있는 거위 등의 새 소리를 살펴 점을 치고, 3월 3일의 상사일(上巳日)에는 참개구리 소리를 들어 가뭄을 점쳤다. 그뿐만 아니라 구름의 모양새나 유성의 흐름, 소의 안색 등으로 농사의 풍년과 흉년을 점치기도 했다.

한 해 농사의 풍년을 기원하는 마음은 공동체 사회의 제사 풍습으로 이어졌다. 예를 들면 2월 상무일(上戊日)에 풍년을 기원하며 농기구에 빌었고, 소귀신(牛王)에게 제사를 지냈다. 또 10월 초하루에는 찹쌀로 인절미를 만들어 소뿔 위에 붙이고 뽕나무 잎에 떡을 싸서 소에게 먹여, 한 해 동안 농사에 힘써준 노고에 보답하기도 했다.

지식인들은 점을 치는 도구로 책이나 글자를 자주 이용했고, 민가에서는 쌀·거울·가위 등 생활에서 쓰는 도구를 활용했다. 농사의 풍흉을 점치는 행위는 자연스럽게 일상의 일들을 점치는 행위로 연결되었다. 『증보산림경제(增補山林經濟)』(1766)를 비롯해 조선시대에 편찬된 책들에는 엿 짓기 좋은 날·약 먹기 좋은 날·머리 감는 날 등 개인적인 소소한 일은 물론 시집가기·장가가기 좋은 날, 안장(安葬)하기 좋은 날 등 집안의 관혼상제 그리고 판매하기 좋은 날·가게 열기 좋은 날·교역하기 좋은 날·빚내거나 돈 놓기 좋은 날 등 상업 활동과 관련한 택일법에 이르기까지 구체적인 내용이 소개되어 있다.

특히 『산림경제』에서 18세기 중엽의 『증보산림경제』로 개편되던 불과 50여 년 만에 상업에 대한 관심과 실용적 농업기술이 발달하면서 점복 행위가 단순히 무속에 기댄 것이 아니라 사회 구성원들의 오랜 경험을 바탕으로 생활의 지혜가 담기기도 했고, 공동체의 풍속으로 확장되기도 했다. 따라서 민간신앙에서 세시풍속에 이르기까지 자료로서의 가치가 높다.

조선 중후기에 편찬된 유서류 가운데 민속문화와 관련된 항목을 상대적으로 많이 수록한 책으로는 17세기 전반의 『지봉유설』과 18세기 초의 『성호사설』이 있다. 이후 편찬된 자료들을 소개하면 다음과 같다.

『산림경제』(山林經濟, 숙종 대), 홍만선(洪萬選, 1643~1715)

종래의 농서들에서 볼 수 없는 종합적인 농가 경제서로, 현재의 농업과 임업에도 참고할 만한 과학적인 내용을 수록하는 등 농업·축산업·식품

가공 및 저장·의료 등 광범위한 내용을 기술한 백과사전이다. 예를 들면 주택·섭생·농경·식목·음식·구황·구급·질병·취미·흉년 대비 등 농촌 생활에 필요한 실용적인 지식은 물론, 좋은 집터 선정·한 해 농사의 풍흉에 대한 기원·질병 대처 방법·각종 일상의 택일법·방위 선택 방법 등 다양한 정보도 실려 있다.

그뿐만 아니라 민간신앙과 관련한 내용도 곳곳에서 발견할 수 있으며, 우리나라 세시풍속 연구에도 귀중한 정보를 제공한다. 당시의 농업 기술 수준을 비롯해 농업사 연구와 식생활사·생물학사·의학사·약학사 연구에도 도움이 되는 등 조선 중후기의 실학사상을 엿볼 수 있는 문헌으로 주목받고 있다.

『증보산림경제』(增補山林經濟, 1766), 유중림(柳重臨, 1705~1771)

영조의 내의였던 유중림이 영조 42년(1766)에 홍만선의 『산림경제(山林經濟)』를 증보한 농서(農書)로, 농업이 자급자족을 위한 것이 아니라 노동력을 덜 들이고 최대의 수익 증대를 추구하며 동시에 농산물의 상품화를 전제로 하는 등 조선 후기 사회·경제의 새로운 변화를 잘 보여주는 자료이다. 또 조선의 실정과 맞지 않는 불필요한 부분을 솎아내고, 당시 민간에서 자주 사용하던 방법을 자세하게 수록하는 등 독자의 눈높이에 맞게 편집했다는 평가를 받는다. 이제까지 보이지 않던 고구마와 고추 재배법 그리고 고추장 만드는 법이 소개되는 등 조선시대의 식문화를 가늠할 수 있는 중요한 고문헌이기도 하다.

『**임원경제지**』(林園經濟志, 조선 후기), **서유구**(徐有榘, 1764~1845)

800여 종의 문헌을 참고한 만물학서로. 조선 후기의 실학자 서유구가 저술한 농업 위주의 책이다. 중국과 우리나라 생물과학의 거의 모든 분야를 집대성한 새로운 백과사전으로 알려졌으며, 『임원십육지』 또는 『임원경제십육지』라고도 한다.

조선 후기 농업정책과 자급자족의 경제론을 편 농촌 경제서로 우리의 세시풍속과 전통 음식 등을 비롯한 향촌 사회의 생활상이 담긴 귀중한 자료이다.

『**세시풍요**』(歲時風謠, 1843), **유만공**(柳晚恭, 1793~1869)

우리나라 세시풍속과 관련한 한시 모음집으로. 일 년의 명절과 풍속을 집대성해 놓았다. 정월 초하루부터 섣달 그믐날까지 다양한 세시풍속이 월별로 기록된 방대한 책이다.

여기에는 가죽 주머니 안에 겨 또는 공기를 넣은 공을 차는 축국(蹴鞠) 등 다양한 놀이도 소개되어 19세기 중반의 놀이 문화에 대한 중요한 정보도 제공한다. 그뿐만 아니라 여성들의 시각·서민들 모습·유흥가·당시 옷차림·주변 환경·구체적인 생활 습관·사고방식 등을 비롯해 놀이를 즐기는 민가의 분위기도 상당히 구체적으로 묘사하여 조선 후기 세시풍속에 관한 세시기 중 한양의 상하 계층의 다양한 풍속을 사실적으로 표현했다는 평가를 받는다.

『한양세시기』(漢陽歲時記, 19세기 중엽), **권용정**(權用正, 1801~1861)

정월 초하루부터 섣달 그믐날까지 저자가 직접 관찰한 한양의 풍속을 32개 항목으로 분류하여 기술했다. 앞부분의 14개 항목은 주로 세시를 기록했으며, 뒷부분의 18개 항목은 어른이나 아이들의 놀이등을 기술했다.

『동국세시기』에 비하여 내용이 간략한 편이지만, 중국의 세시기·고사(故事)·한시 등을 인용하여 풍속의 뿌리를 중국에서 찾으려던『경도잡지』나『열양세시기』와 비교하면 내용이 훨씬 충실하고 객관적이며, 비판적인 서술 태도를 보여준다. 조선 후기의 풍속을 이해하는 데 귀중한 자료로, 민속학과 전통문화 연구에도 소중한 문헌이다.

『경도잡지』(京都雜志, 19세기 전후), **유득공**(柳得恭, 1748~1807)

조선 후기 한양을 중심으로 한 민속을 소개한 세시 풍속지로, 정조 때 쓰인 것으로 추정된다. 김매순의『열양세시기』와 홍석모의『동국세시기』와 함께 조선 후기 3대 세시 풍속기 중의 하나로 꼽힌다. 당시의 다양한 문물제도를 19항목으로 나누어 기술했으며, 세시 절속을 체계적이고 독립적으로 서술했다는 평가를 받는다.

문물제도를 주로 기술한 제1권에는 당시 관행이던 세시풍속의 실상을 알리고, 그 유래나 비판을 약간씩 덧붙였다. 그러나 내용이 주로 사대부의 생활문화에 국한되어 있고, 일반 백성의 생활상에 대한 기록이 없다. 제2권에는 세시풍속을 서술하면서 많은 문헌을 인용하여 고증하고, 연원과 유래까지 밝히려고 노력했다. 다만 여기에서 인용한 서적이 우리나라의 것은 5종이나, 중국의 것은 24종에 이르는 등 우리 민속의 뿌리를 지나치게 중국과 결부하려는 경향이 있어 그 내용의 분석에는 세심한 판별이 필요하다.

그래도 한양의 풍속과 세시를 설명하기 위해 백과사전적 지식을 바탕으로 고증학적 입장에서 우리 풍속의 기원을 다양한 중국 서적을 인용해 밝히는 등 기록이 드문 조선시대의 풍속과 세시를 이해하는 데 큰 도움을 주는 자료이며, 특히 우리나라 민속학 연구에 가치 있는 문헌이다.

『**열양세시기**』(列陽歲時記, 1819) **김매순**(金邁淳, 1776~1840)

열양은 '한양'이란 뜻으로, 곧 한양의 세시풍속과 연중행사 80여 종을 월별로 구분해 해당 절후와 그에 따른 풍속을 간략히 기록했다. 책의 마지막 부분에 있는 발문을 통해서 보면, 이 책의 저술 동기는 중국 북송의 여시강(呂侍講)이 역양(歷陽)에 있을 때 절일(節日)이 되면 학생들을 쉬게 하고 둘러앉아 술을 마시면서 세시풍속의 일을 적던 것을 본받아 한양의 세시풍속을 생각나는 대로 적은 것이라고 한다.

책의 기술 태도나 내용에서 우리나라 세시풍속의 연원을 『주례』나 여형공(呂滎公)의 『세시기』에서 찾으려는 모화사상의 경향이 엿보이나, 실학사상의 맥락과 연결되면서 개화기의 국학 연구에 도움을 주었다.

『**동국세시기**』(東國歲時記, 1849), **홍석모**(洪錫謨, 1781~1857)

연중행사와 풍속을 정리한 세시 풍속집으로, 『경도잡지』를 모태로 삼은 것으로 추정된다. 1849년에 간행되었으며, 1월부터 12월까지 일 년간의 세시풍속을 월별로 정리했다. 여기에는 왕실과 사대부 그리고 농촌·어촌·산촌 등에 사는 일반 백성에 이르기까지 폭넓은 계층을 대상으로 전국적으로 행해지던 세시풍속이 담겨 있어 우리나라 세시풍속 연구의 중요한 기본 문헌으로 활용된다.

또 한 해 농사의 시작과 풍흉을 점치고, 유가의 예제(禮制)와 민간신앙을 바탕으로 조상과 신에게 제사하며 기복(祈福)하는 것으로부터 재액(災厄)·귀신(鬼神)·역질(疫疾) 등에 대한 액풀이와 액막이를 포함하여 시기별 각종 금기 사항·속신과 속담·의복과 장식·시기별 음식 등과 같은 다양한 내용도 수록되었다.

세시기 중 가장 나중에 쓰였는데, 내용이 대단히 세밀하고 분량도 많다. 각 지방의 차이가 있는 풍속도 많이 기술하여 다른 책들보다 훨씬 더 참고할 만한 자료집이다.

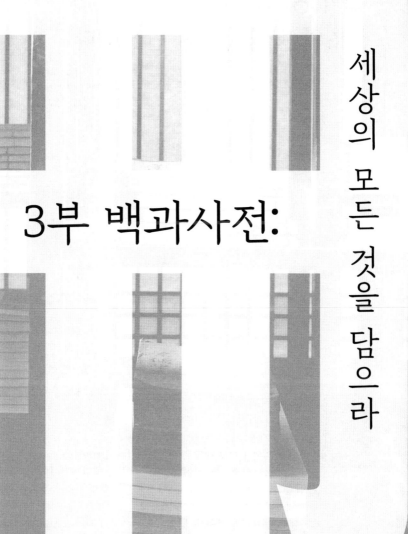

3부 백과사전: 세상의 모든 것을 담으라

『지봉유설』,
최초의 백과사전이 탄생하다

지봉유설芝峯類說

제작 시기 | 1614년(광해군 6), 1634년(인조 12) 출간
편저자 | 지봉(芝峯) 이수광(李睟光, 1563~1628)
내용과 의의 | 이수광이 세 차례에 걸쳐 중국에 사신으로 파견된 경험을 바탕으로 저술한 우리나라 최초의 백과사전이다. 정치·사회·문화·경제·식생 등 총 3,435항목을 다루었으며, 항목마다 다양한 내용과 함께 비평·고증을 곁들였다. 특히 중국을 통해 알려지기 시작한 천주교와 서구 문물을 소개함으로써 당시 조선인의 세계관에 큰 영향을 주었고, 고증적이고 실용적인 그의 학풍은 학계에 새로운 바람을 일으켰다.

16세기 지식인에게 서양은 어떻게 인식되었나?

포르투갈, 대포로 기억되다

포르투갈은 15~16세기에 해양 왕국으로 불릴 정도로 세계 최대의 영토를 소유한 나라였다. 1510년 인도의 고아(Goa)를 점령하고, 이어 1511년에는 믈라카('말라카'의 옛 이름) 해협의 해상교통의 요충지였던 믈라카를 점령함으로써 이미 16세기 초에 유럽에서 바다를 통해 동아시아로 가는 길을 처음 발견하는 등 유럽의 동양 진출을 선도했다.

서양에서 들어온 대포를 불랑기(佛朗機)라고 했고, 포르투갈을 불랑기국(佛朗機國)이라고 한 것도 동아시아에 대포를 처음으로 전해주었기 때문이다. 또 가볍고 세밀하여 세련된 면직물로 주목받았던 서양포(西洋布) 등 새로운 서양 문물도 전파했다.

중종 15년(1520), 사신으로 명나라를 다녀온 통신사 이석의 귀국 보고서에는 포르투갈에 대한 다음과 같은 기록이 보인다.

불랑기국 사람들의 외모는 왜인(倭人)과 비슷하고, 의복의 제도와 음식은 정상적인 사람들과 같지 않다. 중국 사람들도 예로부터 못 보던 사람들이다.

이처럼 16세기 초에는 포르투갈인과 그들의 문화가 조선 사람들에게 정상적으로 보이지 않을 정도로 매우 생소했다. 그러나 포르투갈은 17세기 이후 더욱 적극적으로 중국 등 동아시아 국가들과 접촉한다.

유럽 사료(史料)에 따르면 포르투갈인 도밍구스 몬테이루(Domingos Monteiro) 선장이 선조 10년(1577) 마카오를 떠나 일본으로 항해하다가 표류하여 조선에 최초로 도착했다는 기록도 전한다. 그러나 조선의 문헌에서는 찾아볼 수 없다. 또 「선조수정실록」에 따르면 선조 15년(1582) 포르투갈인 마리이(馬里伊) 일행이 표류하다 제주도에 도착했을 때, 조선에서는 어떤 조치도 취하지 않고 명나라에 사신으로 가는 정탁을 통해 중국으로 돌려보낸 일도 있었다. 조선도 일찍부터 포르투갈을 통해 서양을 접했던 것이다. 선조 25년(1592)에 일어난 임진왜란 때 왜군이 사용한 조총도 종중 36년(1541)에 포르투갈을 통해 들어왔다.

포르투갈에서도 이미 조선의 사정을 알고 있었던 것으로 보인다. 선조가 즉위한 1568년에 제작된 포르투갈 고지도에 일본 구주 서쪽 대륙 돌출부를 조선으로 명기하였고, 선조 4년(1571) 인도에서 활약한 빌렐라(Vilela) 신부가 작성한 보고서에도 "일본에서 뱃길로 3일을 가면 코라이(Coray)라는 나라가 있다"는 기록도 전한다. 여기서 코라이는 조선을 말한다.

빌렐라 신부는 포르투갈 출신으로, 사제 서품을 받은 후 서쪽 항로를 따라 태평양을 건너 인도에 도착하여 1553년 이곳에서 예수회에 입회했다. 그리고 다음 해 일본으로 건너가 선교 활동을 하는 과정에서 추방되기를 반복하다가, 일본 나라(奈良) 지역에 진출하여 주민들을 기독교로 개종하는 데 큰 영향을 미친 성직자였다.

빌렐라 신부는 명종 21년(1566)에 자신이 수집한 자료를 바탕으로 조선에서 전도 활동 계획을 세우기도 했다. 하지만 일본 내에서 내란이 끊이지 않아 조선으로 가는 길이 막히자 계획을 실행에 옮기지 못했고, 선조 3년(1570) 선교 활동을 보고하기 위해 인도의 고아로 건너가 활동하다가 2년 뒤 그곳에서 사망했다.

『지봉유설』에서도 다음과 같이 포르투갈을 서양의 국가 중에서 가장 먼저 소개하고 있다.

> 불랑기국은 섬라(暹羅, 태국)의 서남해안에 있는데, 서양의 대국이다. 그 나라의 화기(火器)를 불랑기라고 하는데, 지금 우리나라의 군대에서 사용하고 있다. 그리고 서양포(西洋布)는 지극히 가볍고 섬세하여 매미의 날개와 같다.

이때가 광해군 6년(1614)이었고, 이석이 보고서를 올린 지 100여 년이 지나지 않은 때였다. 그러나 포르투갈은 1581년부터 1640년까지 약 60년간 스페인에 통합되었기 때문에 이수광이 『지봉유설』을 편찬할 당시에는 존재하지 않는 나라였다. 따라서 조선의 지식인들이 포르투갈에 대한 정보에 한계가 있었던 것으로 보인다.

네덜란드, 바다의 귀신을 보다

네덜란드를 한자로 표기하면 남번국(南番國)이다. 『지봉유설』에는 네덜란드인이 표류하다가 조선에 도착한 사건을 다음과 같이 기록했다.

남번국 사람들은 선조 36년(1603), 왜의 선박을 따라 표류하여 조선의 국경에 이르렀다. 남번국 사람의 눈을 보니 눈썹과 위 속눈썹이 통하여 하나로 되어 있었고, 구레나룻이 양(羊)의 턱수염과 비슷했다. 함께 온 사람(흑인)은 얼굴을 검게 칠하였으며, 형상은 더 추악하고 기괴하여 바다의 귀신(海鬼) 같았다. 언어가 통하지 않아 통역에게 물어본즉 나라가 바다 가운데 있고 중국으로부터 8만 리나 떨어져 있으나, 왜인(倭人)들은 "그곳에 값진 보물이 많다"고 하여 서로 왕래하며 통상(通商)하는데 본토를 떠난 지 8년 만에 방금 이곳에 도착했다고 하니 아마도 아주 멀리 떨어진 나라인 듯하다.

이처럼 백인이었던 네덜란드인과 그를 따라온 흑인을 묘사한 바에 따르면, 『지봉유설』의 저자 이수광도 이들을 처음 만난 것으로 보인다. 당시 네덜란드인의 표류와 관련해서 실록에는 기록이 없다. 따라서 이수광이 네덜란드인과 흑인을 직접 목격하고 기록에 남긴 것인지는 확실하지 않다. 다만 실록에는 선조 31년(1598) 정유재란 때 명나라 장수 팽신고(彭信古)가 원군으로 조선에 파견되어 여러 전투에서 유격전(遊擊戰)을 벌였는데, 당시 그가 데리고 온 포르투갈 병사를 다음과 같이 묘사한 기록이 보인다.

일명 해귀(海鬼)이다. 노란 눈동자에 얼굴은 검고 사지와 온몸도 모두 검다. 턱수염과 머리카락은 곱슬인데, 검은 양털처럼 짧고 꼬부라졌다.

······ 바다 밑에 잠수하여 적의 배를 공격할 수 있으며, 수일 동안 물속에 있으면서 물고기를 잡아먹을 줄 안다. 중원 사람조차도 보기가 쉽지 않다.

당시 잠수병(潛水兵)으로 참전했던 흑인 병사의 외모를 해귀, 즉 '바다 귀신'으로 표현할 정도로 이질감을 느끼는 내용이 이수광의 기록과 유사하다. 이수광 역시 실록의 기록에 영향을 받았을 가능성도 없지 않다. 또 포르투갈과 네덜란드에 대한 정보에 한계가 있었음에도 임진왜란 때 조선에 파견된 명나라 군사 중에는 서양인도 있었으며, 그들이 잠수병으로 활약하는 등 전쟁에서 여러 임무를 수행했음을 알 수 있다.

당시 실록에서 포르투갈 흑인 병사를 묘사한 그림은 현재 한국국학진흥원에 소장된 『세전서화집』의 「천조장사전별도」에 전한다. 팽신고와 함께 정유재란에 참전했던 아들 팽부산(彭釜山)은 조선에 귀화하여 현재 경남 창원 지역에 정착했는데, 그가 바로 우리나라 절강 팽씨(浙江彭氏)의 시조이다.

이후 효종 4년(1653) 네덜란드인 하멜 일행이 제주도에 표류해 왔을 때 일본은 네덜란드가 자신의 속군(屬郡)이며, 하멜 일행은 일본에 조공하러 오는 길이었다고 거짓말할 정도로 일본은 물론 중국에서도 네덜란드를 알고 있었던 것으로 보인다.

영국, 강대국을 보다

『지봉유설』에서는 영길리국(英吉利國), 즉 영국 배를 다음과 같이 기록했다.

영길리국은 조선에서 서쪽 끝으로 멀리 떨어진 바다에 있다. 낮이 매우 길고 밤이 겨우 이경(二更. 밤 9시에서 11시 사이)밖에 되지 않아서 아침이 빨리 밝아온다. 그 습속은 오직 밀가루를 먹고, 모두 가죽옷을 입는다. 배를 집으로 삼는데, 네 겹으로 배를 만들고 철편으로 안팎을 두른다. 배 위에는 수십 개의 돛대를 세우고, 배 꼬리에는 바람을 일으키는 도구를 설치하며, 정박할 때는 쇠사슬 수백 개를 엮어 만든 줄을 사용하므로 바람이나 파도를 만나도 쓰러지지 않는다. 전쟁에서는 대포를 사용하고, 출몰할 때마다 도적질을 하니 바다의 여러 나라들이 감히 대적하지 못한다.

　몇 년 전 일본에서 표류하여 홍양(興陽. 전라남도 고흥)에 나타났다. 배가 매우 높고 컸으며, 여러 개의 망루와 큰 집이 있었다. 후에 일본 사신에게 물어보고 그들이 영국 사람인 것을 알았다.

　이 기록을 이수광이 직접 경험한 것으로 보는 견해도 있지만, 확실하지는 않다. 이수광이 "후에 일본 사신에게 물어 영국 사람인 것을 알았다"고 기록하였듯이 당시는 영국인이 조선에 알려지기 전이었고, 조선에 영국과 관련한 자료도 거의 없었기 때문이다. 이수광이 어떤 자료를 보았는지는 알 수 없지만, 중국 등지에서 수집한 자료를 참고한 것으로 추정된다.

　어쨌든 이수광은 영국의 위치·의식주·항해술 등을 소개할 정도로 당시로서는 구체적인 정보를 가지고 있었다. 또 그가 영국 해군의 군사력이 무적이라고 기록한 것으로 보아 1586년에서 1588년 사이에 있었던 스페인과의 전쟁에서 영국이 승리하여 바다를 장악한 사실을 알고 있었을 가능성도 충분하다.

그 시기에 네덜란드와 영국 선박이 모두 일본에서 표류하여 조선의 경계에 이르렀다는 사실과 후에 일본 사신에게 물어 그들이 영국인이라는 것을 알았다는 내용으로 보아 일본에서는 서양인들과의 접촉이 있었던 것으로 보인다.

이탈리아, 또 다른 서양을 만나다

이탈리아는 대서국(大西國)이라고 불렸다. 특히 이탈리아는 중국을 통해 예수회 소속 선교사 마테오 리치(Matteo Ricci)가 자신의 저서 『천주실의(天主實義)』와 함께 최초의 세계지도 「곤여만국전도」 등 서양의 종교와 학문을 전하였다. 조선 역시 이탈리아와의 인연은 영국과 네덜란드가 상선(商船)의 표류로 인해 우연하게 접하게 된 경험과는 전혀 다르게 시작된다. 그 때문인지 『지봉유설』에는 이탈리아의 풍속 등 다양한 문화를 소개하면서 "이탈리아 사람들은 우정을 중시한다"고 표현하는 등 우호적인 태도도 발견할 수 있다.

이수광은 『지봉유설』에 『천주실의』를 소개하여 우리나라에 기독교를 처음으로 알렸다. 당시 그는 "교황은 결혼하지 않으며, 개인적으로 부를 축재하지도 않는다"고 소개하면서 『천주실의』를 다음과 같이 압축적으로 요약하여 소개했다.

첫째, 천주가 천지를 창조하고 안양(安養)의 길을 주재한다.
둘째, 사람의 영혼은 불멸한다는 점이 동물과 다르다.
셋째, 육도윤회(六道輪廻. 선악의 응보에 따라 6가지의 세계를 윤회하는 일)의 잘못을 변호했다.

넷째, 천당과 지옥이 있는 것은 선과 악의 응보에 따른 것이다.

다섯째, 인성은 본래 착하지만 천주의 뜻을 경봉(敬奉)해야 한다.

여기서 안양은 '마음을 편안히 하고 몸을 쉬게 한다'는 극락의 의미
인데, 이처럼 육도윤회와 함께 불교 용어를 사용했다는 점도 흥미롭다.
이수광이 우리에게 생소했던 천주교를 설명하면서 이해를 돕기 위해 불
교의 정서를 활용할 만큼 상당히 구체적으로 고민한 것으로 보이기 때
문이다.

한편 조선에서는 주기적으로 중국에 가는 사신단에 천문·지리·역
수·점산·측후·각루 등에 관한 일을 담당하던 관상감의 학자를 동행하
게 했다. 이들은 중국에서 서양의 지리에 대한 지식도 탐구했다. 이수광
이 소개한 「곤여만국전도」역시 마테오 리치가 명나라 학자 이치조와
함께 선조 35년(1602) 북경에서 제작했고, 중국에 사신으로 다녀온 이광
정(李光庭)과 권희(權憘)가 이듬해에 6폭짜리 지도를 조선에 가지고 들어
와 홍문관에 기증했다.

당시 중국 중심의 세계관에 갇혀 있던 조선의 지식인들에게 서양의
세계지도는 충격을 던져주었다. 『지봉유설』에서도 "지중해(地中海)는 천
지의 중앙에 있어서 붙인 이름이라고 한다. 세상에서 사해(四海)라고 일
컫는 것은 다만 중국을 표준으로 말한 것이고, 천지 사이의 사해는 아
니다. 중국과 통교하지 않아서 책에 실리지 않은 나라가 또 얼마나 많겠
는가?"라고 평하면서 마테오 리치가 지도에 명기하지 않은 국가들까지
소개할 정도로 서양 지리에 적극적인 관심을 기울였다. 이 점이 『지봉

유설』에 담긴 이수광의 지리적 시야가 대단히 광범위하다는 평가를 받는 이유이다.

이처럼 이수광은 서양의 지도를 통해 중국 중심의 세계관에 스스로 의문을 제기하면서 기존의 중화주의 인식을 흔들어 놓았다. 그러나 지도의 해석에 오류가 적지 않았던 것으로 보아 당시까지도 서양에 대한 인식에는 한계가 있었다. 예를 들면 한자로 적힌 지도의 서문에서 '풍보보'라는 이름을 보고 지도의 제작자를 마테오 리치가 아닌 중국인으로 오인했고, '구라파'라는 한문 표기를 특정 국가의 이름으로 혼동하기도 했다. 심지어 이들이 조선과 같은 문자, 즉 한문을 사용한다고 생각했다. 이러한 오류는 근본적으로『지봉유설』에 소개된 국가들에 대한 지식을 이수광이 직접 가보지 않고 자료를 통해 간접적으로 얻은 데서 비롯되었으나, 이수광이 참고한 자료는 상당히 다양한 편이었다.

중국 자료를 통해 간접적으로 서양을 접하다

중국은 이미 송(宋) 대에 바다를 통해 남쪽으로 진출하여 해외무역을 권장하고 번상(蕃商)의 중국 입국을 적극 유치한 것으로 전한다. 이 과정에서 다양한 외국 문물이 유입되었고, 서적도 풍성하게 편찬되었다. 당시 여러 나라 번상들과 접촉할 기회가 많았던 북송(北宋)의 조여괄은 자신의 경험과 정보를 바탕으로 1225년에 중국 최초로 외국을 소개한 전서(專書)인『제번지(諸蕃志)』를 펴냈다.

『제번지』에는 동(東)으로는 일본과 서(西)로는 북아프리카의 모로코에 이르는 58개국의 풍토와 물산, 중국에서의 항해 거리와 소요 시간, 각종 향료를 비롯한 진귀한 문물 등이 수록되었다. 종합 풍물기인『영외대담』에는 22개국의 지리·풍토·물산·법제 등이 상세하게 실려 있고, 1350년 완성된 『도이지략(島夷志略)』에는 원나라 왕대연(汪大淵)이 두 차례에 걸쳐 직접 상선을 타고 아프리카 동해안까지 주유한 견문록을 남겨 놓았다. 특히 여기에는 99개국에 대한 내용이 비교적 사실적으로 기록되어 있어 사료적 가치가 높다는 평가를 받는다.

또 15세기 후반에 들어서면서 서양에서는 지리상의 발견이 본격화하였고, 중국 역시 해금(解禁)을 깬 정화의 7차례에 걸친 하서양(下西洋) 진출 그리고 서구 선교사들에 의한 서양 문물 전파 등에 따라 전문적인 세계 지리서들이 전례 없이 많이 출간되었다.

중국에서 간행된 외국 자료들은 이수광의 『지봉유설』 편찬 과정에도 상당한 영향을 미쳤다. 하지만 당시 이 같은 자료들에는 대부분 중국 중심의 화이관(華夷觀)이 담겨 있었고, 『지봉유설』 또한 본국(本國)·외국(外國)·북노(北虜) 등으로 구분하여 세계의 중심에 중국을 두고 주변 국가를 이적(夷狄), 즉 오랑캐로 인식한 전통적인 인식에서 완전하게 벗어나지는 못했다.

이수광이 전거(典據)로 삼은 중국의 『대명일통지』에서도 세계를 본국인 중국을 중심으로 주변국을 외이(外夷)로 구분하여 동남아시아와 서아시아 일원의 57개국의 정보를 수록하였고, 『삼재도회』 역시 중국을 중심에 두고 주변을 8방, 즉 동이(東夷)·서이(西夷)·남이(南夷)·북이(北夷)·동남이(東南夷)·서남이(西南夷)·동북이(東北夷)·서북이(西北夷)로 나누어 야만족으로 표현한 중국 중심의 화이관을 담고 있었다.

『지봉유설』이 편찬된 시기와 가장 가까운 선조 7년(1574)에 찬술하여 10년 만인 선조 16년(1583)에 정식 간행된 『수역주자록』도 많은 영향을 미쳤다. 외국 관련 내용이 풍부하고 정확도가 매우 높은 것으로 주목받는 『수역주자록』에는 중국을 중심으로 주변의 소수민족과 중앙아시아·서아시아·동남아시아·남아시아의 여러 나라를 동이·남만·서융·북적으로 나누어 38개 지역의 산천·민족·풍습·물산·여정 등이 상세히 기술되어 있다. 그리고 필요한 대목에서는 저자의 의견을 덧붙이는 등 당시의 역사적 사실을 이해하는 데 많은 도움을 주고 있다. 여기에는 다음과 같이 명나라의 대외정책에 대한 설명도 수록되었다.

> 가정(嘉定, 명나라 세종 때의 연호) 연간에 불랑기인(포르투갈인)들이 광동(廣東) 연해에 불법 침입한 사건을 계기로 명나라가 외국 선박의 출입을 금지하고, 이미 허가한 조공무역(朝貢貿易)마저 취소하는 강경 조치를 취하였다. 이로 인해 조정 내에서 의론이 분분했다.

이처럼 명의 대외 봉쇄 정책은 해적 집단의 횡행을 막고, 명과 조공-책봉 관계를 맺은 나라의 선박에 한해 무역을 허락하여 관(官)에서 재정을 확보하려는 목적도 있었다. 13세기 후반 대원 제국에 거주했던 색목인(色目人)이 몽골인과 거의 같은 100만 명으로 추산될 정도로 서역이나 유럽과의 접촉이 빈번했지만, 명대에는 서방의 다양한 문화와 확대된 세계 인식이 중국으로 전파되지는 못했다.

한편 이수광이 『지봉유설』을 저술하면서 많은 중국 관리들이 살펴본 자료를 참고하지 못했고 화이관에서도 완전히 벗어나지 못했다고 하지만, '국제적 안목이 돋보인다'고 평가받을 만큼 『지봉유설』에서는 세계 지리에 대한 확장된 인식을 발견할 수 있다. 중국을 별도로 기술하지 않았어도 조선을 중심으로 중국에서 오랑캐로 분류한 주변 국가들에 주목하여, 오랑캐를 의미하는 외이(外夷)라는 말 대신 가치중립적인 외국(外國)이라는 용어를 사용한 것도 그 예라 하겠다.

또 「제국부」에서는 유교 문명 외에도 불교를 숭상하는 섬라(暹羅, 태국)와 고리대국(古俚大國, 캘리컷)의 풍속을 소개하면서 "신의를 숭상하고, 길 가는 사람은 길을 비켜주며, 길에 떨어진 물건은 주워 가지 않는다. …… 상고삼대(上古三代) 시대의 유풍이 있으니 창찬할 만하다"고 긍정적으로 평가하고, 기독교와 이슬람교 등 다른 종교 문명권도 구체적으로 소개하는 등 당대의 중국인 학자보다 더 진취적인 지리적 세계관에 기반하여 동서양을 망라한 많은 나라의 인문학적 상황을 객관적으로 기술하려고 노력했다.

동남아시아에서 이슬람까지, 호기심으로 바라보다

베트남, 필담으로 정보를 수집하다

『지봉유설』에는 동남아시아에 대한 정보도 수록되어 있다. 특히 이수광은 자신이 3차례에 걸쳐 북경에 사신으로 갔을 때 안남(安南, 베트남)·유구(琉球, 오키나와)·섬라 등의 사신들과 직접 만나 필담을 나누며 모은 정보와 자신의 경험을 바탕으로 명나라의 『대명일통지』, 『삼재도회』와 같은 당대의 최신 지도 등을 참고했다.

안남, 즉 베트남의 경우 이수광과의 각별한 인연도 전한다. 당시 그는 안남 사신과 50여 일간이나 글을 통해 서로 묻고 답하며 정보를 수집했다. 그때 이수광이 써준 시가 안남의 선비들 사이에서 널리 애송되어 국제적인 문명(文名)을 떨쳤다는 사실도 『지봉유설』과 「조완벽전」에 전한다.

조완벽(趙完璧)은 선조 30년(1597) 20세쯤의 나이에 정유재란으로 일본에 포로로 잡혀갔던 전주의 선비였다. 그는 일본에서 포로 생활을 하는 동안 왜상(倭商)에게 강제로 이끌려 선조 37년(1604) 이후 모두 3차례나 베트남을 방문한다. 따라서 그는 조선 최초의 베트남 방문자였다. 당시 그는 유럽인과 중국인 그리고 일본인이 드나드는 국제시장에 머물면서 진기한 사물들을 접했고, 여송(呂宋, 필리핀)과 유구국에도 다녀왔다. 왜상이 그를 끌고 다닌 이유는 문자를 알았던 그를 한자문화권 지역에서 통역으로 활용했기 때문이다.

그런데 베트남의 고관대작들과 문인·학자들은 조완벽이 조선 사람이라는 사실을 알고는 그를 초대하여 후하게 대접했고, 이수광의 한시를 칭찬하며 즐겨 외는 것을 보았다고 한다. 그는 10년 만인 선조 40년(1607)에 조선으로 돌아와 이 사실을 고향 친구 김윤안에게 이야기했고, 김윤안은 한양에 올라와 다시 정사신과 이준에게 전하였다. 그리고 이들이 이수광에게 전해주어 「조완벽전」을 지었다고 한다.

이수광은 안남 사신과의 필담에서 안남의 정권 교체에 관해 질문할 정도로 안남의 정치 상황을 포함해 영토와 역사 등에 대한 내용을 구체적으로 알고 있었던 듯하다. 그뿐만 아니라 『지봉유설』에는 베트남의 독서 경향·과거제도·풍속·기후·특산물 등 다양한 정보가 수록되어 있다. 다음은 안남으로 가는 교통편에 대한 기록이다.

일본으로부터 밤낮으로 40일을 가거나 또는 50~60일을 가야만 비로소 안남국에 도달할 수 있다. 돌아올 때는 물길이 순조로워 15일이면 일본에 도착할 수 있다. 대해(大海)를 배로 다니려면 바람을 타야 편리하니 해마다 3월부터 4월 그리고 5월까지만 다니고, 6월 이후로는 배로 다니지 못한다. 왜선(倭船)은 크기가 작아서 큰 바다를 다닐 수 없기에 백금(白金) 80냥(兩)을 주고 당선(唐船, 중국 선박)을 사들인다. 이 배에 함께 타는 사람이 모두 180여 명이나 되며, 당인(唐人, 중국 사람)으로 바닷길을 잘 아는 자가 선주(船主)가 되고, 지남침(指南針)으로 동서(東西)를 판단하며, 노끈을 아래로 늘어뜨려 물밑 바닥의 흙을 건져 올려 그 색깔로 방위(方位)와 원근(遠近)을 구별한다.

이처럼 방위를 알 수 있는 나침반을 사용한다는 점과 육지와의 거리를 노끈을 통해 바다 밑 흙의 색깔로 확인한다는 점도 흥미롭다.

유구국과 태국, 우리 문화의 자부심을 담다

유구국은 동중국해 남동쪽에 있는 일본 오키나와현 일대의 독립 왕국이었다. 이 나라는 고려와 조선을 비롯해 중국·일본·동남아시아 여러 국가와 교류하면서 중계무역이 번성했다. 『고려사』에 따르면 고려 창왕 1년(1391) "유구국의 중산왕(中山王) 찰도가 사신 옥지를 보내 왜구에게 잡혀간 고려의 포로를 송환하면서 토산품을 바쳤다"고 하며, "고려 문신 김윤후가 유구국에 파견되었다가 공양왕 2년(1390)에 귀국했다"는 기록도 전한다.

유구국은 조선이 건국된 후에도 빈번하게 사신을 파견했다. 이중환의

택리지擇里志

1751년(영조 27) | 청담(淸潭) 이중환(李重煥) | 조선 전국에 관한 인문 지리서(人文地理書)로, 『박종지(博綜誌)』라고도 한다. 우리나라 8도의 지형과 풍토를 비롯하여 풍속과 교통에서부터 고사 또는 인물에 이르기까지 상세히 기록했다. 현대적 의미의 지리서이자 실생활에 유용하도록 저술한 점, 우리나라의 지리학과 사회학에 큰 영향을 주었다는 점에서 가치가 높은 책으로 평가받는다.

『택리지』에 따르면 "제주도에서 육지로 나가다가 배가 표류해서 중국으로 떠밀려 갔던 경우가 비일비재했다"고 하는데, 조선과 유구국 사이에도 이러한 일이 종종 발생하여 이들을 송환하는 과정에서 교류가 이루어지기도 했다.

「세조실록」에는 세조 7년(1461) 6월, "나주(羅州)에 사는 10여 명의 조선 사람이 제주에서 배를 타고 육지로 향하다가 표류하여 유구국에 도착했다"는 기록도 보인다. 이들 중 8명은 일찍 조선으로 돌아왔고, 나머지 2명을 유구국의 사신이 데리고 왔다고 한다. 당시 세조는 사신들을 대접하게 했고, 사람들이 표류한 연유 및 유구국의 지형(地形)·풍속(風俗) 등을 자세히 기록하여 보고하라고 명하기도 했다. 또 세조 14년(1468) 6월에는 세조가 유구에서 온 사신들의 인사를 받고 술자리를 베풀기도 했으며, 선조 대에는 유구국 백성들이 탄 배가 표류하여 조선에

도착한 일도 있었다. 당시 역관(譯官)을 시켜 이들을 심문한 결과 특별한 의도가 없다는 사실을 확인하고는 관원을 차출해 요동으로 압송한 후 유구국으로 귀국할 수 있도록 조치했다.

『택리지』에 따르면 인조 때 유구국이 외국의 공격을 받아 왕이 잡혀가자 유구국 세자가 배에 보물을 싣고 아버지를 구하기 위해 길을 나섰는데, 배가 바람에 밀려 표류하여 제주도에 도착한 일이 있었다. 이러한 사실은 당시 제주 목사와 유구국 세자가 필담을 나누면서 조선에 알려졌다. 그러나 유구국은 광해군이 즉위한 1609년에 일본의 반속주(半屬州)가 되면서 조선과 공식적인 교류가 단절되었다.

유구국과 말은 통하지 않았지만, 한자문화권에 속한 나라였기에 필담은 가능했다. 이수광은 사신으로 세번째 북경에 갔을 때 만났던 유구국 사신 채견과 글로써 문답을 주고받으며 정보를 수집했다. 당시 그는 관모(冠帽)에 대해 나눈 대화를 소개하면서 "북경에 온 사신 중 관모를 착용한 나라는 우리나라와 유구밖에 없는데, 유구는 평상시 관모를 착용하지 않으니 관모를 착용하는 것은 우리나라밖에 없다"며 조선만 중국처럼 관모를 착용한다는 문화적 자부심을 은근하게 드러냈다.

섬라국, 즉 태국에 대해서도 면적·산천·기후·역사·풍속·종교·특산물 등 다양한 분야에 구체적인 관심을 기울였다. 예를 들면 이수광이 북경에 갔을 때 섬라의 지도를 본 사실과 "그 나라 사람들은 머리를 자르며, 얼굴은 검다. 저고리는 좌임(左衽)을 하고, 맨발로 다닌다. 손으로 음식을 먹고, 한자를 알지 못하니 예의 있는 나라는 아니다"라며 섬라 사신들의 외모와 복장, 언어 등을 소개했다. 좌임이란 '오른쪽 섶을 왼쪽 섶 위로 여민다'는 뜻으로, 당시 중국 중심의 사고에서 비롯된 북쪽

미개한 인종의 옷 입는 방식에서 유래한 말이다.

이외에도 노과국(老撾國), 즉 현대의 라오스는 중국 사서(史書)를 인용하면서 이수광이 직접 사신을 목격한 경험을 "이빨은 검게 칠하고 머리는 풀어 헤쳤다. 문자를 이해하며 언어는 우리나라 자음과 유사한, 입술을 합하여 소리를 내는 합구성(合口聲)을 사용한다. 눈은 움푹 들어가고 입은 튀어나왔다. 옛날에는 모두 머리를 깎았는데, 지금은 풀어 헤친 형태로 달라졌다"라고 묘사했다.

서역(西域), 일찍부터 인연이 시작되다

서역은 전한(前漢) 무제 때 장건이 황제의 명으로 서쪽 지역을 돌아본 후 생겨난 명칭으로, '중국의 서쪽에 있는 나라'라는 뜻이다. 유럽인들이 유럽의 동쪽 전역을 동양(Orient)이라고 통칭하듯이, 중국인들 역시 중국의 서쪽 전역을 서역(西域)이라고 했다. 따라서 서역은 의미가 다양하고 복합적이며, 역사적·지리적·문화적 범주를 묶어주는 하나의 고유 명칭이라고 할 수 있다.

또 중국의 대외 교류 정책에 따라 서역의 범위도 변화했기 때문에 서역은 시기마다 범위가 다르다. 예를 들면 당나라 때는 인도를 포함해 페르시아와 아라비아와의 교섭이 빈번해지면서 이러한 지역들이 포함되었다. 그러나 명나라 때는 동서 투르키스탄과 티베트·네팔·아프카니스탄·이란, 멀리 지중해 동안(東岸)의 아라비아 등 중앙아시아 그리고 그 남쪽과 서쪽의 광활한 아시아 지역을 망라할 정도로 범위가 대폭 확대된다.

한편 회족(回族)이라는 명칭에서 '회(回)'는 중국에서 이슬람교를 의미하는 회회(回回)와 관련이 있다. 즉 회골(回鶻)이라고 부르던 위구르족이 이슬람교로 개종하면서 이슬람교도를 회회교도(回回教徒) 또는 줄여서 회교도(回教徒)라고 했다. 이후 이슬람교를 믿는 민족을 이슬람을 의미하는 '회회'(回回)를 따서 회족(回族)이라고 했다. 오늘날 회족의 한층 더 직접적인 조상은 13세기 초반 칭기즈칸이 이끄는 몽골족 군대의 정복 활동으로 인해 동쪽인 중원 지역으로 이주했던 중앙아시아의 여러 종족이다. 당시 이들은 모두 이슬람교도로, 원(元) 대의 공식 문서에는 회회(回回)라고 기록되어 있다.

우리나라와 서역과의 인연은 고대로 거슬러 올라간다. 서역에 속하는 아랍 지역과의 교류를 알려주는 아랍의 문헌 자료와 신라 고분에서 출토된 서역의 유물들이 이러한 사실을 말해준다. 또 『삼국유사』에 전하는 「처용가」의 주인공인 처용의 출신지를 서역으로 보는 등 이미 삼국시대에도 교류가 있었던 것으로 보고 있다.

고려시대에는 초기부터 아랍 상인들이 대거 들어왔고, 말기에는 이슬람 문명이 본격적으로 유입되어 역사상 최초로 이슬람 공동체가 부분적으로나마 형성된 것으로 전한다. 이들이 우리나라에 왔다는 최초의 기록은 고려 초기인 현종(顯宗)과 정종(靖宗) 때 "송(宋)나라 상인들과 함께 고려에 와서 조공을 바치고 무역을 하였다"고 전한다.

조선 초기에는 『조선왕조실록』을 비롯한 여러 역사적 자료에 회회인(回回人)들의 정착이나 사회 활동에 관한 기록이 보인다. 아프리카와 유럽을 담은 세계지도인 「혼일강리역대국도지도」는 세종이 6세 때인 태종 2년(1402)에 만들어졌다. 비록 어린 나이였지만, 명석했던 세종이 '중국이 천하의 중심'이라는 기존의 중화주의 지도와는 전혀 다른 지도에 관심을 기울였을 가능성도 없지 않다. 즉 세종은 이제까지와는 다른 세계를 보았고, 이러한 경험은 그가 왕으로 재위하는 동안에도 계속해서 기억에 남아 있었을 가능성을 말한다.

세종 대에는 회회인들이 신년 하례나 세자 책봉 등 국가의 중요 행사에 참석했고, 세종은 그들이 코란(Koran)을 낭송하는 것을 들었다는 이야기도 전한다. 그 때문인지 세종 대에 이슬람인들의 이방인적인 행태를 금할 것을 명하기도 했다. 아마도 그들의 세계관이 조선에 확장되는 것을 우려했기 때문으로 보인다.

이후 급변하는 대외 정세에 밀려 서역과의 관계는 오랜 기간 공백기로 남아 있게 된다. 조선이 이전 시기와 달리 중국·일본·유구 외의 다른 나라와 국교를 맺지 않았기 때문이다. 유학생·여행가·순례승·상인 등의 외국 왕래도 없었으므로 유교 문명권이 아닌 다른 문명에 대한 인식은 거의 찾아보기 힘들다.

이슬람 문명, 신기한 마음으로 바라보다

서역은 조선과 언어와 문자가 서로 달라 필담(筆談) 등을 통한 정보수집이 불가능했고, 참고할 만한 자료가 많지 않았다. 그 때문에 이수광 역시 한정된 중국 서적을 참고할 수밖에 없었다. 하지만 그는 책의 내용을 그대로 인용하지 않고, 마지막에 간단하게나마 자신의 견해를 밝히는 등 서역의 이슬람 문명에 대한 인식의 폭을 넓혔다.

특히 동남아시아 국가들의 문화를 우리 문화와 비교하면서 다소 부정적으로 평가했지만, 이슬람 문명에 대한 평가는 달랐다. 이수광은 불가(佛家)나 도가(道家)는 물론 이슬람의 종교나 사상보다 유가(儒家)를 높이 평가하면서도, 이슬람 문명과 유교 문화와의 차이점보다는 유사한 점을 열거하면서 호감을 보였다. 아마도 그 이유는 이슬람 문명에 대한 인식이 구체적이지 못해 경계심이 약화하였거나, 한편으로는 조선과 멀리 떨어져 있어서 위협적인 존재로 인식하기보다는 새로운 문화에 대한 호기심이 크게 작용한 듯하다.

이수광은 중국의 『패사(稗史)』를 인용하여 이슬람교의 중심 교리와 함께 이슬람 제국의 위치·문자·역법·보양책 등을 소개했다. 하지만 서역인들이 알라신만을 섬기는 이슬람 교리와 이슬람 문자 그리고 중국 역법과 다른 이슬람력 등을 사용한다는 기본적인 사항들을 인식한 정도이다. 마지막 부분에 북경에서 보았던 터번을 두른 이슬람인에 대한 다음의 기록은 흥미롭다.

> 들자 하니 서남쪽의 여러 나라에서는 이슬람교를 믿는 사람이 많다고 한다. 대개 불법(佛法)을 배척하고 하늘(알라신)을 섬기는 것을 소중하게 여길 따름이다. …… 회회(回回)를 혹자는 옛날의 대식국이고, 당나라 때의 회골 또는 회홀은 아니라고 한다. 내가 북경에 갔을 때 그 나라 사람을 보았는데, 모두 흰 천으로 머리를 두른 것(터번)이 이상하다.

여기서 대식국은 아라비아를 가리키는 말로, 한때 중동 지방에서 유럽까지 세력을 떨쳤던 사라센제국을 말한다. 대식국이란 명칭은 '무역상'을 뜻하는 아라비아어 또는 페르시아어에서 유래했다는 설과 650년 이후 아라비아 군대가 중국 서부 변방에서 급속하게 영토를 확장할 때 중국이 이를 군사 야욕으로 규정하여 '영토의 탐욕자'라는 의미로 '대식(大食)'이라는 부정적 단어를 사용한 데서 유래했다는 설이 있다.

중앙아시아, 세계 지리의 인식이 확장되다

『지봉유설』에서는 인도의 캘리컷을 가리키는 고리대국도 다음과 같이
소개했다.

> 성품이 온유하여 형벌을 무겁게 하지 않고, 신의(信義)를 숭상하며, 길
> 에서 만나면 서로 양보하고, 길에 떨어진 것을 줍지 않으며, 음악을 즐
> 기고, 야자수를 여러 가지 생필품으로 활용하는 등 중국 상고시대부터
> 내려오는 풍습이 있다. 국민은 불교와 회교를 숭상하며, 코끼리와 소를
> 소중히 여긴다.

그리고 방글라데시를 뜻하는 방갈자(榜葛剌)를 "의약·점복·음양술 등
갖가지 기예(技藝)가 중국과 유사하다"고 소개하고 살마아한(撒馬兒罕),
즉 현재 우즈베키스탄 제2의 도시인 사마르칸트도 소개했다.

아무다리야강과 시르다리야강이 도시를 가로질러 흐르는 사마르칸
트는 예로부터 동방의 낙원, 중앙아시아의 로마, 황금의 도시 등으로
불렸다. 사마르칸트가 동서양을 잇는 위치에 있어서 긴 세월 동안 여러
국가로부터 침략을 받았지만, 교역과 학문의 중심지로서 계속 발전했던
문명 도시였기 때문이다.

이수광은 이처럼 중앙아시아의 가장 오래된 도시의 하나이자 실크로
드의 교역 기지로 세계 문화의 교차로 역할을 했던 사마르칸트를 "풍경
도 아름답고 토지도 비옥해서 중국과 비슷하며, 서남 지방의 상인들이

이곳에 많이 모인다"라며 상공업의 중심지로 설명했다.

이슬람의 창시자인 무함마드의 출생지로, 이슬람의 성지 사우디아라비아의 천방(天方, 메카)을 묘사할 때는 "풍경과 기후가 좋고 땅이 걸고 기름지며 풍속도 좋다. 불교에서 말하는 천당이 이곳일 것이다"라며 "천하의 진기한 보물이 많이 나오고, 불교와 환술(幻術)도 모두 서역에서 나왔다. 비록 바른 도가 아니라 하더라도 그 사람들이 기술과 재능이 많다는 것을 알 수 있다"고 극찬했다. 그리고 위치를 중국의 황하가 발원하는 신령한 곳으로 기록했다.

태국 방콕의 아오르시(아속, Asok)에 대해서는 "형벌을 두려워하고 베푸는 것을 즐기며 빼앗는 것을 싫어한다. …… 배고픔과 추위에 떠는 사람도 없고 밤에는 도적이 없다. 가히 낙토라 할 만하다"고 칭찬했다. 이외에도 석란산(스리랑카)·토로번(투루판)·카라호자(고창)·대마도·진랍국(캄보디아)·표국(미얀마)·토번(티베트)·골리간국(바이칼호 북부)·몰디브·키르키즈·대진국(로마제국) 등 당시 조선으로서는 상당히 낯선 국가들도 소개하면서 유교문화권 이외에 불교·이슬람교·기독교 등 각 지역의 종교문화도 함께 소개했다.

예를 들면 직접적인 견문은 없지만, 서역의 물산이나 풍속 등에 호감을 보이면서 장신구를 만드는 데 사용된 마노를 비롯해 유리·포도·수박·호두 등이 생산된다고 설명하고, 개별 도시나 국가들을 설명하면서 방갈자의 비단과 석란산의 진주, 살마아한의 조세배(照世杯), 우전국(호탄, Khotan) 지역에서 생산되는 옥·산호·올놀제(해구신) 등을 소개했다.

이처럼 『지봉유설』은 해양으로는 일본에서부터 동남아시아·남부아시아에 이르고, 육지로는 중앙아시아·서남아시아를 거쳐 유럽에 이를 정도로 광범위한 지역을 다루었다. 내용 면에서도 나라의 개요·위치·지형·역사·기후·풍속·주민·산물·종교 등을 소개하면서 독립적으로 다룬 43개국을 비롯해 모두 87개의 외국 이름과 지명을 수록했다.

이외에도 『지봉유설』은 고대 동양의 신비주의적인 지리서이자 신화의 보고(寶庫)로 평가받는 『산해경』에서부터 17세기 예수회 선교사들이 소개한 서구의 지리 지식까지 다양한 자료를 참고했다. 또 모인국·여국·야차국·호인국 등 전설에 등장하는 나라들을 실재하는 것처럼 기록한 점도 흥미롭다.

그러나 필리핀을 포함해 직접 접할 수 없었던 일부 국가는 지리적 위치 등에서 잘못된 점이 발견되는 등 참고 문헌의 오류를 그대로 답습한 것으로 보아 어느 정도 한계가 있었음을 알 수 있다. 이수광 역시 스스로 중국과 왕래가 없는 나라들에 대한 자료의 제약과 미흡함에 아쉬움을 토로하기도 했다.

국방을 튼튼히 하지 않는 것은 백성을 버리는 일이다

왜국(倭國)에 포로로 끌려가 서양을 보다

「선조실록」에는 선조 21년(1588) 왜노(倭奴)와 관련한 다음의 기록도 전한다.

전라도 좌수영 진무(鎭撫) 김개동(金介同)과 이언세(李彦世) 등이 지난해 봄 손죽도(損竹島) 싸움에서 왜노(倭奴)에게 잡혔다. 그들은 남번국에 팔

려갔는데, 중국 지역으로 도망쳐 조사를 받고 북경(北京)으로 이송(移送)
되어 사은사 유전(柳墺)이 귀국할 때 함께 돌아왔다.

이처럼 왜구에게 포로로 잡힌 조선인이 배에 실려 서양인에게 팔려
갔고, 중국으로 탈출해서 인근 지역의 관아를 찾아가 심문을 받은 뒤
조선인이라는 사실이 밝혀져 중국에 갔던 사신 일행과 함께 구사일생
으로 살아서 조선으로 돌아온 일도 있었다. 아마도 네덜란드를 지칭하
는 남번국의 배가 "남중국과 서일본의 항로를 빈번하게 왕래했다"는 기
록으로 보아 네덜란드 상인에게 팔려갔었던 것으로 보인다.

자료에 따르면, 당시 왜군 장수와 상인이 결탁하여 처음부터 노예사
냥을 목적으로 조선에 출정해서 남녀노소를 막론하고 사로잡아 나가
사키로 끌고 간 뒤 포르투갈인과 총이나 비단 등으로 교환했다고 한다.
당시 조선인 납치와 매매 실상은 일본과 마카오 관할 천주교 교구의 주
재 신부였던 루이스 세르케이라(Luis Cerqueira)가 선조 31년(1598) 9월 4일
에 쓴 다음의 글을 통해서도 확인할 수 있다.

항구 나가사키에 인접한 곳의 많은 일본인은 포로를 사려는 포르투갈
사람들의 의도에 따라, 조선인을 사려고 일본의 여러 지역을 돌아다녔
다. 일본인들은 조선인들이 이미 잡혀 있는 지역에서 그들을 샀고, 조선
인을 포획하기 위해서 조선으로 갔다. 그들은 포획 과정에서 많은 사람
을 잔인하게 죽였으며, 중국 배에서 조선인들을 포르투갈 상인들에게
팔았다.

또 이수광이 서학(西學)을 접하기 전인 17세기 초반에 중국에서 활동했던 예수회 수사 가운데 김만상(金萬尙)이라는 조선인이 있었다는 사실도 기록으로 전한다. 선조 11년(1578) 조선에서 태어난 그는 선조 23년(1590) 일본으로 잡혀가서 이듬해에 세례를 받고 아리마에 있는 신학교에서 4년간 수학했다.

이후 조선으로 귀국을 시도했지만, 상황이 여의치 않아 실패했다. 그리고 다시 명나라를 거쳐 귀국을 시도했으나, 역시 좌절되고 말았다. 명나라에서 7년간 머물렀던 그는 일본 교구로부터 귀환 명령을 받는다. 당시 막부는 중국어에 능통한 그를 통역원으로 충원하고자 개종할 것을 요구했다. 하지만 김만상은 이를 거부했고, 결국 인조 4년(1626) 6월 20일 나가사키에서 화형(火刑)당했다.

한편 조선 포로의 수를 일본 측에서는 약 2만~3만 명이었다고 주장하지만, 「광해군일기」에는 정유재란 때 포로로 끌려간 인원이 3만 7000명이라고 적혀 있다. 임진왜란 때는 마을 주민 전체가 끌려가기도 했다. 예를 들면 교토 인근 요도강 기슭에는 진주도(晉州島)라는 마을이 있었는데, 이곳에는 조선에서 끌려온 진주 출신 포로들이 모여 살았다고 한다. 이후 100년도 더 지난 숙종 45년(1719) 통신사 일행이 방문했을 때까지도 진주 출신들이 거주했으며, 다른 지역 출신은 한 명도 없었다고 한다. 당시 통신사 일행으로 일본에 갔던 신유한의 『해유록』에는 "그때의 일을 생각하니 모골이 송연해진다"고 기록되어 있다. 따라서 이러한 기록들을 감안하면 전쟁을 전후해 포로로 끌려간 인원은 대략 10만 명에 이를 것으로 추산하고 있다.

앞날에 대한 준비를 강조하다

『지봉유설』은 과거의 적들은 물론, 앞으로 예상되는 적들에도 관심을 기울이면서 일본에 많은 분량을 할애했다. 이수광은 다양한 자료를 살펴보며 일본을 분석했는데, 특히 명나라 사람 허의후(許儀後)가 작성한 자료를 많이 참고했다. 그는 "일본이 육전(陸戰)에만 강할 뿐 수전(水戰)을 모른다"며 일본 배의 취약점을 분석하면서 "임진왜란을 겪은 후에 조선 수군의 승전 결과를 되돌아보니 그(허의후)의 정보가 모두 옳았다"고 평가했다.

허의후는 임진왜란이 발발하기 전에 일본에 포로로 끌려가 시마즈 요시히로 휘하에서 의원(醫員)으로 생활하면서 대마도를 오가며 약 장사를 했던 인물이다. 그는 1591년 9월에 명나라 사람 곽국안·보국사·주균왕 등과 함께 도요토미 히데요시에 관한 정보를 작성하여 명나라에 전하면서 히데요시가 명나라를 공격하려 한다고 알리는 등 당시 일본 정세를 구체적으로 이해하고 있었다.

반면 중국의 역사서에는 일본에 대한 정보에 한계가 있었다. 당시 중국은 일본과 공식적인 교류가 끊어진 지 오래였고, 특히 이수광이 『지봉유설』을 저술하던 시기에 명나라는 건국 직후부터 엄격한 해금 정책을 취하여 자국민이 바다를 통해 해외로 나가거나 무역을 하는 것을 금지했다. 따라서 이 시기 중국의 해외에 대한 인식은 한계가 있었다.

이수광은 일본의 역사와 지리를 서술하면서 자신의 경험을 토대로 『삼국유사』와 『해동제국기』 등 국내 역사서들도 참고했다. 그 때문에 이수광에게 일본 정보는 임진왜란 이후의 최신 정보로 갱신되지 못한 면이 있었지만, 일본의 신무기 도입 과정을 파악하는 등 여러 가지 방법

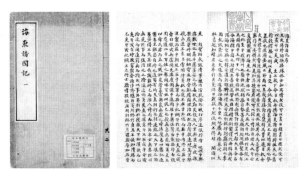

해동제국기海東諸國記

1471년(성종 2) | 보한재(保閑齋) 신숙주(申叔舟) | 1443년(세종 25) 서장관으로 일본에
다녀온 신숙주가 왕명에 따라 편찬한 외교서로, 해동제국이란 일본의 혼슈[本州],
규슈[九州], 이키섬[壹岐島], 쓰시마섬[對馬島], 류큐[琉球] 제도 등을 가리킨다. 15세기
일본의 지리와 풍속, 국정(國政) 등을 상세히 기록하여 조선 전기의 한일 관계사와
일본의 역사·지리를 아는 데 중요한 자료이다.

으로 정보를 수집했다.

이수광은 당시 일본 정세를 분석할 때 강항(姜沆, 1567~1618)의 저술도
적극 인용했다. 강항은 일본 성리학의 출발에 큰 영향을 끼친 조선의 선
비로, 정유재란 때 왜군에게 포로로 끌려가 억류되어 있을 때인 선조
30년(1597) 9월에서 선조 33년(1600) 5월까지 보고 들은 일을 조선에 귀
국한 후 『간양록(看羊錄)』으로 남겼다. 여기에는 천황 이하 관료들의 직
급 및 관직명 그리고 임진왜란과 정유재란 당시 출정 장수들의 가계와
관직·식읍·성격 등 인적 사항이 상세하게 서술되어 있다. 또 통상을 중
시하며 대외 교역이 활발한 일본의 국내 사정을 다음과 같이 기록하고
있다.

왜인들의 성질이 신기한 것을 좋아하고 다른 나라와 통교(通交)하는 것

을 좋아하여 멀리 떨어진 외국과 통상(通商)하는 것을 훌륭한 일로 여깁니다. 외국 상선(商船)이 와도 반드시 사신 행차라고 합니다. 교토에서는 남만 사신이 왔다고 왁자하게 전하는 소리를 거의 날마다 들을 수 있으니, 나라 안이 떠들썩한 이야깃거리로 삼습니다. …… 먼 데서 온 외국인을 왜졸(倭卒)이 해치기라도 하면, 그들과의 통교가 끊어질까 염려하여 반드시 가해자의 삼족을 멸한다고 합니다. 천축(天竺) 같은 나라도 매우 멀지만, 왜인들의 내왕이 끊임이 없습니다.

이처럼 강항이 남긴 기록은 왜인에 대한 새로운 사실을 확인할 수 있는 귀한 자료이다. 일본 실정에 정통하지 않으면 알 수 없는 내용을 파악하고자 포로 신분이었던 강항이 얼마나 노력했는지 짐작할 수 있다.

강항은 또 귀국 후 국방을 비롯한 국가 정책을 임금에게 상소하면서 "전하께서는 장수 하나를 임명하실 때에도 신중히 생각하셔서 문관이든 무관이든 국한하지 마시고, 품계와 격식으로 예를 삼지도 마시고, 고루한 신의와 사소한 덕행도 묻지 마시고, 이름난 가문을 택지도 마소서"라고 하며 당시 관리 등용의 폐해에 대해 절절한 안타까움을 드러냈다.

이수광은 이러한 자료를 참고하여 왜노(倭奴)를 소개하면서 군사적인 면에도 관심을 기울였다. 특히 그는 "일본은 영원히 잊을 수 없는 원수"라고 규정하면서 "일본 황실의 혈통이 단 한 번도 단절된 적이 없으며, 세상이 일본 천황의 한 핏줄이라는 허황한 역사관을 퍼뜨리고 있다. …… 천황은 세상에서 일할 것이 없는 자"라며 적개심을 숨기지 않고 있다.

하지만 이수광은 일본을 분석하면서 감정만을 앞세우지는 않았다. 이수광은 풍신수길 정권의 오대로(五大老, 풍신수길 정권하에서 가장 유력한 권력을 가졌던 다섯 명의 영주)를 형성하고 있던 거물급 다이묘(大名)인 덕천 가강과 모리휘원 등 거의 동시대의 인물들도 알았을 정도로 최신 자료 까지 비교적 정확하게 파악하고 있었다. 그리고 "조총을 사용하며 육지 전에 능숙하고, 겉으로는 강화를 맺어 적을 안심시킨 뒤 공격하면서 성 (城)을 잘 쌓는다"며 임진왜란이 일어난 원인과 일본군이 전쟁 초기에 승기를 잡을 수 있었던 이유도 구체적으로 분석했다.

그는 대마도가 본래 조선 땅이라고 강조하면서, 세종 1년(1419) 기해동 정(己亥東征) 당시 조선군이 주도면밀하게 계획을 세워 조선의 연안을 노 략질한 왜구의 근거지였던 대마도를 정벌한 역사적 사실을 돌아보게 했 다. 그러면서 임진왜란을 경험하고도 나아진 것이 없는 조선의 국방력 에 대한 우려와 함께 일본군이 다시 침략해 올 것에 대비하여 군사력을 강화할 것을 강조했다. 물론 이수광이 일본에 전파된 서양 문물에 관심 을 기울인 데는 앞날에 대비하는 경계심도 담겨 있었다.

군사력을 기르지 않는 것은 백성을 버리는 일이다

조선의 지식인들은 전쟁과 관련한 기록에도 관심을 기울였다. 특히『징 비록』은 선조 때 영의정을 지낸 유성룡(柳成龍, 1542~1607)의 저서로, '징 비'는 『시경』에서 "지난 일을 경계하여 후환을 삼간다"는 구절에서 인 용했다. 임진왜란이 일어나기 전의 조선과 일본의 관계·관군의 붕괴·의 병의 봉기·한산도 해전·명군의 원병·강화교섭 그리고 종전(終戰)의 순 으로 전쟁의 원인과 상황을 설명하였으며, 병사들의 군사훈련·지역 방

징비록懲毖錄

조선 중기 | 서애(西厓) 유성룡(柳成龍) | 1592년(선조 25)부터 1598년(선조 31)까지 7년
간에 걸친 임진왜란 때의 일을 기록한 책으로, 전쟁이 끝난 뒤 뒷날을 경계하고
자 벼슬에서 물러나 고향으로 돌아와서 지었다. 전쟁 전 일본과의 관계를 비롯하
여 전쟁 발발과 진행 상황, 정유재란 등의 다양한 내용을 수기(手記)로 기록한 중
요한 사료이다.

비·세금 문제·식량 조달·창고 설치 등 국방과 정치 전반을 대상으로 하
였다. 전쟁과 관련한 사실이나 인물평은 당색에 구애됨이 없이 객관적
입장에서 서술하였고, 전란의 기록이지만 단순히 전쟁의 진행 과정만
이 아니라 정치·경제·외교 관계 등을 포괄적으로 기록하여 당시의 시
대상도 읽을 수 있다. 임진왜란과 관련한 자료로는 이외에도 「선조실
록」, 「임진장초」, 『용사일기』 등이 있으나, 가장 체계적이고 종합적인 책
으로 평가받는다. 그리고 『지봉유설』은 『징비록』과 함께 임진왜란을
경험한 중앙 정치인의 전쟁 회고록 중에서 가장 앞선 시기에 해당하는
자료로 꼽힌다.

　또 『지봉유설』은 서양인의 의·식·주와 용모, 풍습 등 구체적인 내용
까지 소개하는 귀중한 자료이다. 중국 문헌에 따르면 서양이라는 용어
는 명나라 태조 홍무 3년(1370) 이후 지명을 가리키는 의미로 자주 등장

한다. 당시 서양은 중국 남안(南岸)으로부터 남양군도와 남양의 서방, 즉 보르네오 서쪽 그리고 멀게는 아라비아만(灣)을 포함했고 이러한 인식은 15~16세기까지 이어졌다.

반면 현재 전하는 자료에 따르면, 우리나라에 서양이라는 용어가 처음 등장한 때는 공민왕 22년(1373)이다. 당시 서양은 동인도의 동안(東岸)에 있는 해상교통의 요지를 가리키는 말로, 지금의 유럽을 지칭하는 단어와는 차이가 있다. 14세기 말에 건국한 조선은 과거 원나라 시절 아라비아인들에 의해 서양을 인식하고는 있었지만, 지식인들의 인식은 '중국이 천하의 중심'이라는 중화주의적 사고에 갇혀 있었다.

그런 점에서 조선이 개국한 지 불과 10년 만인 태종 2년(1402)에 국가에서 제작한 「혼일강리역대국도지도」가 주목된다. 현존하는 동양 최고(最高)의 세계지도로 평가받는 이 지도는 중앙에 가장 크게 그려진 중국의 오른쪽에 조선이 있고, 그 밑에 일본이 있다. 그리고 중국의 왼쪽에는 아라비아·아프리카·유럽 등이 있다. 지도에는 조선을 두 번째로 크게 그려 넣어 자국에 대한 자부심도 발견할 수 있다.

중세 이슬람 지도와 지리 지식에 의존해 만들어진 이 지도는 과거 원제국을 거쳐 조선으로 이어지는 동서 문화 교류의 산물로 평가된다. 여기에는 100여 개의 유럽 지명과 최초로 35개의 아프리카 지명 등이 표기되어 있다. 하지만 중국이 지구의 3분의 2쯤 차지하고, 인도 등 주변 국들을 축소한 것은 화이관(華夷觀)에 기반하고 있음을 의미했다.

지도에서 중국과 완전히 밀착된 인도와 아라비아, 아프리카 사이에는 바다 위에 여러 개의 섬이 점점이 찍혀 있는 등 유럽과 아프리카의 경계가 확실하지 않고, 아시아와의 경계도 애매하게 그려져 있다. 따라서 당시 지도 제작에 참여한 인물들이 유럽과 아프리카에 대한 직접적인 지식을 접하지는 못했던 것으로 보인다. 아메리카는 지도에 나타나 있지 않아, 당시 서양의 위치를 인식하고 있었다고 가정하더라도 그 위치는 오늘날의 서양과는 달랐을 것으로 추정된다.

더구나 지리적으로 멀리 떨어져 있던 이들과 접촉하기가 쉽지 않았던 조선은 여전히 북경에 다녀온 사신 등을 통해 서양을 접했다. 그 때문에 조선 지식인들의 서양에 대한 인식은 자신들의 경험을 중심으로 여전히 일부분에 그쳤고, 중국 중심의 인식을 극복하지는 못했다.

그런데도 과거와 비교하면 어느 정도 인식의 변화를 보이는 지식인들도 있었다. 이수광 역시 이미 임진왜란을 겪으면서 명나라의 오만함 등을 경험했기에 이들에 대한 비판 의식을 드러내기도 했다. 명나라의 군사 지휘관들이 금강산까지의 거리를 물으며 "가보고 싶다"고 하자, 각종 민폐를 우려한 이수광은 "금강산은 궁벽한 곳이다"라는 핑계를 대며 거절했다는 일화를 스스로 기록한 것도 그 예이다.

반면 이수광은 명나라 지휘관을 비롯한 외국 병사들을 만나면서 조선의 현실을 인식하고 주변국과의 외교 관계 등에 주목했다. 예를 들면 그는 임진왜란에 참여한 유구와 남번 출신 사람 그리고 흑인 등 중국이 아닌 외국 병사들을 통해 국제적인 인식이 확장되기도 했다. 특히 누르하치가 임진왜란 중에 조선에 지원병을 제의할 정도로 이전과 달라진 북방 지역 여진족의 위력을 직시하고 "앞으로 이들을 경계해야 한다"며 자주국방(自主國防)을 강조하기도 했다.

그뿐만 아니라 이수광은 서양의 문화를 접하는 과정에서 무기·선박·항해술 등에 주목하여 포르투갈·네덜란드·영국·이탈리아 등 당시 서세동점(西勢東漸)으로 동양 사회를 흔들고 있던 군사 강국들에도 관심을 기울였다.

획기적인 저서로 평가받다

방대한 자료를 소화하다

명나라 학자들은 『지봉유설』과 같은, 소설과 유설(流說)의 특징을 겸비한 책의 저술에 적극적이었다. 이수광은 『지봉유설』을 저술하면서 이러한 자료들을 적극 참고했다. 그가 참고한 중국의 주요 자료를 정리하면 다음과 같다.

『오잡조』(五雜粗, 중국 명대), 사조제(謝肇淛)

자연현상에서 인사(人事)까지 광범위한 분야를 다루며 저자의 견문과 의견을 항목별로 정리했다. 특히 음양·풍수 등 미신을 부정하고, 합리적 경향을 띤 독특한 관찰안(觀察眼)과 함께 당시 사회가 가진 여러 가지 모순을 날카롭게 꿰뚫어 보는 등 명대의 정치·경제·사회·문화에 관한 귀중한 자료로 평가받는다.

예를 들면 "왕족과 환관이 벌인 연회에서 한 번에 생물(生物) 1,000여 마리를 죽였다"거나 "연회 한 번 여는 비용이 중산층의 가산을 모두 소비해도 부족했다"고 비판하는 등 음식은 물론, 복식·가구·여행·물화 등 심각한 사치 풍조 등도 기록으로 남겼다.

『대명일통지』(大明一統志, 1461), 이현(李賢, 1408~1467) 등

명나라 황제의 명으로 중국 전역과 주변 조공국(朝貢國)의 지리(地理)를 종합적으로 기술하였으며, 각종 지도와 함께 풍속·산천·토산·능묘·학교·열녀 등 20여 항목을 수록했다. 마지막 2권은 조선·여진·일본·유구 등 주변국의 연혁·풍물·산천·토산물 등을 간략하게 다루었다.

『속문헌통고』(續文獻通考, 1586), 왕기(王圻)

체제가 정돈되지 않고 기술(記述)도 탈락과 오류가 많지만, 독자적인 기사가 많다. 특히 명나라의 제도나 사회·경제에 관한 사료(史料)로서 가치가 높다.

『삼재도회』(三才圖會, 1607), 왕기(王圻)

유서(類書) 편찬이 성행했던 명대의 대표적 백과사전이다. 선교사들이 가져온 지도를 비롯해 과학기술 등 범위가 방대하며, 그림이나 사진과 같은 도보(圖譜)가 수록되었다. 천문·지리·인물·시령(時令)·궁실(宮室)·기용(器用)·신체·의복·인사(人事)·의제(儀制)·진보(珍寶)·문사(文史)·조수(鳥獸)·초목(草木)의 14부문으로 분류하여 기록했다.

도보에는 많은 주의를 기울였음에도 황당무계한 내용이 포함되었으나 그림과 설명이 조화를 잘 이루어 사물과 현상을 구체적으로 이해할 수 있도록 배려하였고, 각 주제를 설명하는 문장도 깊이가 있는 등 수

준 높은 저술로 평가받는다. 조선과 일본의 지식인들에게도 많은 영향을 끼쳤는데, 일본에서는 1713년 이를 수정·보완한 끝에 완전하게 일본화한 『삼재도회』를 저술하여 박물학에 기여했다.

이외에도 명나라 영락제의 명으로 남해 여러 나라의 조공을 촉구하고 위력을 과시하려는 목적으로 시행한 대항해시대의 체험을 지리·풍속·물산·역사 등 다양한 분야로 분류하여 기록한 『영애승람』, 『성사승람』, 『서양번국지』 등도 참고했다. 여기에는 콜럼버스보다 90년 앞서 대항해가 이루어졌으며, 71년이나 먼저 아메리카를 탐사했다는 주장도 담겨 있다.

16세기 말에 시작된 서방 식민주의자들의 동남아시아 경략(經略)과 화교들의 동남아시아 진출 등을 여러 관점에서 다루어 중세 말엽의 동서양 무역 및 제국 연구에 중요한 사료로 꼽히는 『동서양고』와 『해주록』, 『사문옥설』 등의 중국 자료도 참고했다. 또 중국에서 편찬한 『사기(史記)』, 『한서(漢書)』, 『진서(晉書)』, 『오대사(五代史)』, 『송사(宋史)』 등 역대 중국 역사서의 도움을 받기도 했다.

코끼리를 유배 보내다

이수광은 『지봉유설』의 서문에서 "일의 신비하고 괴이한 것은 일절 기록하지 않았다"고 스스로 밝혔지만, 민간신앙과 관련한 자신의 체험을 수록하는 등 일상생활 속의 별나고 재미를 주는 내용도 풍부하게 수록했다. 이수광이 안변 부사 시절에 경험한 다음과 같은 이야기도 그 예이다.

관아에 있는 나무숲에서 올빼미가 울자 사람들이 놀라 걱정했다. "관아에서 올빼미가 울면 고을의 관장이 자리에서 물러난다"고 믿었기 때문이다. 하지만 "올빼미 울음이 이상한 것이 아니라 그대들의 말이 이상하다. 나는 아무렇지도 않으니 걱정하지 말라"라며 사람들을 타일렀다. 그런데 우연하게도 며칠이 지나지 않아서 원님 자리에서 물러나게 되었다.

겨울밤 올빼미 울음소리는 어린아이들이 칭얼대는 소리처럼 우울하게 들린다. 이로 미루어 올빼미가 밤에 자주 울면 마을이나 집안에 돌림병으로 숨지는 사람이 생기거나 난리가 일어난다고도 하고, 애써 지은 곡식이 여물지 않는 일이 생긴다는 속설이 나온 것이 아닌가 한다.

「태종실록」에 기록된 다음의 코끼리 이야기도 흥미롭다.

태종 11년(1411) 일본 국왕이 코끼리를 바쳤는데, 조선에서는 이제까지 없던 동물이었다. 한번은 이우(李瑀)라는 관리가 호기심에 코끼리를 가서 보고 생긴 모습이 추하다며 침을 뱉었는데, 코끼리가 화가 나서 밟혀 죽은 일도 있었다. …… 코끼리가 하루에 콩을 4~5두(斗)씩 먹어 코끼리 사육으로 일 년에 수백 석이나 소비해서 전라도 해도(海島)로 보냈다.

이외에도 『지봉유설』에는 다음과 같이 귀신이나 신이(神異)한 이야기도 수록되어 있다.

강(綱)	내용
지리부 (地理部)	경기와 충청 지역 사이의 대진(大津)이라는 곳에 바위가 있는데, 지나가는 배가 자주 좌초되어 사람들이 이 바위를 요신령공(寮神令公)이라며 제사 지냈다.
인물부 (人物部)	을사사화 때 윤원형을 지지한 정순명이 유관을 모함하여 죽게 하고, 공신이 되어 유관의 가족과 종들을 모두 자신의 종으로 삼았다. 당시 14~15세의 어린 나이에 총명과 지혜가 뛰어난 갑이라는 계집종이 겉으로는 충성하는 척하며 역질(疫疾)로 죽은 사람의 팔을 구해 주인의 베개 속에 몰래 넣어두어 정순명을 죽게 했다.
성행부 (性行部)	착한 일을 하면 양(陽)이 쌓여서 음(陰)인 귀신이 두려워하지만, 악을 행하면 음이 성하게 되어 귀신이 이를 이긴다.
신형부 (身形部)	꿈의 영험함이 통하여 미래를 암시한다.
언어부 (言語部)	도망자 이름을 써서 대들보 위에 붙여두면 도망가지 못한다는 속신도 전한다.
잡사부 (雜事部)	·억울하게 죽은 문산(文山)이라는 자가 일으킨 변괴를 세조가 벼슬을 내리고 제사를 지내 해결했다. ·고려 왕들을 제사하는 숭의전의 영험으로 제물을 훔쳐 간 자들이 벌을 받았다. ·신룡(神龍)이 노인으로 변해 홍양 바닷가에서 졸고 있다가 사람이 접근하자 물속으로 들어갔다. ·영천에서 물고기잡이를 업으로 하는 백성이 강신(江神)에게 벌을 받았다.
기예부 (技藝部)	·상자(相者)가 세종의 다섯째 아들 광평대군이 굶어 죽을 것이라 하여 세종이 적전(籍田)을 하사했는데, 광평은 생선 가시가 목에 걸려 먹지 못해 결국 죽었다. ·남사고가 동쪽에 살기(殺氣)가 성한 것을 보고 임진왜란을 예언했다. ·남자 무당을 화랑이라 하는데, 화랑은 신라의 미남자 칭호이다.

『지봉유설』에서는 승려·천인·규수·기첩 등 신분이 낮은 계층의 이야기도 수록했다. 예를 들면 의원·승려·무당이 배를 타고 물을 건너다 풍랑을 만났는데, 승려는 '아미타불'을, 무당은 '아왕만수(我王萬壽)'를 주문으로 외웠다고 한다. 그런데 의원은 배가 아플 때 먹는 약의 이름인 '이중탕(理中湯)'을 주문으로 외웠다. 복통 약으로 발음이 같은 배를 진정시키려고 했던 것이다. 그리고『지봉유설』에서는 성 문란 풍속을 단속하기 위해 세조 때 성(性) 스캔들로 조선을 발칵 뒤집었던 사방지의 사례도 수록했으며, 민간에서 전하는 치료법을 비중 있게 다루는 등 해박한 지식을 바탕으로 예전부터 전하는 지식과 새로운 지식을 비교, 소개했다.

이처럼 신분에 대한 개방적인 인식은 19세기에 다양한 사람들의 행적을 다룬 중인층의 전기『이향견문록(里鄕見聞錄)』으로 이어질 정도로 후대의 지식인들에게도 커다란 영향을 미쳤다. 하지만『지봉유설』이 모든 사람에게 호응을 받은 것은 아니다.

『지봉유설』은 17세기 초기에 해당하는 광해군 6년(1614)에 탈고했고, 이 시기는 조선이 건국한 지 200여 년이 지나면서 성리학적 이념과 질서가 자리 잡아가던 시기였다. 그 때문에 17세기의 유학자 김만중은 『지봉유설』은 분량은 많으나 "사람의 뜻을 개발하는 곳이 거의 없다"고 혹평했다. 그래도『지봉유설』은 사람들이 미처 인식하지 못한 다양한 사물과 사람, 국가로 가득하여 성리학적 권위에 도전하는 획기적인 (?) 저서로 평가받는다.

성리학적 권위에 도전하다

『지봉유설』은 민간에서 관심을 기울였던 이야기들에도 주목했다. 다음과 같은 장수와 관련한 이야기도 그 예이다.

옛날 서하(西河)에 가던 사신이 길에서 10대 중반으로 보이는 소녀가 80~90세로 보이는 백발노인을 때리는 것을 보고 "어린아이가 왜 노인을 때리느냐?"고 물었다. 이에 소녀가 "이 아이는 내 셋째 아들인데, 약을 먹을 줄 몰라서 나보다 먼저 백발이 되었다"고 대답했다. 놀란 사신이 소녀에게 나이를 묻자 소녀는 "나는 395세이다"라고 대답했다. 사신은 말에서 내려 소녀에게 절을 하며 "오래 살며 늙지 않는 약이 무엇입니까?"라고 묻자, 소녀는 구기주(枸杞酒) 만드는 법을 알려주었다. 사신이 돌아와서 그대로 만들어 먹었더니 300년을 살도록 늙지 않았다.

이수광은 이어서 구기주 제조법과 복용 방법을 소개했다.

한편 『지봉유설』에는 민가에서 전승되는 연 놀이의 유래가 다음과 같이 수록되어 있다.

양 무제가 대성에 있을 때였다. 어린아이가 꾀를 내어 종이로 연을 만들어 조서(詔書)를 매달아 바람에 날려 보내어 외국의 구원을 받았다. 또 우리나라에도 상원(上元)이면 종이 연 놀이를 하는데, 당나라 노덕연(路德延)의 「해아시(孩兒詩)」에 "실을 더해서 종이 연을 날린다"라는 표현을 보니 그 유래가 역시 오래다.

그리고 가면극(假面劇)의 유래를 다음과 같이 소개했다.

북제의 난릉왕 장공(長恭)은 담력이 있었지만, 외모가 여자와 같아서 적에게 위엄을 보이지 못했다. 이에 나무를 새겨 가면을 만들어 쓰고 싸움에 나갔다. 이후 이것을 놀이로 만들어 대면(大面) 또는 귀검(鬼瞼)이라고 했다. 지금 중국이나 우리나라 배우들은 이것을 장난감으로 쓴다. 그러나 왜인은 싸울 때마다 선봉이 되면 이것을 쓰고 적에게 겁을 준다. 똑같은 쓰임이라도 격이 다르다는 의미이다.

또 「방술편」에서는 "전우치는 술사(術士)로, 한양 사람이다. 그는 천한 선비로 환술을 좋아하고 재주가 많았으며, 능히 귀신을 부렸다"고 했으며, 격양(擊壤)·괴뢰희·석전·쌍륙(雙六)·타구(打毬)·축국(蹴鞠)·척희(擲戱)·편전(片箭) 등의 민속놀이도 소개했다. 하지만 이수광이 무비판적으로 민간의 이야기를 수용한 것은 아니다.

그는 『지봉유설』에서 민간요법이나 의서에 나와 있다고 해도 믿기 어렵거나 의문이 가는 내용은 반대 사례를 찾아 기록하기도 했고, 많지는 않지만 때로는 스스로 실험을 통해 검증했다. 일상생활과 관련한 이야기에서 내용이 황당한 것은 인용 서적이나 관련 인물의 인적 사항, 지명 등을 구체적으로 제시하여 신뢰도를 높였다. 고양이와 관련한 다음의 내용도 그 예이다.

『유양잡조』에 이르기를, 고양이의 눈동자는 아침과 낮에는 둥글다가 오후가 되면 쭈그러져서 실처럼 가늘어지고, 코는 항상 차가운데 하지

(夏至) 때 하루만 따뜻해진다고 한다. 또 속언에는 귀를 넘어서까지 낯을 씻으면 손님이 온다고 하니, 그 이야기도 오래되었다. 오늘날은 고양이 눈으로 시간을 정하는 법이 있다. …… 『사문옥설』에 이르기를 고양이는 중국의 종자가 아니라 서방의 천축국에서 들어왔다. 승려들이 쥐가 불경을 갉아먹는 것을 막기 위해 길렀고, 당나라 삼장이 서방에서 경전을 얻을 때 함께 데리고 왔는데, 이후 종자가 퍼졌다고 한다.

내 생각에는 『교특생』에 "고양이를 맞아 밭쥐를 잡아먹게 했다"고 하고, "공자가 거문고를 타면서 고양이가 방금 쥐 잡는 걸 보았다"고 하니, 그렇다면 고양이라는 이름은 오래된 것이다. 삼장이 당 태종 때 승려이니 그 이야기는 사실이 아니다.

이처럼 고양이의 유래를 중국의 자료까지 인용하여 소개한 이유는 그때까지도 고양이의 유래에 대한 논쟁이 이어졌기 때문이다. 이익 역시 『성호사설』에서 "비단길을 탐사한 장건이 고양이를 데리고 왔다"는 설을 추가로 수록하고, 묘(猫)를 '고운 털을 가진 범'으로 해석하여 지금의 고양이와 다른 동물로 보는 견해도 있다. 예를 들면 중국에서는 오래 전부터 살쾡이를 길들여 키웠다고 하며, 살쾡이가 쥐를 잡았다는 기록도 전한다.

또 이수광은 "정월 첫 인일(寅日)에 고양이의 꼬리를 자르면 유순해진다"는 속설과 관련해 "자신이 중국에 갔을 때 집에서 기르는 고양이들이 모두 꼬리가 잘려 있었는데, 병아리와 함께 있어도 전혀 해치지 않을 정도로 성질이 매우 유순했다"는 관찰 경험을 기록하면서 고양이가 유순한 이유가 꼬리를 잘렸기 때문인지는 판단을 유예하고 있다. 그리고

"자라의 오줌으로 먹을 갈아 나무 판에 글씨를 쓰면 먹물이 한 치나 스며든다"는 민가의 속설을 스스로 실험을 통해 사실이 아님을 밝히기도 했다.

새로운 지식의 바람을 일으키다

집약된 지식의 보물창고가 최초로 탄생하다

『지봉유설』에서 지봉(芝峯)은 저자 이수광의 호이고, 유설(類說)은 소설을 분류한 저작을 말한다. 『지봉유설』은 이수광이 광해군 6년(1614)에 저자의 박학다식을 바탕으로 저술하였으며, 일반적으로 성리학자들이 관심을 보이지 않는 분야까지도 상세하게 기록하는 등 요즘의 백과사전에 해당하는 형태를 도입했다. 『지봉유설』이 새로운 세계와 지식을 다룬 책으로 평가받는 이유도 여기에 있다.

이수광은 스스로 작성한 서문에서 "견문을 넓히고, 옛일을 입증할 수 있는 전기나 문헌의 예로 고려의 『보한집』과 『역옹패설』, 조선의 『필원잡기』와 『용재총화』 등 소설류의 맥을 잇는 책"이라고 밝혔다. 따라서 『지봉유설』은 한 개인의 사상과 견문을 기록한 저술이라기보다는 그 내용의 상당 부분이 과거 자료로부터 취사 선택한 내용을 재편집했다는 점에서 고려시대 이후 소설류의 전통에 백과사전이라는 저술 형태를 끌어들인 결과물이라 하겠다.

그러나 조선시대에는 백과사전이라는 용어가 없었고, 유서(類書)라는 말을 사용했다. 유서는 만물(萬物)이나 만사(萬事)를 항목별로 나누고 고금(古今)의 서적에서 각 항목에 해당하는 내용을 발췌하여 엮은 책으로, 요즘 말로 하면 유서는 정치·경제·사회·지리·풍속·언어·역사 등 다양한 분야에 대한 자료를 종합적으로 집대성한 저서를 말한다. 따라서 유서는 이용자가 자신에게 필요한 각종 정보를 용이하게 얻을 수 있는 참고 문헌으로서의 가치도 높기에 '집약된 지식의 보물창고'라고 할 수 있다.

또 『지봉유설』은 기사를 나열하여 새로운 지식을 제공하는 단순한 정보서가 아니라, 지식인으로서 당시의 학문과 경험을 근거로 기사를 분류하여 체계화했다는 점에서 이제까지의 소설류 저작과는 근본적으로 다른 책이라고 할 수 있다. 특히 『지봉유설』은 당시의 실학적 기풍과 맞물려 당대의 사건과 현상을 해석하고 논의하는 데 중점을 두었으며, 현실 세계의 여러 분야를 다루면서 고증적이면서도 실용적인 학문 태도를 통해 공리공론(空理空論)만을 일삼던 당시의 학계에 새로운 바람을 일으켰다.

유서는 원래 중국에서 신하가 황제에게 어떤 사실을 보고하기 위해 당시까지의 모든 사실을 역사적으로 서술하면서 연대적인 개요를 함께 배열하여 나라를 통치하는 데 참고하도록 펴낸 책에서 유래했다. 그러나 조선에서는 개인적 차원에서 자신의 지식을 과시하려는 의도에서 편찬하기도 했다. 이렇게 만들어진 유서들은 국정 운영에도 활용되었지만, 선비들이 수필과 시를 쓰기 위한 편람이나 과거 준비용으로도 이용되었다.

조선에서는 세종 때 박홍생의 『촬요신서(撮要新書)』가 최초의 유서로 꼽히지만, 일상에 필요한 가정생활 지침서의 성격도 띠고 있어 본격적

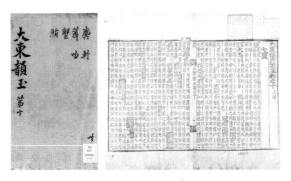

대동운부군옥大東韻府群玉

1836년(헌종 2) | 초간(草澗) 권문해(權文海) | 중국 원나라 음시부(陰時夫)의 『운부군옥』을 본떠 1589년(선조 22)에 편찬한 유서(類書)로, 우리나라의 고금 문적(古今文籍)을 널리 참고하여 단군 시대부터 당시까지의 지리·역사·인물·문학·식물·동물 등을 운별(韻別)로 분류했다. '대동(大東)'이라는 말은 '동방대국(東方大國)'이라는 뜻이고, '운부군옥(韻府群玉)'은 운별로 배열한 사전이라는 뜻이다.

인 유서로 보기에는 무리가 있다. 선조 때는 권문해가 『대동운부군옥』을 간행했는데, 이는 중국의 『운부군옥』을 본받아 정리한 것이었다. 따라서 우리나라 최초의 백과사전은 17세기 전반기에 주제별로 분류하여 편찬한 이수광의 『지봉유설』을 꼽는다. 『지봉유설』은 프랑스의 백과전서파(百科全書派, 18세기 프랑스 계몽 시대에 『백과전서』의 집필과 간행에 참여했던 계몽사상가들을 통틀어 이르는 말)가 집필한 『백과전서』보다 150년이나 앞설 정도로 17세기 초에 이미 이수광에 의해 근대적 지성의 출현을 알린 문화백과사전으로, 이후 백과사전 시대의 문을 연 효시로 평가받는다.

　『지봉유설』은 기존의 자료를 인용하거나 자신의 견문과 경험을 기술하는 두 가지 방식을 취하면서 기존의 자료를 인용할 경우 반드시 출처를 제시하여 실증적인 자세를 보여주었다. 참고 목록은 현재 전하지 않지만, 본문에 인용한 기록에 따르면 조선이 신봉했던 『사서오경(四書五

經)』뿐만 아니라 세계지도·천문·지리·정치·제도·역사·문학·사상·종교·동식물 등 다양한 분야에 걸쳐 348종의 문헌을 인용했다. 이 가운데 우리나라 문헌이 42종이고, 중국 문헌이 306종으로, 58종의 인용 서적은 저자명과 저술 시기 등을 밝혀 놓았다. 수록된 인명은 2,265명에 이르며, 동서고금의 사물을 주제별로 25부로 분류하여 182항목으로 구분하고 총 3,435조의 사항을 수록하여 모두 20권 10책으로 펴낸 방대한 분량의 백과사전이다.

『지봉유설』은 또한 마지막 부분에 자신의 견해를 간략하게 덧붙이는 형식으로 분석과 논평을 겸했다는 점에서 비평서의 성격도 띤다. 그뿐만 아니라 전체적으로 국내 학술의 국한된 지적 전통과 범위에 머물지 않고 시야를 국제적으로 확대하여 명대의 학술과 일본 학술계 등 동아시아 학술사까지 탐구했다. 『지봉유설』이 학술사와 지성사에서 대단히 중요한 역사적 의미가 있으며 기념비적인 저술로 꼽히는 이유도 여기에 있다.

규정까지 어기며 중국에 머물다

이수광은 개방적인 학문 자세를 지닌 조선 중기 실학의 선구자로 평가받는다. 그가 저술한 『지봉유설』 역시 당시 주류 학문인 성리학보다는 명물 고증학에 바탕을 두고 스스로 실험을 통해 입증하는 등 특별하면서도 새로운 내용을 풍부하게 담고 있다. 따라서 『지봉유설』은 '실학의 기풍을 연 저작'으로 인정받았고, 특히 민담과 지식의 경계를 넘나들며 민중들과도 소통을 시도하여 근대 시기에 해당하는 20세기까지 광범위하게 주목받았다.

『지봉유설』의 탄생이 가능했던 데는 다음과 같이 몇 가지 요인을 꼽을 수 있다.

첫 번째로 이수광은 평소 독서를 많이 하며 박학다식함을 축적했고, 이를 토대로 우리나라는 물론 중국에서 편찬된 다양한 자료를 소화했다. 그는 역사서 등 공식 자료는 물론, 동양 신화의 보고(寶庫)로 평가하는『산해경』이나 심지어 "황당무계하고 죄상이 너무 많아 말과 글로 써도 모두 표현할 수 없다"고 혹평을 받은『사문옥설』등 여러 분야에 걸쳐 방대한 자료를 참고했다.

두 번째는 대항해시대의 여파도 영향을 미쳤다. 즉 유럽이 아시아로 진출하며 예수회 선교사를 통해 천주교와 함께 다양한 서구 학문과 문물이 동양에 전해진 시대적 상황을 말한다. 물론 서양에 관한 정보는 비록 중국을 거쳐 간접적으로 유입되었지만, 이전에 비해서 더욱 체계적이고 종합적인 인식을 갖추는 데 큰 밑바탕이 되었다.

세 번째는 이수광이 살았던 국내의 정국이었다. 임진왜란과 정유재란에 이어 17세기 초에 광해군의 즉위와 인조반정 그리고 이괄의 난 등이 일어났으며, 북쪽에서는 후금이 건국되는 등 그야말로 국내외적으로 격동의 시기였다. 이러한 때에 이수광은 젊은 나이에 관직에 나가 선조·광해군·인조에 이르는 세 임금을 모시고 44년간 관직 생활을 하며 이제까지 관리이자 지식인들과는 전혀 다른 체험을 한다.

임진왜란 직후 그는 방어사의 종사관으로 영남 지역의 전쟁터에 있었고, 이어서 함경도 의주(義州)에 마련한 행재소를 찾아가 피난 가 있던 선조를 보필했다. 그리고 함경도 지역의 민정을 순시하는 어사가 되어 북방 지역의 실정을 직접 살피는 등 전쟁 기간에 전후방에서 활동하면서 민생 현장을 직접 보고 겪었다. 이러한 과정에서 비록 왜곡된 형태이긴 하나, 중국·일본·여진 등 주변국들을 새롭게 인식하게 되는 계기를 맞았다.

네 번째는 이수광이 세 차례 사신으로 북경에 직접 다녀온 경험이었다. 당시 이수광은 중국에서 다양한 경험을 하고 수많은 자료를 직접 찾아보았으며, 특히 서양 선교사들이 중국에 전한 서학(西學)을 통해 서양의 종교는 물론 천문지리와 같은 과학기술 등의 서양 문화를 접한다. 예를 들면 중국에 가톨릭과 함께 서양의 신문화를 전한 마테오 리치의 동양 최초의 세계지도 「산해여지전도」(1600)와 「곤여만국전도」(1602)를 비롯한 10여 종의 근대 지도를 보며 세계 지리에 대한 인식을 확장했다. 그뿐만 아니라 직접 외국 사신들을 만나 자료를 수집하는 등 살아 있는 정보를 얻기 위해 적극적으로 노력했다.

이수광은 28세 때인 선조 23년(1590) 처음으로 북경에 사신으로 다녀왔고, 임진왜란 중이던 선조 30년(1597) 35세 때 두 번째로 북경에 사신으로 다녀왔다. 특히 이때는 무려 50여 일간이나 안남에서 온 사신 풍극관(馮克寬)을 만나 필담을 주고받으며 안남에 대한 자료를 수집했다. 당시 조선의 사신들이 북경에 머물 수 있는 기한은 40일이었고, 이를 넘기면 죄를 물었다. 또 북경에 머무는 동안에도 행동반경이 제한되어 마음대로 돌아다니거나 사람들을 만날 수도 없었다. 그 때문에 이수광 자신도 "조선 사신들에 대한 명나라의 통제가 너무 심해 중국의 문인들을 만날 수 없다"고 불만을 토로하기도 했다. 따라서 이수광이 이러한 규정을 어기면서까지 장기간 체류한 구체적인 이유는 알 수 없지만, 당시 그의 호기심을 자극하는 자료들을 접했던 것으로 보인다.

이수광이 49세가 되던 광해군 3년(1611) 세 번째로 북경에 갔을 때는 무려 140일간 장기 체류했다. 당시 그는 유구국 사신 채견(蔡堅)과 마성기(馬成驥) 등을 만나 50여 일간이나 필담(筆談)을 나누며 두 나라의 역사·정치·문화·사회는 물론, 지리·기후·종교·풍습·기후·특산품 등 구체적인 정보를 얻기 위해 힘썼다. 그리고 섬라, 즉 태국에서 온 사신도 만났다. 당시 태국의 사신이 한문을 몰라 중국인 통역을 통해 의사소통하며 정보를 수집했다.

격동기에 관직 생활을 하다

이수광은 태종과 후궁 효빈 김씨 사이에서 태어난 경녕군 이비의 후손이다. 그의 집안은 왕족 출신이 관직에 나가는 것을 금했기 때문에 경녕군 이후 4대가 관직에 진출하는 길이 막혔다가 이수광의 아버지 이희검(李希儉)이 명종 대에 과거에 급제하여 관직에 올랐다. 이희검은 선조 때 판서를 지냈고, 청백리에 뽑힐 정도로 청렴한 관리였다.

이수광은 명종 18년(1563) 경기도 장단에서 출생했다. 그해에 집안이 한양으로 올라오면서 어린 시절을 흥인지문(동대문) 밖에서 보냈다. 그의 호인 지봉은 집 부근에 있는 상산(商山)의 한 봉우리에서 따왔다고 전하나, 현재의 종로구 숭인동에 있는 동망봉이라는 견해도 있다. 그는 20세에 진사시에 합격하고, 23세 때인 선조 18년(1585) 본과에 급제하여 관직 생활을 시작한 후 지방 수령을 지낸 몇 년간을 제외하고는 주로 한양에서 살았다. 그러나 전쟁 중에는 왜군에게 쫓겨 여러 차례 위험한 상황을 넘기는 등 목숨을 걸고 민생 현장을 살피며 전국을 돌아다니기도 했다.

광해군 5년(1613) 계축옥사가 일어나자 이수광은 정계를 은퇴하여 집필 활동에 전념했다. 『지봉유설』은 그의 나이 52세 때인 광해군 6년(1614)에 탈고한 후 서문을 써두었는데, 나중에 아들 이성구와 이민구가 인조 12년(1634) 경북 의령에서 목판으로 간행했다.

이수광은 광해군 8년(1616) 다시 순천 부사로 부임하여 3년간 봉직한 후 수원에서 두문불출하면서 독서와 저술에 전념했다. 선비들의 두터운 신망을 받던 그는 인조반정이 일어난 후 1623년 61세의 나이에 관직에 복직했고, 이듬해에 이괄의 난이 일어나자 인조를 호종하여 공주로 피난 갔다. 인조 3년(1625)에는 대사헌에 올라 12조에 걸친 개혁 상소를 올려 이수광의 정치 경륜이 담긴 「중흥상소」라는 칭송을 받았다.

그러다가 인조 5년(1627) 정묘호란이 일어나자 다시 인조를 호종하여 강화도로 피난을 떠난다. 그는 후금과 전쟁을 벌여야 한다는 주전론자의 주장을 무마하는 데 힘썼으며, 인조 6년(1628) 강화도에서 한양으로 올라온 후 이조판서로 재직하다가 66세로 세상을 떠났다.

이처럼 이수광은 임진왜란과 정유재란 그리고 이괄의 난과 정묘호란 등 전쟁 과정에서 왕을 보필하며 전란 극복을 위해 여러 가지 임무를 수행했다. 정유재란 때에는 사신으로 명나라에 다녀오는 등 그의 관직 생활은 전쟁과 밀접한 연관이 있었다. 따라서 『지봉유설』은 시대를 초월한 보편적 가치를 지닌 저작은 아니지만, 전쟁과 반정 등 국내외의 시련을 겪으며 선조와 광해군 시대의 역사적 현장에서 산출된 저술로 평가할 만하다.

또 일찍부터 학문을 접했던 그는 젊은 시절에는 창덕궁 서쪽 계곡인 침류대(枕流臺) 일대에서, 천민 출신이지만 한시를 잘 지어 당시 사대부들과도 교류했던 유희경을 비롯해 차천로·신흠·유몽인 등 다양한 학풍을 지닌 문인들과 함께하며 스스로 학문을 완성해 나갔다. 그리고 이 과정에서 사대부와 그들 주변에서 일어나는 이야기는 물론, 심지어 전설이나 민담 등의 이야기에도 관심을 기울였다. 여기에 3차례에 걸쳐 명나라에 사신으로 다녀온 경험은 국제적인 안목을 더해주어 『지봉유설』의 완성도를 더욱 높였다.

유학자이면서도 성리학 이론만 탐구하는 학풍을 고집하지 않았던 이수광은 성리학 이외의 학문이라도 국부(國富)의 증진이나 민생(民生)에 필요하다면 모든 학문을 수용하는 개방적인 태도를 지니고 있었다. 그가 박학다식을 기반으로 실용적이고 실천적인 면에도 적극적인 관심을 기울인 것이 그 예라 하겠다.

이수광은 『지봉유설』 외에도 『승평지』(1618), 『지봉집』(1634) 등의 저서를 남겼다. 그러나 현실적 감각을 지닌 정치가이고 학자이며 당대의 이름난 문장가이자 역사가로서 그의 면모를 가장 선명하게 드러난 저서는 단연 『지봉유설』이다. 『지봉유설』은 조선 후기 실학의 선구적 저서로 손꼽혔으며, 이수광에게 학문적으로 특별한 사제 관계가 없었음에도 후대의 선비들에 의해 유통과 보급이 지속적으로 이루어졌다.

특히 『지봉유설』은 17세기 이후 가장 널리 읽히는 서적의 하나였고, 각종 저술에 인용되는 등 박물학적 지향과 고증적 태도로 조선 후기 지식인들에 의해 경도되었으며, 기존에 볼 수 없었던 새로운 지식과 다양한 세계에 대해 지속적인 관심을 불러일으켰다.

한편 그의 저술은 한꺼번에 이루어진 것이 아니라 오랜 시간 견문과 자료조사 등을 거쳐 정리한 기록들을 편집한 것이다. 이 과정에서 그는

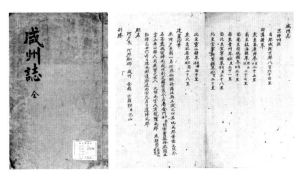

함주지咸州誌
1587년(선조 20) | 한강(寒岡) 정구(鄭逑) | 경상도 함안군의 연혁·인문지리·행정 등을 수록한 읍지(지방지)로, 당시 군수인 정구가 주관하여 편찬했다. 치읍(治邑)에 참고하려는 관리의 의지와 자기 고장의 문화를 정리하겠다는 재향 인사들의 목적이 합치하면서 책이 완성되었다. 현존하는 읍지 중에서 가장 오래되었으며, 뒤에 다른 읍지 편찬에 모범이 되었다.

또 다른 의미가 있는 저서도 남겼다. 조선 후기에 유행한 읍지(邑誌) 편찬의 선구적 저서인 정구의 『함주지』와 조선 중기 읍지 가운데 내용이 가장 충실하다고 평가받는 권기의 『영가지(永嘉誌)』 그리고 임진왜란을 겪은 뒤 지방 통치 질서의 재편을 위해 자료로 편찬된 상주 읍지인 이준의 『상산지(商山誌)』와 지금의 구미인 선산군 읍지로 지방행정과 재정 연구에 귀중한 자료로 알려진 『일선지(一善誌)』 등이 17세기에 간행되었는데, 이들은 모두 경상도 지역의 읍지이다.

반면 이수광이 편찬한 『승평지(昇平誌)』는 전라도 지역의 유일한 읍지로, 직접 탐문하여 채집한 내용을 포함했다는 점에서 가치가 있다. 홍주 목사로 재직하던 선조 40년(1607)에도 『홍양지』를 편찬한 것으로 알려졌으나, 현재는 전하지 않는다.

『유원총보』와 『성호사설』,
중국의 백과사전과 차별화를 시도하다

유원총보類苑叢寶
제작 시기 | 조선 후기
편저자 | 잠곡(潛谷) 김육(金堉, 1580~1658)
내용과 의의 | 『사문유취』등 역대 고금(古今)의 서적을 참고하여 엮은 유서(類書)로, 우리나라의 학문적 역량을 키우기 위해 특별히 편찬한 일종의 백과사전이다. 지도·제왕·관직·인사·문학·필묵·음식·관복·초목·조수·신귀 등 내용을 27문(門)으로 분류했다.

성호사설星湖僿說
제작 시기 | 1761년(영조 37)
편저자 | 성호(星湖) 이익(李瀷, 1681~1763)
내용과 의의 | 이익이 정치·경제·사회·문화·지리·풍속·사상·역사·서학 등에 관해 기록한 글과 제자의 질문에 대답한 내용을 집안 조카들이 정리한 백과사전적인 책이다. 천지문·만물문·인사문·경사문·시문문의 5가지 문(門)으로 크게 분류해 총 3,007편의 항목을 다루었다.

지식인의 책임감을 실천에 옮기다

어찌 깊이 개탄하지 않겠는가?

조선은 17세기 들어 개인적 차원의 지식 축적이 주목받으면서 필기 방식에도 분화 현상이 본격적으로 나타났다. 이야기 유형의 지식만을 모은 '야담(野談)' 형태의 저술과 백과 박물의 단편적 지식을 모은 '유서(類書)' 형태의 저술이 나타난 것이 그 예이다. 유서는 다양한 경로를 거쳐 수집된 정보를 특유의 체계를 통해 구성하게 된다. 특히 조선 중후기 이후 문물 백과사전 격인 유서류의 편찬으로 사회제도·문물·역사·지리·문화·사상 등 한 사회를 조망할 수 있는 거의 모든 지적 정보를 종합적으로 집성하고 도찰(刀擦, 잘못된 그림이나 글자를 칼로 긁어 고침)을 시도했다. 따라서 유서는 당대 지식의 총화로, 지식의 수준을 측정할 수 있는 객관적 자료이기도 하다.

유서의 성격은 편찬자에 따라 각기 달랐다. 찬자(撰者)의 사회적 여건과 인식 그리고 개인적 성향 등이 해당 시기의 역사·문화·사회적 상황과 결합하여 독자적으로 이루어졌기 때문이다. 그런 점에서 『유원총보』의 편찬도 주목할 만하다. 『유원총보』는 『지봉유설』에 이어 30년 만인 인조 20년(1643)에 편찬된 두 번째 유서이면서 최초의 본격적인 유서로 평가받기 때문이다.

특히 『유원총보』는 중국 유서의 편찬 기준을 따랐지만, 우리의 여건과 실정에 따라 분류 항목과 세부 서술방식을 바꿈으로써 중국 유서 전통의 한국적 계승과 수용 양상을 잘 보여주고 있다. 달리 말하면 철저히 우리 관점에 따라 세부 항목과 관련 인용문을 취사선택하였고, 양보다 질을 중시한 저자의 자주적·실용적 자세도 발견할 수 있다.

총 47권 30책으로 구성된 『유원총보』는 『지봉유설』에 비해 내용이 방대하며, 유서의 기본적인 속성에도 가장 잘 들어맞는다. 또 현대의 백과사전류와도 비교될 정도로 사전(辭典)과 사전(事典)의 기능을 겸해 열람의 편의를 극대화하여 완성도를 한 단계 끌어올렸고, 인용문의 출처를 구체적으로 밝혀 신뢰성과 객관성을 강화하는 등 독자를 위해 세심하게 배려했다. 저자 김육이 쓴 서문에는 『유원총보』가 탄생하게 된 시대적 상황도 담겨 있다.

불행하게도 수십 년 이래 전란이 계속해서 일어나, 실어 나르는 소가 땀을 흘리지 않을 정도로 서책의 양은 적어지고, 말에 기댄 채 시문을 지을 수 없는 수준으로 선비의 재주가 떨어졌으니, 어찌 깊이 개탄하지 않을 수 있겠는가? 지난날의 자취를 두루 살피는 데는 축목(祝穆)이 편찬한 『고금사문유취(古今事文類聚)』보다 더 나은 것이 없다. 그러나 학사(學士)와 대부(大夫) 가운데도 이 책을 가지고 있는 사람이 적으니, 하물며 먼 지방의 선비임에랴!

이처럼 김육은 임진왜란 등 계속된 병화(兵火)로 소실된 책이 많은 것을 대단히 안타까워했다.

조선은 왜란과 호란을 겪으면서 정치와 경제는 물론 문화와 학술까지 피폐해진 상황을 빠르게 복구해야 했다. 서적의 재출간 역시 시급한 과제였지만, 경제적 부담으로 엄두도 낼 수 없는 상황이었다. 더구나 다양한 분야의 서적을 새로 출간하기에는 부담이 너무 컸다. 김육이 서문에 남긴 다음과 같은 기록에 따르면 지식인으로서 당시의 상황에 책임 의식까지 느낄 정도다.

> 아아, 내가 어찌 좋아서 이 일을 하였겠는가! 사고(四庫)의 서책이 전란으로 다 타버리고, 천금(千金)을 주고 중국에서 사오던 일도 길이 끊겨 버렸기 때문이다.

이러한 상황에서 편찬된 『유원총보』는 유용한 정보를 일목요연하게 정리해 놓음으로써 사회적 부담을 해소할 수 있었다. 그렇다고 김육이 임기응변으로 『유원총보』를 편찬한 것은 아니었다. 그는 중국의 『사문유취(事文類聚)』, 『당유함(唐類函)』, 『천중기(天中記)』, 『산당사고(山堂肆考)』, 『운부군옥(韻府群玉)』 등의 자료를 참고한 뒤 증감하여 당시 지식인들에게 필요했던 실제 정보를 종합적으로 제시했다.

그런 점에서 저자 김육도 대단히 주목되는 인물이다. 김육은 조선 중기를 대표하는 관료이자 학자로, 인조·효종·현종 대에 걸쳐 관직 생활을 했다. 그는 실물경제에 밝아 대동법(大同法)을 전국적으로 확대 실시하고 동전을 유통하는 등 여러 가지 개혁적인 경제정책을 실시한 인물이다. 그는 또 실학의 보급에도 선구적인 역할을 하는 등 다방면에 걸쳐 폭넓은 경륜과 지식을 지니고 있었다. 따라서 『유원총보』는 그의 학자적 능력과 함께 관료로서의 역량을 보여주는 대표적인 저서라 할 수 있다. 『유원총보』에서 보이는 한계성은 이후 편찬된 『성호사설』에서 발전적으로 극복된다.

유서 편찬의 책임을 절감하다

중국에 가는 조선 사신단의 임무에는 중요 서적의 수집도 포함되어 있었다. 그러나 사신들이 서적을 구하려면 중국 황제에게 먼저 목록을 제출해야 했다. 명나라 조정은 제출된 목록을 검토한 뒤 선별하여 책을 하사했고, 사신단 일행이 직접 서적을 구매하는 것을 철저히 통제했다.

사신단 일행으로 중국에 갔던 김육의 일기에도 서적을 구하기 위해 사전에 허락을 요청했으나 명나라 제독(提督)이 이를 무시했다고 한다. 이에 다시 공식적으로 서적 구매의 허락을 요청했으나 역시 거절당했고, 해를 넘겨 귀국할 때는 명나라에서 서적을 점검하기 위해 짐 꾸러미를 수색했다고 한다.

이처럼 조선 사신단의 서적 구매는 명나라 조정의 통제와 감시로 원활하게 이루어지지 못했고, 이는 청나라가 건국된 후에도 마찬가지였다. 결국 자신의 힘으로 유서를 편찬하기로 결심한 김육은 『유원총보』서문 첫머리에서 "우리 동방은 본디 문헌(文獻)이 많아 징험(徵驗)할 수 있는 나라로 칭해졌으며, 또 대대로 중국과 교통(交通)하여 문장(文章)의 성대함이 중국과 어깨를 견줄 만하였다"며 문헌의 양과 문장의 성대함에 있어 중국에 견줄 수 있다는 자부심을 드러냈다.

김육을 포함해 조선 지식인들의 의식 저변에 깔려 있던 이러한 학문과 문화적 자부심은『유원총보』에 그대로 담겨 조선을 대표하는 유서로 주목받았다. 조선의 지식인들을 위해 지식인의 시각에서 편집된『유원총보』가 인조 대에 개간(開刊)된 이후 중간(重刊)을 거듭하며 광범위하게 유포되고, 문인들이『유원총보』를 언급한 기록이 여러 문집에 보이는 것도 그 예라 하겠다.

　숙종 38년(1712) 청나라에 파견된 사은부사(謝恩副使) 윤지인(尹趾仁)을 수행한 군관(軍官) 최덕중(崔德中)이 작성한 연행일기 중에는 다음과 같은 기록도 보인다.

맑음. 옥하관에 머물렀다

　황제가 서책을 하사하자 중국 통관이 매우 뽐내어 자랑하니 절로 우스웠다. 그 책을 살펴보니『전당시(全唐詩)』가 20갑(匣) 120권인데 옛 시율(詩律)이고,『연감유함(淵鑑類函)』이 20갑 140권인데, 이것은 옛일을 분류해서 모은 것으로『유원총보』나『문헌통고』와 같은 것이다.

　최덕중은 명나라 관리가 생색을 낼 정도로 자신들의 서책에 자부심을 보였지만, 청나라 황제가 하사한 책이 유학 경전에 관한 것이 아니라 시와 같은 문학작품이거나 유서와 같은 공구서라며 강희제 때 편찬된 방대한 규모의『연감유함』과 함께 조선의『유원총보』와 특별히 다를게 없다고 말하고 있다. 그리고 황현(黃玹)이 안중섭(安重燮)에게 보낸 편지에는 다음과 같은 내용도 보인다.

편지를 받고는 서적 모으는 일에 아직 나태해지지 않음을 알게 되었는데, 참으로 대단하십니다. 그러나 사방 책의 세계는 넓어서 안개와 바다처럼 아득하니, 우리가 절약을 아무리 해도 이른바 재력이란 것이 거의 없어 자유자재로 구하기 어려우니 어찌하겠습니까? 『고금사문유취』나 『유원총보』 같은 거질(巨帙)의 책은 몇 해 전에는 구할 수 있는 곳이 꽤 있었지만, 지금은 모두 다른 사람의 수중에 있으니 마땅히 듣는 대로 서로 알려주어야 할 것입니다.

이 편지글은 고종 20년(1883)에 쓴 것으로, 그 몇 해 전만 해도 『유원총보』가 상당히 많이 유통되는 등 여전히 수요가 많았음을 알 수 있다. 그리고 『유원총보』가 중국의 대표적 유서인 『고금사문유취』와 동등하게 언급되는 것으로 보아 당시까지도 지식인 사이에서 주목받는 대표적인 유서였다는 사실도 확인할 수 있다.

무엇을 어떻게 담았나?

조선시대에 편찬된 유서는 명칭이나 차례가 똑같지는 않지만 기본적으로 천지인(天地人), 즉 천지(天地)와 국가(國家), 인사(人事)가 나오고 문물(文物)과 제도(制度)가 그 뒤를 이으며 마지막에 금수(禽獸)·초목(草木)·충어(蟲魚) 등을 수록했다. 전체적으로는 「문헌부(文章部)」의 분량이 많아 시화(詩話)가 전체의 절반가량을 차지하는 등 필기적 특성을 강하게 드러낸다. 『유원총보』 역시 이러한 분류 방식에 따라 편찬되었다.

참고로, 『유원총보』의 주요 목록을 정리하면 다음과 같다.

권1~3	천도문(天道門)	천하(天河)·일월(日月)·상서(祥瑞)·재이(災異)·수이(獸異)·수재(水災)·한재(旱災) 등 하늘 관련 현상 수록
권4	천시문(天時門)	시간과 관련된 현상으로, 계절별·월별 주요 풍속 수록
권5~7	지도문(地道門)	땅·바다·강·도시 등 하늘 아래의 현상 수록
권8~10	제왕문(帝王門)	임금과 관련된 내용 수록
권11~24	관직문(官職門)	이부(吏部)·호부(戶部)·예부(禮部)·병부(兵部)·형부(刑部) 등 관직과 관련된 내용을 주로 수록
권25~27	인륜문(人倫門)	사람 사이에 지켜야 할 정치적·사회적·생물학적 관계 등 수록
권28	인도문(人道文)	인간으로서 가져야 할 도리 수록
권29~32	인사문(人事門)	인간의 학문적·사회적·도덕적·경제적 지위를 다루면서 객(客)·용사(勇士)·은일(隱逸)·신선(神仙)·도사(道師)·불교(佛敎) 등을 구분하여 여러 계층의 인물 수록
권33~34	문학문(文學門)	학문 관련 정보 수록
	필묵문(筆墨門)	·글쓰기 도구 수록
	새인문(璽印門)	·임금을 비롯해 다양한 도장 수록
권35	진보문(珍寶門)	진귀한 보석, 베와 비단 등 수록
	포백문(布帛門)	
권36~38	기용문(器用門)	옷감·도구·마실 것·관복·주요 곡식 등 수록
	음식문(飮食門)	
	관복문(冠服門)	
	미곡문(米穀門)	
권39~40	초목문(草木門)	풀과 나무 수록
권41~44	조수문(鳥獸門)	새와 짐승 수록
권45~46	충어문(蟲魚門)	벌레와 물고기 수록
47권	부록	사방 오랑캐와 귀신 등 수록

하지만 이러한 분류가 완전히 독립적으로 이루어진 것이 아니라 필요에 따라 각각의 항목마다 관련되는 내용을 다양하게 첨부했다. 예를 들면 『유원총보』에서 민간신앙과 관련해 수록한 내용을 요약하면 다음과 같다.

천지문	번개와 천둥을 음양론 등으로 설명하고, 뇌신(雷神)의 존재 가능성과 이기론에 입각한 귀신 등의 내용
만물문	·호랑이 혼·여우·개 등이 일으키는 요망한 일에 대한 내용 ·물에 빠져 죽거나 호랑이에게 물려 죽은 자의 혼령에 대한 내용 ·도깨비와 사람의 손때가 많이 묻은 쓰레받기나 빗자루 등에 붙어 괴이한 짓을 하는 귀신에 대한 내용 ·어린아이를 굶겨 염매를 만들어 다른 사람을 저주하는 술법과 어린아이 귀신이 실린 명두(明斗)형 무당의 내용 ·가축·거북·뱀·자라·나무와 돌이 오래 묵으면 요사한 귀신이 붙어 재앙을 일으키는 현상 등의 내용 ·다른 사람을 해치는 주술적 방법에 대한 내용
인사문	귀신 들린 사람에게 옥추경(玉樞經)을 외워 결국 쫓아내는 등 귀신이 질병의 원인으로 사악한 기운이 허약한 틈을 타서 병을 유발할 수 있으며, 귀신의 형체는 소멸해도 감정은 남아 있으니 제사에 정성을 다해야 한다는 내용과 귀신이 죽은 사람에게 의지하고 귀신을 부리는 방법 등의 내용
경사문	·경주 선도산 여산신에 대한 내용 ·당나라 때 시작된 돈으로 치는 점복의 방법 등의 내용

이외에도 개[犬]에 대한 다양한 내용을 소개하면서 개의 생김새와 관련하여 다음과 같이 길흉을 점치는 내용도 흥미롭다.

길한 상	흉한 상
·황구(黃狗)의 꼬리와 귀가 하얀 것	·누런 개, 즉 황구(黃狗)의 발 세 개가
·네발 또는 앞발이 하얗거나 순황색	희거나 또는 입이 검은 것
(純黃色) 또는 가슴이 흰 것	·흰 개의 꼬리가 검거나 누렇고, 가슴
·머리가 검은 적구(赤狗)나 온몸이 붉	이 검은 것
은 것	·검은 개의 꼬리와 발이 누렇고, 발이
·검은 개의 귀가 누런 것	누렇거나 네발이 하얀 것
·개가 새끼 셋을 낳아 모두 누런 것	·푸르고 꼬리가 짧으며 모양이 사자
·새끼를 하나만 낳으면 길하여 집안	같으면 능히 벽사(僻邪, 귀신을 물리침)
이 흥할 조짐이니 남을 주지 않는다.	한다.

『성호사설』, 백과사전의 전통을 세우다

설날은 아침이 중요하고, 추석은 밤이 중요하다

『유원총보』에 이어 18세기에 이익에 의해 『성호사설』이 편찬되었고, 19세기에는 조재삼의 『송남잡지』가 간행되면서 백과사전의 계보가 형성된다. 이 책들은 중화주의를 완전하게 극복하지는 못했지만, 우리의 실정을 고려한 실용적인 지식과 함께 당시 사회상에도 주목하여 때로는 사회의 구조적 모순에 대한 비판 의식도 보여준다.

특히 『성호사설』의 저자 이익이 활동한 18세기는 지식인들 사이에서 박물학을 지향하는 인식이 강화되었다. 즉 명물고증학적(名物考證學的) 방법이 전면에 드러나는 등 17세기부터 제기된 실학을 추구하는 학풍이 보완·발전하면서 실학이 하나의 학문으로 성립되었다. 이익은 이러한 시기에 실학의 중심인물로 자리 잡았고, 자신의 실학적 성향을 『성호사설』에 잘 구현했다. 이는 새롭게 전개되는 학술의 시발점이 되었으며, 동시에 유서 편찬을 지속하는 풍토를 조성했다.

이익은 주자의 견해라도 무조건 수용하지 않고 의심이 가는 내용은 짚고 넘어갔다. 예를 들면 주자가 "무지개는 형체가 있어 물도 마시고 술도 마실 수 있다. 이것으로 보아 반드시 창자도 있을 것이다"라고 한 말에, 이익은 무지개가 생기는 과학적 근거를 기반으로 "무지개가 물을 마신다고 하는 것은 한때의 재변일 뿐이지 어찌 자리를 정하여 놓고 물이 없어질 때까지 마실 수 있겠는가?"라고 바로잡았다. 그리고 "금강산 1만 2000봉은 『화엄경』에 나오는 금강산 보살의 숫자를 그대로 믿었던 것에서 유래했다"며 금강산에는 1만 2000봉이 실재하지 않는다는 견해도 덧붙였다.

또 『성호사설』이 다음과 같이 실제적이며 현실적인 분야에 더욱 관심을 기울였다는 점도 눈에 띈다.

첫째, 『성호사설』에서 복식은 일정하게 분류되지 않은 채 산재해 있기는 하지만, 복식에 대한 상고와 변증을 통해 고찰하고 회의하면서 문제점을 해결하고자 하였다.

둘째, 조선의 3대 유서(類書) 가운데 관찰과 실험에 의한 지식습득은 『성호사설』이 가장 풍부하다는 평가를 받는다. 이는 이익 특유의 관찰력과 관물(觀物)에 대한 의식이 그 토대를 이루지만, 전야(田野)에서 생활하며 자연과 사물을 살피는 시간을 가졌던 그의 삶도 영향을 미쳤다. 예를 들면 신라 선덕여왕이 당나라 황제가 보낸 모란꽃 그림에 벌과 나비를 그려 넣지 않은 것을 보고 "모란꽃에 향기가 나지 않겠다"고 선덕여왕이 예견했다는 이야기에, 직접 실험을 한 후 "반드시 그렇지 않다.

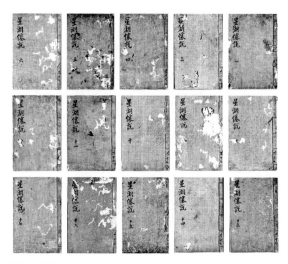

성호사설유선星湖僿說類選

조선 후기 | 순암(順庵) 안정복(安鼎福) | 이익(李瀷)의『성호사설』을 제자인 안정복
이 분야별로 중요하다고 생각한 부분을 선정해 엮은 편서로, 천지편(天地篇) 1책,
인사편(人事篇) 4책, 경사편(經史篇) 4책, 만물편(萬物篇)과 시문편(詩文篇)을 합해 1책
으로 엮었다.『성호사설』에 비해 유별(類別)로 간명하게 정리하여 누구나 찾아보
기에 편리하게 되어 있다.

다만 모란꽃에 꿀벌이 없는 것은 꽃은 곱지만 냄새가 나쁘기 때문이다"
라고 이유를 밝히기도 했다.

셋째,『성호사설』에는 민가에서 전하는 우리나라 세시풍속의 내용도
다양하게 수록되어 있다. 예를 들면 정월대보름 밤의 연등 행사는 서역
의 마갈타국(摩竭陀國, 인도의 갠지스강 중류에 있던 고대 왕국)에서 이날 부처
의 유골인 불사리(佛舍利)의 빛을 구경하던 것으로부터 유래한 불교 풍
속으로, 한나라 이후 중국의 풍속이 되었다고 한다. 우리나라는 중국과
달리 4월 초파일에 연등 행사를 하는데, 그 이유는 공민왕 15년(1366)
신돈이 부처님 오신 날을 맞아 자기 집에 성대하게 등불을 밝혔고, 이

를 송도 사람들이 본받으면서 풍속으로 자리 잡았다고 한다.

　명절과 관련해서는 "설날은 아침이 중요하고 추석은 달이 가장 밝아 민속놀이를 하는데, 밤을 이용한다"고 설명했다. 정월 초하루·한식·단오·중추절 등 4대 명절도 다음과 같이 소개했다.

　　이날 묘소에 올라 제사 드리는 풍속이 행해지는데, 한식은 천하의 공통된 것이나 나머지는 옛날부터 있던 것은 아니다. 고려시대에는 정월 초하루와 단오 그리고 중추의 세 절일(節日)에 사당과 묘소에 함께 제사 지내는 날이었고, 특히 중추절에 성묘하는 풍속은 가락국의 수로왕 사당에서 제사 지내는 것에서 유래했다.

　이처럼 『성호사설』에는 각종 세시기가 정립되기 이전의 사회적 인식도 기록했으며, 이익이 생존했던 시기의 각종 예법에는 자신의 견해를 구체적으로 덧붙였다.

내가 죽으면 제사에 술은 쓰지 마라

이익은 『성호사설』에서 술에 대단히 부정적인 견해를 수록해 놓았다. 예를 들면 "나는 술이라는 음식이 단 한 가지라도 유익하다는 사실을 알지 못하겠다"라거나 자식과 손자에게 "내가 죽은 후 제사에 술은 쓰지 마라"라고 하면서 "술이란 정신을 어지럽히며, 재정(財政)에도 손해가 된다"고 기록했다.

　『성호사설』「식량부(食物部)」의 술과 관련한 항목에서도 "함부로 술을 마시는 사람치고 일찍 사망하지 않는 사람이 드물다. 술로 인해 사람이 상하는 것이 여색(女色)보다 심하다"며 술의 폐단을 지적했다. 아마도 이익의 술 경험과 더불어 그가 활동했던 시기가 다른 때보다 금주령(禁酒令)이 자주 내려진 것이 이러한 인식에 영향을 미친 듯하다.

이익은 담배의 유행에도 우려를 나타냈다. 담배는 임진왜란 이후 광해군 10년(1618)에 들어온 것으로 전하며, 일본을 거쳐 조선에 들어왔다는 것이 정설이다. 이 시기에는 담배 외에도 호박·고추·고구마·감자 등 신종 작물이 일본이나 중국을 통해 수입되었다.

『성호사설』에 따르면, "우리나라에서 담배가 유행한 것은 광해군 말년부터였다. 세상에 전하기로는 남쪽 바다 가운데 있는 담파국(湛巴國)이란 나라에서 들어온 까닭에 속칭 담파(湛巴)라고 한다"고 기록되어 있다. 여기서 담파는 담배의 포르투갈어 타바코(tabacco)의 음역이다. 또 담배는 심심하고 무료함을 달래준다고 하여 '심심초'라고도 했고, 술처럼 정신을 취하게 한다고 해서 '연주(煙酒)' 또는 차와 같이 피로를 풀어준다고 해서 '연차(煙茶)'라고도 했다. 심지어 한 번 맛을 보면 잊을 수 없다고 하여 '상사초(相思草)'라고 불리기도 했다.

그러나 이익은 "담배란 것이 사람에게 유익한 것인가"라고 질문하면서 "먹은 것이 소화가 안 되고 동작이 나쁠 때 유익하고, 가슴이 조이면서 신물이 나올 때 유익하며, 한겨울에 추위를 막는 데 유익하기도 하지만, 안으로는 정신을 해치고 밖으로는 듣고 보는 것까지 해쳐서 머리가 희게 되고 얼굴이 늙게 되며 이가 일찍 빠지는 등 그 해로움이 유익함보다 훨씬 크다"고 지적했다. 이외에도 냄새가 고약한 점, 재물을 없애는 점, 사람들이 담배 구하기에 급급한 세태 등도 비판했다.

이익이 담배의 폐해를 이처럼 구체적으로 언급한 이유는 당시 담배의 유행에 따른 사회적 폐단이 심각했기 때문이다. 담배는 17세기에 외부에서 들어온 신작물이었으나, 도입 초기부터 이미 대표적 특용작물로 자리 잡았다. 그뿐만 아니라 담배 원료인 연초의 한 근 가격이 은(銀) 한 냥에 이를 정도로 고가의 환금작물이었고, 18~19세기 초엽에는 평안도의 연초전(烟草田) 수익이 수전(水田)의 최상급 밭보다 10배나 많았다고 한다. 그 때문에 "몰락한 양반이 담배를 경작해 큰 부자가 되었다"거나 "시골 사람이 논밭을 판 500냥으로 담배를 구매한 후 한양에서 팔아 3,000냥의 거액을 받았다"는 등의 이야기도 전한다.

담배는 인삼과 함께 고급 기호품으로 인식되면서 재배가 급속도로 증가했다. 특히 17세기 후반에서 18세기 초반에 들어서는 지역 농민들이 연초 재배만을 전업으로 삼아 진안 지역 등에 연초 산지가 형성되기도 했다.

18세기 중엽을 지나 19세기 초기에는 연초를 재배하는 밭이 전국적으로 확산되었는데, 평안도 성천과 삼등·황해도 토산·강원도 영월·경기도 광주와 용인·충청도 정산·경상도 영양 등의 연초 산지가 유명했다. 특히 평안도 성천초와 황해도 토산초는 향초 또는 서초로도 불리며 인기가 있었고, 품질 면에서도 우월해 타 지역 연초보다 비싼 가격으로 팔렸다. 서유구의 『임원경제지』에 따르면 18세기 후반기에 남한강 변 주요 장시에서 쌀·면포·마포·소·소금 다음으로 담배가 거래될 정도였다.

『승정원일기』에는 다음과 같은 기록도 전한다.

무릇 남초(담배)라 하는 것은 남녀노소 누구 하나 안 피우는 사람이 없다. 피우는 사람이 많으니, 심는 사람도 따라서 많아지고, 그러한 까닭으로 최고로 비옥한 땅이 전부 남초밭으로 바뀐다. 팔도를 모두 합해 계산해 보아도 그 규모가 몇 평쯤 되는지 알 수 없다…….

밥은 안 먹어도 담배는 피워야 하니 옷을 팔고 그릇을 팔아 담배를 사 먹는다. 재물을 축내고 사람을 해롭게 하기가 이렇건만 사람들은 스스로 깨닫지 못한다.

이처럼 18세기 중엽에는 연초 재배가 곡물 재배보다 이익이 많이 남아 벼를 재배하는 논이 감소할 정도로 연초 재배는 사회적으로 심각한 문제였다.

또 연초는 수입(輸入)도 다양하게 이루어졌다. 예를 들면 경기도 광주와 용인의 용인엽은 17세기 말기에 천주교도들이 중국에서 가져와 전파한 조생종 연초였다. 영월의 영월엽은 경장초 또는 가자엽초라고도 하는데, 역시 17세기 말기에 중국에서 수입한 만생종 연초였다. 특히 태양열로 건조한 영월엽은 수확량이 많고 향기가 좋아, 성천초와 함께 최상품으로 평가받았다.

서양을 접하며 100년 앞을 내다보다

『성호사설』에는 서양 각국의 다양한 문물도 함께 수록되었다. 예를 들면 「만물문(萬物門)」에서 의복과 망원경·조총·자명종 등 당시 서양 문물이 도입된 배경과 그 기능들을 자세히 묘사하고, "요즘 연경에 사신으로 다녀온 자들은 대부분 서양화를 사다가 대청 위에 걸어놓는다"라며 당시의 유행도 전하였다.

또 "궁궐 지붕의 네 귀퉁이와 궁궐을 둘러싼 담벼락이 모두 실제 모습 그대로 오뚝하게 솟아 있음을 알 수 있다"라며 서양화의 입체감과 원근법(遠近法)이나 명암법(明暗法) 등을 활용한 기묘함에 감탄하기도 했고, 햇빛을 모아 반사하여 적의 선박을 불태울 정도의 큰 거울과 서양에서 만들어졌다는 화완포(火浣布), 즉 불에 타지 않는 직물 등도 소개했다.

그리고 영국을 "양(羊)의 등심을 구워서 익을 만한 시간이면 벌써 해가 떠오른다"며 하지(夏至)에 북극과 가까운 곳으로 이해했다. 이와 함께 네덜란드를 "홍이포(紅夷砲)의 포탄 한 개는 말[斗]만큼 커서 80리까지 그 힘이 미칠 수 있으며, 그들이 만든 총은 임진년 무렵에 이미 우리나라로 들어왔다"고 소개하는 등 서양의 무기에도 주목했다.

한편 러시아인에 관해서는 "듣건대 그들은 기율(紀律)이 극히 엄하여 사신은 절대로 떠들지 않고 장중하며 굳세고 심히 위엄이 있다고 한다. 그들을 따라온 종인(從人)은 칼과 창으로 종일토록 시립(侍立)하여 감히 기대거나 비뚤게 서지 못한다고 한다"라며 그들의 강인한 기질에 특별한 인상을 받은 듯 묘사했다. 당시 이익은 "하늘의 운수가 변한다면 후일에 흑룡강이나 액라(額羅) 지방에서 나온 인물이 중국을 차지할 시기가 있을지도 모른다"라고 하는 등 19세기 중엽에 본격화한 러시아의 연해주 점거와 두만강 유역 진출 및 이에 대한 조선의 근심을 이미 100여 년 전에 예견할 정도로 주변국의 정세를 상당히 구체적으로 파악하고 있었다.

이익은 이처럼 서양 제국의 지리적 위치나 국가의 이름 등에 대한 고증보다는 뛰어난 무기나 침략적 속성 등에 주목했다. 그리고 이는 조선의 국방에 대한 관심으로 이어졌다. 이익이 이양선 출몰 사건을 두고 임진왜란과 병자호란의 경험을 상기하며 국방을 튼튼하게 재정비해야 한다고 강조한 것도 그 예이다.

이익은 천주교에도 관심을 기울였다. 특히 그는 천주교 수덕서(修德書)인 『칠극(七克)』을 언급하면서 "이는 곧 유학의 극기설(克己說)과 같다"고 소개했다. 이와 더불어 죄악의 뿌리가 되는 탐욕·오만·음탕·나태·질투·분노·색과 함께 이를 극복할 수 있는 덕행으로 은혜·겸손·절제·정절·근면·관용·인내의 일곱 가지를 덧붙였다. 『칠극』 중에는 절목(節目)이 많고, 처리의 순서가 정연하며, 비유가 적절하고, 가끔은 유학에서 미처 발견하지 못하는 점도 있다는 등 도덕적인 면에서 천주교가 유교와 어느 정도 공통점이 있으며, 때로는 배울 점 등을 객관적으로 평가했다.

하지만 이익이 천주교를 수용한 것은 아니었다. 그는 "다만 천주(天主)와 마귀의 논설이 섞여 있는 것이 해괴할 따름이니, 만약 그 잡설을 제거하고 명론(名論)만을 책한다면 바로 유가자류(儒家者類)라고 하겠다"라며 유교적 관점에서 천주교를 분석했다. 그리고 이를 입증하기 위해 각 항목마다 중국과 우리나라의 역사적 사례를 들면서 인용 자료를 최대한 활용하여 고증하는 방식을 취했다.

이외에도 "아무리 자세하여 그리기 어려운 것이라도, 엷은 종이에다 들기름으로 칠을 하거나 양초를 녹여서 발라 투명하게 해놓고 붓으로 그리면 된다"는 등 학문으로서 지도를 설명하면서 지도 그리는 법도 함께 소개했다. 또 「일본지세변급격조선론」, 「왜구시말」, 「일본사」, 「왜환」 등 일본에 대한 중요한 비평문도 수록했다.

중국으로부터 거절당하다

백과사전은 보낼 수 없다

중국에서는 일반적으로 황제의 명으로 유서를 편찬했다. 따라서 국가 차원에서 오랜 시간 동안 폭넓은 분야가 수록된 방대한 백과사전을 만들었다. 물론 중국의 자료들은 우리나라의 유서 편찬에도 영향을 주었고, 기회가 있을 때마다 중국에서 만든 유서를 구매하기 위해 애를 썼다. 그러나 중국 유서의 국내 유입이 수월하게 이루어졌던 것은 아니다.

고려 선종 2년(1085)에는 송나라 철종의 즉위를 축하하려고 사신을 보내면서 『형법서』와 함께 『개보통례』, 『문원영화』, 『태평어람』 등 소위 송나라 '4대서'를 보내줄 것을 요청한 일이 있었다. 하지만 송나라는 고려의 요구를 들어주지 않고 『문원영화』만 보내왔다. 참고로, 송나라 4대서의 특징을 요약하면 다음과 같다.

『**태평어람**』(太平御覽, 977~983), **이방**(李昉)

송나라 태종의 명으로 편찬한 1,000권에 달하는 방대한 분량으로, 책이 완성된 후 태종이 하루에 3권씩 일 년 만에 독파(讀破)하여 책명을 『태평어람』이라고 했다. 내용은 55부문으로 분류하였고, 인용한 책이 1,690종이나 된다. 전대(前代)의 잡서로부터 대부분 채록한 것이나, 여기저기 흩어져서 세상에 알려지지 않은 이야기를 수록하여 중국의 재래 백과서 중 백미(白眉)로 꼽힌다. 특히 송대(宋代) 이전의 고사를 참고할 수 있고, 「사이부(四夷部)」에는 신라와 고구려 등에 관한 기록이 있어

한국 역사 연구에도 귀중한 자료이다.

『태평광기』(太平廣記, 977), **이방**(李昉) **외 12명**

송나라 태종의 칙명으로 당시 뛰어난 학자들이 참여하여 500권의 방대한 분량으로 편집했다. 종교 이야기와 정통 역사에 실리지 않은 기록 및 소설류를 모은 설화집으로 분류되며, 475종의 고서에서 선별한 이야기를 신선·여선(女仙)·도술·방사(方士)·보응(報應)·신(神)·귀(鬼)·요괴(妖怪) 등 내용별로 92개의 항목으로 나누어 6,270편의 글을 수록했다. 특히 신선(神仙)과 여선(女仙) 등의 권수가 다른 부류보다 상대적으로 많다. 이러한 경향은 고대 민간 풍속과 위진남북조(魏晉南北朝) 이래 지괴소설(志怪小說)의 흥성을 반영했기 때문이다. 야사적(野史的) 성격을 띠고 있어 정사(正史)의 부족한 면을 채워주는 역할을 하는 등 구비문학의 보고(寶庫)로 평가받는다.

『문원영화』(文苑英華, 982~987), **이방**(李昉)·**송백**(宋白) **등**

송나라 태종의 칙명으로 양말(梁末)에서부터 당말(唐末)까지의 시문을 선별하여 37개의 문체로 분류한 후 배열했다. 1,000권의 방대한 분량으로, 1만 9012편을 38부문으로 분류하여 수록했다. 특히 당대(唐代)의 작품이 거의 90퍼센트를 차지하며, 지금까지 전해지지 않은 시문집에서 뽑은 것이 많아 남조(南朝)와 당나라 문학 연구에서 중요한 자료로 알려졌다.

『책부원구』(冊府元龜, 1005~1013), **왕흠약**(王欽若)·**양억**(楊億) 등

송나라 진종의 명으로 8년 만에 완성했으며, 국가 경영에 필요한 항목들을 모아 1,000권으로 엮은 방대한 책이다. 고대로부터 오대(五代)까지 역대 군신(君臣) 및 정치에 관한 사적을 당시 현존하던 각종 서적에서 광범위하게 채집하여 「제왕부(帝王部)」에서 「외신부(外臣部)」에 걸쳐 31개 부문으로 분류하여 열기(列記)했다. 송대의 최대 저작으로, 특히 당(唐)과 오대(五代)에 관한 부분은 사료적 가치가 매우 크다.

고려는 선종 10년(1093) 다시 사신을 송나라로 보내 필요한 서책을 구하려고 하였지만, 소식(蘇軾)의 반대로 뜻을 이루지 못했다. 당시 소식은『책부원구』등 역대 중국의 역사서와『태평어람』을 고려에서 구매하는 것을 강력히 반대하는 상소를 세 번씩이나 올렸다고 한다. 이 책들에는 중국인의 1급 지혜가 담겨 있다는 것이 이유였다. 특히 변방의 소수민족들이 나라를 세워 중국을 공략한 지혜가 담기는 등 중국의 흥망과 관련한 내용이 구체적으로 기록되어 있어 고려가 얻은 도서가 거란에 유입되면 송나라가 위험에 빠질 수 있다고 우려했다.

이처럼 중국의 유서는 그들이 오랑캐, 즉 야만인으로 천시했던 주변의 이민족들에 의해 중국의 한족이 어떻게 멸망했는지가 상세하게 나와 있을 만큼 다양한 정보를 담고 있었다. 그 때문에 고려는『책부원구』한 질만 구하는 것으로 만족해야 했다.

이후에도『태평어람』은 오랫동안 다른 나라에 공개되지 않아 고려에서 구매를 시도한 지 110년이 지난 고려 숙종 대에야 우리나라에 들어

온다. 당시 숙종은 "귀중한 문헌을 구해왔다"고 기뻐하면서 사신에게 벼슬과 상을 내렸다. 고려 명종 22년(1192)에 송나라 상인이 『태평어람』을 가져왔을 때는 무려 백금(白金) 60근(斤)을 준 일도 있었다.

고려가 이렇게 특정 중국 서적을 구하는 데 어려움을 겪기는 했으나, 사신들은 서적 구매에 큰 역할을 담당했다. 조선에서도 세종은 각 도의 감사(監司)에게 "『문원영화』를 일부만이라도 소장한 사람이 있으면 찾아가서 거두어 오라"고 명하는 등 중국에서 편찬된 서적의 확보에 적극적으로 나섰다.

우리 정서에 맞지 않으면 수용하지 않다

기록에 따르면, 조선이 건국된 후 고종 6년(1869)까지 500여 년간 중국의 유서는 대략 54종이 들어온 것으로 집계된다. 여기에 개인적으로 구매하는 등 기록되지 않은 것까지 따져보면 이보다 더 많을 것으로 추정된다. 조선에서는 이 유서들 중 총 15종을 국가에서 간행했는데, 송나라와 명나라 시기에 편찬된 유서가 각각 6종과 5종으로 대부분을 차지한다.

특히 송나라 때 편찬한 유서가 가장 많았던 이유는 유학을 숭상하던 송나라가 정치·경제·사회·문화의 발전으로 유서의 수량이나 종류가 풍부했던 사실과 연관이 있다. 즉 조선은 성리학적 이념과 질서를 내세우며 건국 후 기우제를 지내는 의식이나 풍속 교정 등 국정 운영에서 송나라의 사례를 참고하려는 목적과 함께 과거 시험의 출제용으로 유서를 활용했다. 그 때문에 조선의 관리이자 지식인은 물론, 과거를 준비하는 응시생들에게도 주목받았다. 『사문유취』가 성리학을 신봉한 조선의 유학자들에 의해 "송대의 유서 중에서 진실로 검색할 만한 가치가 있다"는 평가를 받은 것도 그 예라 하겠다.

참고로, 『조선왕조실록』에서 과거와 기우제 등 국정 운영과 관련하여 중국 유서를 참고한 사례를 정리하면 다음과 같다.

내용	시기	참고 사례
기우제	태종 16년(1416)	가뭄 해소를 위한 대책 강구에 참고
	단종 2년(1454)	삼각산에서 기우제 의식 거행에 참고
	중종 35년(1540)	기우에 관한 조항을 참고 자료로 정리
	중종 37년(1542)	기우제와 관련하여 "제경공(齊景公)이 들에 나가 사흘 동안 있었다"는 내용을 의논할 것을 명함
제도	태종 11년(1411)	·대전(大殿)에 등을 달았던 사례를 참조 ·어용(御容) 봉안을 왕은 송의 제도를 따르고, 공신은 당의 제도를 채택하라고 명함
	세종 12년(1430)	각처의 성 축조에 관한 사례를 참조
	숙종 39년(1713)	어용을 채색하는 자리에서 숙종이 명나라 세황제의 화상을 언급하며 참조
의례	세종 8년(1426)	·조정의 복관 제도를 의논하며 참고 ·무관이 칼 차는 제도를 논하며 참고
	세종 20년(1438)	제문(祭文)에 사용하지 말아야 할 글자를 참고
	세종 24년(1442)	왕세자를 소명(召命)하는 절차를 참고
	중종 17년(1522)	세자의 관례 절차에 참고
	숙종 27년(1701)	제사 지내는 의전(儀典)을 논하며 참고

인사	세종 22년(1440)	70세 이상의 외직 발령 자제를 건의하며 인용
	세종 26년(1444)	산관(散官)과 잡사(雜事)의 제수에 대한 보고에 인용
	문종 1년(1451)	『고려사』 편수자들에게 상을 내리는 청을 하며 참고
사물 기원	세종 23년(1441)	뇌부(雷斧)를 찾기 위해 참고
고사 상고 (古事詳考)	예종 1년(1469)	흰 까마귀에 대한 고사 상고
과거 시험	세조 10년(1464)	최팔준이 과거장에서 『청부군옥』을 펴놓고 시험을 치르는 부정을 저지름
	광해군 9년 (1617)	무식한 군사로 하여금 『사문유취』 등에서 아무 내용이나 뽑아 시험에 출제하여 부정 시험의 예방에 활용
풍속 교정	영조 46년(1770)	진배(進排)하는 풍속의 유래를 모르다가 『사문유취』를 상고하여 진배를 그만둘 것을 명함
경연에서 언급	성종 20년(1489)	『옥해』의 내용을 참고하기를 추천
	중종 6년(1511)	『태평광기』의 문헌 가치를 거론
	선조 2년(1569)	『태평광기』를 언급

이처럼 유학을 통치 이데올로기로 삼았던 조선은 국정 운영에 참고할 만한 유서가 부족했기에 어떤 제도를 새롭게 시행하거나 기존 제도의 변경을 검토할 때 중국 유서를 참고했다. 하지만 주체성 없이 단순하게 중국의 사례를 그대로 모방한 것이 아니라, 우리의 실정을 헤아려서 옳지 않다고 생각되는 것은 수용하지 않았다.

가뭄이 들었을 때 『사문유취』에 수록된 여러 방법을 검토하면서 무당들에게 명산(名山)에 섶을 쌓아놓고 북을 치며 불을 지르거나, 소를 도살하여 비를 기원하는 기우제가 적절한 조치가 아니라는 이유로 시행하지 않은 것도 그 예이다.

독자적인 유서 문화를 구축하다

조선은 중국과 같은 유교문화권에 속하지만, 정치 상황과 문화적 차이 등을 고려해 중국 유서를 계승한다는 바탕 위에서 우리 나름의 독자적인 유서 문화를 형성했다. 따라서 우리와 중국의 유서는 적잖은 차이가 있다.

기본적으로 중국은 새로운 왕조가 들어선 초기나, 정국에 큰 변화가 있을 때마다 제국의 위업을 과시하고 문치(文治)를 드러내기 위해 국가 차원에서 대규모의 유서 편찬 사업을 벌였다. 따라서 큰 인원이 참여했고, 방대하게 수집된 자료를 바탕으로 유서를 만들었다. 그 때문에 비용과 시간이 많이 들었으며, 형식상 아무리 통일성을 기한다고 해도 항목들이 고립적·분산적일 수밖에 없었다. 물론『북당서초』,『옥해』,『산당사고』,『당류함』등 개인적으로 편찬한 유서도 있었지만, 대부분 100권 이상의 대형 유서들이었다.

반면 우리나라의 유서는 대부분 개인적 차원에서 축적된 지식을 바탕으로 학문적 성취나 후학들의 공부에 참고 자료로 활용되는 것을 목적으로 편찬했다. 따라서 30책 이상의 분량은 8종에 불과하며, 단행본으로 된 것은 67종으로 전체 유서의 45퍼센트를 차지하는 등 중국 유서와 비교하면 방대하지는 않다. 148종의 유서 가운데 편찬자를 알 수 있는 것은 39종으로 약 26퍼센트에 불과하며, 전체 유서의 85퍼센트에 해당하는 126종이 필사본이다. 그리고 목판본이나 활자로 인쇄한 것보다

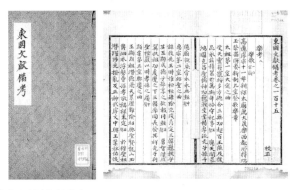

동국문헌비고東國文獻備考

1770년(영조 46) | 익익재(翼翼齋) 홍봉한(洪鳳漢) 외 | 왕명에 따라 우리나라 역대 문물제도의 전고(典故)를 모아 펴낸 일종의 백과사전으로, 그 내용을 상위(象緯)·여지(輿地)·예·악·병·형·전부(田賦)·재용(財用)·호구·시적·선거·학교·직관(職官)의 13고(考)로 나누어 수록했다. 이후 꾸준히 수정하고 증보하여 고종 때『증보문헌비고』라 하여 250권으로 간행했다. '동국'은 우리나라를 뜻하고, '비고'는 참고하기 위해 갖추어 둔다는 뜻이다.

는 개인이 직접 작성한 필사에 의존했으며, 전체적으로 유기적 성격을 지니는 등 집체적 작업에서 보이는 문제점이 비교적 덜 발생한다는 장점이 있다.

　물론 조선시대에도 국가에서 편찬한 유서가 있었다. 영조 46년(1770) 왕명에 의해 홍봉한(洪鳳漢)과 서명응(徐命膺) 등이 편찬한『동국문헌비고』100권 40책, 순조 31년(1831) 이를 개정해 국가를 다스리는 데 필수적인 기초 문헌인『증정동국문헌비고』146권 66책이 있다. 또 갑오경장으로 문물제도가 크게 바뀌어 이를 반영하여 다시 증보한, 조선 최대의 분량이자 마지막 관찬 유서로 순종 2년(1908)의『증보문헌비고』250권 51책이 편찬되었다. 이외에도 순종 8년(1808) 심상규(沈象奎)와 서영보(徐榮輔) 등이 편찬한『만기요람(萬機要覽)』등이 있다. 이 유서들은 주

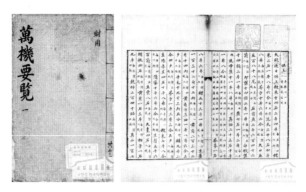

만기요람萬機要覽

1808년(순조 8) | 죽석(竹石) 서영보(徐榮輔) 외 | 조선 후기의 재정과 군제를 설명한 책으로, 관리들이 일상 정무를 수행하는 데 참고할 수 있도록 편찬했다. 〈재용편(財用篇)〉 6책과 〈군정편(軍政篇)〉 5책으로 되어 있으며, 간행은 하지 않고 순조 8년(1808)에 편람용으로 10여 권을 전사했다. 19세기 초를 중심으로 한 경제사뿐 아니라 군사 제도 및 군사 정책을 연구하는 데 있어서 대단히 중요한 사료이다.

동사일지東事日知

조선 후기 | 19세기 초 조선의 잡다한 상식들을 정리하여 해설한 책으로, 편저자는 미상이다. 조선의 강역과 성씨, 유교의 기본인 석전(釋奠) 의식에서 과거의 종류 및 관직 생활과 관련된 여러 제도를 비롯해 기타 신앙·기물(器物)·의식(衣食)·특산물·절일(節日)·풍속·오락 등 잡다한 내용이 총망라되어 19세기 조선 사회의 일상을 잘 보여준다.

로 국가 제도의 연혁을 정리하려는 사업으로 이루어졌기 때문에 중국의 관찬 유서와 같이 국가 통치를 강화하려는 목적에서 이루어진 것과는 성격이 다르다.

중국의 유서는 기본적으로 각종 서적에서 뽑은 자료들을 정리하여 단순히 나열함으로써 자료나 사안에 대한 편자의 견해나 의론이 들어간 경우가 거의 없다. 다만 『산당사고』, 『옥해』, 『사물기원』, 『격치경원』 등의 유서에 약간의 고증이 더해진 정도이다.

반면 우리의 유서는 자료 정리와 함께 저자의 의견을 덧붙이거나 고증을 거쳤다는 점이 특징이면서 차이점이다. 예를 들면 『지봉유설』 등 박물학적 경향의 유서뿐 아니라 『잡동산이(雜同散異)』나 『동사일지』 등의 유서도 저자의 생각을 덧붙이고 있다. 특히 고증적인 글쓰기가 더해진 유서들은 대부분 실학자들에 의해 편찬되었다는 특징도 주목할 만하다.

실학자들이 백과사전적인 형식을 빌려 실학서를 편찬한 이유는 박학을 바탕으로 실용적인 학문을 중시하던 서술 태도와 밀접한 연관이 있다. 달리 말하면 수많은 자료의 수집과 분류 방식이 유서의 성격에 맞았기 때문이다. 실학자들은 지식과 문헌의 백과사전식 집성을 통해 사유 활동의 개방을 촉진했으며, 이러한 과정에서 성리학자들이 이단으로 여겼던 분야와 사상들에도 관심을 기울였다. 실학자들에 의한 유서의 편찬은 일종의 '조선학'의 성립을 위한 시도이기도 했다.

'조선학'의 정립을 위해

이익은 이수광의 『지봉유설』을 읽고 '당대 최고의 문장가'라고 감탄하며 그의 인품과 학문을 높이 평가했다. 『성호사설』역시 『지봉유설』
에 커다란 영향을 받았다. 하지만 『성호사설』에서 『지봉유설』을 직접
언급한 것은 7건에 불과하며, 단 2건만 그대로 인용했다. 반면 『성호사
설』에서는 『지봉유설』의 내용이 정확하지 않다는 점을 5건이나 지적했
다. 이익이 이수광의 『지봉유설』을 무비판적으로 수용하지 않았음을
알 수 있다.

예를 들면 이수광이 "(중국의) 황제가 들[野]을 구획해서 주(州)로 나누
어 백 리가 되는 나라 만 구(區)를 얻었다"라고 하였는데, 이익은 "중국
땅은 동·서·남·북이 만 리에 불과하다"며 "어떻게 그 많은 구를 얻을
수 있겠는가?"라고 의문을 제시했다. 그러면서 "이는 산술(算術)을 알지
못해 하는 말이다. 땅이 사방 천 리라면 백 리가 되는 나라가 10이요,
땅이 사방 만 리라면 백 리가 되는 나라가 백 개다. 백에 백을 곱한다면
어찌 만 구가 되지 않겠는가?"라며 오류를 지적했다.

『성호사설』에서 성호는 저자 이익의 호로, 성호(星湖)는 '별처럼 쟁쟁
한 실력자들이 모이게 한 호수'라는 의미이다. 사설(僿說)은 '자질구레한
말'이라는 뜻으로, 자신을 최대한 낮춘 겸손한 표현이다. 『성호사설』은
저자 이익이 40세 이후부터 책을 읽다가 느낀 점이나, 제자들의 질문에
답한 내용을 기록해 두었다가 그의 나이 80세 되었을 때 집안 조카들
이 정리해서 편찬했다. 이후 『성호사설』은 조선 후기 실학이 만개하는
기반을 제공하는 등 후배 지식인들에게 커다란 영향을 끼쳤다.

본관이 여주인 이익의 집안은 8대조 이계손이 성종 때 병조판서 등
을 지낸 명문가였고, 이익의 후손 중에는 실학의 대가들도 배출되었다.
대표적인 예로 『택리지』의 저자 이중환과 정조로부터 대학자로 인정받

았던 이가환은 이익의 종손이다.

『택리지』는 실용에 도움이 되고 경세제국(經世濟國)에 도구로 삼으려는 목적으로 영조 27년(751)에 편찬하였으며, 우리나라 실학과 학풍을 배경으로 현지를 답사하고 실생활에 도움을 주는 다양한 지리정보를 수록한 대표적인 지리서이다.

팔도의 위치와 역사적 배경 등을 담은 『동국여지승람』이 종전의 군·현별로 쓰인 백과사전식 지지(地誌)라면, 『택리지』는 우리나라를 총체적으로 다룬 새로운 인문 지리지의 효시이면서 역사·경제·사회·교통 등을 다루었고, 각 지방의 지역성을 출신 인물과 연관 지어 서술했다는 점이 특징이다. 또 거주지의 조건인 지리·생리·인심·산수 등을 수록하는 등 18세기 사람들이 생각하던 선호하는 주거지의 기준 정보도 다양

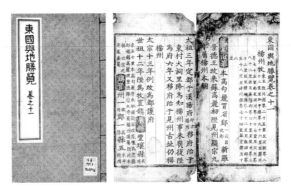

동국여지승람東國輿地勝覽
1481년(성종 12) | 보진재(葆眞齋) 노사신(盧思愼) 외 | 노사신, 강희맹, 양성지 등이 왕명을 받아 편찬한 지리서로, 중국의 『대명일통지(大明一統志)』를 참고하여 우리나라 각 도(道)의 지리·풍속 등을 기록했다. 법전인 『경국대전』, 사서인 『동국통감』과 더불어 조선 성종 대에 이루어진 편찬 사업의 대표적인 성과로 평가된다. 1530년(중종 25)에는 이행, 윤은보, 홍언필 등에 의해 55권으로 된 증보판이 간행되었는데, 이것을 『신증(新增)동국여지승람』이라고 한다.

하게 수록했다. 이가환은 천문학과 수학에 정통해 스스로 "내가 죽으면 이 나라에 수학의 맥이 끊어지겠다"고 말했다는 일화도 전한다. 이익의 손녀딸은 『지봉유설』의 저자 이수광의 후손과 혼인했다.

이익은 어려서 병약해 글공부를 제대로 할 수 없었으나, 이후 둘째 형 이잠에게 글을 배워 25세 되던 숙종 31년(1705) 증광시에 응시했다. 그러나 녹명(錄名)이 격식에 맞지 않는다는 이유로 불합격 처리되었고, 이듬해에는 둘째 형이 "희빈 장씨의 아들인 세자(경종)를 폐위하려는 세력을 제거해야 한다"는 상소를 올렸다가 역적으로 몰려 곤장을 맞다가 47세의 나이로 사망한다. 이후 이익은 과거에 뜻을 버리고 평생을 첨성리에서 재야의 선비로 은둔 생활을 했다.

이익이 실학의 기틀을 마련할 수 있었던 데는 당쟁(黨爭)도 큰 영향을 미쳤다. 숙종 6년(1680) 경신환국(庚申換局)으로 서인들에 의해 남인들이 숙청되면서, 남인이었던 이익 집안도 타격을 받았기 때문이다. 당시 이익의 아버지인 이하진(李夏鎭)은 평안도 운산에 유배되었고, 이익은 숙종 7년(1681)에 그곳에서 출생했다. 그러나 부친이 유배지에서 사망하자, 어머니와 함께 선대가 살아온 경기도 안산의 첨성리로 돌아와서 살게 된다.

이익은 그 뒤로 평생을 고향에 은거하며 아버지 이하진이 중국에 사신으로 갔다가 귀국할 때 구해온 수천 권의 서적을 보면서 다양한 사상과 문화를 접한다. 그는 학자들이 주목하지 않은 천문·지리·율산·의학 등은 물론, 서양의 과학과 문물에 이르기까지 폭넓은 분야를 공부하면서 직접 농사도 지었다. 이러한 경험은 이익으로 하여금 사회의 구조적 모순과 불안정한 민생에 대한 개혁방안에도 관심을 기울이게 하는 등

실증적 분석과 비판을 통한 실학적 기틀을 마련하게 한다.

한편 이익의 호인 성호는 그가 살던 안성 첨성리 지역의 호수에서 유래한 것으로 전한다. 첨성리는 현재의 과천과 금천에 걸쳐 있는 곳이다. 1970년까지 첨성리에는 이익이 별을 관측했던 도당산과 수백 년 묵은 느티나무 그리고 향나무를 거느린 성호장이 있었다. 그러나 안산 신도시 건설 계획으로 1981년, 이 지역에 택지가 조성되면서 첨성촌과 성호장은 사라졌다. 2002년에 이익의 묘소가 있는 지역 인근에 성호기념관이 조성되었다.

『송남잡지』,
이야기를 꽃피우다

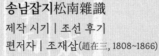

송남잡지松南雜識

제작 시기 | 조선 후기

편저자 | 조재삼(趙在三, 1808~1866)

내용과 의의 | 두 아들의 교육을 위해 편찬한 유서(類書)로, 천문류·외국류·농정류·집물류·화약류·음악류·인사류·문방류·어조류 등 천지 사물을 33개 부문으로 분류하고 각 부문에 관계되는 지식을 모아 서술한 백과사전의 일종이다. 특히 방언류는 국어 연구에 귀중한 자료로 꼽힌다.

모든 것은 사람이 하기에 달려 있다

가루 팔러 가니 바람 불고, 소금 팔러 가니 이슬비 내린다

계란유골(鷄卵有骨)이란 직역하면 '계란에도 뼈가 있다'는 말로, '운이 나쁜 사람은 기회가 찾아와도 무엇 하나 뜻대로 되는 일이 없다'는 의미로 해석한다. 『송남잡지』에서는 계란유골의 유래를 다음과 같이 소개했다.

조선 세종 때 영의정을 지낸 황희(黃喜)는 어질고 검소한 생활을 한 청렴한 재상이었다. 그는 관복도 한 벌로 빨아 입었고, 장마철에는 집에 비가 새도 전혀 신경 쓰지 않았다. 세종은 황 정승의 가난을 안타깝게 여겨 도와줄 방법을 생각하다가 "내일 아침 일찍 남대문을 열었을 때부터 문을 닫을 때까지 문 안으로 들어오는 물건을 모두 사서 황 정승에게 주겠다"고 선언했다.

하지만 그날은 새벽부터 하루 종일 폭풍우가 몰아쳐 성문을 드나드는 사람조차 없었다. 날이 어두워져서 문을 닫으려고 할 때, 한 시골 영감이 달걀 한 꾸러미를 들고 나타났다. 세종은 약속대로 달걀을 사서 황희에게 주었다. 황희가 달걀을 가지고 집으로 돌아와 삶아 먹으려고 했으나 달걀마다 뼈가 들어 있어서 한 알도 먹을 수가 없었다.

이처럼 팔자까지는 아니지만, 운수가 좋지 않은 경우를 말하는 속담으로는 "엎어져도 코가 깨지고, 자빠져도 코가 깨진다", "가루 팔러 가니 바람 불고, 소금 팔러 가니 이슬비 내린다", "집안이 망하려면 맏며느리가 수염이 난다" 등이 전한다.

또 남녀 사이의 짧지만 깊은 여운을 남긴 연정이나, 잠시 만난 인연으로 깊은 정을 맺을 수 있다는 '하룻밤에 만리장성을 쌓는다'는 뜻의 속담으로는 『한국구비문학대계』에 10편이나 소개되어 있는데, 다음의 이야기도 그 예이다.

어떤 남자가 만리장성 축성에 동원되자 홀로 남겨진 부인이 다른 남자를 유혹해서 하룻밤을 보냈다. 다음 날, 부인은 남자에게 만리장성 현장에 간 남편에게 옷가지와 편지 심부름을 부탁하면서 "편지와 옷만 제대로 전달하고 돌아오면, 당신과 평생 함께 살겠다"고 약속했다.

남자는 부인의 말대로 만리장성 축성 현장에 있던 여인의 남편에게 편지와 보따리를 전하였다. 편지에는 "여보, 지금 이 편지와 옷가지를 전달한 남자를 대신 두고 당신은 빨리 도망 나오세요"라고 쓰여 있었다. 그런데 편지를 전달한 남자는 까막눈이어서 편지의 내용을 알 수 없었다. 남편은 어리석은 남자를 만리장성 현장에 두고 도망쳐 부인에게 돌아왔다.

이 이야기는 지역에 따라 남자가 소금 장수나 머슴 등으로도 전하고,

여인은 빨래하는 여자나 주인마님으로도 등장한다. 마지막 부분에서 남편은 잠깐만 성을 쌓아달라고 부탁하고 옷을 갈아입는 척하다가 도망치기도 한다. 그러나 중국의 만리장성과 관련한 이야기가 우리나라에서 구전되는 이유는 구체적으로 전하지 않는다.

다만 이 이야기는 짧은 만남 동안 쌓은 소중한 인연을 말하는 것이 아니라, "하룻밤 쾌락을 위해 신세를 망칠 수도 있으니 낯모르는 여성을 조심하라"는 경계의 뜻이 담겨 있다. 『송남잡지』에서는 만리장성과 관련한 전혀 다른 유래담도 다음과 같이 소개하고 있다.

> 원래 왜구들은 조선에 오면 하룻밤을 자고 가더라도 반드시 성을 쌓았다〔一夜萬里城〕. 적을 막기 위해 성을 쌓는다는 것이다. 오늘날에는 남녀 관계를 이르는 말로 쓰이고 있으나, 원래의 뜻은 이런 이야기에서 유래하였다.

여기서 '일야만리성(一夜萬里城)'은 '하룻밤에 만리장성을 쌓는다'는 의미로, 일본에 대한 경계심을 담은 '유비무환'을 말한다. 『송남잡지』보다 30여 년 앞선 1820년에 편찬된 정약용의 『이담속찬(耳談續纂)』에서는 "비록 잠시라도 마땅히 대비하지 않으면 안 된다"는 뜻으로 해석하기도 했다. 따라서 원래 '하룻밤을 자도 만인(蠻人)은 성을 쌓는다'는 말은 주변 야만족에 대한 경계의 의미였는데, 이후 만리장성으로 변했다고 보는 견해도 있다.

참고로, 『송남잡지』 외에 우리 속담을 수록한 주요 서적을 정리하면 다음과 같다.

『순오지』(旬五志, 1678), 홍만종(洪萬鍾, 1643~1725)

고사일문(古史逸聞)·시화·양생술·삼교합론·속언 등을 수록한 잡록으로. 책의 제목이 보름 만에 완성되었다고 해서 이름 붙였다. 저자는 서문에서 "병으로 누워 지내다가 옛날에 들은 여러 가지 말과 민가에 떠도는 속담 등을 기록하였다"고 밝혀놓았다. 그러나 저자의 주된 관심은 우리나라의 역사와 문학 그리고 우리 민족에 대한 당당한 긍지를 담는 것이었다.

예를 들면 가장 먼저 단군의 신이(神異)한 통치를 우리 역사의 출발로 기술하면서 우리 역사와 문화가 오랜 연원을 가지고 줄기차게 전개되었다는 사실을 강조했다. 그리고 중국의 침략을 물리친 고구려나, 외적의 침입이 있을 때마다 선조들이 단군 이래의 굳건한 정신을 발휘하여 물리친 것에 깊은 관심을 보이며 해마다 중국에 조공을 바치는 현실을 통탄하는 등 중국 문화의 유입이 문화 발전을 결정하였다는 중화주의적 사고방식을 극복하고 있다.

또 유·불·선 삼교에 대한 해박한 논설도 담았으며, 특히 영웅적 힘을 기르기 위한 신선 수련법에도 주목하여 단전호흡을 비롯해 여러 가지 비법을 소개하는 등 도가의 내용도 많이 수록했다. 예를 들면 조선 태조의 건국 설화 중 풍수에 능하였다는 도선(道詵)의 이야기에서부터 우리 지명에 얽힌 전설과 신선술, 양성보명(養性保命)과 입신행기(立身行己)의 비법을 소개했다. 마지막 부분에는 130여 종의 속담이 한문으로 번역되어 있고, 각 속담의 뜻풀이를 함께 실어 조선시대 속담의 실태를 보여준 귀중한 자료로 평가받는다.

『열상방언』(洌上方言, 18세기 초), 이덕무(李德懋, 1741~1793)

영·정조 때 이덕무가 수집하여 한문으로 번역한 우리의 속담집이다. 예를 들면 첫머리에서 "이불 생각하고 발 뻗는다(量吾彼置吾趾)"는 '무슨 일이건 제힘을 헤아려서 해야 한다(言事可度力而爲也被短而申足足必露矣)'는 말로, 이불은 짧은데 발을 뻗으면 발이 반드시 밖으로 나온다는 의미이며, "기와 한 장 아끼려다 대들보 꺾인다(惜一瓦屋樑挫)"는 '시작을 조심하지 않으면 반드시 큰 재앙을 만난다(言不愼其始必遭大患也)'는 말이다. 그리고 "새벽달 보려고 초저녁부터 앉았다(看晨月坐自夕)"는 때를 맞추지 못하고 너무 일찍 서두르는 것을 말한다. '새벽달이 보고 싶으면 새벽에 일어나도 될 것이다(言不及時而太早計也欲看晨月及晨而興可也)' 등도 있다.

『이담속찬』(耳談續纂, 1820), 정약용(丁若鏞, 1762~1836)

정약용이 명나라 왕동궤(王同軌)가 찬한 『이담(耳談)』을 보고 우리 고유의 속담을 증보하여 펴낸 속담집이다. 여기에는 241수의 우리 속담과 중국 속언 170여 조도 함께 소개했으며, 각 속언 밑에 주석을 달아 출전이나 뜻을 밝혀놓았다.

예를 들면 "세 살 버릇 여든까지 간다"를 '三歲之習至于八十(삼세지습지우팔십)'이라고 한문으로 싣고 '어렸을 때 일은 마침내 나쁜 버릇이 되어 늙은 뒤에도 고쳐지지 않음을 말한다'며 밑에 뜻을 풀이해 두었다. 『이담』에는 비록 중국 속담이 수록되어 있으나, 간혹 유사한 한국 속담을 예로 들어 양국 속담의 전파 관계를 비교해 볼 수 있다.

『**속담대사전**』(俗談大辭典, 1940), **방종현**(方種鉉)·**김사엽**(金思燁)

　　우리나라 최초로 사전 체제를 갖춘 속담집으로, 우리말 속담 3,000여 수를 포함해 총 4,000여 수의 속담을 수록했다. 속담을 가나다순으로 배열하고, 찾기에 편리하도록 색인을 달았으며, 유사 속담이나 반대 속담을 함께 기록해 참고가 되게 하였다. 또 부록으로『순오지』,『열상방언』,『청장관전서』,『이담속찬』,『동언해』,『사과지남』을 실어 우리 속담을 본격적으로 집대성했다. 그러나 이 책을 출간할 당시 일제의 탄압으로 교정도 제대로 이루어지지 않고 간행되어 오기(誤記)가 많다.

정성은 귀신을 있게도 하고, 없게도 한다

　　단종은 정순왕후와의 사이에서 후손을 두지 못했다. 그 때문에 정순왕후는 나중에 해주 정씨 집안 정미수 부부에게 유산을 물려주면서 제사를 부탁했다. 정미수는 영양위(寧陽尉) 정종(鄭悰)의 아들로, 정종은 단종의 단 하나뿐인 누이 경혜공주의 남편이다.『송남잡지』에는 이와 관련한 다음의 이야기가 수록되어 있다.

　　해주 정씨 집안 정종의 후손들이 단종의 제사를 지냈다. 그런데 정종의 5대손 정효준(鄭孝俊)이 너무나 가난했다. 그는 부인까지 먼저 세상을 떠나 의지할 곳도 없어 단종의 제사도 지내지 못할 지경이었다. 그러던 어느 날, 단종이 정효준의 꿈에 나타나 중매를 서서 정효준이 혼인을 하고, 슬하의 다섯 아들이 모두 과거에 급제하여 부귀하게 되었다. 역시 세상에 드문 일이다.

이처럼 단종의 제사를 잘 모셔서 후손들이 복을 받았다는 이야기는 당시 사회에서 제사가 대단히 중요했음을 말해준다. 제사와 관련한 다음의 이야기도 흥미롭다.

어느 날 학자가 제자와 예(禮)를 강론하고 있는데, 갑자기 어떤 사람이 찾아와서 다급하게 물었다. "오늘 저녁은 선친의 제사인데, 집안의 개가 새끼를 낳아서 부정하니 제사를 지낼 수 없습니까? 지낼 수 있습니까?" 이에 학자가 "제사를 지낼 수 없다"고 답해 주었다.

잠시 후 또 다른 사람이 와서 "오늘 저녁이 선친의 제사인데, 맏며느리가 사내아이를 낳아 아직 산실(産室)에서 나오지 않았습니다. 축문(祝文)을 읽거나 곡을 하지 않고 제사를 지내려고 하는데 부정하니 제사를 지내지 않는 것이 옳은지요?"라고 묻자 학자는 "제사를 지낼 수 있다"고 답해 주었다.

이에 옆에 있던 제자가 "개가 새끼를 낳았을 때는 제사를 지낼 수 없다고 하고, 며느리가 아들을 낳았을 때는 제사를 지낼 수 있다고 하니 무엇 때문에 그렇습니까?"라고 묻자, 학자는 "제사라는 것은 정성이고, 정(情)이다. 정성이 있고 정(情)이 있어야 귀신도 있는 것이지, 정성이 없고 정이 없으면 예(禮)도 없는 법이다. 개 때문에 질문한 사람은 먼저 '제사를 지낼 수 없다'는 말을 했으니, 그 정성과 정이 없음을 알 수 있다. 하지만 며느리가 출산한 문제로 질문한 사람은 제사를 지내려고 하는데 가능한지를 먼저 물었으니 또한 정성과 정이 있음을 알 수 있다. 귀신은 사람의 정성과 정에 따라 존재하기도 하고 존재하지 않기도 하는 것이니, 이것이 의(義)가 일어나는 예(禮)이다"라고 대답했다.

이처럼 제사는 형식과 절차가 중요한 것이 아니라, 정성이 무엇보다 중요하다고 강조한다. 그리고 유교 사회에서 중시했던 효(孝)의 실천 역시 '마음을 다하면 하늘도 감동한다'는 의미를 강조하는 다음의 이야기도 수록되어 있다.

> 병자호란 때 어느 선비의 집안에서 피난 가기 위해 신주(神主)를 땅에 묻으려고 했다. 하지만 창피한 마음에 이웃 사람들의 눈을 피해 밤에 몰래 묻었다. 그런데 아침에 보니 땅이 파헤쳐지고 신주가 부서져 있었다. 밤에 도둑이 무언가 묻는 것을 보고 보물이라고 생각하여 파헤쳤던 것이다. 반면 이웃집에서는 아침에 차례를 올리고 곡을 한 다음 친척들을 모아놓고 정중하게 신주를 묻고는 피난 갔다. 전쟁이 끝난 후 집으로 돌아와 보니 탈이 없이 그대로 있었다.

> 전렴(全廉)의 어머니가 병이 들어 섣달에 반만 익은 대추를 먹고 싶어 했다. 하지만 한겨울에 대추를 구할 수가 없었던 전렴이 정원에서 통곡을 했다. 그러자 잘 익은 대추 한 알이 나무에 달렸다. 효가 진실로 천지를 감동시키고 사람과 귀신을 감동시키지만, 초목을 감동시키는 이치는 이상하다.

바다의 물고기는 풍년과 흉년이 따로 없다

『송남잡지』에서는 토지제도의 문란이나 관리의 횡포, 과거제도의 폐단 등을 구체적인 사례를 들어 소개하면서 정사(正史)에서는 찾아보기 힘든 19세기 전반기 조선 사회의 모순을 생생하게 전하고 있다. 예를 들면

"울릉도 백 리의 땅은 옛날에 신라에 속했는데, 우리 조정에서는 토벌해 놓고도 버려서 왜(倭)가 우리나라를 염탐하는 소굴로 쓰고 있다"며 국토 관리의 중요성을 강조하기도 했고, 우리나라가 가난한 이유를 다음과 같이 진단했다.

> 겨우 팔도 수천 리의 땅에서 함경도의 세금은 교역에 사용하고, 평안도와 황해도의 세금은 사신의 왕래에 사용한다. 영남의 세금 중에서 절반은 왜인들이 통상하는 왜관(倭館)에 사용하고, 영남의 토지 중에서 또 반은 왕족이나 공신에게 하사하는 데 사용한다. …… 나라가 작고, 나라가 작기 때문에 돈 들어갈 곳이 많고, 돈 들어갈 곳이 많기 때문에 백성이 고달프다. …… 그런데도 나라를 제대로 다스리지 못한 까닭에 재물을 부질없이 낭비하여 나라 밖의 도적이 침략해 오지 않아도 안으로 스스로 약해지고, 해마다 곡식이 잘 열리고 여러 번 풍년이 들었지만 백성들은 대부분 가난하고 굶주린다.

이 글은 국토는 좁고 나라가 가난하게 되었음에도 정치를 제대로 하지 않아 백성들의 삶이 더욱 어려워지는 현실을 비판하고 있다. 다음의 이야기는 이러한 사회적 모순을 백성들이 어떻게 바라보는지를 잘 나타낸다.

> 근래에 청어가 매우 귀하기에 내가 어부에게 물어보았더니, 어부는 "바다의 물고기는 시내나 강의 물고기와 달리 풍년이라도 많아지지 않고, 흉년이라도 줄어들지 않습니다. 다만 낚시터를 모두 세도가들이 차지

해서 포구 사람들은 가리나 그물만 넓게 펼쳐둘 뿐입니다. 세금은 무거운데 이익은 적은 까닭에 내버려 두고 잡지 않기 때문입니다"라고 대답했다.

이 이야기는 권세가들의 횡포와 부정 비리로 어부들까지도 생업을 포기한 현실을 꼬집고 있다. 다음의 이야기는 이러한 폐단의 원인이 어디에 있는지를 더욱 직설적으로 지적하고 있다.

영조 때 담곡(淡谷)의 백성이 한양에 와서 임금의 행차를 구경했는데, 임금이 탄 수레가 지나가자 갑자기 대성통곡을 했다. 왕이 놀라서 이유를 물으니, "소인은 실로 한양의 모든 백성이 불쌍해서 통곡하였습니다. 소인의 읍에서는 사모(紗帽)를 쓴 도둑이 한 사람만 있어도 백성들이 제 살던 곳을 떠나 뿔뿔이 흩어지는데, 지금 보니 사모를 쓴 도둑이 천 명이나 되니 한양 백성들이 어떻게 살아가겠습니까? 이런 까닭에 통곡을 하였습니다"라고 대답했다. 아! 이것이 비록 민간의 이치 없는 이야기지만, 사모를 쓴 자의 경계가 될 만하다.

이처럼 이 이야기에는 지방에서는 수령 한 사람의 탐학(貪虐)으로 백성들이 고통을 못 이기고 도망가는데, 중앙에는 수많은 관리가 정치를 제대로 하지 못하고 있다는 비난과 조롱이 담겨 있다.

『송남잡지』에서는 정치의 고질적인 문제였던 지역 차별과 당파 싸움도 다음과 같이 신랄하게 비판했다.

우리나라는 단지 팔도뿐이건만 전라도는 고려 때부터 산수가 등진 형세라고 하여 배제하고, 북도는 옛 사당이 있는 곳이라 하여 배제하며, 황해도와 평안도는 궁마(弓馬)의 산지라 하여 배제하고, 송도 또한 옛 사당이 있는 지역이라고 배제했다. 오직 호서와 영남만을 배제하지 않았지만, 노론과 소론 그리고 남인과 북인의 당파가 그 사이에 뒤섞여 있기에 과거에 선발되거나 벼슬에 천거되는 자들이 현명한지의 여부를 묻지 않고, 오직 노소와 남북만을 따진다. 현명한 사람이 유독 노소와 남북 당인 속에서 나와야만 흉년을 구제하는 곡식이나 땅을 지키는 성처럼 될 수 있겠는가?

아! 당색을 갖추어 바람을 그르치는 것을 공평하고 바른 도리라고 하고, 인재를 선발하되 당색을 띠지 않으면 개인의 사사로운 정이라고 하니 공(公)과 사(私)는 다만 당색에 달려 있을 뿐이고, 현명함과는 관계가 없다.

이외에도 딱따구리[啄木鳥]와 관련해서 『송남잡지』의 저자 조재삼은 "……『고금이전(古今異傳)』에서는 딱따구리를 본래 뇌공(雷公)의 약초 캐는 관리가 변한 것이라고 했다. 그리고 『이물지(異物志)』에서는 갈색인 놈이 암컷이고 얼룩무늬가 있는 놈이 수컷이라고 하였고, 산착목(山斲木)·화로아(火老鴉)라고도 한다"라고 소개하면서 "딱따구리란 이름의 새가 있으니, 온 나무의 벌레를 쪼아 먹는다. 네가 쪼는 것은 나무뿐이지만, 백성들을 쪼아 먹는 벌레들은 어이할꼬"라며 자신의 시를 인용하여 관리들의 무능과 타락을 비판했다.

19세기 지식인의 서양에 대한 이해와 오해

『송남잡지』가 편찬된 19세 중반의 조선은 세도정치로 인해 왕권이 약화하고 소수의 세도 가문에 권력이 집중되었다. 그리고 이들의 전횡으로 국내 정치는 그야말로 혼돈 속으로 빠져들고 있었다. 그뿐만 아니라 대외적으로는 중국에서 아편전쟁(1840~1842)이 일어났고, 일본에서는 철종 5년(1854) 미국에 의한 개항이 이루어졌다. 조선 역시 이양선(異樣船)이 연안에 출몰하는 등 서양이 이미 가까이에 와 있었다.

하지만 서구 열강들의 요구로 문호를 개방한 청나라가 심각한 몸살을 앓는 것을 보면서 조선의 지식인들은 위기의식을 느꼈다. 『송남잡지』에서는 당시 청나라의 상황을 가리켜 "세상에 전하기를 청나라의 제도는 좋지만, 세 가지 깊은 근심이 있다. 황하가 범람하는 것과 아편 연기 그리고 이슬람 국가이다"라고 기록하고 있다.

『송남잡지』에서는 서구의 선진 문물에도 관심을 기울였다. 특히 영길리국(영국)·불랑기국(프랑스) 등 서양의 국가들을 소개하면서 서양 무기의 위력에 주목했고, 마테오 리치의 「곤여만국전도」를 보고 "천하의 오대주에 사람들이 꽉 차 있으니, 그 땅이 진실로 있다는 것은 속일 수 없다"며 세계 지리에 대한 확장된 인식을 보여주었다.

그러나 "서양 사람들은 땅을 몇 걸음 재서 벼락이 치면 미리 구덩이를 파고 우레가 굴러 구덩이에 들어가서 그치면 바로 파묻는다"라며 서양 과학에 속신을 결합했는가 하면, 아편을 다음과 같이 기술했다.

옛날에는 아편 담배가 없었는데, 서양 사람들이 앵속각(鶯粟角)에 사람의 정액을 섞어 만든다. 담배처럼 들이마시는데, 전생의 일이 모두 기억나고 두 배로 총명해지며 기력이 용솟음친다고 한다. 그러나 삼 년 동안 들이마시지 않으면 죽는다.

여기서 앵속각은 이질·기침·설사 등에 신기할 정도로 효능이 있다는 양귀비 껍질을 말한다. 앵속각은 위급한 병의 치료에는 효과가 뛰어나지만, 지나치게 사용하면 목숨이 위태로울 수 있다. 아마도 이러한 특징 때문에 마약류인 아편 담배와 연관이 있다고 해석한 듯하다.

또 서양의 문물을 전한 마테오 리치를 가리켜 "전설에 이마보(利瑪寶)는 류의 소생이라고 한다. 류는 전설상의 동물로 삵과 같은데, 갈기가 있고 혼자서 암놈도 되고 수놈도 된다"며 동양의 전설에 나오는 동물의 자손으로 소개했다.

서양의 총에 관해서는 "최근에 듣자 하니 영국에서는 소리 없는 총을 사용한다고 하는데, 왜의 총보다 더 묘하다"며 총의 성능에 감탄하면서 "서양 사람들은 수전(水戰)에서 물 위를 가볍게 걸어 다니는 신을 신고 황하(黃河)를 걸어서 건넌다고 한다. 그들은 주어(舟魚)의 피를 발에 바른 것인가?"라며 『박포자』에서 "주어의 피를 발에 바르면 물 위를 걸어도 빠지지 않는다"는 내용을 인용해 서양인을 전설상의 물고기에 비유했다.

이처럼 당시 조선의 지식인들에게 서양은 호기심의 대상이면서 한편으로는 신기한 문물과 강력한 무기로 무장하여 위기의식을 느끼게 한 존재였다. 그러나 서양에 대한 구체적인 정보가 부족했기 때문에 속신과 같은 떠도는 소문에 의존할 정도로 객관적인 실체를 확인하기에는 한계가 있었다.

초자연적 현상에도 주목하다

붉은 것은 귀신을 쫓고, 파란 것은 새로운 것을 기원한다

『송남잡지』에서는 우리나라 풍속의 유래를 고증하고자 국내 자료는 물론, 중국의 자료까지 참고하여 문헌적 근거를 제시함으로써 신뢰도를 높이고 있다. 예를 들면 동지의 유래와 그 의미를 밝히면서, 동지에 귀신을 쫓기 위해 붉은 팥죽을 끓이는 풍습과 함께 새로운 습속으로 푸른 생선을 올린다고 설명했다. 약밥(藥飯)의 유래는 『삼국유사』에 수록된 「사금갑(射琴匣)」을 인용해 다음과 같이 소개했다.

소지왕(炤知王)이 정월 초하루에 천천정(天泉亭)에 행차할 때 까마귀 한 마리가 봉해진 편지 한 통을 물고 와서 울었다. 편지의 겉에는 "열어보면 두 사람이 죽고, 열어보지 않으면 한 사람이 죽는다"고 적혀 있었다. 이를 본 왕이 망설이자 일관(日官)이 "한 사람이란 왕을 말합니다"라고 아뢰었다. 왕이 편지를 열어보니 "거문고 갑을 쏘아라(射琴匣)"라고 쓰여 있었다. 왕이 궁으로 들어가 거문고 갑을 활로 쏘자 그 속에 숨어 있던 중이 화살을 맞고 죽었다. 그가 바로 내전(內殿)의 분수승(焚修僧)으로 왕비와 간통한 자였다.

이후 찰밥을 지어·맛있는 과일과 함께 까마귀에게 제사 지내는 풍속이 생겼다. 중국에서도 진미로 여기는 찰밥은 근세에도 특정 시절(時節)에만 먹는 성찬으로, 집안의 사당에도 올린다.

여기서 일관은 삼국시대에 천문 관측과 점성(占星) 등의 일을 담당한 관원을 말한다. 삼국시대에는 일식·월식·유성·혜성 등 하늘에서 생기는 이상한 일들과 우레·지진 등 지이 현상(地異現象)들을 일관의 점성술에 의지해서 어떤 조짐을 예측하고 재앙을 예방하고자 했다. 따라서 이 이야기 역시 왕비와 간통한 중이 왕을 살해하려는 의도를, 하늘이 까마귀를 통해 소지왕에게 알려주는 과정에서 일관이 그 뜻을 해석해 준 것이었다.

『송남잡지』에서는 비록 과학적으로 검증할 수는 없지만, 인간의 힘만으로는 해결하기 어려운 일들을 극복하는 방법에도 관심을 기울이고 있다. 특히 일상에서 볼 수 있는 움직임으로 비가 올 조짐과 관련한 다양한 이야기도 수록했다. 다음의 이야기들은 그 예이다.

> 개미가 구멍 입구를 막으면 큰비가 올 것이다. 대개 구멍에 사는 생물은 비가 올 것을 알고, 둥지에 사는 생물은 바람이 불 것을 안다.

도마뱀이 비를 내리게 하는 용의 종류라는 속신에 기반하여 다음과 같이 비를 오게 하는 풍속도 소개했다.

> 도마뱀을 동이에 거두어 놓고 아이들로 하여금 버들가지를 들고 "도마뱀아 도마뱀아 구름을 일게 하고 안개비를 토하여 지금 당장 큰비를 내리게 한다면 너를 놓아주마"라고 외우게 하면 비가 온다.

또 민가에서 물의 속성을 지닌 버들가지와 관련해서 "계사년 순조 대에 가뭄이 들었을 때 조정에서 명을 내려 집집마다 버드나무 가지를 물병에 꽂고 옥상에 두며 비를 기원했다"는 사례도 소개했다. 『오주연문장전산고』에서도 이러한 풍습을 소개하면서 송나라에서 유래하였다고 기록했다.

이외에도 "하루살이가 날 때 맷돌처럼 돌면 바람이 불고, 절구를 찧듯 오르내리면 비가 온다"는 속신도 전하며, "새는 오른쪽 날개로 왼쪽을 덮으면 수컷이고, 왼쪽 날개로 오른쪽을 덮으면 암컷이다"라며 새의 암수를 구별하는 방법도 수록했다.

성황당을 지나며 침을 뱉어라

『송남잡지』에서는 전설이나 속담의 유래담도 소개했다. 예를 들면 '할 말이 있어도 하지 못하거나, 겁이 나서 기를 펴지 못하고 꼼짝 못 하는 사람'을 "침 먹은 지네〔食涎蜈蚣〕"라고 했다는 속담의 유래로 다음과 같은 성황당(城隍堂) 속설을 소개했다.

신라시대에 "성황당을 지나는 사람은 반드시 죽는다"고 해서 사람들이 피해 가는 길이 있었다. 어느 날 술에 취한 나그네가 해가 저물어 이곳을 지나가는데, 아름다운 여인이 나타났다. 여인이 나그네를 돌 틈으로 안고 들어가자, 나그네 앞에 금과 은으로 만든 대궐이 나타났고, 여인이 맛있는 술과 음식을 권했다. 술에 취한 나그네는 여인과 함께 잠자리에 들었는데, 술김에 여인의 얼굴에 침을 뱉었더니 죽어버리고 말았다. 그런데 나그네가 술에서 깨어나 보니 자신은 길가에 누워 있고, 길가에 어지럽게 널린 돌들 사이로 커다란 지네 한 마리가 죽어 있었다.

이후 이 성황당에서 사람이 죽는 우환이 사라졌으며, 이곳을 지나는 사람들은 반드시 성황당에 침을 뱉는 풍속이 생겨났다. 대개 지네는 사람의 침을 맞으면 죽기 때문에 지금 "침 먹은 지네"라는 말이 전한다. 그리고 성황당을 지나는 사람은 대부분 돌을 던져 돌무더기를 만든다.

『송남잡지』에서는 성황당의 돌무덤과 침을 뱉는 유래의 구체적인 근거까지 제시하지는 않았지만, 이야기가 전하는 이유가 아주 허무맹랑한 것만은 아니라고 마무리하고 있다.

또 고려의 개국공신이면서 평산(平山) 신씨의 시조로, 태조 10년 견훤의 군사와 싸우다 전사한 신숭겸(申崇謙) 장군이 "죽어서 곡성의 성황신으로 모셔진다"는 이야기를 『동국여지승람』을 인용하여 소개하고 있다. 여기에는 지방에 대한 지배력을 강화하려는 중앙의 의도에 대응하여, 신숭겸을 앞세워 국가와 국왕에 대한 충절과 후계자인 어린 태자를 한마음으로 받들겠다는 의미를 강조함으로써 자율적인 향촌 질서를 유지하려고 했던 곡성 지역 토착 세력들의 의도가 담겨 있었다.

반면 정월대보름 풍속인 '더위팔기[賣暑]'의 유래는 중국 사례까지 인용하며 다음과 같이 비판했다.

중국 오나라 풍속에는 섣달 그믐날 아이들이 거리를 돌아다니며 "네게 어리석음 팔았다" 또는 "네게 우매함 팔았다"고 소리치는 풍습이 있다. 오나라 사람이 많이 어리석어 자신들에게 남아도는 것을 팔려고 한 것이다. 중국 남송(南宋) 시대의 정치가이자 시인 범성대(范成大)의 시에 "아이가 말하기를 노인이 사겠다면 돈은 필요 없어요. 외상으로 어리석음 판 것 천백 년이랍니다"라는 구절이 있다. 지금의 '더위팔기'도 그러한 뜻이리라. 내가 지은 시에서 "속을까 봐 아침에 일어나 말하지 않으니, 아는 사람 만나도 모르는 사람 대하듯 하네. 허다한 어리석음이 더위보다 많건만, 더위 파는 사람은 왜 어리석음 팔지 않나"라고 했다.

저자는 이처럼 사람들이 "더위는 팔면서도 어리석음을 두려워하지 않는다"며 사회에 대한 경종을 울리고자 자신의 시로 더위팔기 풍습의 우매함을 지적하며 마무리하고 있다.

억울하게 죽은 여인은 산유화(山有花)가 된다?

『송남잡지』에서는 동식물에 관한 여러 가지 정보를, 저자의 통찰력과 사회 비판 의식을 담아 함께 수록하고 있다. 다음과 같은 다양한 산유화의 유래담도 그 예이다.

향낭이라는 여인이 시집에서 소박을 맞고 친정으로 돌아와 살게 되었다. 어느 날 향낭은 친구와 나물을 캐러 나갔다가 야은(冶隱) 길재(吉再)의 서원(書院) 연못에 이르자, "산에는 꽃이 있는데 나는 집이 없네, 나에게 집이 없으니 어찌할 수 있나"라는 노래를 지어 부르고는 연못에 몸을 던져 죽었다. 이후 사람들에게 향낭의 사연과 함께 노래가 전해져 농요(農謠)가 되었다.

그 노래에 이르기를 "옥섬돌 금모래에 온갖 꽃을 심으니, 만인의 집에서 명랑하게 웃는 모습, 광풍이 하룻밤 새 갑자기 뒤흔드나, 영남에는 아직도 산유화 전한다오"라고 했다.

어느 영남 사람이 도망간 어린 여종을 쫓았다. 여종은 얼굴이 아름다웠으며 혼인날까지 받아 놓은 상태였으나 양반이 자신의 첩으로 삼으려고 하자 도망친 것이다. 낙동강까지 도망간 여종이 절벽에 이르자 "위협은 서릿발 같고 신의는 산 같으니, 안 갈 수도 없고 갈 수도 없네, 머리 돌려보니 낙동강 물 푸른데, 이 몸 위태로운 곳에 이 마음 편하네"라는 시를 읊고 바로 강물에 몸을 던져 죽었다. 그 여종도 산유화가 되었다.

"백제가 멸망할 때 의자왕의 삼천 궁녀가 부여 낙화암(落花巖)에서 몸을 던져 백마강에 빠져 죽었다"는 낙화암의 전설도 '산유화'를 만드니, 대개 여자가 물에 빠져 죽은 것을 산유화라고 하는 유래가 오래되었다. 농암(聾巖) 이현보(李賢輔)가 지은 「상사별곡(相思別曲)」이 농요(農謠)로 불렸는데, 지금 '산유화'는 모든 곡의 끝에 반드시 '어야상사'를 후렴으로 부른다.

그리고 이어서 "섣달 겨울의 눈을 배불리 먹고, 묵은 그루터기에 의지한 몇 가지, 봄바람 부는 울긋불긋한 꽃 속에서, 흰색을 토해내서 꽃을 만들었네"라며 저자의 「설토화(雪吐花)」라는 시를 덧붙이고 있다.

설토화는 현재 불두화(佛頭花)라는 이름으로 알려진 꽃으로,『송남잡지』 외에는 문헌에서 찾아보기 힘들다. 저자 역시 설토화라는 꽃에 대한 설명을 남기지 않아 구체적인 내용을 알 수 없지만, 시를 통해 꽃이 피는 시기와 성질 그리고 상태를 설명하면서 독자로 하여금 시의 이미지를 떠올리며 심미적 정서를 활성화하는 동시에 서술의 단조로움을 탈피하고자 했다. 또 여기에 인간과 사회에 대한 비판 의식을 투영함으로써 백과사전에 생명을 불어넣었다. 물론 자작시만으로 표제어에 대한 설명을 대체한 파격적 형식은 개인이 편찬한 유서이기에 가능했다.

기이한 이야기에도 주목하다

『송남잡지』에 실린 초자연적인 행위와 관련한 이야기도 흥미롭다. 『송남잡지』보다 앞서 편찬된 유서 중 『지봉유설』과 『성호사설』에도 신선과 기괴한 현상 등의 이야기가 수록되어 있다. 『지봉유설』과 『성호사설』은 단순히 흥미 차원이 아니라 신기한 현상이나 이상한 존재들을 나름대로 믿음을 가지고 기록하면서 사실을 밝히려고 하였다.

반면 『송남잡지』는 신선 등 신이한 존재의 가능성을 제시하면서도 논리적 근거를 들어 설명하기보다는 기이한 이야기 자체를 수용하고 있다. 이수광의 『지봉유설』, 홍만종의 『해동이적』, 박지원의 『열하일기』 등에도 수록된 청학동과 남추(南趎)가 등장하는 이야기도 그 예이다.

전라도 곡성 서계 땅에 살았던 남추는 인물이 준수하고 재주가 비상했다. 그는 아버지가 책 읽기를 권하면 "저는 읽지 않아도 다 알고 있습니다"라며 어려서부터 배우지 않고도 모든 것을 아는 등 일찍부터 이상한 일화가 많았다.

한번은 매일 아침 서당에 글을 배우러 집을 나섰던 남추가 결석하는 일이 많다는 사실을 알게 된 집안사람이 몰래 그의 뒤를 밟았다. 남추가 어떤 숲 속으로 들어갔는데, 정자에 앉아 있는 주인의 행동이 맑고 훤하여 속기(俗氣)가 없었다. 남추는 그의 앞에 절을 하고 글을 배우다가 해가 저물 때 집으로 돌아오곤 하였다. 집안사람이 물어보면 괴변으로 답하더니, 후에 신선술을 행했다고 한다.

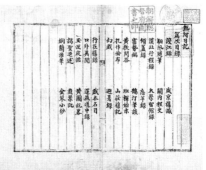

권1 「도강록(渡江錄)」_
6월 24일 압록강을 건너 7월
9일까지 요동을 견문한 기록

열하일기熱河日記

조선 후기 | 연암(燕巖) 박지원(朴趾源) | 1780년(정조 4)에 청나라 건륭제의 고희를
축하하러 가는 사신을 따라 열하(熱河)에 다녀온 후 지은 견문록으로, 그곳 문
인·명사들과의 교유 및 문물제도를 접한 결과를 상세하게 기록했다. 「허생전」,
「호질」 등의 단편소설이 실려 있으며, 사회 풍자 정신과 절묘한 문장력으로 실학
사상을 담은 사상서이자 탁월한 문예 작품으로 평가받는다.

남추(생몰미상)는 중종 때 문신으로, 본관이 고성(固城)이다. 그는 남계신(南繼身)의 아들로, 중종 9년(1514)에 문과에 급제하여 관직 생활을 했다. 그러나 중종 14년(1519) 기묘사화(己卯士禍) 때 조광조 일파로 몰려 집권 대신 남곤(南袞)에게 퇴출당했다. 당시 그가 남곤을 비꼬아 지은 시「촉영부(燭影賦)」는 선비들 사이에 널리 애송될 정도로 주목받았다. 20대 후반의 젊은 나이에 낙향한 남추는 스스로 속세를 떠나 유유자적하면서 신선이 되기 위해 도를 닦았다는 등 신이한 이야기들이 많이 전한다.

어느 날은 안개가 자욱하게 끼었다가 개였는데, 남추가 바위 위에 앉아 몇 명의 사람들과 함께 책을 읽고 있었다는 이야기도 전한다. 어느 해 가을에는 남추가 하인에게 편지 한 통을 써주면서 "이 서찰을 갖고 당장 지리산 청학동을 찾아가면 노인 두 분이 바둑을 두고 있을 것이니, 곡성 서계에서 왔다고 말하고 이 서찰을 전한 다음 반드시 회답을 받아 오거라" 하고 심부름을 보냈다.

하인이 주인의 말대로 지리산 청학동을 찾아갔더니 과연 산자수려(山紫水麗)한 골짜기에 아담한 집 한 채가 있고, 도인과 노승이 마주 앉아 바둑을 두고 있었다. 하인은 공손히 절한 후 남추의 말과 함께 편지를 전하였다. 도인은 웃으면서 "네가 올 줄 알고 있었다. 잠깐만 기다려라" 하고는 두던 바둑을 끝낸 뒤 답장과 함께 푸른 옥으로 만든 바둑돌 한 벌을 내주었다.

당시 바둑을 두던 두 노인은 신선이 된 최고운과 진감선사였다. 최고운은 신라 말기에 중국까지 문명을 떨쳤던 고운(孤雲) 최치운(崔致雲, 857~?)이었고, 진감선사(眞鑑禪師, 774~850)는 신라 애장왕 5년(804)에 당나라에 유학했다가 흥덕왕 5년(830)에 귀국하여, 지금의 쌍계사인 옥천사를 짓고 범패(梵唄) 음악을 널리 전파하는 등 선종 사상에 커다란 영향을 미친 승려 혜소(慧昭)였다. 지금도 지리산 쌍계사 입구의 암석에는 쌍계석문(雙溪石門)이라고 쓴 최고운의 필적이 남아 있으며, 쌍계사 경내의 최고운이 쓴 진감대사 비명은 국보로 지정되었다.

한편 하인이 답장과 바둑돌을 받아들고 산에서 내려오는데, 이상하게도 발밑의 묵은 풀포기에서 새싹이 돋아나고 있었다. 최고운과 진감 선사가 바둑을 끝마치는 동안 인간 세상에서는 계절이 바뀐 것이다. 남추는 최고운에게서 받은 청옥 바둑돌을 애용했으며, 그가 죽은 뒤 청옥 바둑돌도 어디론가 사라져 버렸다고 한다.

남추는 30세에 사망했는데, 공중에서 풍악 소리가 울려 사람들이 올려다보니 남추가 신선이 되어 말을 타고 흰 구름 속으로 날아갔다는 이야기도 전한다. 그리고 그의 시신을 넣은 관이 너무 가벼워 이상해서 열어보니, 안이 텅 빈 채 "아득한 넓은 바다는 배 지나간 자취 찾기 어렵고, 깊은 청산엔 학이 날아간 흔적 보이지 않네"라는 시(詩) 한 수만 들어 있었다고 한다.

『송남잡지』는 이처럼 괴이한 이야기를 수록하면서 중국의 『산해경』을 비롯해 육조시대의 지괴서(志怪書), 당대의 전기소설(傳奇小說), 명대의 문언소설(文言小說) 등 지괴서 계보의 소설류와 지리서, 의약서 같은 정보서에 이르기까지 다양한 자료를 참고했다.

지괴서(志怪書)란 전국시대 말기에 생겨나 한대를 거쳐 위진남북조시대에 성행한 소설 장르로, 초현실적인 소재를 다룬 이야기 모음집이다. 중국 고대신화와 전설의 보물창고로 평가받는 『산해경』과 중국에서 가장 오래된 역사소설로 주나라 목왕의 여행담과 여행 도중 만난 성희(盛姬)와의 사랑 이야기를 담은 『목천자전(穆天子傳)』을 기원으로 하여 지괴 소설류는 육조시대에 대량으로 생산되었다. 여기에는 신선 방술이나 귀신·요괴, 불교나 도교와 관련된 기록까지 초자연적이면서 환상적이거나 불가사의한 이야기들이 수록되어 있다. 그리고 이야기 대부분은 단순한 기록으로 예술성이 가미되지는 않았으나 이후 당대 전기소설 형성에 기초가 되었고, 후대 문학에 다양한 소재를 제공하는 등 중국 소설 사상 그 가치가 높이 평가된다. 주요 작품을 소개하면 다음과 같다.

『산해경(山海經)』, 작자미상

중국에서 가장 오래된 대표적 신화집으로, 고대 중국의 사회·역사·지리·민속·종교 등 다양한 분야를 수록했다. 작자와 제작 시기는 정확하지 않고, 사마천의 『사기』에서 처음 보인다. 다양하고 기이한 괴수(怪獸)와 특이한 신화 고사(神话故事)가 실려 있어 오랫동안 허황한 책으로 인식되었지만, 신화에 그치지 않고 해외의 산천과 동물을 포함하는 고대의 지리서로서 인문 지리지 또는 고대 천문학 개론서 등으로도 주목받고 있다.

특히 생생한 증언을 토대로 불로불사의 신선·영생의 유토피아·이백 시(詩)의 자유와 환상 등 고대인의 꿈과 무의식에 뿌리를 둔 원형적 이미지들을 집대성한 상상력과 환상의 결정체라는 평가를 받는다. '지이류' 문체의 효시로 전하며, 낭만적이고 신비한 내용 등 풍부한 상상력은 중국 작가·시인들에게 많은 영향을 주었고, 중국 소설의 발전에 기여하며 유학(儒學)과 함께 중국 문화의 한 축을 이루었다.

여기에서는 중국 및 그 주변 지역을 방위에 따라 다섯으로 구분하여 모두 447곳의 산을 수록하면서 각 산마다 산천의 형세, 산출되는 광물·동식물·괴물 및 신령을 설명하고, 각 편마다 끝부분에는 제사 지내는 방법을 소개했다. 또 이국의 풍속·사물·영웅의 행적·신들의 계보·괴물 등의 내용도 수록하였으며, 조선·숙신·맥 등 당시 우리나라와 관련된 지명들도 등장하여 이른바 동이(東夷)계 문화와 우리 상고사의 수수께끼들에 관한 자료도 찾아볼 수 있다.

『열선전(列仙傳)』, 작자미상

선인(仙人)의 행적과 장생불사를 중심 주제로 하는 현존하는 최초의 신선 설화집이자 신선 전기집이다. 진나라 대부 완창(阮倉)은 수백 명에 이르는 선인의 사적을 기록한 『열선도(列仙圖)』의 직접적인 영향을 받았으며, 계통적으로 잘 정리된 선화집(仙話集)의 출현에는 전대로부터 이어져 온 사상적 배경이 크게 작용했다. 도교의 주요 경전 가운데 하나이며, 철학사상·문학예술·민간신앙은 물론 자연과학에 이르기까지 중국 전통문화의 이해에도 많은 도움을 주고 있다.

『신이경(神異經)』, 동방삭(東方朔, 기원전 154~기원전 93)

전한(前漢) 시대의 작품으로, 상상력이 풍부하고 내용이 의미심장하다는 평가를 받는다. 『산해경』을 모방하여 중국 변방의 기이한 신들과 괴

상한 사물들을 환상적인 필치로 그려내는 등 지리 박물지의 체계를 계
승했다는 평가를 받는다. 산천과 지리의 기술은 간략하지만, 이물(異物)
과 기인(奇人)의 묘사는 비교적 상세하며, 중간에 조소와 풍자가 들어
있고 고대신화도 많이 수록되었다.

『십주기(十洲記)』, 동방삭(東方朔, 기원전 154~기원전 93)

한 무제가 서왕모(西王母)로부터 조주(祖洲)·현주(玄洲)·장주(長洲)·원주
(元洲)·유주(流洲)·생주(生洲) 등 10개 주의 이야기를 듣고 동방삭을 불
러, 각 지방의 명물 고사를 물어 기술하여 산천·지리·신선·이물 그리
고 복식설 등이 수록되었다.

『한무고사(漢武故事)』, 작자미상

한 무제가 태어나 사망하여 장사 지내기까지 잡사(雜史)를 기록하였으
며, 복식(服食)과 양생(養生)에 관한 고사가 많이 수록되었다. 특히 한
무제가 서왕모를 만나는 고사는 가장 뛰어난 작품으로 꼽히는 등 역
사·전설을 낭만적인 환상성과 융합하여 실제 인물을 허황한 이야기에
등장시킴으로써 소설적인 색채가 짙다는 평가를 받는다.

『박물지(博物志)』, 장화(張華, 232~300)

위진남북조시대에 서진의 문인 장화가 지은 중국의 기문(奇聞)·전설집

으로, 인물 전기와 신선 고사를 포함해 동물·식물·광물·지질·천체·기상 등 자연계의 사물이나 현상을 종합적·계통적으로 집대성하여 백과사전식으로 기록했다. 처음에는 400권으로 만들어졌으나, 문장이 길고 기괴한 부분이 너무 많다는 황제의 지적에 따라 10권으로 줄였다고 한다. 2,000여 종의 문헌을 참조하였으며, 약 2만 항목을 상세하게 소개했다.

『신선전(神仙傳)』, 갈홍(葛洪, 281~341)

동진시대에 신선의 행적을 주요 내용으로 하여 장생불사를 주제로 한 신선 설화집이자 신선 전기집으로, 84명의 인물을 소개했다. 유향의 『열선전』을 바탕으로 선경(仙經)·도서(道書)·백가의 설 그리고 당시에 전승하던 신선 고사를 수집하여 편찬했다. 내용이 풍부하고 줄거리가 복잡하며 묘사가 치밀하여 소설적 색채가 강하다는 평가를 받는다.

『유명록(幽冥錄)』, 유의경(劉義慶, 403~444)

중국 최고의 고대 지괴소설이다. 송나라의 대표적 문인 유의경이 편찬하였으며, 고대 환상문학의 백미로 꼽힌다. 단순히 귀신 이야기 등 전설에 한정하지 않고 현실 세계의 다양한 단면까지 포괄했다. 예를 들면 이승과 저승을 넘나드는 고대 중국인들의 절절한 사랑을 담는 등 한 여인의 지고지순한 사랑, 선녀와 인간의 시공을 초월한 환상적 사랑 등의 이야기가 실려 있다.

『술이기(述異記)』, 임방(任昉, 460~508)

양나라 임방이 지은 소설로. 신·신선·요괴 등 신비롭고 괴이한 존재들의 행적과 이상한 동식물·광물·기이한 장소 등 수많은 신화 자료를 담았다.

이처럼 새로운 지식과 함께 생활의 지혜 등 다양한 정보를 전달하기 위해 저술된 유서에 신이담이 수록된 것은 유서의 자료 수집 과정에서 신기하고 기묘한 내용을 담은 중세의 기록을 포함해 모든 지식을 개방적으로 수용하려는 저자의 학문적 태도에서 연유한 것이었다.

유행과 사치 그리고 야만의 풍속을 경계하다

남자들도 가발로 상투를 틀었다

개항(開港)이 이루어지기 20여 년 전에 저술된 『송남잡지』는 자명종·서양포(西洋布)·아편연(阿片煙) 등 서양의 신문물도 구체적으로 소개했다. 예를 들면 서양으로부터 유래한 양목(洋木)이 한양의 저자 거리에서 팔리는 상황이나, 독일제 바늘로 추정되는 한보제(翰寶齊) 바늘을 가장 우수하다고 설명함으로써 소문으로 존재하는 서양이 아니라 실재하는 서양을 확인할 수 있다.

또 한양의 종루에서 서양포를 비롯해 온갖 비단을 파는 상점이 생기는 등 서양 물품이 사람들의 주목을 받게 되자, 『송남잡지』에서는 사치 풍조를 우려하면서 국내에서 생산되는 물건을 사용할 것과 검소한 생활을 권장했다. 가정에서 사용하는 우리의 부채나 빗 등 다양한 일상 도구도 소개하는 등 전통문화에 대한 자부심도 발견할 수 있다.

예를 들면 단군이 백성들에게 머리를 땋고 머리를 덮는 것을 가르쳤으며, 남자들이 머리에 쓰는 관모(冠帽)의 역사 역시 단군 시대에서 비롯된 것으로 아주 오랜 전통을 지니고 있다고 강조했다. 그리고 청나라의 지배를 받으며 변발을 하게 된 한족과 달리, 조선에서는 여전히 예(禮)의 상징으로 머리카락을 정갈하게 꾸미는 상투를 틀고 있다고 소개했다.

반면 동자(童子)의 편발, 즉 어린아이가 머리를 양 갈래로 따지 않고 뒤로 모아 한 갈래로 땋는 것은 호속(胡俗)이라는 이유로 비판했다. 조선 후기 다른 문헌에서도 확인되는 이러한 풍속을 『지봉유설』에서는 시속(時俗)이 중화의 제도에 맞지 않는다고 지적하면서 동자에게 쌍계(雙髻)를 하도록 강조했다. 그러나 당시 풍속화와 개항기 사진 자료를 보면 머리를 하나로 땋는 풍속은 여전히 계속된 것으로 보인다.

상투에 관해서는 "옛날에 대머리는 비단 주머니와 구슬이나 패물로 망건을 꾸미고 갓에 이어 붙이더니, 근년에 성천(成川) 지역에서는 사람의 머리털로 상투를 만들기에 성천가추(成川假椎)라고 한다"며 여성들이 가체를 하여 머리 모양에 멋을 부린 것처럼 19세기에는 남성들이 사람의 머리털로 가발을 만들어 상투를 틀어서 머리털을 많아 보이게 하려는 유행도 소개했다.

한편 정대(鞓帶)와 망건의 관자를 등급별로 차등 둘 것을 주장하면서 "1품은 서대(犀帶)에 옥관자, 2품 이하는 금대에 금관자, 당상관은 은대에 조옥관자를 다는 것은 임금이 금관자와 옥관자를 단다는 것을 생각할 때 문제가 되고, 비싼 외국산 서대를 단다는 것도 문제이다"라고 지적하면서 "당상관은 은, 2품 이하는 금을 쓰고, 임금만 옥대와 옥환을 씀으로써 상하의 등분을 가려야 한다"고 제안했다.

신부가 귀고리 하는 풍습에서는 "신부가 귀고리를 했는데, 개성에서는 귀를 뚫는 풍속이 그때까지도 행해졌다. 하지만 다른 지역에서는 실을 귓바퀴에 거는 방식으로 귀고리를 했다. 그리고 선조 대에 남성들도 귀고리를 하는 풍습이 사회적으로 문제가 되어 귀를 뚫는 것을 금지한 일도 있었다"고 기록했다. 그러나 19세기에 들어서면서 가락지는 받아들여졌지만, 남자들이 귀고리 하는 풍습은 거의 사라져 일부 지역에서만 풍속으로 남게 되었다.

이외에도 과거 시험에 합격하면 입었던 옷을 다른 수험생에게 주는 풍습도 전한다. 물론 이러한 풍습에는 합격한 사람의 기운을 받아 과거에 급제하려는 염원이 담겨 있었다.

의복의 사치 풍조로 신분 구별도 힘들었다

『삼국사기』에 따르면 통일신라시대 홍덕왕이 "복식에 대한 사치를 금하는 법을 명했다"는 기록이 전한다. 이후에도 복장 규제는 주기적으로 반복된다. 그러나 이러한 조치가 완전하게 성공한 적은 없었다. 사람들은 기회가 있을 때마다 특정한 복장과 화려함으로 자신을 과시하고자 했고, 특히 지배계층은 복장을 통해 사회적 특권층으로서의 신분 질서를 정당화하려고 했기 때문이다. 여기에 권력이나 경제력이 뒷받침되면 계층에 관계없이 사치 풍조가 극심해지기도 했다.

조선시대에도 신분제를 기반으로 하는 사회질서를 유지하고자 일상생활에서 각종 규제와 금기 사항이 생겨났다. 옷감과 의복의 색상 등으로 복장을 규제한 것이 그 대표적 예였다. 조선시대에 복장 규제 제도가 마련된 것은 태종이 즉위한 1400년 8월이었다. 두 차례 왕자의 난을 치르고 정국 수습 차원에서 한양에서 개경으로 다시 환도했을 때 개경에는 부유한 상인은 물론, 고위관료의 하인까지 말을 타거나 비단옷을 입고 거리를 활보했다. 그 때문에 관리가 천민들보다 초라하게 보이는 경우도 있었다.

이에 조정에서는 평민과 노비, 나무꾼 등이 개경 거리에서 말이나 소를 타는 것을 법으로 금하고, 신분을 구별하기 위해 현직 관리와 퇴직 관리의 옷을 품계에 따라 차등을 두었다. 그리고 장인·공장·상인·하인의 옷 색깔도 각각 다르게 정함으로써 의복만으로도 신분과 직업을 알 수 있게 했다. 이후 성종 대에는 『경국대전』에 관련 법령도 마련했다.

하지만 15세기 중반에는 왕자와 공주, 부마 등 왕족과 훈척(勳戚)을 중심으로 사치 풍조가 유행하면서 점차 일반 관리들에게도 파급되었다. 향촌 사회에서는 학문 교류나 예(禮)를 위한 모임 등 사회생활이 남성 위주로 이루어져서 남성의 복식이 여성의 복식보다 화려하게 분화되는 양상도 발견할 수 있다.

17세기에 편찬된 『지봉유설』에도 당시의 사회적 분위기가 잘 드러나 있다. 예를 들면 "태조와 세종 대에는 의복의 색이 검소했으나, 근래에 와서 금하는 법이 누그러져 일반인들이나 창기(娼妓)들도 비단옷을 입고 다닐 정도로 그저 제 마음대로 행하며, 사람들이 법을 무서워하지 않는다"는 기록이 보이며, "평상시 말 타는 것을 금하여 말을 타는 자가 드물었고, 유생들은 짚신을 신고 도보로 다녔다. 그러나 지금은 유생이 목이 긴 가죽신을 신고 말을 타고 다니는 것이 조관(朝官)의 모양과 똑같으며, 도보로 걸어 다니는 자는 아주 없어졌다"며 당시의 분위기를 전하면서 "지금 시정(市政)의 하천(下賤)들의 옷차림도 화려하기 그지없다. 우리나라가 생긴 이후 사치하는 풍습이 오늘날보다 더 심한 때가 없었다"며 사치 풍조를 개탄하고 있다.

이러한 사회 현상은 농업생산력의 증대와 상업의 발달 그리고 유통 구조의 확대 등 제반 경제 상황의 발전과도 관련이 있었다. 따라서 단순히 무분별한 사치가 아니라 경제력 향상에 따른 소비 욕구의 증가라는 측면도 있었다. 18세기에 들어서면 복식을 통한 신분 구별이 모호해질 정도로 사치가 극심해졌는데, 경제적으로 여유가 생긴 평민은 물론 천민들에게까지 유행이 확산되었기 때문이다.

그뿐만 아니라 상업과 무역이 발달하면서 부(富)를 축적한 일부 상인과 상층 농민들 사이에서 성리학에서 중시하는 예법을 따르는 생활 방식까지 유행하여 사회적 문제가 되기도 했다. 성리학적 예법을 제대로 따르지 않아서가 아니라 오히려 지나치게 잘 따르느라 사회적 낭비가 심해졌던 것이다. 예를 들면 이 시기는 의복 착용 예법이나 제작에 관한 지식 등이 더욱 구체화하면서 중국의 고급 의복 재료가 대량으로 수입되었고, 금과 은으로 만든 장신구 등 화려한 용품이 유행을 선도했다.

정부에서는 풍속 교화 차원에서 각종 금제령(禁制令)을 내려 사치 풍조의 확산을 막는 데 노력했지만, 완전히 종식하지는 못했다. 18세기에 편찬한 『성호사설』에서는 "지금 시대에는 셀 수 없이 많은 보배와 돈을 가지고 지역에서 생산되는 고운 비단이 아니면 입지 않는데, 금방 입고 돌아서면 떨어져도 계속 입게 된다. 이렇게 사치하면 결국에는 마지막이 닥친다는 사실을 알지 못하니 왜 그럴까? …… 하찮은 궁녀까지도 가마를 타고 다니고, 심지어 연경(燕京) 시장에 가서 베를 사 오는 일까지 있었다"라며 지나친 사치 풍조를 비판하고 있다.

짧은 저고리와 길고 넓은 치마가 유행하다

『송남잡지』의 복식 관련 기록은 문헌과 전문으로부터 알게 된 전통적인 내용에서부터 당대의 서양 관련 지식에 이르기까지 대단히 폭넓게 실려 있다. 심지어 화장실에 갈 때 갓을 벗고 상투를 드러내는 것을 "비록 남이 없는 화장실에 갈 때 갓과 도포 그리고 복대는 잠깐 벗어 놓는다고 해도 관건류(冠巾類)는 착용해서 맨 상투가 드러나지 않도록 해야 한다"며 혼자 있을 때도 복장의 예를 갖출 것을 강조하고 있다.

또 백의(白衣)를 입지 못하게 하는 것에는 그 실효성에 의문을 제기하였고, 일상적으로 착용하는 사복(私服)보다 의례에서 착용하는 제복(祭服)과 조복(朝服)을 중시하는 등 복식을 통한 사회질서 유지에서부터 예를 실천하는 개인의 수신(修身)에 이르기까지 다양한 풍속도 논하였다.

『송남잡지』에서는 16세기를 넘기면서 화려한 복식으로 멋을 추구하는 여성의 한복이 유행한 당시의 사회상에 심각한 우려를 나타내기도 했다. 대표적인 예로, 당시 사회적으로 큰 논란이 되었던 부인복의 저고리가 좁아지고 짧아지는 형태를 여러 차례에 걸쳐 지적하였으며, 부녀자들이 사치스러운 가체(加髢)를 하는 풍습과 함께 호속(胡俗) 등을 청산해야 할 대상으로 지적했다. 다음의 내용도 그 예이다.

지금 부녀자의 의복은 짧은 적삼에 소매가 좁은데, 어느 때부터 생겼는지 알지 못하여 귀천(貴賤)이 통용하니 해괴한 일이다. 그러나 사람들이 습속에 젖어 예사로 알고 있다. 또 여름에 입는 홑적삼은 아래를 줄이고 위로 걷어 올려 치마 말기를 가리지 못하니 더욱 해괴한 일이다. 이는 복요(服妖)이니 마땅히 금지해야 할 것이다.

그런데 17세기에 전반에 저술된 『지봉유설』에서는 부녀의 저고리가 짧아지는 것에 대한 언급이 없으나, 18세기 이후에 저술된 이덕무의 『청장관전서』와 박제가의 『북학의』에서는 이러한 유행을 확인할 수 있다. 따라서 조선 전기에는 허리를 덮었던 저고리가 18세기 이후에 짧아진 것으로 보인다. 특히 이덕무는 『청장관전서』에서 당시 유행하던 여성들의 한복을 다음과 같이 신랄하게 비판했다.

지금 세상 부녀들의 저고리는 너무 짧고 좁으며, 치마는 너무 길고 넓으니 의복이 요사스럽다. 옷깃을 좁게 깎은 적삼이나 폭을 팽팽하게 붙인 치마도 의복이 요사스럽다. 새로 생긴 옷을 시험 삼아 입어보았더니 소매에 팔을 꿰기가 몹시 어려웠고, 한 번 팔을 구부리면 솔기가 터졌으며, 심한 경우 간신히 입고 나서 조금 있으면 팔에 혈기가 통하지 않아 살이 부풀어 벗기가 어려웠다. 그 때문에 소매를 째고 벗기까지 하였으니, 어찌 그리도 요망스러운 옷일까! 대저 복장에 있어서 유행이라고 하는 것은 모두 창기(娼妓)의 아양 떠는 자태에서 생긴 것인데, 세속의 남자들은 그 자태에 매혹되어 요사스러움을 깨닫지 못하고 자기의 처첩(妻妾)에게 권하여 그것을 본받게 함으로써 서로 익히게 한다. 아, 시례

(示例)가 닦이지 않아 규중 부인이 기생의 복장을 하도다! 모든 부인은 그것을 빨리 고쳐야 한다.

또 박제가는 『북학의(北學議)』에서 "적삼은 날이 갈수록 짧아지고 치마는 날이 갈수록 벌어지기만 하는데, 이런 모양으로 제사 때나 빈객을 대접할 때 행세하니 한심하다고 하지 않을 수가 없다. 옛 법에 뜻을 둔 자는 빨리 변화해서 중화(中華)의 본래 제도를 따르는 것이 옳다"라고 비판하여 당시 부인복의 유행이 어느 정도로 사치스러웠는지 짐작하게 한다.

이처럼 지식인들이 여성의 복식에 구체적인 관심을 기울인 이유는 기본적으로 복식 제도의 문란으로 인한 우리 전통문화 파괴와 사회질서 혼란을 방지하기 위함이었지만, 한편으로는 지나친 사치 풍조에 따른 경제적 문제도 심각했기 때문이다. 당시 홍람(紅藍)을 이용하여 붉은색 옷 입기를 즐기는 풍속에 대한 다음의 기록도 그 예이다.

검은색이 옛것이고 임금은 검붉은색 곤룡포를 입는데, 위로 공경(公卿)에서 밑으로 천민에 이르기까지 모두 홍람으로 염색한 옷을 입으니 귀천의 구별이 없을 뿐만 아니라 낭비가 많아서 가난한 집에서는 장만하기 어려운 실정이다. 옷 한 벌을 염색하려면 그 염을 심는 밭이 네 식구가 한 달 먹을 곡식이 나는 땅을 버리는 손실까지 발생한다. 검은색과 푸른색을 사용한다면 옛것에도 맞고 지금에도 맞으며, 물자를 절약하는 데도 매우 유익하다.

바느질 솜씨가 새로운 유행을 만들어내다

『송남잡지』에서는 복식과 관련하여 「의식류(衣食類)」에서 149항목이라는 많은 분량을 다루고 있다. 여기에는 바지·저고리·포(袍)·대(帶)·신 등을 비롯한 복식의 종류는 물론, 견직물·면직물·모직물 등 옷감의 종류와 염색 재료 그리고 목침과 이불 등 침구류와 심지어 바늘과 가위 등의 바느질 도구에 이르기까지 의생활과 관련한 다양한 사물의 명칭이 등장한다.

가정에서 사용하는 도구를 정리한 「침물류(什物類)」에는 빗·부채·가마 등이 수록되었고, 「초목류(草木類)」와 「충수류(蟲獸類)」에는 직물의 재료와 관련한 나무와 풀 그리고 수달의 털 등이 소개되었다. 당시 여성의 일상 풍속과 관련한 다양한 이야기도 실려 있는데, 예를 들면 "신부가 첫날밤에 달을 향해 아홉 개의 바늘구멍에 실을 꿸 수 있으면 좋은 바느질 솜씨를 얻게 된다"는 속신을 통해 당시 가족의 의복을 대부분 집에서 만들고 수선했으며, 가정주부의 바느질 솜씨를 대단히 중요하게 여겼음을 알 수 있다.

한편 바느질 솜씨는 새로운 유행을 만들어내기도 했다. 선조 때 김기종(金起宗)의 딸이 빈(嬪)이 되었는데, 바느질을 잘해서 남자의 상의(上衣)로 도포의 양쪽 넓은 부분과 동의(同衣)의 두 소매를 없앤 형태의 옷을 만들어 창의(氅衣)를 유행시켰다는 이야기도 전한다. 창의는 본래 임진왜란 이후에 도포의 뒤폭을 없앤 것으로, 도포로부터 변형된 포(袍)로 보기도 한다. 그 때문에 일부에서는 "북쪽이 터진 것을 근심거리로 생각하더니 결국 40년 뒤에 북쪽의 오랑캐들이 쳐들어와 병자호란이 일어났다"는 이야기가 돌기도 했다.

여성들의 당의도 "지금 내의녀(內醫女)가 입는 당의는 아마도 단의(短衣)가 와전된 소리인 듯하다. 남자의 경우 동의와 유사하니 바로 장삼(長衫)의 속옷이다"라고 설명하였으며, 여자가 혼인할 때 머리를 처음 올려서 비녀를 꽂고 볼에는 연지를 찍으며 미간에는 곤지를 찍는 유래 등 화장과 관련한 풍속도 소개했다. 오늘날 거리의 행상을 연상시키는 다음의 내용도 흥미롭다.

> 홍화씨에서 추출한 연지는 오래된 풍속으로, 요새 궁궐 문밖에서 장사꾼이 "홍화수(紅花水)를 사기에 발라서 만든 물건입니다. 다 팔리면 살 수 없어요!"라고 외친다.

이외에도 가죽신이 아닌 나막신(나무를 파서 만든 신으로 앞뒤에 높은 굽이 있음)과 미투리(삼이나 노 따위로 짚신처럼 삼은 신)를 신는 검소한 생활을 강조하고, 호복(胡服)의 금지에 대한 견해도 수록했다. 호복은 일반적으로 우리의 전통 한복과는 달리, 상의로 짧은 겹옷과 하의로 바지를 입으며 가죽신만을 신는 풍습을 말한다. 호복은 몸에 꼭 맞아 활동하기에 편하다는 평가를 받기도 하지만, 오랑캐 문화로 비판받았다. 우리나라에는 고려시대 원의 간섭기에 몽골식 호복이 들어와 전통 복식에 영향을 미친 것으로 전한다.

『송남잡지』에서는 이처럼 여성의 일상과 관련한 풍속을 소개하면서 저자가 중요하게 생각하는 항목을 우선적으로 배치했다. 저자가 재야의 선비였기에 왕과 관리를 포함한 상류층보다는 일반 백성들의 의생활과 관련한 사물을 수록하여 19세기 전반기 일반인의 복식문화를 살펴보는

데 중요한 자료가 되고 있다.

박물학적 학풍을 추구하다

백과사전의 전통을 계승하다

18세기 이후 조선의 지식인들 사이에서는 성리학을 중심으로 하는 이념적 학술의 범주에서 벗어나 실체를 드러낸 실증적 학문을 추구하는 학풍이 주목을 받았다. 대표적인 예로 학문 탐구에 명물도수지학(名物度數之學)을 표방한 지식인들이 박학(博學)과 고증학(考證學)을 전범으로 삼아 박물학적인 학문 세계를 추구하게 된다. 『송남잡지』의 학문적 연원 역시 이러한 시대의 분위기에 영향을 받았다.

특히 『송남잡지』는 『지봉유설』 이후 조선에서 개인이 편찬한 유서의 전통을 계승하여 조선시대 백과서전류 편찬의 맥을 이었다. 즉 광해군 6년(1614) 우리나라 최초의 백과사전으로 평가받는 『지봉유설』이 편찬되었고, 106년 뒤에 이익의 『성호사설』이 편찬되었다. 그리고 다시 135년 뒤인 철종 6년(1855)에 『지봉유설』과 『성호사설』을 가장 많이 인용한 조재삼의 『송남잡지』가 편찬되어 17세기와 18세기에 이어 19세기의 사회상을 담은 대표적 백과사전이 탄생한다.

조재삼은 『송남잡지』를 저술하면서 중국과 조선 유서의 형식도 충분히 염두에 두고 기록으로 남길 만한 가치가 있는 지식을 선별하여 정리했다. 따라서 국내외의 정보를 폭넓게 제공한 『송남잡지』는 조선 후기 유서의 지형도 안에서 그 위상을 분명히 드러냈다는 평가를 받는다.

『송남잡지』가『예문유취(藝文類聚)』와 같은 중국 유서의 체계적 형식을 유지하는 등 앞선 시대의 필기류 전통을 계승하면서 조선의 박물학적 지식을 총괄하는 저작으로 평가받는 이유도 여기에 있다.

그러나 조재삼은『송남잡지』를 편찬하면서 기존 유서의 형식에 구속될 이유가 없는 개인의 저작이라는 특성도 적극적으로 활용했다. 예를 들면『송남잡지』는 검색 기능을 갖춘 교양 독서물로도 손색이 없지만, 저자의 경험을 함께 수록하는 등 다채로운 내용으로 자유롭게 구성한 책이라는 것이다.

물론 다양한 내용을 방대한 분량으로 편찬한 유서를 한 사람이 단기간에 작성하는 과정에서 자료의 수집이나 정리, 서술의 정확성과 객관성 등에서 이런저런 문제가 발생할 소지가 있었다. 그런데도 관찬(官撰) 유서나 공동 집필에서는 기대할 수 없는 편찬자의 주관적 관점과 기존의 내용에 대한 진위 판단·평가 등 백과사전으로서 지식의 체계성과 일관성 유지라는 장점을 최대화했다는 측면에서 커다란 의미를 찾을 수 있다.

이 책으로 두 아들을 가르쳤다

『송남잡지』는 천지 만물을 하나하나 상세하게 설명한 책으로, 조재삼은 서문에서 "이 책으로 두 아들을 가르쳤다"고 밝혔다. 기본적으로 『송남잡지』는 박물학적 지식욕에 대응하는 학습서이기도 하다. 총 6권 14책으로 편찬되었으며, 33류 4,433항목의 대단히 방대한 분량으로 구성된『송남잡지』의 목록을 정리하면 다음과 같다.

구분	내용
천문류(天文類)	별·달·노을·무지개·우레·비·바람·안개·눈·이슬·서리 등 기후와 신령스러운 동물이나 속신 등
세시류(歲時類)	명절과 절기에 행하는 각종 음식·풍습·풍흉 예측·속신 등
지리류(地理類)	우리나라의 명칭에서부터 지리·지세·지명의 유래, 조선의 강·호수·저수지·폭포·우물·굴·산·섬에 얽힌 유래 등
국호류(國號類)	우리 역사에 존재했던 국호와 임금에 대한 명칭, 특이한 임금, 연호 등
역년류(歷年類)	단군부터 조선 이전 왕조의 3,725년의 역사
외국류(外國類)	중국 주변 국가들을 상고하면서 거란·여진·일본·유구 등과 함께 유럽 국가와 전설상의 국가 등
인사류(人事類)	족보·친가·외가 등 친족에 대한 것과 태교·출산 그리고 쌍둥이 형제 등의 출산 관련 풍습 등
가취류(嫁娶類)	배우자 고르기·궁합·혼인 과정의 풍습·신부 화장·혼인에 대한 금기 등
상제류(喪祭類)	장례 관련 복식·시묘살이·제사와 음식사 등 민간의 제사와 관련한 풍습과 함께 국상(國喪)과 왕실 제사, 왕릉에 얽힌 설화 등
성명류(姓名類)	성씨(姓氏)의 시조와 설화, 역사적 인물 등과 관련 이야기, 중국의 희귀 성, 청나라와 왜국의 성씨 그리고 별호(別號)를 쓰는 풍습 등
과거류(科擧類)	과거 시험의 기원·종류·풍습과 합격자 이야기, 과거의 폐단, 중국에서 과거에 합격한 우리나라 사람 이야기 등
문방류(文方類)	문방사우(文房四友)와 관련한 내용
무비류(武備類)	전법(戰法)·군영(軍營) 및 무기 등 군대와 관련한 상징·무기·악기 등과 함께 성의 종류와 역대 전쟁에서 승리한 전술, 병법 등

농정류(農政類)	곡식·토지제도·농정 개혁 등 농사에 관계되는 사항
어렵류(漁獵類)	고기잡이와 사냥에 관한 사항
실옥류(室屋類)	가옥·관청·정자(亭子)·다리 등 건축물과 관련한 사항 및 설화·민담·전설 등
의식류(衣食類)	의복과 음식에 관계되는 사항
재보류(財寶類)	값진 보물 및 귀한 물건과 돈의 종류 등
집물류(什物類)	그릇·청등(靑燈)·의자 등 식기류에서부터 집안에서 사용하는 도구와 기물 등
음악류(音樂類)	가무와 시가, 춤, 악기 등에 대한 사항
기술류(技術類)	윷·투호·널뛰기·닭싸움 등 놀이와 사주·주역 점·풍수 등 민간신앙 그리고 의술과 변신·둔갑·요술·은신술 등 무속에 관련한 내용
구기류(拘忌類)	일할 때 피해야 할 것 등 일상생활에서 꺼리는 행위와 다양한 유형의 귀신 이야기 등 민가에 떠도는 이야기
선불류(仙佛類)	도교와 불교는 물론 이슬람교와 기독교 등 종교 관련 내용과 함께 승려와 전국의 사찰에 대한 내용
상이류(祥異類)	우리나라를 중심으로 전하는 기이한 이야기
계고류(稽古類)	고전 문헌에 등장하는 용어 등 옛것과 관계되는 내용
이기설(理氣說)	인간의 이(理)와 기(氣)에 대한 내용
인물류(人物類)	역대 인물의 전기적 사항
조시류(朝市類)	관직과 관청, 형벌 등과 함께 시장과 장사 등 상업 관련 항목
방언류(方言類)	우리나라에서 사용하는 말이나 속담 등
화약류(花藥類)	화류(花類)와 약재들에 대한 사항
초목류(草木類)	풀과 나무, 과실 등에 관계되는 사항
충수류(蟲獸類)	벌레와 동물 및 그와 관련한 사항
어조류(魚鳥類)	새와 물고기, 가축 그리고 전설 속 용의 종류 등

『송남잡지』에서는 이처럼 분류된 항목별로 우리나라의 역대 문헌은 물론 중국의 고대부터 청대까지의 문헌을 참고하였고, 일실(逸失)한 서적에 대한 고찰도 가능할 정도로 문헌을 집대성했다. 서술을 위해 자료를 단순히 인용하고 나열하기도 했으나 자신의 경험과 관찰, 항간의 소문이나 전문을 통해 습득한 지식을 더하여 저자가 속한 19세기 전반기 조선의 시대적 상황을 담아냈다. 따라서 동시대를 사는 지식인의 사회 인식과 당시 사회의 모순에 대한 비판적 시각도 발견할 수 있다.

평생을 재야 학자로 살다

『송남잡지』는 사물의 기원을 밝히는 측면이 강화된 유서로, 『지봉유설』이 지닌 필기성을 뛰어넘어 객관적인 서술로써 지식적인 부분의 수준을 더 높였다는 평가를 받는다. 예를 들면 짧게는 10여 자로부터 많게는 2~3장으로 서술하면서 잘못 인용되거나 해석된 경우에는 바로잡기도 하고, 짧은 문장 하나를 만드는 데도 몇 개의 책을 인용할 정도로 심혈을 기울였다.

반면 시시각각 도래하는 서양에 대해서는 속신에 가까운 인식과 함께 인용 자료에서 중국 고전이 차지하는 비중이 매우 크다는 한계를 드러냈다. 특히 『송남잡지』는 중국 유서류 가운데서도 당시 조선 사회에서 지식인들이 널리 탐독했던 『운부군옥』과 『사문유취』에서 선별한 자료들로 많은 내용을 구성했다. 아마도 『운부군옥』과 『사문유취』가 과거 시험 준비나 시(詩)의 창작에도 참고할 수 있는 유용한 서적으로 사대부 문인들에게 필수적인 서책이었다는 점도 영향을 미친 듯하다.

『송남잡지』에서 인용 빈도가 높은 우리나라 문헌으로는 『지봉유설』

이 323회로 가장 많고, 48회의 『성호사설』 그리고 『고려사』, 『택리지』, 『아희원람』, 『동국여지승람』, 『반계수록』, 『열하일기』 등도 많이 인용되었다. 그러나 조재삼은 이익의 가치관이나 세계관보다 확장된 인식을 보여주고 있다. 이러한 특징은 새로운 정보의 양적·질적 확대 등으로 인한 시대의 변화와도 무관하지 않다.

저자 조재삼의 본관은 임천(林川)이며, 조성기(趙聖期, 1638~1689)의 5대손이다. 조성기의 호는 송남(松南)으로, 실학자를 대표하는 박세당(朴世堂)으로부터 "학문이 당대에 높고, 문장이 뛰어났다"고 평가받은 실학자이기도 하다. 하지만 그가 어느 지역에서 살았고, 어떤 배경과 학맥을 가진 인물인지 등에 관해서 구체적인 내용은 전하지 않는다.

조재삼 역시 전하는 자료가 많지 않다. 다만 그는 어려서부터 학문에 힘써 일찍부터 성리학을 깊이 연구하였고, 20세의 나이에 율곡 이이와 퇴계 이황의 학설을 논변할 정도로 학문적 성취가 높았다고 전한다. 영조 때 이덕수는 이(理)에 대한 그의 이론을 싣고 "우리 조정의 300년 이래를 낱낱이 헤아리니 그 누구와도 비견할 수 없을 정도로 압록강 동쪽에 이 같은 인물이 태어난다는 것은 생각할 수도 없다"고 극찬했다.

조재삼은 아버지의 뜻에 따라 과거에 응시하여 사마시에 여러 번 합격했지만, 건강이 좋지 않아 관직에 나가는 꿈을 접었다. 이후 그는 사람들과의 접촉을 끊고 집안에 들어앉아 30여 년간 학문에만 전념했다고 한다. 19세기 초에는 묘소에 은거하면서 두 아들에게 '만물의 이치를 논하며 태평의 즐거움'을 가르치고자 『송남잡지』를 편찬하게 된다.

『송남잡지』는 제국주의가 밀려들어 와 근대를 맞이하기 직전인 19세기 중반까지도 지식인들의 지적 활동에 커다란 영향을 미쳤다.

『오주연문장전산고』,
18세기 북학파와
19세기 개화사상을 이어주다

오주연문장전산고五洲衍文長箋散稿

제작 시기 | 조선 후기
편저자 | 오주(五洲) 이규경(李圭景, 1788~?)
내용과 의의 | 조선시대의 백과사전을 대표하는 책으로, 우리나라와 중국의 고금사물(古今事物)을 다룬 수백 종의 책을 탐독해 천문·역수(曆數)·종족·역사·문학·음운(音韻)·종교·서화·풍속·야금(冶金)·병사(兵事)·초목 등에 관한 1,417편의 항목을 변증(辨證)의 형식을 취하여 고증학적인 방법으로 해설했다. 『지봉유설』·『성호사설』등의 흐름을 계승했다는 평가를 받는다.

귀신도 사람을 두려워한다

귀신이 죽으면 귀신의 귀신이 된다

예로부터 사람이 억울하게 죽으면 귀신이 된다고 전하며, 귀신을 볼 수 있는 사람을 견귀자(見鬼者)라고 한다. 귀신은 사람과 섞여 살기도 하고, 특별한 이유 없이 사람에게 피해를 주는 것으로 전한다. 예를 들면 사람이 지나갈 때 귀신이 피하면 그 사람은 무사하고, 피하지 않으면 병에 걸리며, 귀신이 따라가면서 놀리면 사람이 곧 죽는다고 한다.

귀신과 관련한 이야기는 사대부들 사이에서도 다양한 이야기가 전하는데, 이를 기록으로 남기기도 했다. 함경도 지방의 사림 출신으로 북도(北道)에 학풍을 떨치며 대단히 추앙받았던 조선 후기의 문신 최신(崔愼, 1642~1708)의 『학암집(鶴庵集)』에서는 송시열의 문하에서 수학하는 동안 스승에 관해 보고 들은 것을 기록한 「화양견문록」을 인용하여 다음과 같은 귀신 설화를 수록했다.

선조 때 허우(許雨)의 집은 터가 음침해 귀신이 수시로 출몰했다. 그러나 모습은 보이지 않고 소리만 들렸고, 사람들과 대화도 했다. 심지어 노비들이 도둑질하면 주인에게 고자질했고, 부부 생활을 하면 침상 밑에서 박장대소했다. 그 때문에 주인이 괴로워서 쫓아내려고 부적을 사용했으나 소용이 없었다. 한번은 허우가 귀신과 대화하며 세상 사람들이 귀신을 숭상하고 무당이 귀신에게 제사하는 문제와 귀신이 복을 가져다줄 수 있는지 등을 물었다. 그러자 귀신은 "귀신을 대접하다 중단하면 오히려 화를 불러올 수 있으니, 처음부터 귀신과는 교섭하지 않는 것이 좋다. 또 귀신도 죽으며, 박쥐 삶은 물을 밥과 섞어 먹으면 죽는다. 그리고 사람이 귀신을 두려워하는 것처럼 귀신도 사람을 두려워한다"라고 대답했다.

이처럼 귀신도 사람을 두려워하는데, 특히 선인(仙人)을 두려워하며 귀는 음(陰)이어서 양(陽)의 색인 흰색을 두려워한다. 귀신이 죽으면 적(鼆), 즉 부적이 되기 때문에 귀신이 두려워해서 이것을 문 앞에 붙이면 귀신을 쫓아낼 수 있다. 따라서 적은 귀신의 귀신이라 할 수 있다. 또 다음과 같은 이야기도 전한다.

어떤 무인(武人)이 귀신에게 대단히 구하기 어려운 물건으로 영안위(永安尉) 홍주원의 서대(犀帶, 종일품 이상의 고관들이 허리에 두르던 무소뿔로 만든 띠)를 구해달라고 요구하자, 귀신이 서대를 훔쳐냈다. 그런데 돌아오는 길에 관우 장군 신을 만나 서대를 우물에 버렸다. 이 말을 전해 들은 무인이 우물에서 서대를 찾아 홍낙성의 집에 가서 확인하고, 이후 홍의 집안에서는 서대와 함께 관제상(關帝像)을 모셨다고 한다.

여기서 영안위 홍주원은 선조와 계비 인목왕후 사이에서 태어난 정명공주와 혼인한 선조의 사위를 말한다. 홍낙성은 홍주원의 5대손이다. 정명공주는 선조가 사망한 후에도 인조로부터 수시로 땅과 노비 그리고 각종 재물 등을 하사받을 정도로 대단한 예우를 받았고, 홍주원 역시 혼인할 때 인목왕후로부터 임금만 타는 말인 어승마(御乘馬)를 받을 정도로 극진하게 대우받았다. 따라서 그의 허리띠 역시 사람이 아닌 귀신에게 훔쳐 오라고 부탁할 정도로 매우 특별했던 것으로 보인다. 그런데 귀신이 관우 장군 신을 두려워했다는 내용으로 보아 귀신도 유형에 따라 성격이 달랐고, 귀신이 두려워하는 귀신이 있었다는 내용도 흥미롭다.

귀신도 가려서 제사 지낸다

귀신은 정귀(正鬼)와 이귀(異鬼)가 있다. 정귀란 양계(陽界)에 머물지 않고 가야 할 곳으로 돌아간 귀신이며, 이귀란 가야 할 곳으로 가지 못하고 인간 세상을 떠도는 귀신을 말한다. 그리고 세상에는 귀신과 귀신 또는 귀신과 인간이 교역하는 귀시(鬼市)라는 공간이 있는데, 도시의 특정 구역이나 해변 또는 신묘(神廟) 등에서 한밤중에 만남이 이루어지는 곳을 이른다.

귀신에게도 제사를 지내는데, 귀신을 달래어 재앙을 막거나 국가나 집안의 평안 등 복을 기원하기도 한다. 특히 많은 사람이 제사 지내며 숭배의 대상이 된 귀신은 신으로 대접받기도 한다. 하지만 모든 귀신에게 제사를 지내는 것은 아니다. 국가에서는 사전(祀典)에 수록되지 않은 귀신이나, 분수에 맞지 않는 신에게 제사 지내는 것을 금하기도 했다.

천자만이 하늘에 제사를 지낼 수 있는데, 제후 이하가 하늘에 제사 지내면 분수에 맞지 않는다는 이유로 금한 것도 그 예이다. 민간의 경우 조상신이나 농사와 관련한 신 등 사회적으로 공인된 신 이외의 대상에게 제사 지내는 것은 음사(淫祀)라고 하여 비판받았다.

그런데도 민간신앙을 완전히 부정하지 못한 이유는 인간의 힘으로 도저히 극복할 수 없는 재앙이나, 현실에서 이성적으로 설명할 수 없는 불가사의한 일 등이 발생했을 때 그 영험성에 의존하기도 했기 때문이다. 예를 들면 당시의 의술로는 치료할 수 없는 감염병이 돌면 귀신이 들린 것으로 믿었고, 이들을 달래는 제사를 지냈다.

재물과 연관이 있는 업(한집안의 살림을 보호하거나 보살펴준다고 하는 동물이나 사람)에 대해서도 다양한 이야기가 전한다. 업에는 구렁이 등이 있으며, 이들은 부잣집의 곳간 속에 산다고 한다. 말이나 당나귀처럼 생긴 '구업'이라는 업도 있는데, 만약 구업이 집을 나가면 집안이 바로 망하고, 반대로 구업이 들어오면 갑자기 부자가 된다고 한다. 이외에도 금은(金銀)이나 돈을 오래 묵혀 두면 벌레로 변하여 날아가 버린다는 이야기도 전한다.

이러한 속신들은 황당하지만, 중국 문헌에서도 찾아볼 수 있다. 조선의 지식인들 역시 전혀 근거가 없는 것은 아니라며 기록으로 남겼다. 『오주연문장전산고』에서도 현실에서 발생하는 기이한 현상과 속설 등 비일상적인 경험들을 소개하면서 이를 검증하기 위해 사서류와 경전류뿐 아니라 『산해경』과 『박물지』 등의 독서물과 세간의 전언(傳言) 및 패관소설까지 참고했다.

예를 들면 『오주연문장전산고』에서는 사람이 죽었다가 다시 살아나는 환생 이야기를 소개하면서 단순히 호기심에 대한 기록이 아니라, 기록할 가치가 있는 대상을 선별하여 적극적이고 명백한 변증을 시도했다. 그리고 『오주연문장전산고』에 수록된 귀신 이야기에는 실존했던 인물이 자주 등장하며, 저자 이규경이 직접 듣거나 주변에서 체험했다는 이야기를 덧붙여 신빙성을 더해준다.

무당의 말도 헛된 것만은 아니다?

『오주연문장전산고』에 수록된 다음과 같은 귀신 이야기도 흥미롭다.

> 혼백이 의탁할 곳이 없이 떠돌아다니다가 인가(人家)를 지나게 되면 "동생아!", "아들아!" 하고 부르는데, 대답하는 자가 있으면 붙어서 떠나지 않으려고 한다. 만약 대답이 없으면 괴롭더라도 오랫동안 부르다가 끝내는 멀리 떠난다. 옛말에 들은 바로는 나의 친척 부인이 우연히 누군가를 부르는 소리를 듣고 장난삼아 대답했더니, 귀신이 붙어 떠나지 않았다. 온갖 방법으로 기도하며 물리치려고 했지만, 전혀 효과가 없었다. 결국 이것이 빌미가 되어 일어나지 못하고 일찍 죽었으니, 역시 경계해야 할 일이다.

> 금성위(錦城尉) 박명원이 헛소리를 하는 등 이상한 병에 걸렸는데, 귀신을 제압하는 능력을 지닌 홍주 지역의 채생을 초빙하여 집 안에 있는 두 귀신을 쫓아냈다. 이 이야기는 박명원의 후손에게 들었다.

> 연산군 때 홍문관 교리를 지낸 이장곤이 도망쳐 숨어 살았다. 그는 사

람들의 눈을 피해 몇 달마다 한 번씩 밤을 이용해 부인을 보고 갔다. 그러던 어느 날, 집에 도착하니 날이 밝으려고 했다. 이장곤은 사람이 볼까 두려워 집 안으로 들어가지 못하고 집 뒤의 대나무 숲에서 동태를 살폈다. 한편 부인은 남편이 올 때가 되었는데도 오지 않자 죽은 것은 아닌지 걱정되어 무당을 불렀다. 무당은 점을 쳐보고 "죽지 않았습니다. 그림자가 뜰 가운데 있습니다"라고 말했다. 이장곤이 그 말을 듣고 두려워서 이후 다시 집에 가지 않았다고 한다. 말년에 이장곤이 항상 말하기를 "무당의 말도 헛된 것이 아니다"라고 했다.

이장곤(李長坤, 1474~?)은 연산군 1년(1495) 생원시에 장원으로 급제한 수재로, 관직에 나간 후 갑자사화에 연루되어 유배당한 인물이다. 연산군이 학문은 물론 출중한 무예를 겸비한 이장곤이 변란을 일으킬 것을 우려하여 한양으로 잡아 올려 처형하려고 했으나, 이를 눈치채고 함흥으로 달아나 양수척(楊水尺)의 무리 속에 숨어 살기도 했다.

이후 그는 중종반정으로 다시 복직했고, 그의 능력을 아낀 중종의 신임을 받아 대사헌과 이조판서 등에 오른다. 하지만 기묘사화를 주도한 남곤·심정·홍경주 등의 미움을 사 다시 관직을 빼앗기고 경기도 여주와 경상도 창녕에서 은거 생활을 했다. 대간들은 그를 귀양 보내야 한다고 주장했지만, 이장곤을 신임한 중종은 대간들의 요구를 물리쳤다. 그리고 이장곤에게 군직(軍職)을 주어 유사시에 등용하려고 했으나, 대신들의 반대로 성사시키지 못했다. 민가에서 전하는 이장곤과 관련한 이야기는 평탄하지 않았던 그의 삶과 무관하지 않은 듯하다.

다음과 같은 귀신 이야기도 흥미롭다.

순조 22년(1822) 윤(閏) 6월, 경기도 평구마을에 사는 조랑 김기서에게 한낮에 귀신이 내렸다. 귀신은 고려 말 청노장군 정득양으로, 스스로 정몽주의 동생이라고 했다. 그는 자신이 김기서의 집 뒤에 묻혔는데, 무척 불결하다고 하소연하면서 자신의 제사를 지내 줄 것을 요청했다. 김기서가 그의 요청에 따라 제사를 지내 주었다. 이후 그는 집 안에 있는 귀신 무리를 쫓아내 주었고, 사람들과 대화도 했는데 주로 고려 말기의 이야기를 많이 했다. 그리고 사람들을 위해 점도 치고 병도 고쳐 주었다. 그러나 얼마 가지 않아 집을 떠났다.

이 이야기에 등장하는 정득양은 『고려사』를 비롯한 다른 사료에는 보이지 않는다. 그런데 「순조실록」에 따르면 "조정에서 정득양 신앙과 관련해서 김기서·홍우섭·유관·김매순 등이 제문을 지어 단을 쌓고 제사를 지냈다"며 이들을 처벌해야 한다고 대사간 구강(具康)이 상소를 올린 일이 있었다. 따라서 당시 정득양 신앙이 사회적인 문제였음을 짐작할 수 있다.

상소를 올렸다는 구강이라는 인물도 눈길을 끈다. 그는 과거에 급제하여 여러 관직을 두루 거친 조선 후기 문신이다. 글솜씨가 뛰어났던 그는 문집인 『휴휴집』 외에도 많은 한시와 가사를 남겼다. 특히 함경도 암행어사 때의 체험을 바탕으로 쓴 장편시 「북정」과 장편 기행가사인 「북새곡」, 회양 부사 때 현지에서 보고 겪은 일을 가사로 지은 「교주별곡」 등을 남긴 것으로 보아 백성들의 삶과 민가에 떠도는 이야기에도 관심을 기울였던 것으로 보인다.

이때가 순조 22년(1822)쯤으로 저자 이규경은 30대 중반의 나이였다.

이규경 역시 정득양 신앙에 직접적인 경험이 있었을 것으로 보인다.

세시풍속과 민속놀이의 유래를 찾아서

약밥은 제사상에 올리는 것이 아니다

『지봉유설』에서는 약밥을 설명하면서 신라시대에 까마귀를 기리기 위해 만든 찰밥에서 유래했다고 간략하게 언급하고 있다. 하지만 『오주연문장전산고』에서는 『여지승람』과 『경도잡지』 등의 자료를 참고하여 다음과 같이 좀 더 자세하게 소개하고 있다.

신라 소지왕 10년(488) 1월 15일, 왕이 경주 서출지(書出池)의 천천정(天泉亭)에 거동했을 때 까마귀가 울고 쥐가 다가와 사람 말을 하면서 "이 까마귀가 가는 곳을 따라가 찾으시오"라고 전하였다. 이에 왕이 사람을 시켜 까마귀를 뒤쫓게 했다. 그런데 남쪽 피촌에 이르렀을 때 돼지 두 마리가 서로 싸우는 것을 보다가 그만 까마귀를 놓치고 말았다. 까마귀를 찾으려고 길가에서 여기저기 두리번거리고 있는데, 어떤 노인이 연못 속에서 책을 꺼내어 바쳤다. 책 겉에는 "열어보면 두 사람이 죽고, 열어보지 않으면 한 사람이 죽을 것이다"라고 쓰여 있었다. 이를 본 일관(日官)이 "두 사람은 서민이요, 한 사람은 왕입니다"라고 말하자, 왕이 일관의 말에 따랐다.

책 속에는 "거문고 갑을 쏘아라"라고 쓰여 있었다. 왕이 궁궐로 들어가 거문고 상자를 찾아 활을 쏘았더니, 그 안에는 내전에 분향하는 중과 궁주(宮主)가 몰래 사통하면서 간악한 일을 저지르고 있었다. 이후 나라 풍속에 매년 정월 첫 번째로 드는 자일(子日, 쥐의 날)·진일(辰日, 용의 날)·오일(午日, 말의 날)·해일(亥日, 돼지 날)에는 모든 일을 삼가고 꺼려 감히 하지 않았으며, 15일을 오기일(烏忌日)로 삼아 찰밥으로 제(祭)를 지내며 지금까지 이어지고 있다. 그리고 책이 나온 연못을 '서출지(書出池)'라고 했다.

이와 같이 찰밥의 유래담을 소개하면서 까마귀에게 제사 지내는 음식을 인귀(人鬼)에게 올릴 수 없으니, 잡과와 유밀에다 찹쌀을 넣어 짓는 약밥을 조상의 사당에 올리는 것은 잘못된 풍속이라고 지적했다.

8월 15일 추석절의 유래는 신라 역사를 인용하여 다음과 같이 설명했다.

7월 보름부터 한 달간 신라의 왕녀(王女)가 육부(六部)의 여인들을 거느리고 길쌈을 시작하여 8월 보름에 우열을 가린다. 이때 지는 편에서 술을 마련하여 노래 부르고 춤추는 가배회(嘉俳會)에서 추석이 유래한 것이다. 당시 패배한 쪽의 여자가 일어나 춤추면서 탄식하며 '모이소'라는 뜻의 회소곡(會蘇曲)을 노래한다고 해서 가회 놀이라고 하였다. 지금의 우리도 이렇게 믿고 있다.

이처럼 한가위 명절은 신라에서 유래한 풍속이지만, 추석날 산소를 찾는 풍속은 가락국에서 시작된 것으로 설명한다. 즉 가락국 시조 수로왕의 사당을 수릉(首陵) 옆에 건립하고 매년 정월 3일과 7일, 5월 5일, 8

월 15일에 제사 드리던 것에서 단오절과 함께 추석에 성묘하는 풍속이 생겨났다고 한다.

연등 풍속과 벽사 풍속의 유래를 쫓다

『오주연문장전산고』에서는 대보름날 상고시대부터 사람들이 해충을 없애고 풍성한 수확을 기원하며 불을 밝히는 연등(燃燈) 풍속의 유래도 소개했다.

자료에 따르면 연등 풍속은 한나라 무제가 하늘의 태일신(太一神)에게 제사 지낼 때 밤새도록 연등을 밝혀 복을 기원한 데서 시작되었고, 원소절(元宵節) 연등 행사는 당나라 현종 때 호인(胡人) 바타가 우리나라의 대보름에 해당하는 음력 1월 15일 밤에 많은 등불을 켤 것을 주청하여 현종이 한 달간 구경에 도취한 데서 유래한 것으로 전한다. 『성호사설』에서는 후한(後漢)이 받아들인 인도 불교의 풍속으로 상원 연등을 소개했다.

한편 『오주연문장전산고』에서는 세시놀이로 전하는 연등 풍속이 우리나라는 물론 중국과 일본에도 전하는 풍속으로, "어리석은 선비들이 잘 알지 못하고 대충 변증한다"고 지적하면서 새로운 기원설을 제기했다. 즉 2월 보름 연등은 고려의 옛 풍속이었으나, 고려가 4월 8일로 옮긴 것은 공민왕 때 신돈의 건의로 이루어졌다고 한다. 그리고 불가(佛家)에서 2월 15일은 석가의 기일(忌日)이며, 4월 8일은 석가의 탄신일로 이를 둘 다 기려 연등을 밝히는 불교의 풍속과 연관 지었다. 여기서 신돈의 건의란, 공민왕 15년(1366)에 신돈이 4월 초파일에 그의 집 앞에 등불을 성대하게 밝히자 이를 본 개성 사람들이 따라 한 것에서 유래했다며, 사치와 낭비가 심했던 신돈에 대한 비판도 담겨 있다. 7월 15일 중원절의 연등은 도가(道家)에서 지관(地官)이 사죄를 청하는 풍속에서 유래했으며, 이날은 불가의 승려들이 결제(結制)를 푸는 해하일(解夏日)과도 관련이 있다고 한다.

새해 재앙을 물리치는 벽사 풍속과 관련하여 중국과 다른 '점화응', 즉 매를 그린 그림을 방문 위에 붙이는 풍속도 소개했다. 이 풍속은 '점화응변증설(黏畵鷹辨證說)'이라고도 한다. 중국에서는 새해 첫날 닭 그림을 방문 위에 붙였지만, 우리나라에서는 정월 초하루가 아니더라도 세 마리의 매를 그려서 방문 위에 붙여 놓기도 하고, 삼재(三災)가 드는 해에 붙여서 삼재(三災)를 물리치는 것을 기원하기도 했다. 여기서 삼재란 크게 수재(水災)·화재(火災)·풍재(風災)를 말하고, 작게는 전쟁·굶주림·전염병을 말한다.

또 매 세 마리를 그린 그림을 '삼응도'라고도 하는데, 민간에서 악귀나 재액을 쫓기 위해 만든 부적의 용도로도 쓰였다. 삼응도를 통한 삼재 벽사(三災辟邪) 풍속은 고려에서 비롯된 듯하며, 송나라와 원나라의 풍속과도 같다고 기록하고 있다.

『왕씨화원(王氏畵苑)』에 따르면, 매를 잘 그린 것으로 전하는 송나라 휘종의 그림은 "칠(漆)을 사용해 눈알을 그린 까닭에 눈알이 불쑥 솟아나와 마치 살아 있는 매와 같다"고 하며, 청나라 왕사진(王士禛)의 『지북우담(池北偶談)』에 따르면, 무창(武昌) 사람 장씨(張氏) 며느리가 여우에게 홀렸을 때 남편이 휘종의 어필로 그려진 매 그림을 당(堂) 위에 걸어 놓았더니, 그날 밤 여우가 나타나 "너희 집 신응(神鷹)의 목에 쇠사슬이 매어져 있지 않았더라면 내가 죽을 뻔하였다"고 말했다고 한다. 이 말을 들은 남편이 다음 날 쇠사슬을 없애버리자 "여우가 신응에게 박살이 났고, 그 뒤 집에 불이 났을 때 그림 속의 매가 불길을 뚫고 나와 하늘로 날아가는 것을 여러 사람이 보았다"는 이야기도 전한다.

석전(石戰)놀이는 전쟁에도 동원되었다

『오주연문장전산고』는 체계적으로 세시풍속을 정리한 책은 아니지만, 석전놀이·불꽃놀이·널뛰기·윷놀이 등 민가에서 전승되는 유희 놀이도 상세하게 소개했다. 현대 사회에 들어오면서 사라진 석전놀이에 대한 내용도 흥미롭다.

석전은 편전(便戰)·석전놀이·돌팔매놀이라고도 한다. 본래 우리 고유 세시풍속의 하나로, 고대 농경사회에서 비롯된 것으로 전한다. 일반적으로 석전놀이는 개천이나 넓은 길 등의 지형을 경계로 수백 보 거리를 두고 주민들이 마을 단위로 편을 갈라 서로 돌을 던져 누가 먼저 쫓겨 달아나느냐에 따라 승부를 가리는 전통사회의 집단 놀이다.

고구려에서도 "해마다 연초에 패수(浿水), 즉 대동강에 모여 놀이를 하는데 왕은 요여(腰輿)를 타고 나아가 우의(羽儀)를 나열해 놓고 구경했다. 놀이가 끝나면 왕이 의복을 물에 던지는데, 군중들은 좌우 두 편으로 나뉘어 물과 돌을 뿌리거나 던지고 소리치며 쫓고 쫓기기를 두세 차례 하다가 그친다"는 기록이 전한다. 무예를 숭상한 고구려에서도 석전놀이가 전승되었음을 알 수 있다.

고려에서는 공민왕 23년(1374)에 격구(擊毬)와 석전놀이를 금지했다는 기록도 보인다. 석전놀이로 인해 참가자들의 부상이 심했기 때문이다. 그런데도 우왕 6년(1380) 5월 단오에 "임금이 석전놀이를 관람하기를 원했다"는 기록으로 보아 석전놀이가 완전히 폐지되지 않고, 고려 후기까지 전승되었음을 알 수 있다.

조선시대에 들어와서도 왕이 직접 명해 석전놀이의 참가자를 모집하기도 했다. 세종 때는 의금부에 명해 석전놀이를 금한 일도 있었지만, 양녕대군 등 왕실 종친(宗親)들이 석전놀이를 관전(觀戰)하였을 뿐 아니라 독전(督戰)하여 부상자가 발생했다는 이유로 탄핵받은 일도 있었다. 그리고 성종과 영조 역시 석전놀이를 금지했다는 기록이 「성종실록」과 「영조실록」에도 기록되어 있다. 따라서 석전놀이가 금지 조치에도 불구하고 지속적으로 이어졌음을 알 수 있다.

석전놀이는 『지봉유설』과 『경도잡지』에도 소개되었다. 예를 들면 안동에서는 1월 16일, 김해에서는 4월 8일과 단오에 행해졌고, 승부를 겨루다가 죽거나 다쳐도 후회하지 않는 놀이라고 설명되어 있다. 고려시대에는 돌 이외에 목봉을 사용하여 용맹을 떨치기도 했고, 조선시대에는 한양의 만리교와 우교(牛嶠)에서 가장 성행하여 재상도 길을 피해 갔다고 한다.

이후 석전놀이는 20세기 초까지도 전국적으로 행해졌으나, 일제 강점기에 들어선 후 중지된 곳도 있었고, 규모도 광역 단위에서 일부 마을 단위 행사로 축소되었다가 점차 사라지게 된다. 석전놀이가 오래도록 우리의 전통 놀이로 전승된 데는 이유가 있었다. 먼저 석전놀이는 주술적(呪術的) 요소가 다분히 포함된 점복(占卜) 행위였다. 특히 입춘 날 한 해의 풍년과 흉년을 예지(豫知)하는 행사로 성행했고, 석전놀이를 통해 우환(憂患)을 떨치거나 질병 퇴치를 기원했다. 또 석전놀이는 용맹스러운 우리 민족의 기상과 자부심이 담긴 민족 고유의 집단 놀이로, 전쟁이 일어났을 때 석전꾼이 동원되어 활약하기도 했다.

조선 중종 대에는 왜군을 토벌할 때 석전놀이에 능숙한 사람을 선발하여 선봉으로 삼아서 적을 무찌른 적도 있었다. 명종 10년(1555) 5월에는 왜변(倭變)이 일어났을 때, "임금이 왜구를 진압할 방책을 의논하던 중 예전에 석전꾼으로 김해(金海) 사람 100명을 뽑아 보낸 것처럼 안동(安東) 사람들을 뽑아 방어하게 하자"는 기록이 「명종실록」에 전한다. 이외에 16세기에 작성된 『미암일기』에도 미암 유희춘이 전라 감사 시절 왜구의 침입에 대비하는 국방 대책의 하나로 활용했다는 기록이 전하며, 임진왜란 때도 이들이 참전했으나 왜군의 조총 때문에 힘을 쓰지 못했다고 한다.

국내외 노름과 소꿉놀이도 비교하다

다른 문헌에서 놀이를 단편적으로 언급한 것과 달리, 『오주연문장전산고』에서는 놀이의 연원·역사·방법·영향 등을 비교하면서 다양한 자료를 참고하여 소개했다. 따라서 『오주연문장전산고』는 조선 후기의 놀이 문화 연구에 중요한 자료이기도 하다.

예를 들면 정월 초하루 날 아낙네들이 길흉을 점쳤던 윷점이나 투전, 골패 등의 놀이와 도박도 자세히 소개하고 있다. 그러면서 이규경은 "놀이와 도박에 빠져 패가망신하지 않기를 바란다"고 덧붙여 놓았다.

남성의 놀이라 할 수 있는 '투전(鬪錢)'은 실내에서 각종 그림이 그려진 종이 투전목을 가지고 논다. 원래 중국 원나라에서 형성되었으나, 17세기에 역관 장현(張炫)이 명나라에서 투전을 배워 우리나라에 보급했다. 당시 팔목(八目) 80장의 '수투전(數鬪牋)'과 60장의 '두타(頭打)'가 있

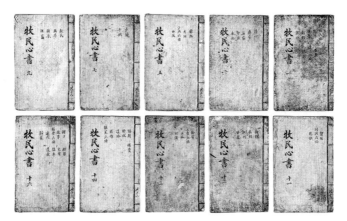

목민심서牧民心書

1818년(순조 18) | 다산(茶山) 정약용(丁若鏞) | 신유사옥 때 전라도 강진에서 귀양살이를 하던 정약용이 치민(治民) 방법과 도리를 논하며 관리들의 폭정을 비판한 책으로, 부임(赴任)·율기(律己)·봉공(奉公)·애민(愛民)·이전(吏典)·호전(戶典)·예전(禮典)·병전(兵典)·형전(刑典)·공전(工典)·진황(賑荒)·해관(解官) 등 모두 12편으로 구성되어 있다. 조선 후기 지방의 사회 모습과 정치의 실제를 민생과 수령의 본무(本務)와 결부하여 상세하게 밝힌 탁월한 실학서로 평가받는다.

있는데, 19세기에 화투가 들어오기 전까지 투전은 도박을 대표하는 놀이였다. 나중에는 40장 투전으로 단순화했다고 한다.

골패 역시 투전과 더불어 도박의 성격이 강한 놀이로, 중국 북송 말기에 생겨났다. 정약용의 『목민심서』에 따르면, 투전과 골패를 합하여 마조강패(馬弔江牌)라고 했다. 우리나라에는 고려 때 들어온 것으로 추정되며, 『조선왕조실록』에서 18세기 초 숙종 때 "무예별감 박팽년이 숙부 집에서 골패를 하여 조정에서 문제가 되었다"는 기록으로 보아 골패가 조선 후기에 노름으로 인식되었음을 알 수 있다. 그러나 골패는 값이 비싸고 놀이 방법이 복잡해서 대중화하지 못했다.

공기놀이는 한글로 '공기(拱碁)'를 직접 표기하면서 "둥근 돌을 공중에 던져 손바닥으로 받고, 받은 것을 솥의 다리 형태로 만드는 것을 솥발공기(鼎足拱碁)라고 한다"고 소개했다. 또 여자아이들이 풀을 뜯어다가 머리채를 만들고 수수깡이나 나무를 깎아 머리를 붙여 붉은 치마를 입히기도 하며, 이부자리와 경대·침구·가마솥 등을 만들어 어른의 살림살이를 흉내 내는 소꿉놀이를 '각씨(閣氏) 놀이'라고 하는데, 중국의 자고(紫姑) 놀이와도 유사하다고 설명했다.

여기서 자고는 중국 여인으로, 첩으로 들어갔다가 큰부인에게 쫓겨나 정월 상원일에 충격을 받아 사망했고 그 때문에 자고의 모형을 만들었다가 밤이 되면 화장실에서 그 신을 맞이하는 풍속이 생겨났다고 한다. 한번은 소동파가 "황주 곽씨 집에 자고신이 내렸다"는 이야기를 듣고 가보았더니, "초목으로 된 허수아비에 의복을 입혀 부인의 모형을 만든 것이었다"는 이야기도 전한다.

널뛰기는 오키나와의 역사를 담은 청나라 주황(周煌)의 『유구국지략』도 인용하여 다음과 같이 소개했다.

> 유구국은 정월 16일이면 남녀가 다 같이 조상의 산소를 참배하고 나서 여자아이들이 격구(擊毬)와 널뛰기를 한다. 우리나라 여자들도 정월 초하루부터 대보름 이후까지 아름다운 단장과 고운 옷차림을 하고 널뛰기를 하며 서로 경쟁한다. 조선과 유구국은 수만 리 바다 멀리 있어 만날 수 없는 나라인데, 그곳 여자들의 놀이가 우리와 같아 기이하다.

이처럼 바다 멀리 떨어진 곳에서 우리의 널뛰기 풍습이 행해지는 이유와 관련해 구체적인 자료는 없다. 다만 유득공의 『경도잡지』에 따르면, 조선 초기에 유구국 사신 가운데 한 사람이 우리의 널뛰기 풍습을 모방해 간 것으로 보기도 한다.

또 담배 연기로 산수(山水)나 누각, 인물 등 다양한 모습을 연출하는 신기루 같은 놀이도 소개하면서 "일본에서 담배 연기로 모양을 만들면서 회곡(戱曲)을 부르는 기예가 있다"며 다음과 같이 평하였다.

> 연초(煙草)가 성행한 것은 그것이 기이한 물건이기에 그런 것인데, 이로써 다시 기이한 기예가 생겼으니 이로 미루어 본다면 천지가 이 세계를 만들어낸 것도 모두 그 조화로 인해 하나의 커다란 희극장(戱劇場)을 전개해 놓은 것과 같다. 그렇다면 이 놀이 역시 그 희극장 안에 포함된 한 가지이니, 따져본다면 괴이하게 여길 일도 아니다. 우리나라는 본래 연극을 좋아하지 않기 때문에 그런 놀이가 없다.

한편 중국의 불꽃놀이는 "당나라 때 새해 첫날 연등 행사에서 유래한 듯하다"고 소개하면서 "근래에는 더욱 다양하여 갖가지 꽃 모양 이름을 붙인 폭죽 불꽃놀이가 있다"고 덧붙였다. 그리고 우리나라에서는 "중종 34년(1539) 경회루에서 명나라 사신을 접대하면서 잔치를 베풀고 해가 어둑해지자 폭죽을 터트리는 불꽃놀이를 벌였다"며 준비 단계부터 실행 단계에 이르기까지 자세하게 설명했다.

이외에도 바둑 두는 것을 '기위 놀이'라고 했는데, 당시 "기위 놀이에 빠져 하루 종일 아무것도 하지 않았으며, 못하는 사람들에게 아무런 재미도 모른다면서 조롱했다"며 지나칠 정도로 바둑이 유행했던 사회적 분위기를 비판하기도 했다.

왜 먹거리인가?

『오주연문장전산고』에서는 먹거리에도 주목했다. 물론 저자가 미식가였거나 특별히 요리에 관심이 많아서가 아니라, 전란과 흉년 등으로 굶주렸던 백성들의 먹거리 해결 차원에서 신경을 쓴 것이다. 주로 중앙과는 멀리 떨어진 북쪽 변방이나 해안가에서 생산되는 먹거리들이 소개된 것도 그 예라 하겠다.

이규경은 "선비라도 먹지 않고는 살 수 없다"며 무엇보다 농업이 생명의 근본임을 강조했다. 그뿐만 아니라 비상시에 대비한 구황식물로 고구마에 주목하는 등 우리나라에 유입된 작물에도 주의를 기울였다. 예를 들면 감자는 1824~1825년쯤에 청나라를 통해 들어왔는데, 산삼을 캐기 위해 숨어든 청나라 사람들이 식량으로 몰래 경작한 것이 시초였다고 한다. 이후 번식력이 좋은 감자는 청나라 심마니들이 떠난 후에도 잘 자라서 식량으로 쓰이게 되었다고 한다. 감자가 초기에 '북쪽에서 온 감자'라는 뜻의 '북저(北藷)'라고 불린 이유이다. 감자 생산지로 이름난 강원도의 감자는 1920년쯤 독일에서 들여온 신품종 감자로, 그 유래가 다른 것으로 전한다.

강원도 북부와 함경도 지역에서 잡히던 명태, 즉 북어(北魚)는 다음과 같이 소개했다.

> 우리나라 동북 해안에 있는 물고기로, 폭이 좁고 길이가 1척(30센티) 이상으로 길다. 대가리 속에 오이 같은 타원형의 뼈가 있고, 알이 작고 끈적거린다. 이름은 북어인데, 속칭 명태라고 부르며 봄에 잡으면 춘태, 겨울에 잡으면 동태(冬太)다. 동지 무렵 시장에 나오는 것은 동명태(凍明

太)로, 알을 소금에 절여 명란으로 만든다. 생물의 맛은 담백하고, 말려서 국으로도 끓인다. 가격이 싸서 가난한 사람들도 즐겨 먹는다. 말려서 포로 만들어 제사에 사용하며, 가난한 선비들도 즐겨 먹는다. 흔해서 천하지만 귀하게 먹는다. 늘 먹으면서도 그 이름을 모른다.

명태라는 이름의 유래는 함경도 어느 지방 고을 수령이 명태 요리를 맛있게 먹은 후 이름을 물었으나 이름이 없다는 말을 듣고, 고을 이름인 명천 지역의 명 자(字)와 명태를 잡아 진상한 어부의 태씨 성을 따서 명태라고 했다는 유명한 이야기가 전한다. 또 다른 이야기에 따르면 '명나라 태조'를 줄이면 명태(明太)가 되어 명나라를 사대(事大)했던 조선에서 함부로 입에 올릴 수 없었다고 한다. 그 때문에 오랫동안 이름을 갖지 못하다가 명나라가 망하고 나서야 명태라는 이름을 되찾게 되었다고 한다.

이외에도 『세종실록지리지』에 함경도 지역 토산물로 기록된 송어의 기록도 흥미롭다.

함경도 바다에서 태어나 오뉴월이면 떼를 지어 강줄기를 타고 산골 시내 석벽에 올라가 소나무에 몸을 비벼 뼈가 드러나면 떨어진다. 몸에서 소나무 향이 난다고 해서 송어(松魚)라고 한다.

아마도 바닷물고기인 송어가 산란기에 강으로 올라와 알을 낳고 죽는다는 사실에 이야기가 더해진 듯하다.

19세기 지식인의 서양에 대한 인식을 담다

서양, 낯설면서 가까이 다가오다

『오주연문장전산고』에서는 『천주실의』와 『직방외기』 등 20여 종의 한역(漢譯) 천주교서적을 참고하여 서양의 천문·역산·수학·의약·종교 등 80항목에 이르는 다양한 내용을 소개했다. 그런데 이규경은 당시 서양의 자료를 검토하면서 상당히 강한 인상을 받았던 것으로 보인다.

예를 들면 서로 멀리 떨어진 동양과 서양의 교류를 위해 애쓰는 예수회 선교사들의 노력을 가리켜 "동양과 서양이 서로 왕래한다고 해도 그 문자와 언어는 통하기 어려운데, 수사(修士)들이 중국의 경전(經典)을 환히 익혀서 마치 전세(前世)부터 약속이라도 한 것처럼 하고, 중국에서도 서양의 글자 23자를 해득(解得)하여 이리저리 문장을 형성하니 아름다운 일이다. 이는 『중용』에서도 말한 바와 같이 동서(東西)가 모두 한 문화권 속에 조화를 이루는 대동(大同)의 세계를 적극 추구하는 일면을 보이기도 한다"라고 평가했다.

또 18세기 중반의 『성호사설』에서 서양인의 앞선 과학기술과 그들의 윤리 도덕성 등에 주목했다면, 19세기 중반의 『오주연문장전산고』에서는 "외국에도 또한 역사가 있다. 모두 같은 문화를 입었으면 오랑캐의 후예라 하여 그것을 버릴 수 없다. 외국의 역사는 불가불 알아야 할 것이니, 정사(正史)를 읽다가 참고할 곳이 있으므로 그 근거를 적는다"라며 외국의 역사와 문화에도 개방적인 태도를 보였다.

이규경은 폭넓은 인식을 기반으로 외국사에 안남(安南)과 일본, 아라비아를 포함하였으며, 서양의 선박(船舶)이 중국에 왕래하게 된 내력(來

歷)을 설명하면서 1840년대 말까지 조선에 도착한 경험이 있는 네덜란드·영국·프랑스 등 서양 선박과 그곳에 탄 사람 등에 대해서도 주의를 기울였다.

이규경의 이러한 인식은 그가 서양에 대한 어떤 가능성을 기대한 데서 비롯된 것으로 보인다. 예를 들면 이규경은 서양과의 관계에서 주된 관심을 통상(通商)과 행교(行敎)로 파악하고 서양 기술의 우수성에 주목하면서도 유학을 형이상학(形而上學)으로, 서양학문을 형이하학(形而下學)으로 설명했다. 즉 그는 동양의 정신과 과학적 전통을 바탕으로 부국(富國)을 위해 서양의 과학기술을 수용하려는 사상적 개방성을 보여주었다.

이처럼 동도서기(東道西器)에 바탕을 둔 그의 사상은 개국 통상론으로 이어졌다. 따라서 『오주연문장전산고』는 한말 개화기로 이행하기 직전의 전근대적 지식인이 서양에 대한 문화적 인식이 어떠했는지를 살펴볼 수 있는 귀한 자료이면서 『송남잡지』와 함께 서구 세계를 향한 인식의 확대와 새로운 문물에 관한 지식을 다분히 수용한 유서라고 할 수 있다.

네덜란드, 표류로 인연이 시작되다

조선시대 지식인의 서양에 대한 최초의 관심은 태종 2년(1402)에 만들어진 동양 최고의 세계지도 「혼일강리역대국도지도」를 꼽을 수 있다. 그러나 이후 약 200년간은 서양에 특별한 관심을 보이지 않다가, 17세기부터 명과 청나라를 통해 서양인 선교사들이 제작한 「곤여만국전도」 등 세계지도가 국내에 유입되면서 서양과 그곳에 사는 서양인 및 그들의 문화에 호기심을 갖기 시작했다.

특히 홍모국(紅毛國)·남번국(南番國)·아란타(阿蘭陀) 등으로 동아시아에 알려진 네덜란드는 조선과의 각별한 인연이 전한다. 예를 들면 효종 4년(1653) "아란타국의 배가 진도에 표류하여 거의 절반이 죽고 36명이 살아남았는데, 그들의 생김새가 괴이하고 언어도 통하지 않아 어느 나라 사람인지도 알 수 없어 바닷가에 거주하도록 조처하였다"는 기록도 전한다. 따라서 당시까지도 조선은 네덜란드에 대한 정보가 부족했음을 알 수 있다.

그리고 네덜란드인이 일본으로 가던 중 태풍을 만나 표류하다가 식수를 구하기 위해 제주도에 상륙했으나 체포당한 일도 있었다. 그 뒤로 조선에 살게 된 박연(朴延) 일행과 하멜 일행의 표류 사건으로 인연이 깊어졌다. 당시 박연 일행 중에는 천문·역산(曆算)·조총·대포에 능한 자가 있었고, 이들의 선진적인 대포와 선박 제조 기술 등이 조선에 전해지기도 했다.

또 대마도주가 조선 정부에 이양선이 출몰하지 못하도록 요청한 일이 있었고, 대일 외교문서에 따르면 하멜과 함께 조선에 억류되었다가 그대로 정착한 서양인들을 '야소교(예수교)'를 핑계로 일본으로 송환을 요구했다고 한다. 심지어 당시 일본은 "아란타는 일본의 속국(屬國)이다"라는 거짓말까지 하면서 네덜란드와의 인연을 강조하기도 했다. 당시 대마도주가 "아란타국 사람 8명이 장기(長崎)에 도착하여 스스로 말하기를, 우리는 조선국 전라도에 표류되어 있은 지 14년 만에 조그만 배 한 척을 빼앗아 도망쳐 이곳까지 왔다"며 조선에서 탈출한 네덜란드인들의 소식을 전하기도 했다. 그리고 네덜란드의 달력이 조선보다 한 달

앞서 간다는 사실(음력과 양력의 차이)과 함께 러시아 등 서양 여러 나라와 일본의 외교 관계에 대한 구체적인 경험도 기술했다.

이외에도 일본에 통신사로 다녀온 후 기록으로 남긴 자료들을 종합해 보면 "네덜란드인들은 성품이 지극히 정결하고 남녀 모두 적극적인 성격으로 베 짜는 일에 능하며 무역에 종사한다"는 등 다소 우호적으로 평가하는 등 시간이 지나면서 조선에서도 네덜란드인을 인식하게 되었음을 확인할 수 있다. 그러나 조선을 배제하고 대서양 무역의 독점을 꾀하던 일본의 방해 공작으로 조선과 네덜란드와의 직접적인 교류는 이루어지지 않았다.

프랑스〔佛郎機〕, 위협적인 존재로 인식하다

프랑스의 국명을 불랑기(佛郎機)로도 표기해서 대포 또는 포르투갈과 혼동하는 경우도 있다. 조선과 프랑스의 구체적인 인연은 헌종 5년(1839) 기해박해 때 처형당한 3명의 선교사로부터 시작된다. 이후 헌종 12년 (1846) 7월, 대불랑서국(大佛朗西國) 수군 제독(水軍提督)의 배가 호서 지역의 외연도(外煙島)에 정박하여 조선에서 선교사들을 처형한 사건을 따지는 서한 한 통을 전달한 후 돌아간 일도 있었다.

당시 배가 정박했을 때 그 이유를 물어보니, 대불랑서국 사람이라고 자신들을 소개했다고 한다. 그들이 궤짝을 하나 내놓으며 "이 궤 속에 문서가 있으니 조정에 올려주기를 간청한다"고 했고, 이에 궤짝이 비변사에 전해지면서 문서가 세상에 알려진 것이다. 그러나 이 일로 조선의 관리와 지식인들 사이에 프랑스에 대한 부정적인 인식이 확대된다.

『오주연문장전산고』에서는 이 사건을 "대불랑서국 수군 제독으로 명

을 받들어 인도와 중국 해양에 주재한 군함을 맡은 원수(元帥)가 본국
(프랑스) 사람이 아무런 죄도 없이 귀국(조선)에서 살해된 사건을 규명하
려 합니다"라고 했다며 다음과 같이 평하고 있다.

> 과연 우리나라에서 지난 기해년에 사교옥(邪教獄)을 다스릴 때 서양
> 사람으로 몰래 출국하려고 했던 라백다록(羅伯多祿)·정아각백(鄭牙各
> 伯)·범세형(范世亨) 등 3명을 몰래 입국하여 사교(邪教)를 펼쳤다는 이유
> 로 처형한 것이 사실인데, 8년이 지난 뒤에야 슬서이(瑟西爾 또는 瑟西耳)
> 가 나타나 힐문했다는 것은 괴이한 일이다.

당시 프랑스는 나폴레옹의 등장으로 유럽의 많은 영토를 석권하여
유럽 최대의 강국으로 떠오르고 있었다. 따라서 우연히 풍랑으로 표류
하여 조선과의 인연이 시작된 네덜란드와는 다르게 프랑스가 의도적으
로 함대를 몰고 와서 조선의 문호 개방을 요구한 점은 조선을 더욱 긴장
하게 만들었다.

『오주연문장전산고』에서는 이들이 타고 온 선박의 종류를 대·중·소
로 구분하여 적재 인원과 제작 기법 등 특성을 설명하면서 먼 항로를
안전하게 다닐 수 있는 항해술 등을 꼼꼼하게 검토하고 있다. 그리고 헌
종 12년(1846)과 13년(1847) 거듭 조선을 방문한 프랑스 함대 등 잇따른
이양선의 출몰에 "그들의 행동이 극히 수상해서 어떻게 결말이 날지
모르겠다"고 경계하면서 "이제 많은 무기를 싣고 와서 육지에 내려 막사
를 짓고 무기를 만들며 화약을 만드는 것은 자기들의 힘이 세다는 것과
오래 머물겠다는 뜻을 보이려는 것이다. …… 양식을 청하고 배를 빌려

달라는 것과 이치에 맞지 않는 허다한 말은 그 뜻이 양식과 배에 있는 것이 아니라 모두 우리를 한번 시험해 보려는 것이니, 만일 그들이 청하는 것을 들어주지 않으면 위협하고 해독을 끼치기 위한 핑계를 만들려는 간사한 꾀이다"라며 프랑스의 의도를 상당히 구체적으로 간파하고 있다.

영국[永吉利國], 가장 흉악한 나라로 인식하다

영국과 조선의 인연 역시 선박의 표류로 시작된다. 순조 16년(1816) 7월 14일, "영길리국의 표류된 배가 호서(湖西)의 비인현(庇仁縣) 마량진(馬梁津) 하류에 정박했는데, 문자와 언어가 서로 통하지 않았다"고 하며, 순조 32년(1832) 6월 26일에도 "외양선(外洋船)이 표류하여 호서 지방의 고대도(古代島)에 정박했는데, 스스로 대영국(大英國)의 배라 칭하였다"고 한다. 그들이 스스로 대영국이라 칭한 것은 영길리국(英吉利國, 잉글랜드)·애란국(愛蘭國, 아일랜드)·사객란국(祈客蘭國, 스코틀랜드) 등 세 나라가 합쳐서 한 나라가 되었기 때문이라고 기록하고 있다.

그들은 또 "공식적인 무역을 하기 위해 조선에 왔다"며 "공문(公文)·채단(采緞)·경(鏡)·자기(磁器)·금구(金鉤)와 그 나라의 지리서 등 26종을 내놓고 바치기를 간청했다"고 한다. 그러나 조선이 받아들이지 않아 여러 날을 옥신각신하다가 마침내 불만을 품고 돌아갔다고 한다. 당시 인원은 모두 67명이었고, 선주(船主)는 자작(子爵)인 호하미(胡夏米)였다. 의생(醫生)은 6품 거인(擧人)인 갑리(甲利)이며, 수도는 난돈(蘭敦, 런던)이고, 군주(君主)의 성은 함씨(咸氏, 윌리엄 4세)라고 소개하고 있다.

이후 헌종 8년(1842), 중국에서의 아편전쟁과 필리핀의 함락 등이 알려지면서 조선의 지식인들은 영국을 구라파 제국 중에서도 가장 흉악하고 강대한 나라로 인식했다. 예를 들면 "양인(洋人) 중에서도 영길리는 가장 사납고 거칠어서 일반 인간의 심성을 지니지 않은 맹수와 마찬가지다. 근년에 여송(呂宋, 필리핀)을 공멸하여 일국을 완전히 공지(空地)로 만들었으니 극히 두려운 존재이다"라며 그들의 의도가 조선과의 통상과 행교 이외의 다른 곳에 있지 않을까 우려하기도 했다.

이탈리아에서 아프리카까지, 신기한 문화를 소개하다

『오주연문장전산고』에는 이탈리아의 거미류에 속하는 독충, 털이 두꺼워 불을 끌 수 있는 독일의 동물, 세계 7대 불가사의 등 유럽의 기이한 자연현상과 문물 등 다양한 정보도 수록되어 있다. 다른 유럽 국가들과 비교해 러시아를 다소 긍정적으로 표명했다는 점도 흥미롭다.

또 아프리카를 초목이 무성하여 사람이 접근할 수 없는 곳으로 묘사하는 한편, 지나가는 동물을 큰 뱀이 나무에 묶어 놓고 잡아먹는다거나, 소나 양은 물론 이상한 조류(鳥類)가 대단히 많다고 설명하는 등 아프리카의 온갖 동물도 상세히 기록하여 아프리카를 '동물의 왕국'으로 묘사했다. 예를 들면 우리나라 최초로 타조를 다음과 같이 소개했다.

> 목과 다리가 길고, 털이 아름다우나 날지는 못한다. 알이 매우 커서 잔으로도 쓸 만하다. 새 중에서 가장 크며, 모양이 낙타와 비슷하고 키는 말을 탄 사람보다도 더 크다.

타조의 한자 이름은 처음에 액마(厄馬)였다. 여기에는 "말을 닮았으나 재수 없다"는 인식이 담겨 있었다. 그러나 이후 타조(駝鳥), 즉 '낙타를 닮은 새'로 변했다. 당시 사람들의 타조에 대한 변화된 인식을 확인할 수 있다.

이외에도 이규경은 벨기에 태생의 남회인 신부가 기록한 「곤여외기(坤輿外紀)」를 소개하면서 오주(五洲)라는 자신의 호에 걸맞게 오대륙(五大陸)에 속한 나라들의 국명을 열거하고, 그 나라의 특산물이나 특이한 자연환경 등도 기술했다. 그는 특히 동물과 식물, 자연현상 등 신기하고 경이로운 것에 박학적인 취미를 유감없이 발휘했다는 평가를 받는다. 그러나 『오주연문장전산고』에서는 미국에 대한 기록을 찾아볼 수 없다. 미국은 유럽에 비해 조선에 늦게 알려졌기 때문이다.

일본, 날카로운 통찰을 담다

이규경은 실학자 이덕무의 손자로, 할아버지의 영향을 많이 받았다. 이덕무는 방대하게 서적을 수집할 수 있는 직책에 있었는데, 일본에 관한 저술을 남길 정도로 일찍부터 일본에 관심이 많았다. 따라서 이규경 역시 일본과 관련한 문헌을 통해 풍부한 정보와 지식을 접할 수 있었다.

이러한 여건을 기반으로 『오주연문장전산고』에서는 고대 일본의 역사와 사상을 비롯해 일본 내부의 정치 변천사와 문화적 특성 등을 분석했다. 이규경은 기본적으로 유교적 가치관을 적용해 일본을 "무도한 나라"로 낮게 평가했다. 그러나 일본에는 뛰어난 무술가가 있고, 높은 수준의 학자가 있다는 점에도 주목하여 "일본은 흑치녹정(黑齒綠頂)의 야만인이지만, 주(周)나라의 제도와 문물을 숭상하고 볼 만한 것이 많다"며 일본에 대한 객관적인 자세를 유지했다.

이규경이 일본을 분석하면서 참고한 국내 자료로 신숙주의 『해동제국기(海東諸國記)』와 신유한의 『해유록(海遊錄)』도 주목된다. 『해동제국기』는 "일본의 지세(地勢)와 국정(國情), 교빙내왕(交聘來往)의 연혁, 사신관대예접(使臣館待禮接)의 절목(節目) 등을 기록한 책으로, 조선 전기의 한일(韓日) 관계사와 일본의 역사·지리 연구에 중요한 자료이다. 『해유록』은 숙종 45년(1719) 4월부터 이듬해 1월까지 10개월간 통신사 일행으로 일본을 방문했을 때의 견문을 기록한 일기문이다.

통신사 일행으로 일본을 방문했던 신유한은 귀국 후 곧장 『해유록』을 편찬했는데, 국내에서는 물론 일본에서도 크게 반향을 불러일으킬 정도로 주목받았다. 또 혜초의 『왕오천축국전』과 박지원의 『열하일기』에 비견되는 기행문학의 백미이자, 18세기 전반기의 조·일 관계 및 서방세계에 대한 인식과 다른 나라의 문화에 대한 독특한 감수성 등을 보여주는 문헌으로 평가받는다.

『해유록』에는 통신사 일행의 각종 행사는 물론 일본의 지리·인습·풍속·제도 그리고 일본에서의 다양한 견문 등이 수록되어 있다. 이 책의 마지막 부분에서는 통신사 일행의 안내를 맡았던 일본인이 귀국길에 오른 일행 앞에서 눈물을 흘리자 "겉으로는 문인인 체하지만, 마음속에 창과 칼을 품고 있어 권력을 잡는다면 반드시 우리에게 해를 끼칠 것이다"라며 일본인에 대한 날카로운 통찰도 드러냈다.

『오주연문장전산고』에서는 일본의 풍속으로부터 술·담배·일본도(日本刀)·과자 등 생활문화와 신화·민속·속신에 이르기까지 다양한 분야의 정보도 접할 수 있다. 예를 들면 일본의 기호식품 등 먹거리를 포함해 다양한 일상 문화를 소개하면서 일본의 카스테라(castella) 만드는 법을 다음과 같이 소개했다.

깨끗한 밀가루 1되, 백설탕 2근, 계란 8개를 얹어서 반죽하고, 구리 냄비에 놓고 달군 숯불로 색이 노랗게 될 때까지 굽는데 대나무 꼬치로 찔러 구멍을 뚫어서 화기를 안에 침투시킨다. (냄비에서) 꺼내어 잘라 먹으면 더없이 맛있는 일품이다.

또 근대를 전후한 시기에 아시아에 전래된 담배라는 외래의 기호품을 소개하면서, 일본에서는 벌써 『언록』이라는 담배와 관련한 책이 나오고 담배 예절이 논의된다는 사실에 놀라고 있다.

일찍이 일본인 오오츠키 겐타쿠〔大槻玄沢〕가 지은 『언록(蔫錄)』을 보았더니 흡연의 예절이라는 한 구절이 있었다. 이것은 우리나라 풍속으로 따지면 손님을 접대할 때 최초의 인사로, 식사 후에 담배를 권하는 것과 같은 뜻이리라. 또는 예(禮)가 없어지고 재야에서 찾는다는 뜻인가? 아! 저 쪼그마한 흑치녹정의 무리들조차 능히 예절을 아니, 어찌 기이하지 아니하겠는가…….

이규경이 소개한 『언록』의 예법을 요약하면 다음과 같다.

손님이 찾아오면 주인이 인사말로 두세 마디 이야기를 나누고 나서 손님에게 담배를 권한다. 이에 손님은 사양하며 다시 주인에게 권하지만, 주인이 사양한다. 이는 마치 술이나 차를 대접하며 권할 때의 예절과 같다. 즐겁게 이야기를 나눈 후 주인이 휴지를 꺼내 담뱃대의 끝머리를 닦고 다시 전체를 닦아서 손님에게 권하면, 손님은 이를 절을 하고 받아 잠시 피우다가 주인에게 "맛있습니다"라고 칭찬한다. 그리고 1~2번 더 피운 후 물부리를 닦고 거둔다. 돌아갈 때는 담뱃대 전체를 닦고 재떨이 위에 놓는데, 손님이 담뱃대를 닦으려고 하면 주인이 이를 말린다.

그리고 중국과 일본에 비교하며 우리나라의 담배 예절도 서술했다.

듣건대 중국과 왜인이 담배 피우는 데에는 위아래·귀천·노소·남녀의 구별이 없는데, 오직 우리나라에서만 귀한 사람 앞에서 천한 사람은 감히 담배를 피우지 않고, 어른 앞에서 젊은이는 감히 담뱃대를 가로 놓지 못한다. 그 법은 분명히 엄격하고, 교화하지 않아도 그렇게 되고, 명령하지 않아도 행해지는 것은 섬나라 왜인이 함부로 연의(煙儀)라고 일컫는 것보다 훨씬 낫다.

물론 여기에는 중국과 일본에 비해 우리나라의 엄격한 담배 예절에 대한 자부심이 담겨 있다.

근대와 전근대를 이어주다

군밤을 담는 봉투로 사용되다

『오주연문장전산고』는 '오주가 쓴 보잘 것 없는 글을 순서 없이 모은 것'

이라는 뜻으로, 이규경의 겸손함과 함께 백과사전의 성격이 잘 반영되어 있다. 『지봉유설』의 성과를 가장 발전적으로 계승한 『오주연문장전산고』는 이후 19세기의 백과사전 편찬에도 커다란 영향을 끼쳤다.

조선 후기 들어 백과사전의 유행은 중국 명·청시대의 서적이 대량 수입된 것과도 연관이 있었다. 물론 『오주연문장전산고』 역시 명·청대 박물학적 저서의 영향을 받았다.

『오주연문장전산고』에 편찬자 이규경이 사망하기 일 년 전인 철종 6년(1855)의 일이 언급된 것으로 보아 그가 사망할 때까지 집필한 것으로 추정된다. 그 때문인지 체계가 불완전하고 항목들이 무질서하게 흩어져 있다는 지적을 받기도 하지만, 생활의 지혜와 함께 계몽적 내용 등 최신 지식을 소개하고 있다. 『오주연문장전산고』가 새로운 정보를 통해 시대적 과제를 해결하고자 노력한 지식인의 학문과 사상이 잘 반영되어 있다는 평가를 받는 이유도 여기에 있다.

또 『오주연문장전산고』에서는 거의 논문에 해당할 정도로 치밀함과 논리성을 갖추는 등 기존의 유서나 필기류에서는 보기 힘든 탁월함을 발견할 수 있다. 달리 말하면 고증을 바탕으로 저자의 주관적 견해가 피력된 변증설의 형식을 취하여 이제까지 지식인들이 보여준 집필 방식과 비교하면 매우 이례적이고 상대적이라는 특징을 보여준다. 『오주연문장전산고』가 관념론보다는 구체적인 현상 자체의 규명에 집중하여 각 항목에 대한 체계적인 변증을 시도함으로써 하나의 소논문으로 인정받는 등 조선 후기 문화사 연구에서 학술성이 돋보이는 귀중한 자료로 평가받는 것도 그 예라 하겠다.

『오주연문장전산고』는 일반인에게는 오랜 기간 주목받지 못하다가

1910년대에 비로소 세상에 처음 알려진다. 이후 이능화의 『조선무속고』 (1927)에 여러 차례 인용되었고, 일제 강점기에 두 차례 간행이 추진되었다. 그리고 1959년 동국문화사에서 경성제대 필사본을 영인 간행했다.

『오주연문장전산고』의 원고를 발견하여 그 가치를 평가한 인물은 최남선이었다. 1930년 최남선은 조선광문회를 조직하여 관련 서적의 간행을 주도하는 과정에서 『오주연문장전산고』를 입수했다. 당시 『오주연문장전산고』 필사본을 어느 군밤 장수가 봉투로 사용하던 것을 그가 겨우 알아보고 입수한 것이다. 분량은 60권 60책으로, 이미 몇 장의 종이가 없어진 상태였다. 책의 편집 체제도 일정하지 않은 것으로 보아 원본은 훨씬 더 많은 분량이었을 것으로 추정되었다.

이규경이 자신의 저서에 대한 앞날을 예견이라도 한 듯 『오주연문장전산고』에 우리나라에서 서적이 사라진 이유를 역사적인 경험에 기반하여 10가지로 꼽은 점도 대단히 흥미롭다.

이규경에 따르면, 삼국시대에는 당나라가 고구려와의 전쟁으로 고구려의 문명이 당나라에 뒤지지 않는다는 사실을 시기하여 고구려 서적을 모아 불태웠으며, 완산주에서 후백제를 건국한 견훤은 엄청난 양의 삼국시대 책들을 옮겨 두었으나 후백제가 멸망하면서 모두 불에 타버렸다고 한다. 고려시대에는 거란·몽고·왜구와의 잦은 전쟁으로 책이 소실되었고, 조선시대에는 명종 대인 계축년에 경복궁에서 발생한 화재로 궁궐 안의 많은 책이 사라졌다고 한다. 또 선조 대인 임진년과 인조 대인 병자년에는 왜적과 청나라가 침입하여 책들이 불에 탔고, 난민들에 의해서도 책들이 소실되었다고 한다. 그뿐만 아니라 임진왜란과 병자호란 때 왜군과 청나라가 책을 수탈해 가기도 했으며, 인조 대인 갑자년에 이괄의 난이 일어났을 때도 궁궐에 침입한 반란군들이 그나마 남아 있던 책을 불태웠다고 한다.

이외에도 종이가 귀하던 시기에 책을 뜯어 벽지로 사용하는 등 다른 용도로 사용하는 풍습도 지적했다. 특히 이규경은 장서가들이 돈을 주고 책을 사들여 깊숙이 감추어 놓고 자신도 읽지 않지만 남들에게도 빌려주지 않아 시간이 지나면서 좀이 슬고 쥐가 갉아먹기도 했으며, 때로는 종들이 몰래 팔아먹기도 해서 완질본이 없다고 꼭 집어 가리키면서 책의 수난 중에서도 장서가에 의한 피해가 크다고 지적했다.

경이적인 저술을 남기다

『오주연문장전산고』는 현대인의 관점에서 보아도 흥미로운 내용이 많을 정도로 백과사전에 걸맞게 대단히 폭넓은 분야를 다루고 있다. 현재 1,416항목, 60권이 전하는 『오주연문장전산고』는 전체 약 150만 자에, 편당 1,110자로 구성된 방대한 분량이다. 이러한 규모는 『성호사설』의 총 3,013항목에 자 수로는 90만 자, 편당 300자와도 비교된다.

또 『오주연문장전산고』에는 『지봉유설』과는 달리 저자의 평론이 첨부되어 있지 않다. 그러나 우주의 자연 질서에서부터 일상의 문화 그리고 초자연적인 문제까지 다루면서 저자가 의문이 들거나 바로잡을 필요가 있는 내용은 다른 자료를 원용하여 상세하게 고증한 작은 논문들로 구성되어 있다. 특히 소논문 항목은 1,450편 이상으로 가히 경이적이라는 평가를 받는다. 『오주연문장전산고』가 '19세기 중반에 가장 방대한 분량과 치밀한 주제의 변증을 통해 자료 분석의 명증성이 돋보인다'거나 저자 이규경이 '자기 나름의 사상 체계 구축보다는 천지만물에 관한 지식을 모두 기술하면서 수많은 책 속에서 서로 엇갈리는 담론을 열거하여 비교하고 따져봄으로써 진실을 끄집어내려고 했다'는 평가를 받는 이유도 여기에 있다.

새로운 문물에 대한 지식을 다분히 수용한 『오주연문장전산고』는 서구 세계에 대한 인식의 확대 등 한말 개화기로 이행하기 직전의 전근대적 지식인이 어떤 문화적 인식을 지녔는지를 잘 보여주는 저작물이기도 하다. 따라서 『오주연문장전산고』는 이제까지 타율적 근대화와 관련하여 지나치게 폄하되어 온 19세기 학자들의 학문적 능력을 새롭게 조명할 수 있는 자료로서의 가치도 대단히 크다.

19세기 조선 사회는 정치·사회·경제적으로 하향 곡선을 그리고 있었지만, 18세기 이후 풍미했던 실학과 북학의 흐름이 완전히 사라진 것은 아니었다. 당시 조선 사회에는 내부에 축적된 학문적 성과와 청나라 고증학 등을 토대로 사회경제적 모순에 대응하는 새로운 사상적 풍토의 조성에 관심을 기울인 지식인들이 있었다.

대표적인 예로 임진왜란과 정유재란 이후 지식인들 사이에 주자 성리학만 고집하지 않고 국가 통치나 민생에 필요한 모든 학문 분야에 주목한 박학(博學)의 풍조가 나타났다. 그리고 이를 기반으로 하여 사상계의 일단(一團)을 형성하면서 뛰어난 지성들이 등장했다. 조선 후기 백과사전 편찬의 학풍을 체계화한 이규경을 비롯해 최한기·김정호·김정희·정약용 등이 그 예이다. 특히 『오주연문장전산고』는 이규경의 지칠 줄 모르는 지적 호기심과 박식함을 그대로 보여주며, 이수광 이후 발전을 거듭해 온 명물고증학의 성과를 대표한다.

『오주연문장전산고』는 현재 한국고전번역원에서 항목별로 분류한 DB

자료를 서비스하고 있는데, 주요 목록을 정리하면 다음과 같다.

	편(編)	유(類)	항(項)	조(條)	유문명(類門名)
1	천지편 (天地篇)	3	28	224	천문류(天文類), 지리류(地理類), 천지잡류(天地雜類)
2	인사편 (人事篇)	8	101	698	인사류(人事類), 논학류(論學類), 논예류(論禮類), 치도류(治道類), 복식류(服食類), 궁실류(宮室類), 기용류(器用類), 기예류(技藝類)
3	역사편 (歷史篇)	6	31	238	경전류(經傳類), 도장류(道藏類), 석전류(釋典類), 사적류(史籍類), 경사잡류(經史雜類), 논사류(論史類)
4	만물편 (萬物篇)	4	12	200	초목류(草木類), 조수류(鳥獸類), 충어류(蟲魚類), 만물잡류(萬物雜類)
5	시문편 (詩文篇)	2	4	56	논시류(論詩類), 논문류(論文類)
계	5편	23	176	1416	

초기 개화 사상가들이 계승하다

『오주연문장전산고』는『지봉유설』로 시작해서『성호사설』과『청장관전서』로 이어지는 백과사전 편찬의 흐름을 계승하였으며, 오늘날에도 역사학·국문학·자연과학·예술·의학 등 다양한 분야의 학문 연구에 커다란 기여를 했다. 특히 이규경은 18세기 북학파와 19세기 후반의 개화 사상을 연결하는 역할을 한 학자로,『오주연문장전산고』역시 여러 면에서 주목받고 있다. 주요 내용을 요약하면 다음과 같다.

첫째, 이규경은 "역사란 나라의 거울이며, 옛것을 드러내고 오늘을 비추어 보는 것이며 미래를 여는 것이다"라며 역사의 과거와 현재 그리고 미래를 말하면서 현재의 의미를 강조했다. 또 "발해는 고구려를 계승했으며, 땅이 지극히 넓었고 문화가 화려하여 해동성국이라 불리었다. 요령의 심양 고탑 사이에 있었으나, 우리 역대의 역사에는 빠져 있다. 마땅히 고구려 아래의 반열에 넣어야 한다"며 잊힌 우리 역사에 새롭게 주목하는 등 시간적·공간적으로 확장된 역사 인식을 보여주었다.

둘째, 『오주연문장전산고』에 담긴 의학 지식은 비록 서양 고대의 범위를 벗어나지 못했다는 지적을 받지만, 인체의 구조와 기능을 상세하게 서술하는 등 서양 의술을 최초로 기록했다는 점도 주목할 만하다. 관념론에 사로잡혀 있던 당시 사회에서 이목구비를 포함해 인체 내부 구조를 그려냄으로써 인성(人性)에 대한 야만적 행위로 간주되었던 봉건적 인식을 극복하려고 했다는 평가를 받는 것도 그 예라 하겠다.

셋째, 『오주연문장전산고』에는 경제 문제에 대한 구체적인 관심과 함께 당시 사회의 구조적 모순에 대한 비판 의식이 담겨 있다. 예를 들면 사리사욕에 찬 탐관오리(貪官汚吏)와 부상(富商)들이 매점매석으로 폭리를 자행하는 도고(都賈) 행위를 비판하면서 매점매석의 금지를 주장했고, 화폐가 비농민층에만 편리하고 농민층에는 유해(有害)함을 들어 이익의 폐전책(廢錢策)을 지지했다. 그리고 도량형 문제와 전국 장날의 통일, 투기와 고리대금의 폐단을 척결하여 상업의 발전을 주장하는 등 농업 중심의 봉건적 경제관을 극복하고 있다.

넷째, 『오주연문장전산고』에서는 개국통상을 수용하는 개방적 태도를 보여주었다. 이규경은 순조 32년(1832) 영국 상선이 우리나라에 교역을 요구해 왔을 때 시장을 열어 특허하고, 조약도 엄중히 할 것을 주장하는 등 대외적인 상업 행위에서 개시(開市)와 교역의 필요성을 강조했다. 이러한 인식은 19세기 중후반의 오경숙과 유홍기 등 초기 개화 사상가들에 의해 계승됨으로써 조선 사회 내부에서 개국과 통상에 대한 고민 등 내재적 발전의 흐름으로 이어졌다.

다섯째, 이규경은 잠재되어 있는 문화 역량을 최대한 발휘해 부국강병을 추구했다. 그는 부국(富國)을 위해 도교·불교·자연과학 등 모든 학문과 사상을 흡수하여 응용하고자 했으며, 국토에 매장된 자원 등 광산 개발 및 화기 개발과 같은 실질적인 문제에도 깊은 관심을 기울였다. 「오주서종(五洲書種)」 등에도 나타나 있듯이 그가 방대한 자연과학적 사고를 이용후생의 관점에서 개진한 19세기 실학의 집성자임에 손색이 없다는 평가를 받는 것도 그 예라 하겠다.

이처럼 『오주연문장전산고』는 당시 사회의 구조적 모순을 극복하면서 동서고금의 사물을 폭넓게 접할 수 있도록 신지식을 수용하여 혁신적인 기운을 조성했다. 이러한 지식과 혁신 사상은 초기의 개화 선각자들에게 진지하고 절실하게 받아들여졌으며, 박학다식하고 고증적 학풍을 바탕으로 하는 이규경의 서양에 대한 인식은 이후 방대한 분량의 저술에도 영향을 미쳤다. 상반된 의도에서 편찬한 윤종의(尹宗儀. 1805~1886)의 『벽위신편』과 최한기(崔漢綺. 1803~1877)의 『지구전요』도 그 예로 꼽을 수 있다.

헌종 12년(1846)에는 잇따른 프랑스 함대의 내항(來航)으로 조선의 지식인들 사이에서 서양에 대한 위기의식이 고조되고 있었다. 저자 윤종의 역시 서양 세력의 본격적인 조선 침투를 우려하여 그에 대한 방비책을 제시하려는 목적에서 헌종 14년(1848)부터 『벽위신편』을 쓰기 시작했다. 특히 『벽위신편』에서 천주교를 서양의 침략 세력과 동일시한 그는 천주교의 전래와 전파를 막기 위해 천주교가 중국에 침투하였던 지역의 지리 형세를 탐구하며 비슷한 지형의 우리나라 요충지에 대한 방비 태세를 강조하고, 조선과 서양의 접촉도 연대순으로 기록했다. 따라서 『벽위신편』은 저술 의도와 관계없이 정교한 세계지도를 비롯해 인문지리학이나 역사지리학 내용을 실었다는 점에서 서양에 대한 관심과 지리 지식이 구체화하기 시작했음을 알린다는 의미가 있다.

반면 『지구전요』는 철종 8년(1857)에 편찬된 세계 지리서이다. 저자 최한기는 당시 우리나라가 고루한 쇄국정책 때문에 개화라는 세계적인 추세에 함께하지 못하고 있음을 한탄하면서 개국과 통상을 주장했다. 그렇다고 그가 서양 제국주의 식민지정책을 무시한 것은 아니다.

그는 서양의 함선이 동양으로 들어오는 과정을 두 가지 측면으로 보았다. 하나는 무력 침공이고, 다른 하나는 물화의 유통과 함께 이루어지는 지식의 진보였다. 최한기는 전자를 일시적인 현상으로 보았고, 후자에 적극적인 관심을 보였다. 『지구전요』에는 이러한 인식을 기반으로 천체·기상(氣象)과 자연지리·인문지리 등 근대 서양의 다양한 지식을 담았으며, 서아시아·유럽·아프리카·남북아메리카 등 각국의 강역(疆域)·풍기(風氣)·물산·생활·상공업·기용(器用)·정치·재정·왕실·관직제도·예절·형벌·교육·풍속·병제(兵制) 등을 상세하게 수록했다. 하지만 서양에 대한 개방 의식은 1870년대 초반부터 대외적 유화정책을 표방하면서 친정(親政)의 명분을 쌓아갔던 고종과 그의 측근 개명관료(開明官僚)들의 정책 결정에 얼마만큼 반영되었는가는 별개의 문제이다.

19세기 지성계를 대표하다

19세기의 지성계를 대표하는 인물로 꼽히는 이규경은 『오주연문장전산고』에서 박학과 고증을 기본으로 하면서 관념적이기보다는 구체적인 현상 자체의 규명에 집중했다. 이규경이 다산의 뒤를 이어 19세기에 실학을 집대성한 실학자로 평가받는 이유도 여기에 있다. 이규경의 이러한 학문적 태도는 그의 집안 가풍과도 밀접한 연관이 있다.

이규경은 전주 이씨 집안 출신으로, 이덕무(李德懋, 1741~1793)의 손자이며 이광규(李光葵, 1765~1817)의 아들이다. 특히 이덕무는 "박학다재하여 고금의 제자백가와 기문이서(奇文異書)까지 통달했고, 문장도 새로운 기풍을 일으켜 인정(人情)과 물태(物態)를 곡진히 그려냈다"고 극찬을 받을 정도로 실학자를 대표했다.

또 정조로부터 능력을 인정받았던 이덕무는 일찍이 정조가 규장각을 열고 명사(名士)를 검서관에 등용할 때 발탁되어 활동했으며, 유득공·박제가·서이수와 함께 이른바 '4검서(檢書)'라 일컬어졌다. 그뿐만 아니라 이덕무는 젊은 시절 심염조(沈念祖)의 사행을 따라 연경에 가서 학식과 덕망이 있는 사람들과도 교유하며 학문과 견문을 넓혔고, 시간이 날 때면 외출해서 산천·도리·궁실(宮室)·누대(樓臺)로부터 초목·곤충·조수에 이르기까지 다양한 자료들을 기록하여 귀국 후 소개하기도 했다. 이규경의 아버지 이광규도 이덕무에 이어 검서관에 등용되어 오랫동안 규장각에서 일했다. 특히 이광규는 당시 팽배하던 청조 실학(實學)의 영향을 받아 집안의 학풍을 계승했다.

이규경은 어려서부터 이러한 집안의 학풍(學風)에 영향을 받았다. 그는 평소 "박학다식은 바로 군자들이 마땅히 마음에 새겨두고 잊지 말

청장관전서靑莊館全書

조선 후기 | 청장관(靑莊館) 이덕무(李德懋) | 학자 이덕무의 저술을 망라한 시문집으로, 1795년(정조 19)에 그의 아들 이광규가 엮어 펴냈다. 이덕무의 생애와 사상뿐만 아니라 18세기 당시의 사회상과 박학·계몽적인 사조, 국문학 연구에 도움을 줄 수 있는 중요한 자료들을 확인할 수 있다.

아야 한다"고 강조했고, 그의 저서 곳곳에서도 과거의 도서 자료에서 사실을 배우면서 한편으로는 자연과 사회의 실제 사물과 현상의 다채로운 내용을 검증하고자 했다.

　이규경은 할아버지 이덕무의 저술 『청장관전서』를 가장 많이 인용했다. 여기에 이덕무가 규장각에서 일하며 수집한 책과 사행을 다녀오면서 수입한 명·청의 책 등 우리나라와 중국의 고금사물(古今事物)에 대한 수백 종의 책을 탐독해 천문·수학·종족·역사·지리·문학·음운(音韻)·종교·서화·풍속·야금(冶金)·병사(兵事)·초목·어조(魚鳥) 등 다양한 학문과 지식을 축적했다.

　한편 할아버지와 아버지 그리고 이규경은 모두 서얼 출신으로, 할아버지와 아버지는 규장각에서 활동했으나 이규경은 중앙 정계에서는 활동하지 않았다. 다만 그는 평생을 재야의 지식인으로 살면서 할아버지가 이룩한 실학을 계승했다. 따라서 학통상으로 이덕무의 북학파(北學

派)와 연결되며, 평생 농촌에서 살았던 그는 농민과 농촌 문제에도 깊은 관심을 기울였다. 그가 농기구와 직조 기구 그리고 어구(漁具) 등 농어민의 실생활과 관련한 사실들을 고증한 것도 그 예로 꼽을 수 있다.

폭넓은 교유 관계가 백과사전 저술로 이어지다

이규경의 호는 '오주(五洲)'로 오대양 육대주를 의미하며, 또는 '소운거사(嘯雲居士)'라고도 한다. 이규경은 주로 충청도 인근의 농가에 거주하면서 특유의 고증적 학문 태도로 오랜 기간 자료를 수집하고 정리하여 『오주연문장전산고』를 완성했다.

이규경은 관직에 나가지 않고 평생 재야의 지식인으로 살면서 저술 활동에 전념하여 그의 생애를 자세히 전하는 기록이 없다. 다만 『오주연문장전산고』에 그의 근거지와 교유 관계가 일부 전한다. 이규경이 교유한 주요 인물로는 최한기와 최성환(崔星煥, 생몰미상), 김정호(金正浩, 생몰미상) 등이 있으며, 이들은 모두 한미한 양반이거나 중인 출신이면서 당시 실학을 대표한 인물들이다.

최한기는 중국에서 들어온 서양 서적의 영향을 광범하게 섭렵하여 개국 통상론을 주장할 정도로 서양 과학 문명의 수용에 적극적인 인물이었다. 특히 그는 『해국도지』, 『영환지략』 등 당시 최신의 서양 정보가 담긴 서적을 이규경에게 소개하기도 했다.

이규경이 남긴 기록에도 "나의 조부 형암(炯菴, 이덕무) 선생이 사소절 3권을 지었으나…… 간행되지 못하고 필사로 전해왔는데, 도성에 사는 최도사(崔都事) 성환이 편을 갈라 1권으로 하여 주자(鑄字)로 간행했다. 나는 충주의 덕산(德山) 상전리에 거처하여 알지 못했는데, 철종 4년

(1853) 가을에 한양에 있는 최한기가 내방하여 간행했음을 전하고 이듬해 봄에 2질을 보내오니 옛 정분의 두터움을 알겠으며 그 감사함을 형용할 수 없다"라며 이규경이 충주에 거주했고, 최한기와 최성환 등과도 깊은 친분 관계를 유지했음을 알 수 있다.

최성환은 19세기 중인층을 중심으로 전개된 위항문학(委巷文學) 운동에 핵심으로 참여했던 인물이다. 위항이란 '좁고 지저분한 거리'를 뜻하는 말로, 조선 후기에 탄생한 위항문학은 중인·서얼·서리 출신의 하급 관리와 평민들에 의해 이루어진 문학 양식을 말한다. 여항문학(閭巷文學)이라고도 하며, 양반 사대부들이 한자를 사용하여 그들의 정서와 생활감정을 표현한 상급 계급의 예술 활동에 비해 18세기부터 양반 사대부가 아닌 계층이 한문으로 문학 활동에 대거 참여했다.

또 실학자로 분류되는 최성환은 김정호와도 교류하였으며, 지도와 지리학에 해박했던 두 사람은 전국 지리지인 「여도비지(輿圖備誌)」를 편찬하기도 했다. 「여도비지」는 조선 후기 읍지에서 강조되었던 인물이나 시문과 관련한 내용은 수록하지 않고, 군사와 경제적인 내용을 강조하고 있다. 특히 강역표(疆域表)·극고표(極高表)·방위표(方位表)·군전적표(軍田籍表)·도리표(道里表) 등을 각 도별로 수록한 것이 가장 큰 특징이다.

이 표들은 각 군현의 영역과 위치·위도·경도·군인의 수·경지 면적·인구수·한양으로부터의 거리 등을 일목요연하게 정리했으며, 전국 군현의 경도와 위도를 기록한 유일한 책으로 대단히 귀중한 자료이다. 그 때문에 「대동여지도」의 제작에 바탕이 되었을 것으로 보는 견해도 있다. 이규경 역시 『오주연문장전산고』에서 김정호의 뛰어난 능력을 칭송하며 조선에서 가장 필요로 하는 국내외 지도를 하나로 묶어 편찬한 종합 지도책인 「여지도」와 「방여고」 2책을 후세에 반드시 전해야 한다고 평가했다.

이외에도 이규경은 실학자 서유본(徐有本)과 서유구(徐有榘) 형제와도 깊은 교분을 유지했다. 따라서 이규경의 교유 관계는 실학을 기반으로 하는 지식층의 확장이라는 특징도 드러낸다. 이규경은 『오주연문장전산고』 외에도 순조 34년(1834) 과학 기술서인 『오주서종박물고변(五洲書種博物考辨)』과 철종 14년(1863) 동물·식물·농작물 등의 생태와 양육법을 146항목으로 구성한 『백운필(白雲筆)』 그리고 우리나라 역대 시인들의 시를 모아 엮은 시집 『시가점등(詩家點燈)』을 저서로 남겼다.

참고 문헌

고전 및 사전

표준국어대사전

두산백과

연려실기술

조선왕조실록(한글번역본), 국사편찬위원회

한국구비문학대계, 한국정신문화연구원

한국민족문화대백과사전, 국사편찬위원회

단행본

국학진흥연구사업추진위원회 『이재난고』 1~8, 한국정신문화연구원, 2002.

김육(이영주 외 옮김) 『유원총보』 1~5, 서울대학교출판문화원, 2009~2016.

담양향토문화원 『미암일기』 1~5, 1990

민족문화추진회 『오주연문장전산고』 1~5, 민족문화추진회, 1989.

서거정(이래종 옮김) 『태평한화골계전(역주)』, 태학사, 2013.

유몽인(신익철 옮김) 『어우야담』, 돌베개, 2006.

이능화(서영대 역) 『조선무속고』, 창비, 2008.

이문건(김인규 번역) 『묵재일기』, 민속원, 2018.

이수광(남만성 옮김) 『지봉유설』 1~2, 올재클래식스, 2016.

이연순 『미암 유희춘의 일기문학』, 이화연구총서 6, 혜안, 2012.

이이(윤사순 옮김) 『석담일기』, 삼성미술문화재단, 1983.

이익(최석기 옮김) 『성호사설』, 한길사, 1999.

이철 『조선의 백과사전을 읽다』, 알마, 2011.

정창권 『홀로 벼슬하며 그대를 생각하노라』, 사계절, 2003.

조재삼(강민구 옮김) 『교감국역 송남잡지』1~10. 소명출판, 2008.

논문

강민구, 「조선 후기 유서의 변개 양상 - 송남잡지의 경우」, 『동방한문학』 38집, 동
　　방한문학회, 2009.

　　　「조선 3대 유서의 형성 경로에 대한 연구」, 『동방한문학』 47집, 2011.

　　　「송남잡지의 지봉유설·성호사설 인용양상에 대한 연구」, 『한문학보』 24
　　집, 2011.

　　　「조선 지식인의 뱀에 대한 인식」, 『동방학문학 제63집』, 2015.

강성숙, 「세기 문헌 소화 연구 - 태평한화골계전·용재총화의 서사구조를 중심으
　　로 - 」, 『구비문학연구』 제16집, 2003.

구만옥, 「16~17세기 양반 사대부의 서구 이해와 세계관」, 『동방학지』 122, 연세
　　대국학연구원, 2003.

김동진, 「15~16세기 한국인의 일상생활과 뱀의 양면성」, 『역사민속학』, 41,
　　2013.

김선아, 『於于野談』 소재 귀신담 一考, 국어문학, 2009

김성룡, 「고소설의 환상성」, 『고소설연구』 15집, 2003.

김승룡, 「이재 황윤석 연구의 추이와 과제 - '실학'에서 '일상'으로 - 」, 『동양한문
　　학』 연구 25집, 2007.

김용철, 「묵재일기 속의 여비(女婢)」, 『한국고전여성문학연구』, 2010.

김우형, 「경연일기(經筵日記)에 나타난 율곡의 재이관(災異觀)」, 『율곡사상연구』, 18집, 2009

김일권, 「조선시대 민속문화 관련 류서류 편찬물 현황과 특성」, 『역사민속학』 32호, 한국역사 민속학회, 2010.

　　　 「조선후기 류서류의 세시풍속과 세시사상」, 『역사민속학』 34호, 2011.

김준형, 「태평한화골계전에 담은 일상에 대한 관심과 실천」, 『동양한문학연구』 51집, 2018.

　　　 「실제 사건, 다른 기록-태평한화골계전을 중심으로-」, 『열상고전연구』 54집, 2016.

노정식, 「지봉유설에 나타난 지리학적 내용에 관한 연구」, 『대구교육대학논문집』 4집, 1969.

배우성, 「18세기 지방지식인 황윤석과 지방의식」, 『한국사연구』 135집, 2006.

백옥경, 「한말 세계사 저·역술서에 나타난 세계 인식」, 『한국사상사학』 35집, 2010

서영대, 「조선후기 유서류에 나타난 민속종교 자료」, 『역사민속학』 33호, 2010.

손병우, 「이재난고 속의 도둑과 군도담」, 『남도문화연구』 29, 2015

송재용, 「미암일기에 나타난 민속 일고찰」, 『동아시아고대학』 15, 2007.

　　　 「미암일기에 나타난 점복과 조짐, 꿈과 해몽에 대한 일고찰」, 『한문학논집』 25집, 2007.

신병주, 「16세기 일기자료에 나타난 꿈의 기록과 그 의미」, 『조선시대사학보』 74, 2015.

　　　 「조선후기 백과사전의 저술과 오주연문장산고」, 『진단학보』 121, 2014.

　　　 「지봉유설: 최초의 문화백과사전」, 『문헌과 해석』 통권 14호, 2001.

　　　 「19세기 중엽 이규경의 학풍과 사상」, 『한국학보』 20, 1994.

　　　 「조선후기 백과사전의 저술과 오주연문장산고」, 『진단학보』 121, 2014.

신하령, 「경연일기를 통해 본 율곡의 당대 인물평-졸기를 중심으로」, 『율곡학연구』, 18, 2009.

심경호, 「한국 유서의 종류와 발달」, 『민족문화연구』 47, 민족문화연구원, 2007.

양영옥, 「조선 후기 유서의 전통과 송남잡지」, 『대동문화연구』 92집, 2015.

우인수, 「조선 숙종조 과거 부정의 실상과 그 대응책」, 『한국사연구』 130, 2005.

원재연, 「조선시대 학자들의 서양인식」, 『대구사학』 73, 2003.

유기상, 「이재 황윤석의 풍수지리 인식」, 『한국사상사학』 50집, 2015.

유영옥, 「이재 황윤석의 과장 출입 풍경」, 『역사와 경제』 97, 2015.

이강옥, 「일상의 경험을 통한 일화의 형성과 그 활용」, 『국문학연구』 15호, 2007.

이경미, 「송남잡지의 민속문화 자료 검토」, 『역사민속학』 35호, 2011.

이경희, 「지봉유설에 나타난 이수광의 세계인식 - 외국부 외국조 기사를 중심으로」, 『문명교류연구소』 제2호, 2011.

이만열, 「지봉 이수광 연구 - 그의 행적과 해외인식을 중심으로 -」, 『숙대사론』 6집, 1971.

이성임, 「16세기 조선 양반 관료의 사신 사환(仕宦)과 그에 따른 수입 - 유희춘의 미암일기를 중심으로」, 『역사학보』 145, 1995.
　　　「일기 자료를 통해 본 조선사회의 또 다른 모습」, 『장서각』 33, 한국학중앙연구원, 2015.

이연순, 「16세기 부부간의 일상사 해결의 양상 - 유희춘과 송덕봉의 경우를 중심으로」, 『동양고전연구』 46집, 2012.

이혜정, 「16세기 사치 풍조와 사회적 구별짓기: 「묵재일기(默齋日記)」에 나타난 통과의례(通過儀禮)를 중심으로」, 『인문학연구』, 2015

전세영, 「율곡의 인물평가 연구 - 경연일기를 중심으로」, 『21세기정치학회보』 17집 3호, 21세기 정치학회, 2007.

정솔미, 「조선시대 흉가(凶家)의 문학적 형상과 그 의미 - 필기, 야담집을 중심으로 -」, 『古典 文學研究』, 2016

정수일, 「지봉유설 속 외국명의 고증문제」, 『문명교류연구』 제 2호, 2011.
　　　「회회고」, 『문명교류사연구』, 1971.

정승모, 「세시 관련 기록들을 통해 본 조선시기 세시풍속의 변화」, 『역사민속학』
    13집, 역사 민속학회, 2001

정승혜, 「명물류 자료의 종합적 고찰」, 『국어사연구』 18, 국어사학회, 2014.

정창권, 「일기를 통한 우리 생활사 엿보기」, 『한국학연구』 18, 2003.

정출현, 「서거정과 김시습: 조선 전기 사대부 문인의 두 초상」, 『동양한문학연
    구』 제21집, 2005.

주기평, 「유원총보에 나타난 중국 유서 전통의 한국적 계승과 수용 양상」, 『한국
    사상사학』 제 59집, 2018.

차남희, 「16,17세기 주자학적 귀신관과 천예록의 귀신관」, 『한국정치학회보』
    40-2, 한국정치 학회, 2006.

한명기, 「지봉유설에 나타난 이수광의 대외인식-대외인식 형성의 배경과 평가
    분제를 중심으로」, 『진단학보』 98, 2004.

한영우, 「이수광의 학문과 사상」, 『한국문화』 13, 서울대학교 규장각 한국학연구
    원, 1992.

허륜, 「우리나라 실학발전사에서 오주연문장전산고가 차지하는 위치」, 『역사과
    학』, 1987.

인터넷 누리집

국사편찬위원회

한국고전번역원

한국학중앙연구원

한국국학진흥원

찾아보기

그림 출처

32쪽, 52쪽 서울대학교 규장각한국학연구원

53쪽 문화재청 국가문화유산포털(공공누리 제1유형)

62쪽 이뮤지엄_국립중앙박물관(공공누리 제1유형)

71쪽, 99쪽 서울대학교 규장각한국학연구원

118쪽(내지) 이뮤지엄_국립중앙박물관(공공누리 제1유형)

118쪽(내지), 122쪽, 125쪽 서울대학교 규장각한국학연구원

126쪽 이뮤지엄_국립중앙박물관(공공누리 제1유형)

155쪽 서울대학교 규장각한국학연구원

160쪽 문화재청 국가문화유산포털(공공누리 제1유형)

183쪽, 192쪽, 203쪽 서울대학교 규장각한국학연구원

206쪽(표지) 이뮤지엄_국립중앙박물관(공공누리 제1유형)

206쪽(내지), 225쪽, 231쪽, 264쪽, 281쪽, 284쪽 서울대학교 규장각한국학연구원

286쪽 이뮤지엄_국립한글박물관(공공누리 제1유형)

341쪽, 356쪽, 367쪽 서울대학교 규장각한국학연구원

378쪽 이뮤지엄_국립중앙박물관(공공누리 제1유형)

393쪽, 405쪽, 408쪽, 422쪽, 429쪽 서울대학교 규장각한국학연구원

430쪽(위) 이뮤지엄_국립민속박물관(공공누리 제1유형)

441쪽 이뮤지엄_국립중앙박물관(공공누리 제1유형)

455쪽, 456쪽, 459쪽 서울대학교 규장각한국학연구원

462쪽 한국민족문화대백과사전(encykorea.aks.ac.kr), 한국학중앙연구원

483쪽, 506쪽 서울대학교 규장각한국학연구원

521쪽 이뮤지엄_국립중앙박물관(공공누리 제1유형)

546쪽 서울대학교 규장각한국학연구원